创新改变命运

——记武汉大学首创插班生制

刘道玉……………主编

公元2200多年以前，
古希腊伟大的数学家阿基米德
在发明杠杆原理之后曾自豪地说过：
“给我一个支点，我就可以撬动‘地球’。”
这的确是一句至理名言，
蕴含着深刻的科学、
哲学和应用技术上的意义。

WUHAN UNIVERSITY PRESS
武汉大学出版社

创新改变命运

——记武汉大学首创插班生制

目　录

把握住教学改革的支点

（代序）

2200 多年以前，古希腊伟大的数学家阿基米德（Archimedes，前 287 ~ 前 212 年）在发明杠杆原理之后曾自豪地说过："给我一个支点，我就可以撬动地球。"这的确是一句至理名言，蕴含着深刻的科学、哲学和应用技术上的意义。

从物理学上来讲，借助支点的帮助撬动地球的喻义是不难理解的。从实质上说，这仅仅只是一个形象的比喻，意指以小的力量搬动巨大的物体，也就是我们通常所说的"四两拨千斤"的意思。

除了物理学以外，杠杆原理在经济社会或其他学科领域里是否也有效呢？这的确是一个很有意思的问题，值得我们认真的研究和深入的探讨。从狭义上说，所谓的支点是指支撑杠杆发挥作用时固定不动的一个点。从广义上说，支点可以理解为影响事物发挥作用的重点、要点、关键点或核心点。总之，利用支点做功的原理既是一种"效力原则"，又是一种科学的思维方法。无论什么人，也无论从事何种工作，只要掌握了这种方法，不仅可以使工作获得成功，而且还能够获得最大的工作效益。

俗话说："三百六十行，行行出状元。"这里的"状元"是指各个职业领域的佼佼者，他们之所以成功，是因为他们找到了事业和人生的支点。因此，只要我们遵循"效力原则"

和利用杠杆做功的思维方法,并用心地去找到自己所需要的支点,那么每个人都是可以获得成功的。

20 世纪 80 年代,武汉大学进行了轰轰烈烈的教学改革,在全国产生了很大的影响。那一场教学改革是怎样兴起的呢?面对当时高等教育百废待兴的局面,教学改革又应当从哪里抓起呢?当时,大多数的学校是抓人事分配制度改革、后勤社会化和大学校长负责制试点的改革,但我认为僵化的教学制度应当是教学改革的重点,于是我们就先后推出了一系列崭新的教学制度,如学分制、插班生制、自由转学制、双学位制、主辅修制、导师制(同时取消政治辅导员制度)、学术假制、贷学金制、第三学期制等。由于这些制度的实施,大学生们的兴趣得到了保护,他们的选择权受到了尊重,全校出现了民主自由的学习与研究的好风气。为什么我校那场教学改革能够获得成功呢?因为我们找到教学改革的支点——教学制度。抓住了支点,就搞活了全局。

虽然说这些新的教学制度都是在国内首先实行的,但它们大多借鉴了西方国家的经验,而并非是由我们发明的。但是,有一个新型的制度却是我们独创的,这就是插班生制度,它又似乎是这些教学制度中的一个支点。为什么这么说呢?因为这项制度的实施,打破了“一次高考定终身”的升大学制度,打破了按部就班地学习与升级的制度,打破了单纯按照分数高低评判人才的制度。因此,当时这项制度实施以后,在全国产生了巨大的影响,正像人们所形容的那样——“一石激起千重浪”。它给高考落第的学生指明了方向,给那些自学成才并希望进入大学学习的人带来希望,给那些普通大学的学生希望转入重点大学学习创造了机会。它为什么有这样大的力量呢?因为它是教学制度改革中的支点,能够起到其他改革措施所起不到的作用。

去年 11 月 5 日晚上,我应邀给武汉大学学生做讲座,介绍我的自传写作的经过。在与学生对话时,有一个学生问道:“刘校长,您当年推出的插班生制度的确满足了许多人求学的愿望,而且也确实造就了一批杰出的人才。但是,随着大学的扩招,全国高等教育已经实现大众化了,现在再实行插班生制度还有什么意义呢?”我答道:“当年我创立插班生制度的目的不仅仅只是满足部分想上大学的人的愿望,最根本的目的是‘引入竞争机制,实行动态分流,既要把校外自学成才的优秀青年和非重点大学的尖子人才引进来,同时又要把已经录取到本校的但不思进取和学习成绩不好的学生分流出去,充分使用重点大学的优质资源,着力培养创造性的杰出人才’。”

现在看来,我当年的改革只进行了很少的一点试验,而另外更重要的改革措施还未来得及推出,我就被免职下台了。本来,我下一步的改革就要冲击培养人才上的禁区,即彻底抛弃不尊重学生志趣和选择权的教育制度,废除重点大学与非重点大学学生一考定终身的制度。我的设想是:通过竞争,允许非重点大学学生转入重点大学学习,同时重点大学要淘汰不堪培养的学生,重点大学之间也应当允许学生互相转学和插班学习。这样是否会乱套呢? 应该是不会乱的,因为完全可以运用竞争机制和市场需求机制来制衡。如果采取这些措施,那么就必须允许学生通过竞争而流动,与此同时,也应当允许那些流动的学生到其他大学插班学习。

这就是插班生制度的现代意义。从这一点上来说,插班生制度依然是当今教学改革中的一个支点。只要我们把握住了这个支点,就能够打破当前高等教育战线上的困局,按照人才成长的规律,让大批创造性的人才在民主自由的教学制度中茁壮成长。

武大插班生制度已走过了20年的路程,其间涌现出了一大批杰出的人才,有著名作家、将军、大学教授、学者、企业家和领导干部。明年是武汉大学首届插班生毕业20周年,部分毕业的校友建议编撰一本书,以反映当年插班生的学习和成长道路。这是一个很好的建议,立即得到了广大的插班生校友们的热烈响应。于是,经协商选定《创新改变命运》作为书名,组成了编辑委员会,推举出了主编和副主编,发出了《〈创新改变命运〉征文通知》。广大的插班生校友们踊跃赐稿,在短短的半年之内，已收到了50多篇稿件计30余万字，而且都写得很生动，颇具思想性、故事性和可读性。我蒙大家的垂爱，担任此书的主编，借她出版之际，谨写了以上的文字，是为序。

刘道玉　谨识

2006年10月20日

于寒窥斋

大学府之梦

王梓夫

一

有一次，我随同《北京日报》记者刘连枢到清华大学采访，他深有感触地说，没有接受过高等教育，是人生最大的遗憾。在我的青年时期，最痛苦的事情就是丧失了继续求学的机会；在“文化大革命”结束以后，我最后悔的事情就是恢复高考之后我没有报名参加考试。

走上文学之路以后，更加激起了继续求学的迫切愿望。值得庆幸的是，1980 年，中国作协恢复了丁玲同志创办的文学讲习所（即后来的鲁迅文学院）。我作为第一届的学员与来自全国的 33 名文学青年一起参加了为期 8 个月的学习。后来调到北京人民艺术剧院之后，我又到中央戏剧学院进修。尽管如此，我依然渴望得到正规的高等教育，以圆童年之大学梦。

1985 年，武汉大学校长刘道玉鉴于青年作家普遍需要深造、渴望学习的现状，提出了培养学者化作家的目标，并将这个目标付诸实践，与中国作家协会合作，在全国首创了作家班。

中国作家协会和武汉大学的通知是寄给人艺创作室的，当时谁也没有在意，并没有人告诉我。还是我的同事刘锦云在无意中提起这件事的，他问我，你有兴趣去吗？我问他，你说呢？他说，要是北京大学还差不多，那么远。他考虑得很实际，我毕竟不年轻了，已经30多岁了，拉家带口，上有老下有小，家庭负担很大，再到那么远去读书确实有许多困难。我说，你错了，多远我都去，多大的困难我都能克服。他见我决心那么大，让我马上与当时我们的创作室主任英若诚联系。英若诚对这件 事也没有在意，那份通知他竟然不知道顺手扔在什么地方了，大概他也以同样的理由认为我对上这个大学不会有兴趣。刘锦云又陪着我去中国作家协会，找到了创联部的谢真子大姐，重新要了一份通知。我立即报了名。

武汉大学的作家班是报经国家教委批准的，属于正规的插班生，要经过正式考试入学，入学后直接读大学三年级。虽然是1985年入学，却算是83届的学生。毕业后发给大学本科文凭，授学士学位。

通知规定，考试在8月中旬进行，合格录取后9月1日正式开学。我报名以后，马上放弃了一切创作计划，立刻投入紧张的复习。我找来了《文学概论》、《古代汉语》、《现代汉语》等课本，将自己关在屋子里，苦攻苦读起来。这些大学一二年级的课程过去虽然也接触一些，但是从来没有想到要应付考试。这次是动了真格的，我要用三个月的时间将大学两年的课程攻破，还要真研实凿地应付考试过关才行。那真称得上是头悬梁锥刺股了，差不多一个夏天，我都是穿着小裤衩挥汗如雨地读书，生怕自己基础差考不上被退回来。我那时只有一种选择，破釜沉舟，只能考上，不做任何别的准备，大学是非上不可的了。

还好，我顺利地通过了考试，如愿以偿地进入了美丽如画的珞珈山，穿着西装、扎着领带、踌躇满志地坐在了大学的课堂上。

二

有一种说法，抑或称之为理论，对我们这一代作家特别是业余作者的危害不可谓不大。那就是大学中文系里培养不出作家，只要有生活就能当作家。换言之,你要想当个作家,不必上大学,只要老老实实地深入生活就可以了。在前辈作家中,这种实例很多,这种现身说法的体会文章和报告也很多。

但是,历史按照铁的规律,已经将科学技术推到了第一生产力的位置,世界进入了知识经济的崭新阶段,在各个领域中没有文化的主宰者终将退出历史的舞台。

我是格外珍惜这次接受正规教育的机会的,怀着一种感恩戴德的心情精心领会刘道玉校长提出的作家学者化的前瞻理论,以一种朝圣者的虔诚进入了武汉大学作家班。如果说,文学讲习所使我步入了文坛,北京人艺使我跨进了专业创作的队伍,那么武汉大学则给了我在文学道路上安身立命的武器,使我能够避免被淘汰的危险,有信心、有能力实现我的文学梦想。

在作家班的同学中,我与陈世旭、高尔品、刘亚洲是文学讲习所的同窗,与水运宪是中央戏剧学院的学友。二十几位并不年轻的作家汇聚一堂,成了樱花大道莘莘学子中一道奇异的风景线。我们为此激动,为此骄傲,为此踌躇满志、趾高气扬。在人生的道路上,大学府里的体验是至关重要的。它不仅仅是使你获得了多少知识,更主要的是,你进入了一个较高境界的求知层面,进入了一个处于历史潮头的精英群体,进入了一个充分展示个性、具有独立思考、独立创造精神的生命环境。

武汉大学被称做是没有围墙的开放型的大学,针对我们这一代作家文化水准参差不齐又求知若渴的状况,刘道玉校长给了我们许多开放的政策。比如,对我们实行学分制,除了文学史、哲学史、外语等几门必修课外,其余的课程完全依照我们的兴趣自由选修,不但可以选修中文系的课,还可以选修哲学系、历史系、新闻系等其他系别的课。在学校的图书馆里,还为我们开辟了专门的座位,按研究生的待遇借阅图书。此外,为了扩大我们的知识面,还定期为我们举办多种学科的知识讲座。

有人问我,你在武汉大学究竟学到了什么?我说,我过去的知识是零乱的、分散的,就像一堆随意摊放的珍珠,武汉大学给了我一根丝线，让我将这些珍珠串了起来，所缺的部分又将它补齐，使之变成了一条晶莹美丽的知识链。还有更重要的，我又获得了这条链上不可缺少的一枚价值连城的胸坠儿——这便是我上面所说的高等教育和大学体验。

三

在这神圣的高等学府里，刘道玉校长不但是我们的最高师长，更是我们的精神领袖。而刘校长却总说我们是他的朋友，我们这些人也不知道天高地厚，居然经常以朋友的身份有事没事地登门骚扰。刘校长非常忙，我们去了，他便放下手里的工作，在那乱糟糟的小客厅里接待我们，与我们肩挨肩脚碰脚地交谈，谈学习，谈创作，谈国事、家事、天下事。现在想来非常后悔，我们经常为一些鸡毛蒜皮的小事浪费了刘校长很多宝贵的时间。

有一天晚上，我们从刘校长的家里出来，遇见一群英语系的女学生要去找刘校长请愿，原因是英语系总是无缘无故地停水停电。我说你们去这么多人刘校长家根本装不下。同学们非常奇怪，问刘校长的房子有多大。我说，刘校长一家人只有两间很小的房子，他的客厅就是他的书房，比我们住的宿舍宽敞不了多少。这些善良的女学生一听，立刻回去了。她们说，刘校长住的条件那么差，我们还怎么好意思提什么要求。

离开学校20年后，我们一些同学又相聚在珞珈山宾馆。刘校长正因有病住院，班主任肖爱琼老师打电话告诉刘校长我们来了，刘校长问，北京的王梓夫来了没有？我听了非常感动，我的同学熊召政却说，凡是校长记住的学生，绝不是好学生。我承认我不是好学生，但是我对校长的感情却是始终如一的。我们几个同学聚会，商量要送给校长一件生日礼物以表达我们的感激之情。鉴于校长毕其一生为教育事业所做的杰出贡献，我提出为校长塑一尊铜像。大家都赞成我的意见，因之便将制作塑像的任务落实到了我的身上。我的朋友李万祥是华兴青铜器厂的厂长，我原以为这件事很简单，没想到一做就是一年多的时间。先是根据照片进行泥塑，塑了几次我都不满意，一再更换雕塑师。直到今年春节后的又一次成型，我约野夫一起去验收，方觉得塑出了校长的神韵。后来浇铸造型又历经许多周折，最近才大功告成。这件事我做得很认真，也难为了李万祥厂长。但是，我觉得很值，这是我们武大学子的共同心愿，我得想方设法地做好才行。

四

真不知道该怎样表达我们对班主任肖爱琼老师的感情，毕业20年了，我们依然把她当成自己的亲人。她进京或我们去汉，总要聚一聚聊一聊的。我的同学朱秀海的儿子后来也上了武大，肖奶奶的家就成了他的家。想当初，我们可真没少给她找麻烦惹祸。

按说当年我们都不年轻了，而且都成了家，为人父为人母。让肖老师始料不及的是，管理这些“大孩子”比管理“毛孩子”复杂得多。人怕得意，得意就忘形，忘形肯定就会生出许多事端。一件事没完又出一件事，按倒了葫芦起了瓢。不断有人把告我们的状子递到校方，有些事甚至激起了众怒。肖老师急不得恼不得，脾气要发，板子也要打，可到头来还要竭尽全力地保护我们。校方的压力肖老师顶着，顶不住了就硬顶。我们这边还一个劲儿地捣乱，埋怨肖老师太严厉，肖老师实在没办法的时候，就请我们到她家吃饭。肖老师的爱人安老师也是我们的先生，老夫妻成了我们的保护伞，又成了我们的出气筒，而他们的家则成了我们的避风港。

同样为我们承担祸端的还有於可训老师，他是中文系主任，我们的一切表现他都逃脱不了干系。无奈他是搞文学评论的，入校之前跟许多人就是好朋友。我们在作家班期间搞了好多次文学活动，每次他都是积极的参与者。我们还为几个刊物搞过作家班专号，我们写作品，他写评论。他既是我们的领导、我们的老师，又好像是我们作家班的一员。当然，他更是我们的朋友，他不让我们喊他老师，我们就直呼其名。我们没有听过他的课，据说他讲课非常有魅力，加上他又长得很帅，常让一些女大学生想入非非。他为人真诚，喜欢交际，自己的小书房连一张床都放不下，却常邀我们去喝酒。我们一边喝酒一边漫无边际地高谈阔论，友谊便在酒中深深地扎下了根。我们毕业后他去了海南，大概是不适应，又吃了回头草重返了武汉大学。

五

武汉大学还给我开辟了一片我原来不熟悉的生活土壤，丰富了我的生活经历，这对于我重新认识、重新研究我原来的生活是大有裨益的。除了大学里新鲜独特的生活，还有楚文化的深厚底蕴和“九头鸟”的典型性格，对我来说，这些都是非常陌生的。在大学读书期间，我还结识以茅永红为代表的一批著名企业家，结识了李旻、申红、刘晓丽等一批编辑记者，更有一批如野夫、李斯、李杰、方舟等同窗及文学同修。

我和野夫的交结是值得一提的，他是我前半生中一个重要的朋友，是我亲如手足的兄弟。我认识他的时候，他年仅 23 岁，刚刚从鄂西大山里出来，到武汉寻找他的文学之梦。他的诗写得很见功力，无论新诗还是旧体诗词，都很独特。我们俩可以说是一见如故的，我佩服他的学识，动员他来考武汉大学的插班生。其时他已经从鄂西大学毕业到利川县委宣传部工作了，他也和当年的我一样，梦想着走出那片封闭的土地。第二年，他果然考取了武汉大学中文系的插班生。这样，我们便有了一年同窗的绝好机会。

野夫的冒险使我跟他一起回鄂西老家的夙愿推迟了 10 年，直到他从磨难中解脱出来的 1995 年初夏，我才与他一起踏上了西行之路。

野夫带着我进入了雄奇险恶的大巴山余脉，踏上了飞流直下的八百里清江，钻进了号称天下第一洞的腾龙大溶洞，还拜访了他出生地的师友，参观了最古老的水杉之王“世界爷”，考察了依然保留着古巴人原始遗痕的巫风巫术……

在谋道区，我和野夫在区长姚茂易的带领下登上了全国保存得最完好的土家族古堡鱼木寨，创办了一个“爱心育才工程”。我在只有两个年级的小学校里，见到了当了 30 年代课教师的胡振刚，在他的帮助下，我选择了 8 个聪明、健康、家庭困难的孩子，带回北京求助。我的行动首先得到了当时通州地区领导们的支持和参与，时任县长张世光带头，区委副书记王玉辉、国家民委文宣司长金星华、区文联张宝玺、区企业局长唐国良、区宾馆总经理李建国、区档案局长苏光兴等都各自认领了一个孩子，每年负责他们的学杂费和生活费，保证他们能够更好地接受教育。这项工作我们坚持了十余年的时间，后来逐渐发展到二十几名学生。除了保证向孩子们提供必要的学习和生活费用，许多人还额外地帮助学校及老师解决一些具体问题。现在所有的孩子都完成了九年义务教育，还有一些学生考上了高中。我们约定负责到底，只要他们能读书，就不会因经济困难而辍学。在我写这篇小文的时候，我所收养的女儿蒲燕已经参加完了高考，我将奔赴利川去帮助她填写报考高校的志愿。刘道玉校长给了我上大学的机会，我要以校长为楷模，让更多的孩子拥有上大学的机会。

十余年来，我曾多次单独或与友人一起去鱼木寨，每次上山都要攀登三个多小时，下山也需要两个多小时。除了看望受助孩子外，还为宣传利川及谋道做了一些工作。2005 年，中央电视台举办全国魅力名镇评选，我作为谋道镇的推荐人在现场参加竞选，使谋道镇获得“中国传统习俗名镇”称号。在我的家乡筹建“王梓夫文库”之际，谋道镇人民政府特赠送了“播育爱智”的匾额。

王梓夫，北京通州人。主要作品有长篇小说《异母兄弟》、《漕运码头》、《遭遇复仇》；长篇报告文学《生命之光》、《兴旺之魂》、《大运河启示录》；长篇纪实文学《净化神圣的国土》、《仇城》（与人合作）；中短篇小说集《昨夜西风》、《蜜月日记》、《都市里的 11 种爱情》、《格外》、《王梓夫小说选》、《男人气象》；《王梓夫自选集》（1～3 卷）；《王梓夫小说作品精品》（1～5 卷）；散文集《往事门前》、《感悟生命》；《王梓夫影视剧作选》；长篇随笔《寻求活法》；话剧《女儿行》（合作）、《夏威夷酒家》、《妃子楼》、《红河谷》及电视剧多部。现为中国作家协会会员，北京作家协会理事，北京通州区文联名誉主席，北京西城作家协会副主席，国家一级编剧。现供职于北京人民艺术剧院。

武大——苦涩人生中的一段美好梦境

王伟举

虽然我至今也没有写出给武大增光添彩的作品，但武大却实实在在地丰富了我的人生，武大精神至今仍在陶冶着我的情操并纯洁着我的灵魂。每当人生遇到坎坷的时候，总是武大精神给我渡过难关的自信。我以一颗感恩的心，写出以下这篇类似回忆录的文字，试图永远将短暂的武大生活珍藏在心。

——这是一份阔别20年的人生感悟，它可能缺少文采，甚至剪裁也不严谨。但它却是我向尊敬的老校长和武大恩师们打开的一颗赤诚之心。

——作者题记

一

看相的人说了，从长相上看我就是个苦命人，而我灰暗曲折的人生经历也屡屡证实迷信的应验概率确实很高。

仅以上大学为例——大学之梦一直是我人生中的一个痛点。现在回想起来，当年如果不是文友彭兴国(野莽)的鼓励，我今生恐怕与武大无缘。武汉大学发布招收插班生消息时我在宜城县文化馆工作，对这个消息我一点也不知道。当时文学还是一种社会时尚，我满腔热情地忙于给县城的青年们组织文学讲座，彭兴国是我请来讲课的文友之一。他是个热情豁达、生活得很潇洒的青年作家，在哪儿都有很好的人缘，所以他也是我为数不多的文学朋友之一。彭兴国一见面就说，"告诉你一个特大喜讯，武汉大学刘道玉校长在探索高教体制改革，要面向全国招考插班生！"他的话语充满热血青年的激动，充满一种憧憬和期待。彭兴国告诉我说他已经报了名，讲课间短暂休息也不忘给我打气，热情鼓励我赶紧去报考。记得临别时他还再三对我强调报名截止日期和考试时间。

朋友的热心让我感动，但我听到这个消息时反应却有些迟钝和麻木。上大学曾经是我人生中最美好的梦境，而我曾经历的上学过程却是我人生遭受重挫的伤心之旅。"文革"中后期部分院校就开始招收工农兵学员，公开的招生对象是下乡、回乡优秀知识青年，方式是由贫下中农推荐，各级党委政审，学校择优录取。实际真正幸运入学的优秀青年只是少数，很多指标成了在县里或公社有过硬关系的各级干部们之间的交易。我那时已经在《湖北文艺》和地区报纸上发表了一些习作，很多社员认为我是早晚会成为推荐对象的。但是我没有一个亲戚在外当干部，社会关系中连个党员也没有，只能眼巴巴地看着一个个有背景的同龄青年不知通过什么途径走进了各地的高校。

1975 年，那年正在批判资产阶级法权，敏感的招生过程成为社会关注的焦点。这年我所在的大队成立了一个有贫下中农代表参加的三结合招生工作组。我和一位回乡男青年、一位下乡女知青一起被大队幸运提名上报到了大公社。

当时我正在生产大队的小养蜂场饲养蜜蜂，这是驻队县委组织部长赵万炳为我谋的好差事。赵部长看我喜欢写作，在大队办蜂场讨论人选时他极力举荐我，说我聪明，养蜂是技术活，需要聪明人，而且追花夺蜜很有诗意，也有利我学习创作。这对我本来是件好事，在几千人的大队让人很羡慕了一阵子。谁想世事难料，蜜蜂最后竟成为我厄运开始的诱因。当时的我太过天真，听到被推荐的消息后十分的兴奋，希望的种子很快发芽，又很快长成了小树，年轻的心被挠得痒痒的难受。认为贫下中农推荐关过了，就是上边的审查关了，而学校应该是没有问题的，毕竟我已有几篇小说在省里的刊物上发表了。这种轻浮使我开始做上大学的准备，还到县宣传部找人打听全县录取名额。晚上回家去拿粮食又住在家里同父母讨论上大学的希望有多大。正所谓乐极生悲。这年夏天发生了百年不遇的“75·8”大洪水，而我正好将蜂群放在蛮河边赶芝麻花蜜。结果当夜蛮河水突然猛涨起来，蜂箱被淹了水，虽然当地群众帮我抢了起来。蜂箱没有流走，但是淹水给蜂群造成幼虫病。我心情沉重，忙着买药治疗，再也无心想招生的事了。后来得知我的名字在大公社政审时就被刷下来了，而且被推荐的另两个青年也没有过关。到底公社的20多个大中专名额都给了什么人，这幕后的交易至今无人知晓。

原以为大学没有上成也就罢了，但此事的后遗症却远远超出了我的预料。当时正值农村开展整顿社队企业的运动，我所在的大队企业就属于整顿范围。于是蜂箱被淹的事被揭了出来。县委驻队工作组有一位也爱好写作的干部，平时对我很客气，常向我请教写作经验，这时不知出于什么心理将我的事报告了县委书记。县委书记与一个小社员的距离犹如天地之间，所以县委书记并不认识我，但没想到他在大队群众大会上作动员报告时竟将我作为重点对象点名批判：“有个年轻人资产阶级思想严重，成天想成名成家，想上大学，把集体财产不当事。这样的人，再有才也不能用，文章写得再好也不准他发表！今后不经过我批准，哪里也不准登他的文章！”

一个小小社员让县委书记这样一批，其后果自然严重。我后来投到《长江文艺》去的稿子都被压了下来，有一篇《在蜂蜜收获的季节》已经通过终审，还画好了插图，也被压了下来。编辑部出于对我的爱护，不敢逆着县委扶持我，以后再推荐上大学自然没人提起我。到了1977年恢复高考我已到另一个村子当了上门女婿，沉重的家庭负担和繁重的体力劳动已消磨了我的意志。非但根本没有复习的条件，连想想这事儿都是一种奢侈，大学之梦换来的是我人生中的第一个低谷。直到1979年湖北省文化厅在洪山礼堂开了一个落实业余作家政策座谈会，县委才取消了不准我发表作品的禁令。后来在省里上了史称“黄埔一期”的文学讲习所，结业后调到县文化馆工作，并经襄樊市人事部门考核特招为正式国家干部。我以拼命的工作回馈组织上的恩典，还被评为全县模范工作者，得到了一辆飞鸽牌自行车的奖励。彭兴国去我那里时我已接到调去襄樊市文联工作的通知，只是县宣传部和组织部让我缓一缓，等找到一个接替我工作的人再走。这个时期这种巨大的变化让我时刻处于一种不真实的感觉之中，命运对我的补偿已经很丰厚，再想上大学对于我就属于"人心不足"的奢望了。何况我年龄已过"而立"，大学梦的希望之树早已枯萎，10 年前的心灵重创使我从此对生活再没有什么期望。当时生活中凡有所得统统被自己认为是"意外之财"，无论再受任何挫折也都在自己意料之中。

在这种心态下，如果不是彭兴国的鼓励和怂恿，我无论如何也不会把武大与自己联系起来。正是彭兴国的到来使我心中那棵枯死的希望之树又开始发芽了。我去文化局找到廖秉寿局长征求意见，没想到他竟会说："好事呀！只要能考上，一定要去读！你现在就停下来抓紧复习，武大可是不好考的。"

于是我临时抱佛脚，跑到县师范去找朋友补一些基础课，大约补了半个月，但后来考试证明我做了半个月的无用功。

虽然是特殊考试，但考前压力丝毫不比现在的应届高中生差，因为得到的消息是中文系的报名人数已有 1200 多人，而中文系插班招生人数不会超过 20！最后经过资格筛选核实，实际参考人数仍有 400 多人。

考试前夜我躺在武汉大学珞珈山招待所的小床上整整一夜没有一丝睡意，越想睡着越睡不着，说不出是紧张、兴奋，还是恐惧。一次次数到一百，再数到两百，直数到天亮脑子仍是热烘烘一片。天亮用冷水洗了把脸，脑子更乱，走进桂园教三楼的考场时腿肚子竟有些哆嗦。考题现在都忘了，只记得有文言文译白话文是司马迁的《报任安书》节选，还有一些文艺理论的论述题。这样两个半天考下来我整个人一点精神也没有了，考完后在校园里的小径上散步，听着应考同学们信心十足的谈论我就灰心了，根本没有做下一步的打算，心想就当做一次人生体验吧。

3 个多月后我已把考试的事忘到了脑后，8 月 1 日拿着调令到襄樊市文联去正式报到。这里的领导由于地市合并后的复杂人际关系对我不冷不热，当然这是以后我才悟出来的，当时我对政治懵懵懂懂，什么也不明白。让我在一个楼梯间过道里先住下，接着让我参与文代会筹备，具体工作是起草一个主题报告。然而就在我关系转到市文联没几天，我的人生旅途中又发生了一次戏剧性的变化——武汉大学的录取通知书来了。与10年前的结果正好相反，当年我上大学心太切反而跌得鼻青脸肿，这回原本不抱希望武大却给我来了个意外惊喜。我不由又一次感叹世事无常。不过这也使我陷入了尴尬的境地，在县里工作，县委把我当宝贝人才，在市里，人家本来就不冷不热，你一来怎好意思提出去上学？但这是绕不过去的坎，通知在怀里揣了两三天后，我还是硬着头皮向领导提出了上学的要求，领导没有明说不同意，而是委婉地说文联要求学习的同志很多，你一报到就去上学让我们怎么跟其他同志解释？并且党委开了会，意见高度一致地形成了一个不同意我去上学的决议。领导当然没有明说，表述意思大致是“文联工作需要人才所以才调你来，调你来就是为了充实《汉水》文学刊物的编辑工作”，等等。从情理上讲也不怨领导，我一来就去上学确实难以服众。然而此时武大对于我的吸引远远超过了国家干部的所有价值，于是我向机关领导解释：武大是我自己考上的，是国家教育部批准的计划内招生，并不需要机关出钱，并借机表明了一定要上学的坚定态度。机关领导也不含糊，摊牌说，那你就只好再调回县里，从县里去上学好向同志们解释，以免让党委为难，并礼节性地说毕业后欢迎你还回市文联工作。

于是我回头去找宜城县委的组织部长王银亮同志。王银亮是武汉大学中文系62届毕业生，听说此事后十分生气，说武大深造这样的机会对你来说一生就是一次，对于你这样从农民业余创作起家的作者非常重要。他表示同意我调回县里，并带着点意气地说：“当时市里调你去我们本来就不想放你，你要不去市里我们准备让你做政协副主席的，既是这样你就先回来再去上学，把关系放在组织部，生活费我们发，毕业了也不要再去市里了，要能参加分配就往省里去。”

王银亮是我遇到的第二个真正关心我的领导同志（第一个是引领

我走上文学之路，后来做到省政府副秘书长兼办公厅主任的孙樵声同志，他对我的人生影响不属于本文主题，不予赘述）。他的支持对于孤立无援的我不啻是向一个海上落难者扔来了救生筏，我安顿好仍住在县文化馆的妻女便北上襄樊去转关系，路过市委宣传部时我想调来不过一月又要调回去，这么大的事应该和熟悉的领导说一声，于是我找到了段明贵同志（他当时是宣传科长，一年后就升任市委宣传部副部长直到退休，现在仍是湖北省作协副主席，襄樊市作协主席），向他说了一个月来的变化和我最新的决定。没想到段明贵同志兴奋地说："不用回去了，他们（文联）同意了，你就从市里走。"我十分诧异，他又进一步说："果部长亲自来找了刘部长，刘部长亲自到文联做了工作，他们同意你去上学。"

这样一个变化又是我自己没能想到的。但回想起来，是在市委组织部工作的文友张月斌同志帮了我。当初调我时地市机构合并后进市人员已开始控制，虽然调我经过了市委，但文联机关本身并不很欢迎，也是他从组织部催促落实，由市委组织部下文县里才放人。收到武大录取通知后我谈了调回宜城上学的想法，他当时还只是一个小科长，有心帮我却无权力，但他当时分析说：调回去上学这是个下策。他出了个主意，让我给组织部长果真同志写封信，说调你来果部长是知道的，你这样不明不白地走不太好，从礼节上也应该告诉果部长一声，并叮嘱信千万不要写长，只拣要紧的说，控制在一张纸内。我简单地写了几句关于要求上学的话交给了月斌同志，具体措辞已记不得了。但没有想到张月斌这个主意竟起到了重要作用，果真部长一看到信就拿了我的信来宣传部找市委常委刘部长，刘部长见组织部长这样重视，便亲自去文联做通了工作。我一生都将对真诚给我帮助的张月斌同志和给我关怀的果真同志心存感激。机关党委终于同意我去上学了，不过附加了一个条件，说同意你带工资上学，毕业了必须回来工作。那时我家庭极其困难，所谓人穷志短，马瘦毛长，养家糊口非常需要那份 58 元的工资，这便达成了君子协定。正是这城下之盟决定我的人生走向，使我后半生一直困守在这座古老而封闭的城市直到终老。

当我背着行李来武大报到，再次走过那座写有“国立武汉大学”的青石牌坊时，回想起我10年前推荐上大学的人生重挫和这次考插班生的一波三折，不由感慨万千，有谁知道我的大学之梦竟是这样坎坷艰难。

二

当迟来的大学生活终于开始的时候，人生的诸多艰辛与苦涩便很快被武汉大学美丽的求学生活融解了。一个全新的世界展现在我面前，一切都是从未有过的新奇，学富五车的老师们，来自全国各地的同学们，特别是与成千上万的年轻学子们一起听课，一个食堂吃饭，一个宿舍楼住宿，使我有了一种重新找回青春的感觉。我们这些从各个工作单位考来的插班生，在大学梦上每个人都有自己的失落和遗憾。大家都很感激刘道玉校长，是他让我们有机会补上了人生最重要的大学生活这一课。让我们每个人都有了一种重生感。

中文系的16个插班生编成一个独立班，从部队考来的龚绍东同学被系党总支任命为系里的学生党支部书记，虽然他比我还小了两岁，但他的老成持重和严谨使我在心中一直把他当做我的学长。我住的桂园4舍112房间有了三个省的同学，从河南信阳考来的周百义，从广州军区考来的四川籍同学何三怀。周百义由于给人谦逊好学的印象，被选为学习委员。大概大家看中了我的勤扒苦做就推举我做了生活委员，也就是负责为大家领取学校补贴的食堂餐票、过年过节的加餐餐券，落实没有工资的同学的助学金等一些集体生活性的事务。至今想起曾为同学们干过些跑腿的琐事仍感欣慰。当时的心情是能在这著名学府里为这么多高素质的同学服务是一种幸运，哪怕当清洁工也是值得骄傲的事情。我正是怀着这样一种美好的心境开始了我的大学生活。

武大作为中国著名的高等学府，在我们每个同学的心目中都是神圣的。校园内的每一座古典风格的教学楼，每一件辅助设施，每一幢宿舍楼，每一株花树都值得我们尊敬。特别是刘道玉校长领导下的高教改革使武大享有了“中国高校中的深圳”之美誉，置身其中的我们也分享到了一种光荣。既有悠久历史文化又有着现代教育观念的武大确实是个读书的好地方，幽静的校园，高大宽敞的图书馆，在美好和神圣的环境中我暂时忘记了人生中的诸多酸辛和求学之路的坎坷，和所有同学一起开始了如饥似渴的学习。当时那种刻苦和勤奋现在回想起来仍值得自豪和欣慰——仿佛经历了多年饥荒的饿汉进了米仓，恨不能把多年来的亏欠一下子补回来。而武大率先实行的学分制，又为我们跨学科学习提供了便利，我除了中文系规定的“中国文学史”、“现代文学史”、“欧洲文学史”和“古代文论”及语言类一些必修课外，还选修了“写作”、“中国古典哲学名著选读”、“电视艺术”、“红楼梦研究”、“鲁迅研究”等一堆课程，甚至还选了哲学系的必修课“西方哲学史”“现代西方哲学”和“现代科学哲学”等课程，并且都拿到了学分。其实有些课当时也没有弄懂，如欧洲哲学中黑格尔和康德等人的那些艰涩的逻辑推论性哲学著作，直到现在也似懂非懂。至于毕达哥拉斯、德谟克里特、伊壁鸠鲁等哲学家的名字也记不下来。早期的苏格拉底、柏拉图和现代的萨特倒是留下了较深刻的印象。但这丝毫不影响我的热情，反正就是囫囵吞枣，像老牛吃草一样先吞到肚里再说。说实话，在这以前我对中外文学发展史和一些名人名著都只是一知半解，因为缺乏系统学习，无论中外小说读得再多充其量也只知道皮毛，而武大的学习却使我能够把各个时代的作家和作品，特别是把一些欧洲名著产生的社会背景和作家当时的思想粗略地梳理清楚。在进武大之前，由于条件的局限我读的名著少得可怜。除了中国四大名著是小时候就开始从连环画读起，再就是现当代的红色小说《红岩》、《红旗谱》、《播火记》、《创业史》等，至于外国小说却是屈指可数。目力所及也就是苏俄的一些革命小说，如《海鸥》、《钢铁是怎样炼成的》、《毁灭》、《母亲》之类，除此之外就是法国的《萌芽》、《悲惨世界》等为数不多的几部。而武大那图书馆里却有着数不清读不完的名著。第一眼看到那一层层楼上的一架架满满的书，我都傻了，真不知该从哪儿下手。我们的导师陈美兰教授告诉了一个方法：从每个时期选取有代表性的作家，再从每个作家的作品中选取他的代表作品，这样既能有效利用有限的时间和精力，也基本上能够了解这些作家的风格和他们生活的时代风貌。

我按照陈老师的指点，根据自己的喜好有选择地集中读了一批欧洲名著，较系统地了解了欧洲文艺复兴时期的文学和代表作品。其中卢梭的《忏悔录》给我印象最深，他对自己灵魂的坦率解剖在我心中产生了强烈的震撼——原来世上竟真有这样一种惊世骇俗的真诚！福楼拜的《情感教育》，那种爱的纯真和崇高情感让人在阅读中感到一阵阵心疼，而川端康成作品中的唯美和感伤至今伴陪着我的人生。

▲ 作者王伟举陪同陈美兰老师在保康参观新农村

更多的收获当然还是在老师们的讲课中，至今他们讲课时的音容笑貌还记忆犹新。我们的导师陈美兰是著名的当代文学研究学者，听她的课每次都要早早抢个位置，要稍晚一点，再大的教室也会水泄不通，让你无处立身；蔡守湘教授以浓重的湖南话讲授先秦两汉文学史，他边讲边做动作的风趣引得哄堂大笑，下课后仍有同学在悄悄模仿；白嶷岐老师讲写作课时英国绅士般的优雅，唐富龄老师讲《红楼梦》时的那种明清文人式的斯文，皮远长老师讲“鲁迅研究”时的诙谐，王文生老师讲《古代文论》时的严谨，罗龄老师讲“俄苏文学”时的活泼，哲学系李红英（音）老师讲欧洲哲学史时那种竭尽全身力气的认真，还有只给我们讲过几节课的易中天、李锋等青年老师们的英气和睿智，都给我留下了难忘的印象。

武大的伙食也是不错的，每月 8 元的补贴以菜票形式支付，每月都由我去领了来一叠叠地分发给每一位同学，这使我有机会听到同学们对我说了许多的“伟举兄，辛苦你了！谢谢！”桂园三食堂早上的肉包子个头很大，中午、晚上的排骨烧土豆名副其实。吃饭时常常是一边争论问题，一边开着玩笑。我和周百义同学常对桌而食，但他很快从吃的风格上发现了我的性格弱点。我们打一样的排骨烧土豆,排骨块数自然是远少于土豆的,他首先就把排骨先选了吃掉,剩下满碗土豆,而我总是先吃完所有的土豆,留下排骨到饭吃完时最后慢慢享用。他感叹说:“王伟举到底是农村出身,会过日子啊!”现在细细想来这正象征了我骨子里小农经济培育出来的保守性格。

因为插班生年龄相对偏大,其间大部分都已为人父母,所以同学间的友谊就显得含蓄而拘谨。不过从细小的事情中也能看出同学之谊的一种本真。记得女同学华姿上街被小偷掏了钱包,那时好像她没有带工资,靠写诗的稿费和家里的资助读书。当时的损失对于她肯定要用“惨重”来形容了。但她是个含蓄的女孩子,平时很少说话,语言都在她的诗里面。我从女同学曾静平那里知道了这事,便行使起生活委员的职能来。我向龚绍东同学说了此事,提议搞一次募捐。同学们都很支持,虽然都在苦读书期间,但每个人都表达了自己的同情和支持,竟也聚起来一百多元。以现在的眼光这实在微不足道,但却帮华姿渡过了难关。后来华姿到襄阳古隆中参加一个活动,我陪她吃饭间忆起这事时,月收入已是六七千元的华姿仍十分地感动。她说她曾写过一首诗,把我和同学们的感情都写进去了,但遗憾的是我却没能读到。

那时候都把时间抓得很紧,不是听课就是写作,几乎没有玩的工夫,唯一的娱乐就是一周看一场电影。在武大看电影是很惬意的休闲,而武大看电影的方式恐怕是全国高校独一无二的。武大太大,师生太多,也没有室内电影院,放电影只能在学校的大会场里。会场依山而建,由低到高直延伸到山坡树林里,空空的场地,每个人要自带坐凳——我们进校都发有一个小方凳,开大会、看电影都得带上。宽大的银幕挂在观礼台上,师生们混坐一起,不分尊卑长幼无序而坐,场子地势由低到高谁也挡不住谁的视线。每个周六总有两部大片,一毛钱买两个铜板似的塑料板,进场时丢到大木筒里。下雨时的电影场更是一道少有的风景,各种色彩的雨伞像森林中的一朵朵彩色蘑菇,无论多大雨也不影响人们看电影的热情。我们班吕新琼同学看电影最为积极,常常是大部分学生还在吃饭,她就端了小凳,买一包瓜子跑到窗口来喊我。因为她年龄最小，班上同学们都像哥哥姐姐一样宠着她，都管她叫“琼琼”。她当时来喊我，似乎要找一个保镖或是仆人。我当然也很乐意充当这个角色，有个女同学一起看电影心境会更好。不过一到电影场里她就像一只小猫一样静静地坐在身边并且很快进入到电影的情境中去，几乎很少同我说话。这种纯真的友谊一直保持了很久，后来她在法国读博士回来，因为法国雪铁龙公司同二汽在襄樊新建轿车基地项目，她作为翻译在襄樊工作了两年多，这使我们有缘重聚。在所有同学中，琼琼和曾静平是光临过我寒舍的仅有的两个同学。

虽然大部分同学分别20年再没有见面，但大家当时的青春风采仍深印在我的脑海。女同学中洪琼身上那种贤妻良母的责任感，女诗人华姿的那种精灵冷美人神态以及曾静平青春诗人的热情，宋骥弘辣妹子般的活泼，男同学龚绍东的严肃冷峻面孔，彭兴国的快乐单身汉形象以及周元镐的不拘小节，张法德的神神秘秘，陈应松的深沉幽默，周百义的胸有成竹，阿贵（李云贵）大智若愚的迷糊都仿若仍在眼前。我的这些同学都和武大一起，永远储存在我人生记忆的大U盘里，武大的这一段学习生活，也成为我苦涩人生中少有的幸福时光。

三

时光流逝太快了，插班生生活也太短暂了。当我刚刚领略到武大的神韵，毕业分手的日子就不知不觉来临了。记得分手的时候，关于我的去向曾得到好几位同学的关心，同宿舍的周百义同学真诚地奉劝我说：“伟举呀，千万不要回去，不然你会后悔一辈子！”

我当时家境困难，临上学时又与单位领导有过“君子协定”，还拿了单位的工资，不由我自主选择。我的情况同学们可能没有人真正清楚，临毕业时单位派人来校找了学生科，我们的市委宣传部长在珞珈山宾馆开会还找我谈过话，动员我回去，并许诺回去就解决一套房子。系总支领导专找我谈过话，说单位欢迎回去是好事，说明单位重视我，并说我的档案一直没有发到学校来。但系领导仍表示如果确实不愿回襄樊，系里仍可做工作，先帮着找好单位，慢慢再要档案。这时候，又是小农经济小富即安的意识害了我，想到回去就有房子了，就可以把老婆和孩子从县城接到襄樊市一起生活了。人嘛，在哪不是生活？

客观地说，我的选择影响了我的发展，特别是影响了我的创作进步。如今看到我的同学陈应松、彭兴国他们已经著作等身，影响遍及海内外，看到周百义把一个长江文艺出版社经营成了全国有名的大社，看到龚绍东、曾静平、洪琼、华姿和许多同学事业上红红火火，耳边便记起周百义的临别时的警示，心里常常会有一种失落。也偶尔产生一些“如果”的联想——如果我当初不被老婆孩子热炕头所吸引，如果换个地方将会怎样？虽然同学之间的才气也相去甚远，但观念上的差异确是我人生的主要败笔。后来也陆续有过几次到武汉的机会，都在这种求稳求安的小农意识支使下轻而易举地放弃了。直到知天命的年龄才发现自己的错误，然而这一切都已成为如烟往事。如今我拿着“正科”级别的工资，在 50 岁上就从文联秘书长的位置上“改非”赋闲。生活倒是安逸，住在市委党校一个大院子里，房子有 160 多平方米，举目窗外便是排排绿树的树梢，有一种置身森林公园的清静。曾静平同学来看我时曾宽慰我说，你这是北京一个副部长的待遇呢！我已基本上用不着上班了，不过，我并没有闲下来，除做一点当地作家协会的公益工作外，每天仍在勤扒苦做地写着各种文体的文字，实质上的商业写作—— 一种为成了名的同学们所不屑的写作。我已没有了当初上武大时的理想，彻底沦为一个以卖文为生的文人，给人写电视专题片解说词，写报告文学，也写点电视剧本，去年还卖出去一部。总之，什么挣钱就写什么，就像当初我们政府引导农民那样，什么赚钱种什么。在这个城市里，我大概算是唯一可以开价写稿子的人。这也仰仗武大,如果没有武大这一站,没有武大的给予,我的这类文章也写不到这个程度。这种活法同学们听起来肯定会感到有些悲凉,但在这偏僻古老的城市里,小日子过得还算安逸。不过我仍在盘算,过一两年,等我女儿博士毕业了,有了自己的工作和家庭,我就没有负担了,我会停下来认真写些属于文学的东西,当然也可能再写到武大的生活——这可能是我们每个同学都难以忘记的珍贵记忆。

也许因为独自困守古城,20 年来除了前面提到的吕新琼和曾静平外,我与其他同学几乎没有交往。我想这并不是同学们势利,也不是我自己自卑,主要是与我处的地理位置有关,这个浮躁的年代每个人都有每个人的事,很难有闲心拜师访友。但是刘道玉老校长和武大老师们的恩情、同学们之间的友谊我从来没有忘记。惭愧的是,我只能以认识他们为荣,只能用他们的名字装点自己的门脸,比如在某些需要虚荣的场合我会说——我是武大中文系 83 级插班生——刘道玉是我们的校长,陈美兰是我们的导师……或者说,陈应松、野莽他们都是我的武大插班生同学……

最后我有一句心里话需要向同学们坦陈——

虽然那时我已不算年轻,但对生活认识的浮浅和幼稚使我那时还不懂得珍惜友情。在短暂的时间里由于自身修养的不足,无意间也可能给个别同学留下了不愉快的记忆。我常常在心里想:亲爱的同学们,如果时光能够倒流,如果能再给我们一次相处的机会,我会让老师和同学们记住一个全新的我。

遗憾的是生活没有如果。我亲爱的同学们,但愿岁月早已冲刷走这些不快的记忆,沙尘拂尽,友谊便会像金子般的珍贵,至少我现在已是这种心境。

武大啊武大,无论我活得怎样苦涩,你都永远是我人生中最美好的梦境。

王伟举,湖北宜城人,1952 年出生,回乡知青,早年学习文学创作,1980 年加入作协湖北分会,1983 年调宜城县文化馆工作,1985 年调襄樊市文联，同年考入武汉大学中文系插班学习，毕业后仍回原单位工作。曾任《汉水》文学双月刊编辑部主任、副主编，市文联秘书长，市作协副主席等职。1993年获评文学创作二级职称。曾出版小说集《花地》，报告文学集《飞旋的世界》、《东方底特律之梦》、《超越神话》，长篇纪实《世纪沧桑》等作品；也曾尝试触电，写有上下集电视剧《歧路无归》、20集连续剧《这山那山》等。现为小城寓公，尝试商业化写作。

回望珞珈山

水运宪

1985年于我来说有点特别,这一年发生了三件大事,非常具体地改变了我的命运。尤其是第三件。

年初的时候,我的个人生活发生了巨大的变化。列车忽地脱离了原有的轨道,退不能退进不能进,颇感迷茫。正好接到组织部门的调令,让我到省作家协会报到,去做一名职业作家。原单位的领导不想放人,但是我去意坚定,他们也不好强留,便提出一个条件,希望我去完成一项宏大的写作任务。条件给得很优厚,我就应了,只身前往湘西山区。一去就是七个月,与世隔绝一般。

后来因为胃出血,差一点就要动刀切除了,便回到省会一家部队医院治疗。在那间有单独浴室的病房里,将七个月苦心积累的素材细致地梳理了好多遍,放开想象的翅膀,潜心写完了《乌龙山剿匪记》。这部作品两年后在全国各级电视台热播,一直火爆了近20年,这倒是我始料未及的。

第三件事来得纯属偶然。有一天我去文联取信,遇上了谭谈、古华两位朋友,他们无意中说起了去武汉上学的事情。谭谈问古华去不去,古华说,他已经在北京鲁迅文学院读了一年,就不去了。谭谈也觉得年纪不轻了,要做的事情又多,他也不想去。那时候作协的专业作家队伍刚刚建立,作家们平时都各忙各的，不开会一般很少相遇，所以我对他们说的事情也就全然不知。一打听才知道，武汉大学正准备接纳插班生。其中有个作家班，据说是武大校长和中国作协领导达成的共识，目的是想让作家学者化。

如此重大的一件事情，若不是"道听途说"，我还真不知情。其实无论从哪个方面讲，我都非常想去读几年书。虽然在别人的眼里似乎已经功成名就，自己却感到不能再往下写，必须得有个沉淀和思考的过程。况且当时突然失去了牵绊，脑子里腾出了空白，很有一股求知的欲望。我明白，如果不抓住那个机会，往后就再也不可能沉下心系统地读些书了。只是我不知道读这个班是不是还需要一些优良条件，要不然怎么只有他们两个而没有我呢？我犹豫了好久才问谭谈，如果你们不去，能不能考虑让我去？谭谈那时候就是省作协常务副主席了，说话很有余地："要得吧？我跟他们商量一下吧？"然后很认真地告诉我："不一定去了就能读，还要考试呢。"古华帮我讲了句话："他没问题，在中央戏剧学院上过两年学，应该考得取。"于是我就一担行囊去了武汉珞珈山。

报到那天，我最关心的是班上有哪些熟悉的朋友。作家之间有个特殊的现象，大家都熟悉相互的名字，见面的机会却很难得。除了同省去的谭元亨、吴雪恼之外，见过面的也就那么一两位。我实在没有和江西的陈世旭一起开过笔会，但是一见面就觉得在哪里见过。这事有点不可理喻，神交久了，音容笑貌居然能在脑子里勾画得八九不离十。召政也属于被勾画过的。还有邵振国，我早就知道他跟我还是老庚。

北方来了不少作家，他们则是另一种风范。最北边过来的刘亚洲，黑黝黝一尊铁塔。罗辰生是北京《东方少年》的主编，无论如何也想不到他竟然会有一副高大魁伟的胡马身躯。山东来的李延国，虽然不算太威猛，那大汉气概丝毫不减。说话听上去挺抑扬顿挫，却是极其难懂的一口胶东腔调。

特例也是有的。正如南方也有大个子一样，同样来自黑龙江的袁厚春就单瘦得犹如一介江南秀士。他的长篇报告文学《省委第一书记》与我的《祸起萧墙》同一届获全国文学大奖,所以我确实亲眼见过他而并非意念勾画。那时候他在解放军文艺出版社工作,开颁奖会的时候推着一辆小车,谦虚谨慎地往每个房间赠送《昆仑》杂志。当时有人介绍说他也是一位获奖作家,我就觉得奇怪,非常注意地打量过他的那张劳动人民朴实而又忠厚的脸。尽管那时候他一身戎装,但我还是记住了,一见面就认得出来。

▲ 左熊召政、中李延国、右水运宪

厚春的面相不仅能博得我一个人的信任。成立班委会的时候,全体同学都举了手,一致推选他为班长,可见那是一张极具亲和力的面孔。只是我被推选为学习委员就不知道是凭什么了,肯定不是因为面相的原因。世旭、召政、尔品、秀海、鲁勃,还有好多同学外形上都比我有魅力得多。一直读到毕业我才想清楚大致的原因,当时武大已经推行学分制了,拿够学分就可以毕业,因此学习委员实在是个可有可无的角色,随便推举个歪瓜劣枣都行。绝对无伤大雅。

学校方面考虑问题相当人性化,入学后给我们每人发了一枚红色的校徽。也许觉得我们班的学员年纪都老大不小了,再佩戴白色校徽面子上就下不来了。其实这样对我们也不合适,红校徽只是发给教职员工的,我们年龄再大,毕竟还是学生啊。当时我们还傻愣愣地感到很高兴,认为这是被人看得起。有一天傍晚我和几个同学到东湖旁边散步,一群年轻学生朝我们看了好半天,然后议论说,喂,是不是学校炊事班换了一批厨师啊?这话让我听得清清楚楚,回来讲给厚春听,他笑得肚子疼。后来我就一直没有佩戴过红校徽了。

我和厚春还是挺一见如故的，入学的当晚我们就住进了同一间宿舍。此后几年时间休戚与共，至今情同手足。

▲ 左水运宪、中袁厚春、右晓宫

学校给了我们很好的居住条件，平时住八名学生的房间，只安排住两人。据说是研究生待遇。两张床两张书桌，空间还很富裕。我这个人在生活上讲究惯了，喜欢有很多的衣服，每天早上挑选着穿哪一件，本身就是一种享受。而且所有的衣服都得用衣架悬挂起来，不想皱皱巴巴地凑合着穿。同厚春一商量，就去水果湖商店买了一个带穿衣镜的大衣柜。厚春带到学校去的衣服其实很少，只有两套军装，而且是毛涤混纺面料，不怕皱，根本不用挂。为了不打击我的积极性，他还是有模有样地挂了进去。书没读完，那衣柜就跟不上日渐膨胀的购物欲望了。越来越多的服装把个衣柜挤得满满的，取件衣服都相当困难。

一般人都以为那里面增加的全是我的衣服，其实他们的目光都还停留在过去阶段，以为作为高级军官的袁厚春是不会有购买欲的。尤其他来自东北农村，脸上写满了艰苦朴素的字样。对他的这些良好印象让我感到难过，实际上这就是对我能量的严重低估，没看出我是一个极具感染力的人。任何人与我同居一室，右一套左一套地诱惑，左一句右一句地熏染，他都会茅塞顿开。厚春就是这样的，他越来越感觉到自己的单调，一个大男人，光有那么两套军装，怎么地也谈不上五光十色。终于有一天，在那面穿衣镜前，他拿出我的衣服，西装革履一对照，那心就动了。然后就跟我去了商场，一去就不可收拾了。

最先觉察出他的变化的当然是他的太太。袁夫人并且还跟我提了抗议，说，我们家厚春跟着你变修了。那个“修”字是有时代典故的，今天的年轻人根本就听不明白。当时我都觉得她那批评已经过时，也就没放在心上。果然，毕业后我在广州遇见厚春的时候，他走得比我还远，居然一个人下榻在五星级的“中国大酒店”。西服笔挺自不必说，走到酒店的任何一个场所他都不用付账，只须掏出一张紫色磁卡，霎时间就令服务生毕恭毕敬。当天晚上他留我在那间无比豪华的房间住，洗完澡准备洗衬衣的时候，厚春一把拿了过去，装进了一个洗衣袋。第二天服务生客客气气给送了回来，就跟新买的一样。那么好的包装让我感到十分地不相配，我的那件衬衣其实已经很旧了，还是“的确良”质地，只花了十二块钱。一问，洗一次居然花去了二十大洋，真正地将萝卜盘成了肉价钱。后来才知道，他那阵子接受了写报告文学的任务，写作对象就是酒店的老板，经费自然全是老板给出的。这让我想起了去湘西的那次任务，我的写作对象却是已经被剿灭了的山区土匪，他们的亡灵显然不可能替我买单，于是那日子苦得令人冒清水，差点就让边远地区的医师切掉了我的胃。

尤其那次去广州之前我还不知道用卡是怎么回事，至今一掏出磁卡就想到中国大酒店，想到袁厚春。不过我心里也能找到平衡，毕竟厚春第一次穿西装是在珞珈山学的。是我教会他的。

我的那只大衣柜还发挥了更多的妙用。李斌奎就特别爱从镜子中欣赏自己。他每次到我们宿舍来找班长有事，眼睛从来不看班长，更不看我，一边说事儿一边瞟着穿衣镜，还一个劲地用手去捋额前开始稀疏的头发。

更有趣味的是吴雪恼。我的这位苗族同学喜欢玩扑克，晚餐之余，他总是提着一只小板凳走进来，吆喝着要玩一会儿牌。当时那种玩法叫什么我记不清了，只记得是一个人喊庄，其他三个人打庄家一个。打够了分庄家就赔给三个人，没打够，三个人都得赔给庄家。雪恼性子刚烈，总是包着庄自己打。问题是他老喜欢背靠着我的大衣柜坐着，说他的腰不好，非要抢那个位置不可，因此他手里抓了些什么牌，其他三个人都可以从穿衣镜里面看得一清二楚。结果可想而知，这位苗族老兄在我房间打牌基本上就没有赢的记录。那时候也兴点小赌注,以食堂的饭菜票做押。吴雪恼经常是把身上的米和菜输得精光,然后一脸通红地站起来,提起小板凳就往外走。又不甘心,老是用一种怀疑的眼光看着我们三个人,气鼓鼓地说,“不行,你们几个人肯定搞了我的鬼。”至于搞了什么鬼,四个人当中只有他始终没有想明白。

这个可爱而又搞笑的大衣柜,最后离开学校的时候我没有将它带走,而是连同我上学用的那辆自行车,一起送给班上的英语老师毛峰了。毛老师是湖南益阳人,对我们特别用心。英语是我们的必修课,但是有的同学根本无法啃进去,就报到系里去,给少数几个同学免修了。吴雪恼君就是其中一个。他倒是把我当学习委员对待,一本正经地找我汇报,然后跟我要求免修英语。看在他饭菜票输得也还大方的面子上,我就去找了毛老师。开玩笑地说:他懂苗语,是否可以等同掌握了一门外语?毛老师放肆地笑,然后很慈善地同意了。

好多年后,突然听武汉的同学说毛峰老师猝然去世了。这一噩耗确实让我们扼腕痛惜了好长一段时间。

武汉大学的校区相当大。我们住在东湖旁边,当时叫“湖滨八舍”。那地方依山傍水,环境很好,却隔所有的教学楼都有比较远的距离。我选修的课很杂,除了本系的课程之外,还选修了哲学系、历史系、经济管理系、图书馆系等的多门课程。考虑到每天都要走很多路,我就把自行车托运到学校,这样就快捷多了。厚春觉得这个办法好,也就动了心。但是他比我大方,索性在武汉买了一辆新自行车。他其实很会划算,“毕业后再托回北京去,老二正好缺一辆车”。

校区内的道路却极不平坦。从湖滨八舍出门,无论往哪个教学楼走,都得爬一道大坡。那坡很陡,骑车很难蹬得上去,只好推着往上走。好在有上坡就有下坡,时间方面到底也能省一些。我们班有那么一两个同学很聪明,老是坐在我车后架上搭便车。上坡的时候他们也舍得出力,在后面使劲推。上到坡顶就享福了,屁股一撅蹭上去,一路春风。自行车流星般地超越一拨拨步行的同学,那会儿就显得格外神气。

有一天我们全班都去听哲学系肖萐父教授的课,这是一堂期盼已久的大课。肖先生早在80年代初就主持了《熊十力全集》的整理出版工作,那部著作被学术界誉为"20世纪中国哲学的丰碑"。他还与李锦全先生共同编撰了《中国哲学史》上、下卷,这是文科大学一直采用的教科书。肖先生当时除了带研究生就只是潜心著书,已经很少授课了,因此他的讲座非常难得一听。全班同学早早地做好了准备,想去抢占个好一点的座位。仰仗着有自行车,我走得比他们稍晚了些。关好宿舍门,却看见走廊内还有个瘦小的身影在那里徘徊。那是我们班上的女才子王英琦,一个看上去十分让人怜惜的弱小皖女。她见我要走了,获救一般朝我呼叫,"哎呀,怎么得了?怎么得了?"我赶紧问她怎么回事,她说,她房间的开水瓶里面还烧着水,电热水器没有拔。更要命的是那房门,想进去拔插头却打不开,她的钥匙被反锁在里面了。这事当然非同小可,我得替她想办法紧急处置。那事得耗费时间,又要赶去听课,汗都急出来了。最后好像是用一张硬卡片之类的东西给弄开的,进门一看,水瓶在一边,热水器在另一边,根本就没有烧开水那回事。王英琦自己先笑了,说,"我忘记了,以为还烧着呢"。当时我心里那火都快点着了,扭头就往外走。我甚至认为她的门钥匙也没有忘在房间里。王英琦紧跟在我身后也出了门,说,"呀!听课来不及了,你用自行车驮着我去吧,帮忙帮到底嘛。"有什么办法呢?上坡的时候还不好让她在后面推,真的有一肚子的别扭。

班上还有一个叫龚国才的青年作家,也是湖南来的。他的笔名叫晓宫,一个很有日本味的名字,毕业后果然就去了日本。晓宫是个非常好的小兄弟,同我和厚春形影不离。我们学什么他就学什么,我们有什么他也得有什么,半步都不落下。厚春跟我学着打领带结,他也对着镜子发奋地练习。看见我们有自行车,他也弄了一辆旧车过来,咔嚓咔嚓地满校园跑。一到星期天,经常是三辆单车并驾齐驱,或经水果湖迂回到中南商场,或干脆直奔汉口商业街。晓宫外表上穿戴得有条有理,却有些丢三落四的习惯,每次车出校门,他都惊呼:呀,我身上可没带一个子儿啊!我们当然不会让他再回去取钱,就替他付账。时间长了,这位老弟总是忘记带"子儿"出门,倒是让人产生了怀疑。

他特别认真,人又很聪明,这两者集中在他的身上,倒是产生了一种让人捉摸不透的感觉。有一天下了课往宿舍走,正值春花怒放的时节,武汉市至少有两万来人到我们学校来观赏樱花。樱园那一带游人密集,道路堵塞,挤出了我们一身的汗水。振国兄怒目直视观花者,愤慨地说,还有一点爱国心没有啊?这些树是日本侵略者种下的,当时这里是他们的战地医院,为了安慰伤兵的怀乡之情。岂不知那时候鬼子们正在南京屠杀我们的同胞呢。说完,他昂首阔步地朝前挤,带头撞出一条“血路”,气呼呼地走向湖滨八舍。晓宫望着他的背影,站在原地半天没动。然后对我说:“今天晚上我们班上得轮流值班才行。”我没有明白他的意思,晓宫似乎有点急了,“真的。你信不信,振国老兄说不定会半夜三更爬起来,拖一把斧子劈了这些樱花树。”当时还有几个同学在边上,听得哈哈地笑。我以为这是晓宫的一种幽默,听听就算了,不料他还真当一回事,下午又正经八百地告诉了班长。吃晚饭的时候他还特意端着饭碗到了我们房间,问值班的事情落实了没有。我朝他打量了好长时间,真的弄不清他到底是不是在开玩笑。常言道“事不过三”,他一而再、再而三地说值班的事,显然就不能认为仅仅是一种搞笑了。那又会是什么呢?难道真的以为瘦弱的振国老兄会朝那些美丽的樱花树磨刀霍霍?这种想法才是真正地搞笑呢!

晓宫看上去显得很稚嫩,因此无论在谁眼里,我们班上最像大学生的人就是他。一副深色宽边眼镜,一头浓密硬扎的黑发,一股打破砂锅问到底的倔强劲头。其实龚国才也是个历尽了沧桑的苦孩子。他已经结婚了,而且还结得比较晚。夫人是当地出了名的小美女,据晓宫说,那女子是他从有暴力倾向的人的手心里夺过来的。龙争虎斗了好长时间,最后终于达成了协议,让那个人朝着他的肚子上狂打三拳,从此名花有主。晓宫形容说,那人攒足了全身力气,“咚!咚!咚!”于是他感觉到全世界都被震动了三次。

毕业那年,他的爱妻正好要去日本留学,晓宫就办了陪读手续东渡日本,从此一去不回头。起先他在东京做点小生意,日子应该是比较艰难的,但是他爱面子,不肯多说那段生活。十多年后,晓宫忽然回来了,质地很好的白衬衣外面,罩了一件闪闪发亮的缎子马甲,还真是有点日本银行家的派头。他们小伉俪居然还带回来三个孩子,阶梯似的，让我百思不解，身处异域，无亲无故，生那么多孩子干什么？“水哥，你这就不知道了。”他很国际地告诉我，“在日本，孩子生得多，做生意是可以免税的。”我便不敢再往下问，怕更加露拙。如此天壤之别的国情，当然只能令我瞠目结舌。

那次回来，我觉得是晓宫的日本生意做得最好的时候。他一定让我马上给厚春打电话，然后接过电话，不容厚春说任何话，开口就让他当天从北京飞来长沙。“小事一件。所有费用我都包了！”他很豪气地挥着手。我在边上听得想笑，真正的今非昔比啊，到底不是一个子儿都不带的年月了。

谁知那次的见面竟成了我与晓宫的永别。第二年一个深夜，晓宫的太太打了个越洋电话给我，没有说话先就大哭，痛不欲生。后来我给晓宫打电话过去，很沉重又非常直接地说，“晓宫，回来吧。一个大男人，何必将一把骨头抛在异国他乡啊！”晓宫知道这事肯定是他太太告诉我的，就笑着说，“水哥，别听她的。实在不行了我会自己告诉你的。可现在，嘿，我还没有呢。早着呢。”

其实那时候他已经不行了。只几个月的时间，他夫人就捧着骨灰盒回来了。入土的时候正值非典流行，同学们都赶不过来，我自己驾车一路上闯过了若干个消毒站，赶往醴陵，亲手把持着晓宫的骨灰盒，送他魂归故里。

后来我们同学聚会的时候感慨不已。武大首届作家班已经走了两名同学，一位是年纪最大的刘亚洲，另一位竟然是年龄最小的龚国才。世事难料，尤其这阴阳两隔的事情，谁也算不准啊。

两年的时间，大发其迹的事情也是有的。学校大门对面有一个非常不起眼的小餐馆，那是我们班同学经常光顾的地方。谁有客人来了都往那儿带。外面几乎每天都有各个杂志社、出版社的编辑来约稿，然后就请吃饭，脚一抬，必定得去那个地方。说实话，那里的菜毫无特别之处，服务、卫生之类的条件根本就谈不上。没办法，周边地区独此一家，没有其他选择。经常是一走进去，满堂子都是作家班的人。大家彼此一笑，心照不宣。又来了？哈。

回想起来那餐馆确实很破烂。发黑的木板钉成墙壁，顶棚上尽是些窟窿眼,天晴露光下雨漏水,还生怕掉毛毛虫下来。就是这么一个不雅观的去处,赚足了我们作家班的钱。那些和我们有稿约关系的出版社、杂志社,都在那里大把大把地抛洒银子。老板的样子我都记得很清楚,态度挺好却极会掐算,连个像样的服务员都不请。到我们毕业的时候,那餐馆忽然就面貌大变,红墙红瓦白瓷砖,面积扩大了一倍以上。后来我们回学校聚会时那房子还在,生意仍然红火。我们进到里面故地重游,看着那四面光洁的屋子,几乎都能指出来哪块砖哪片瓦是我们班上哪位同学捐献的。真的有那种感触。

不过再后来那餐馆就看不到了。学校周围发生了太多的变化,很多物件便成为消失了的历史,再也无法复制。

像我们当时的插班生制度,似乎也一去不复返了。作家班后来又办了两届,我们省有王平、彭东明两位作家成为了我的学弟。再往后就没有办了。时局和环境都在不停地发生变化,作家班显然也归入了历史。有些东西还真是说不清楚,往往要等到它成为历史之后,人们才愿意回望那曾经的存在。

后来有若干次机会回到珞珈山,心中总会涌起一种历史的珍贵感。可以肯定地说,这种感觉也是绝对无法复制的。

水运宪,1948 年 5 月出生于湖南常德,祖籍湖北武昌。1966 年参加工作,在常德市电机总厂当工人、工会干事。1978 年考入中央戏剧学院戏文系编剧专业,1982 年毕业,分配在湖南广播电视艺术团任专业编剧、艺术室主任、团艺术委员会主任。1985 年,调入湖南省作家协会任专业作家,并于 1985 年由中国作家协会推荐,入武汉大学中文系作家班学习,1987 年本科毕业回湖南省作家协会工作,任省作协理事、副主席。

1990 年,被授予国务院政府特殊津贴。1992 年,被评为“有突出贡献的中、青年专家”。2006 年,被湖南省委、省政府授予“湖南省优秀专家”称号。

主要作品有:大型话剧《为了幸福,干杯!》,剧本获全国第二届优秀剧本奖；中篇小说《祸起萧墙》，获全国第二届优秀中篇小说奖；电视连续剧《乌龙山剿匪记》，获全国电视金鹰奖。先后独立创作电视剧、电视连续剧120余部(集)。产生一定影响的有《本市重要新闻》(6集)、《风满潇湘》(7集)、《乌龙山剿匪记》(20集)、《乾隆王朝》(40集)、《天不藏奸》(30集)等。公开发行小说、报告文学、散文等文学作品共计500余万字。

现为中国作家协会会员，中国戏剧家协会会员，中国电视艺术家协会会员，中国电影家协会会员。

一头猪的回忆

文新国

我属猪，十二生肖排最后。据说猪的属相本应是猫，轩辕黄帝在选十二个动物为生肖时，猫睡懒觉未到，这时，猪“挤”了进来，黄帝老子说，就是你了。

想想我这59年的人生重要关头，也是“挤”进来的。

新兵考核通过后，我突然要去和父母告别(父亲由“五七”干校下放到了农村)。第二天回城，接兵的人走了，我坐车乘船一路追去，同伴们早已穿上了军装，几个月后我才补办手续戴上了帽徽领章，总算“挤”进了队伍。

从事写作前，我本是个翻筋斗的京剧武行，在演出革命样板戏《沙家浜》时把左肘骨摔断了，又不忍离开部队，就想用右手来写作。后来编了一出大戏《峥嵘岁月》，准备参加全军汇演。本来没“戏”，不料白桦编的《曙光》没能进京，我编的戏到了北京，还得了奖，又“挤”进了专业创作队伍。

上武汉大学作家班，也是“挤”进来的。

21年前的春天，我正在原武汉军区四所写京剧唱本《冼夫人》，有位词作家告诉我武大要招插班生。怦然心动！按招生简章指南，日夜备课迎考。最苦的是古代汉语，对于只读了五年书就参加工作的我，真是“雄关漫道”。为了攻关，我请了老师，为了抢时间，凌晨四点便盘腿打坐床头背语法……吓得妻子惊问,你是不是中了魔?就这样把各课"魔"了几个月,忐忑地进了考场。放眼一看,来应试的战友真不少,惟独没有给我报信的词作家。听战友说,他是知难而退。魔方一样的考卷发下来后,我也魔力般地画完了。不是前三名交卷,也是四五名。后来战友们说,难在作文题:起点就是终点。他们是从数学和运动学来作文,我是从人生的角度来应题。可能交卷快,快在于此。接下来便是等待发榜,等得我寝食不安。人也等瘦了,还是充满了希望。我还独自溜进校园,去看过教室和宿舍……没想到我落榜了!幸亏还有考试的好成绩在,我去理论,无果(至今也是个谜)。一气之下,通宵达旦写了万言书,信封大写六个字:刘道玉校长收。

战友们来劝:算了,我们也没录取。我不服,你们没录取是因为成绩,我不是。执意要将超重的信寄出,词作家来了,从社会到内幕开导了一番。我不信,又不得不信。我和刘校长从未谋面,也没任何"关系",再加上他百事压身,顾得上我的"呐喊"吗?试试吧,死马当做活马医,不成功,也申明了大义。信寄出后的第一天,很是痛快的我突然发现自己像阿Q,典型的精神胜利法。第二天,我又感到自己像堂吉诃德,骑着瘦马穿着破盔烂甲在盲目作战。第三天,我有点魔怔了。妻子说,不会有回音了,你死了这份心吧!下午,部队政委突然来到我家,通知我去面见刘校长。那时候我是怎么飞奔到学校的记不清了,只记得见到刘道玉校长的情景。

因为我有李达老校长的印象,想象着他也很老,没想到刘校长看上去很是"青春"。西装革履,文质彬彬。说话办事有条不紊,很快就把我录取的事定下来了。这时又遇到了是放在作家班,还是放在本科班的问题。因我当时还不是中国作家协会的会员,刘校长一看我的简历,属中国戏剧家协会的会员,当场对教务处的人拍板说,中国剧协会员也是国家级嘛!就放到作家班。

可以说,在我求学的关键时刻,是刘道玉校长帮我"挤"进了作家班。

记得入校的那天,我在武汉大学的牌楼下站了许久许久……终于跨进了百年名校,是激动也是感激,我要发奋学习不辱师恩。

开学后除了文学专业课程外,我还增加了哲学、历史、英语、美学、新闻学、现代汉语、古代汉语、三论、社会心理学等十多门选修课。有时一天要上七八节课,特地画了一张各课的教室表,准时地从一个教室赶到另一个教室,同学们叫我"听课虫"。

刘校长却风趣地说我,是背着麻袋来装知识的。

这话一直激励着我,在知识的海洋里完成了两年的"寒窗苦读"。

感谢老师们给了我许多学问,也感谢作家班的同学们给了我许多知识。毕业前,我把全班24位同学全部请到家中聚餐。借来了乒乓球台当餐桌,我当厨师,妻子当"马仔",杀鸡宰兔,整了一桌丰盛的酒席。同学们都是作家,吃得兴起,调侃厨师的能干,是"穷人的孩子早当家"。

我确实是个穷孩子,兄妹六人,排行老五,家大口阔,到六岁时我才尝过苹果(听说刘校长也是出身寒门)。

为谢师恩,我也请刘校长到家来喝茅台。可惜,好酒都让两位日本教师喝了,刘校长只饮了一小盅。酒兴上来,我记得还办了个家庭舞会。

第二次见到刘校长是在广州。当时我去宾馆看望他,在座的弟子有不少的官员和商人,纷纷邀请刘校长去五星级酒家。刘校长一一婉拒,笑着说,我们都去文新国那里吃家常便饭。妻子以为校长是欣赏我做的菜,其实老师是引荐这些有才华的校友和我结交。为了不扫校长的面子再借乒乓球台,当即上街买了个特大的圆桌面,购置了一套全新的餐具,愉快地完成了"盛大的家宴"(至今这些东西还保留着,我想等刘校长再次来穗,好"重操旧业")。

等了许久也没等来,却等来了校长被免职的消息!

我听说后专程去看望他。那是冬天,武汉奇冷。我进门一看,刘校长裹着黑色的大棉袄,头上竟戴着一顶可以套在脖子上的线棉帽,活像《林家铺子》的林老板。他和当年判若两人。我有点想哭,刘校长却是笑。笑着问了我的许多事,却只字没谈自己。

1993年,刘校长60大寿。接到同学们去祝寿的电话,我当即就赶去了。带了一筐进口香蕉,结果刘寿星当场就分给同学们"饕餮"了。

最愉快的一次见面是在北京，刘校长来中央电视台做“东方之子”的节目。我还没进门，就听见了刘校长的笑声。里面全是他钦点的得意门生，有首都报界的头人，有中国社会科学院的教授，还有在国务院和各大部任职的“四品、五品、六品”……我当时正在中央戏剧学院高研班学习，也“挤”了进来。

好日子一年比一天还快，刘校长已是古稀之人了……

刘校长曾说：“作为一名教师，如果没有爱生如子的深情，那他就不能成为一名优秀的教师。”

每当我这头猪回忆师生之谊时，就有一种感动：“知识有价情无价。”

知识是力量，但被世俗化后，有人形容成了一张纸。文凭是一张纸，婚姻是一张纸，合同是一张纸，当官的任命书也是一张纸。甚至说“感情比纸薄！”是耶？非耶？反正我们的师生情是厚重的。

老师爱学生，学生也替老师争光。在我们这一届的五名军人插班生中，有的当了将军，有的写出了《乔家大院》等好作品。

我唯一能做的，就是不辱师名。

作品也好，奖品也好，人生一切努力的最后成果就是人品。

好在我属猪，全身都可以奉献出来。

幸亏不属猫，猫是宠物，还挺“腐败”。主人问猫为何不抓老鼠？猫说，你今天没给我牛奶喝。

庆幸刘校长属鸡。

鸡是有翅膀的，但它不想飞，因为它依恋大地。鸡是有性格的，谓之“金鸡独立”。鸡是美丽的，凤冠华羽。鸡司晨，日出一叫，天下鸡皆随之。鸡有五种美德，《韩诗外传》说：“君不见夫鸡乎？头戴冠者，文也；足搏距者，武也；敌在前敢斗者，勇也；见食相呼者，仁也；守夜不失时者，信也。”

我属猪，明年进入花甲。

我记住了刘校长的一本书：《生命60始》。

文新国，湖北荆州市人，1947年生，48年军龄（含工龄），现为广州

军区政治部文艺创作室专业作家,技术五级(副军职),一级编剧,荣立三等功3次,中国作协、中国剧协会员,广东省戏剧家协会理事。著书5部;多幕剧10部,其中《峥嵘岁月》、《冼夫人》获全军第四届、第五届文艺汇演创作奖,《锦伞夫人》获全国第五届戏剧节曹禺优秀剧目奖,《赵新民》获西北片新剧目一等奖;电视剧160多部集,其中《李向群》获解放军金星一等奖,《冼夫人》获第三届全国"骏马奖"一等奖,《巴人》获第三届上海国际电视节评委奖,《和平年代》(编剧之一)《英雄无悔》(剧情策划)同获全国"五个一工程"、"飞天"、"金鹰"等奖。名入英国剑桥大学《世界名人录》。

路漫漫其修远兮

朱卫平

可以说,从江淮之间的一个小城走进珞珈山是件不太容易的事情,再从珞珈山走出来,走进中国的首都,走进全国最高权力机关,成为立法机关的一名工作人员,也是一件让人羡慕的事情。我常想,一个人在屡经坎坷之后凭什么改变命运,靠什么走向成功?是靠你坚韧的毅力,还是靠你身边的机遇?通常,机遇是常有的,但它总与人擦肩而过,能否抓住要看你的悟性。所以,我觉得,毅力、机遇和悟性,是人们改变命运、走向成功不可或缺的三个要素。

但是,机遇是什么?我以为,它就是社会变革、制度创新或岁月流动所带来的种种情势变化,是一种开端或契机,也是你生活进程中所发生的各种各样的机会。

我所经历的机遇,就是来自不同时间的情势变化。从某种意义上讲,机遇可以成就你憧憬的理想,可以改变你期盼的夙望,还可以让你产生抱恨终身的感叹。

一

记得13岁那年,我正在上中学的时候,父亲在一个偏远的地区被打成走资派,为了不让我成为一个挣工分的农民,他趁自己还有一点余热，匆匆把我带到距当地几十里远的一个钢铁厂，想让我当一名产业工人。当时，举国上下工人阶级领导一切，能够当上工人自然也是很幸运的事情。谁料，钢铁厂的领导怕引火烧身，仅仅请我们吃了一顿饭，就以孩子太小为由把父亲给拒绝了。无奈之下，父亲只好让我扛着被褥又随他回到几十里外的家中。不几天，父亲就接到通知，要下放到地革委"五七"干校劳动改造。

临行之前，父亲的一位老同事突然搞到一个当地榨油厂的工人指标。这个指标本来是给我姐姐搞的，但因工种是装卸工，姐姐不能干，所以我就成了替补人选。在劳动局办完相关手续，我摇身一变，成了榨油厂里年龄最小的装卸工人。上班后，我童心未泯，总是贪玩，经常旷工，并且总在上班时间悄悄地爬进宽敞的仓库，攀上装有花生的麻袋堆顶上去偷吃花生，还把装有花生的麻袋垒成碉堡形状躲藏在里面睡觉，更有甚的是还在里面拉屎、撒尿。这种恶作剧很快就被工人师傅发现了，他们把我从仓库里揪了出来，大加训斥，还差点儿揍我。从此之后，我的工作就没了。没有办法，我只好跟随父亲到地革委"五七"干校，与父亲一起劳动改造去了。

去"五七"干校那天，是一个冰冷的早晨。我们先坐汽车，然后在一个叫"五里店"的地方下车，接着开始步行。因为刚下过雪，所以泥泞的道路两边铺满了厚厚的积雪。呼啸的北风格外阴冷，吹在脸上像针扎一样疼。远处，点点稀疏的茅草房，在雪中显得格外寂寞，格外荒凉。在步行一个小时后，泥泞道路的尽头呈现出一排排红色的瓦房，给冰天雪地的荒野间增添了几分人气和生机，那就是我们要去劳动改造的"五七"干校。

由于"五七"干校没有办学条件，所以我们的学校就是当地一所农村小学，学校专为我们设立一个初中班，老师是几名郑州的下放知青。因为教学条件落后，没多久，我们这些随家下放到"五七"干校的孩子便开始厌学了。我们经常聚集在一起逃学，一起偷梨园的梨子吃。可以说，我是当时的孩子王，我带领着同龄的孩子们经常跟其他的下放知青发生冲突(打架)，有时还"扫荡"农民的鸡鸭，偷钓农民喂养的家鱼。因为在那个年代里，造反、叛逆和破坏似乎是所有下放知青的一种时尚，也是一种心理扭曲的发泄。

后来，许多家长都担心自己的孩子学坏，于是便请求“五七”干校领导把我们全都编入了所谓的干部队伍，与劳动改造的干部们同吃、同住、同劳动，即所谓的“三同”。早上号声一响，大家一同下地干活；中午号声一响，大家一起到食堂排队吃饭；下午号声一响，大家一起开始集中学习。当时学习的主要内容就是毛泽东选集，并且还不时地写一些学习毛选的心得体会，同志之间也要不断地开展斗私批修，还有所谓的“一帮一”、“一对红”等。这些劳动改造的干部表面看来都很正统，但私下里的言行却很荒诞，很极端，有时也会讲一些离奇并带有“颜色”的段子。尽管每天的生活都像在集中营里一样，但今天想来，也是别有一番滋味！

然而，时间一久，这种枯燥的学习就使我们这些生性好动的孩子们产生了厌倦，加之有些同龄的孩子渐渐进入青春期，偷看外国小说、传抄爱情诗歌也开始渐趋流行起来。如果谁能讲述几部外国小说的内容，吟咏几首名人的爱情诗句，谁就会成为孩子们崇拜的偶像，谁就会成为孩子们中的佼佼者。当时，唱“黄色歌曲”也非常流行，被列为“黄色歌曲”之“首”的《外国民歌二百首》，就在我们中间广为流传。每当夜深人静的时候，几个小伙伴总是聚在泛着月光的小河边，在几把口琴的伴奏下，低声吟唱着那些脍炙人口的“莫斯科郊外的晚上”和“红河谷”。渐渐地，一种朦朦胧胧的爱，一种糊里糊涂的爱，开始在孩子们中间悄然延开。于是，我很快成为替小伙伴们代写情书的高手，成为策划他们示爱行动的高参。回首往事，情书中那些华丽的词句虽然全都是东拼西凑来的，但这种少年游戏，却成为我们这一代人在当时学习文化、获取知识及学用结合的一种特殊方法！

二

光阴如水，三年的“五七”干校生活转眼即逝。一个偶然的机会，我被干校推荐上郑州铁路机械学校。怀着“别家园，少年心志在天边”的理想，我来到人生旅途的第一个大城市——郑州。在这所由早期铁道学院改为中专学校的校园里,我开始了人生旅途的第一站。

在郑州铁路机械学校,我学的专业是蒸汽机车构造。近似工科的课程讲授,让我如听天书一般,全然理不出一点头绪。加之当时全国许多学校的考试都出现了 AB 考卷,所以每次考试我都勉强以 60 分获胜。考试让我感受到了莫大的自卑。于是,我开始发奋,开始有了在读书、学习上的艰难跋涉。由于当时许多书籍都被禁封,可供阅读的书籍极为有限,所以有志向的年轻人一般都从马克思的《资本论》起步。不管读懂读不懂,反正每天都在怀里抱着,我也是这样。记得一次上课时,老师漫不经心地说:我们学校的藏书非常之多,只是现在全被查封了。说者无心,听者有意。当天夜晚,我就和几个同学一起潜入尘封已久的图书馆,一口气抱出几百本书来。那次,我们寝室每个人的床铺下面大约都有上百本禁书。第二天上课时,同学们相互心照不宣,并互相安慰道:偷书者非贼也!

然而,正当我们沾沾自喜地欣赏着各自窃来的战利品时,一场席卷全国的反潮流运动悄然涌动起来。接着又是"批林批孔"和"反对教育战线的右倾回潮"。一时间,刚刚复苏的中国教育战线形势又急转直下,我心中刚刚燃起的激情又开始了彷徨。我和几个同学决定避开学校去寻求一种刺激的生活。于是,我们经过几天策划,开始了一次寻游名山大川、遍采名胜古迹的浪迹行动。我们赴上海、游苏杭、攀华山、逛西安;在洛阳龙门,我们拜谒了白居易墓;在安徽当涂的谢公山,我们参拜了李白祠。由于没有钱,我们白天在火车上逃票,晚上睡在廉价的澡堂子里,有时一天只能吃上一顿饭。后来屈指一算,我们每学期旷课逃学的时间竟达一个多月。虽然东奔西跑是件非常辛苦的事情,但走南闯北却使我们猎取了不少的意外收获。

很快,两年的中专生活结束了,我们全班都被分配到郑州铁路分局机务北段当司炉工。那段经历,可以说是我人生的炼狱,让我受尽了筋骨之累,饱尝了思索之苦。我经常用酒把自己灌醉,然后在房间里嚎啕大哭。哭完后,再擦干眼泪去上班。无论是寒冷的冬天,还是炎热的夏天,不管是风雨的白天,还是飞雪的黑夜,我都要在火车头上一锹一锹地往炉膛里扔煤,一扔就是十吨八吨,汗水雨似地往屁股下边儿淌，沿着小腿一直流进黑乎乎的翻毛皮鞋里。当时，火车司炉的辛苦程度仅次于煤矿的下井工人和炼钢工人，每月发的粮票就是55斤，而且风险也极大。我们同学毕业不到一年，就死去两人，其中一个是1975年河南驻马店发大水死的，一个是在火车倒车时被碾死的。我在1975年那场大水灾中虽然幸免一死，但却成了那场大水灾的亲历者和见证者。那遍野的尸骸、遍地的恶臭、倒塌的房屋以及被拧成麻花形状的火车铁轨，让人至今回想起来都不寒而栗！

当然，在铁路工作期间，累倒不是主要问题，最不能忍受的是无知对你的羞辱。记得在一次大会上，机车队长当众叫我站立起来，喊道："大家看看朱卫平，连骨头还不到一百斤，他竟然天天看《红楼梦》。你那身子板咋能不亏，咋能有力气干活！"面对突如其来的哄堂大笑，我差点没哭出来。因为当时人们普遍认为《红楼梦》是一部淫书，偷看淫书的人自然也不是什么好东西。当时，我体重不足百斤，内向腼腆，瘦骨嶙峋，自然被工人们视为一个被《红楼梦》毒蚀的恶果。自从遭到莫名其妙的批判之后，更增强了摆脱困境的决心。我发誓：一定要离开铁路，子孙后代永远不进铁路！后来，不管你们批也罢、训也罢，我唯一的办法就是不上班、旷工，然后把自己紧紧地锁在房子里。为了尽快摆脱窘迫，我没日没夜地读书，彻夜不眠地写作。我渴望自己将来能成为一名诗人或作家，成为一名依靠笔耕来支撑未来生活的人。然而，在铁路的四年里，我最终也未能实现自己的理想。直到粉碎"四人帮"后，1978年的春天我才调离铁路，回到信阳地区中级法院当一名书记员。

三

人生的机遇有许多是偶然的，有时在你还不知不觉的时候，就会悄悄走来让你选择。这种选择，往往又会决定你一生的命运。

依照我父亲的说法，人应该学一点技术或手艺，将来终身受用。也正是基于这一点，他想让我到当时的地区医疗器械修理所，做一名医疗器械修理工。那时，他刚刚从"五七"干校返城恢复工作，分管教科文卫工作，说话比较灵。恰好这时，中级法院的一位老院长来看望父亲，发现我钢笔字写得还算可以，就建议父亲让我去法院当书记员。粉碎“四人帮”撤销军管会之后，全国开始恢复公检法，当时的法院也恰好缺少书记员。就这样，我在没有任何心理预期的情况下，就爽快地同意了。大约在一个星期之后，我就进入法院，开始了今生今世的法律工作，并最终成为一名法学博士。

在法院工作期间，我仍然爱看小说和诗歌，依旧怀揣着一个浪漫的文学梦想，并且相继发表了两篇小说和散文。这在当时，对我的激励相当大。我给自己起了个笔名，叫“鬻文”，隐含着自己的未来将是以笔耕为生，做一个自由自在的文人墨客。然而，在此期间，有两个人开始对我产生了潜移默化的影响。一个是庞中华，他当时是信阳地质队的技术员，有着深厚的文学功底，《唐诗三百首》和《宋词选》等，他全能倒背如流，并写得一手漂亮的钢笔字，手风琴也拉得非常好，我对他崇拜之至。另一个是“文革”初期北京政法学院毕业的邵其政，我当时在法院跟他当书记员。他的逻辑思维很好，讲话高屋建瓴，颇有大将风度，是一个可以担当大任的人才，但他的官只做到郑州市委副书记。我后来之所以能够读大学，成为法学博士，与他们的鼓励和支持是密不可分的。一方面，我想具有庞中华那样的文学才华，另一方面，我也想让自己像邵其政那样从容不迫、侃侃而谈。这虽然是一种幼稚的模仿，但它毕竟对我的学习和成长产生过积极的鞭策作用。

在法院工作期间，邵其政是分管刑事审判业务的副院长，他一直把我作为法院的业务骨干。许多有争议的案件，他总爱听听我的意见；在起草法律文书上，也总是先让我提出一些审改意见。这使我不得不拿出大量的时间去钻研学习各种法律基础知识。后来，地委组织部给了一个上学名额，他又力推我全脱产去信阳师范学院中文系学习，使我受益匪浅。后来，我能顺利地考上武汉大学，也应当归功于他。

记得一次我考研究生失败，在他家里聊天儿，他夫人告诉我说：《河南日报》有一则武汉大学招收插班生的消息，你不妨去试试看。听了她的劝谏，当时我并没有在意。事过两天，我才找到刊登这则消息的报纸。读罢消息,我心怦然而动。我知道,武汉大学是全国重点大学,当时在刘道玉校长的带领下,高等教育改革和教学创新是全国首屈一指的。抱着试一试的心理,我把自己发表的各种论文、小说和散文统统寄给了武汉大学。没多久,我就收到了资格审查委员会允许考试的通知。由于已经连续两年报考过研究生,所以对专业课考试我胸有成竹,只是对外语考试颇为心虚。说心里话,在考完之后我又增添了许多自信,我觉得自己应该是稳操胜券的。然而,两个月过后则没有一点消息。突然一天,有人来到法院打听,询问我是否收到录取通知书。这时,我才火烧眉毛。据说,凡是成绩合格的都已经收到了录取通知书。我没有收到,表明我的成绩不及格,没有被录取。我一下傻了,我怎么会不及格呢? ……我决定,要到武汉大学去问一问。

第二天一早,我踏进了武汉大学的校园。还不到上班时间,我就站在了教务处门前,一直等到工作人员上班。记得我最先见到的是一位女同志,我说我报考了插班生,想来询问一下结果。她的回答很干脆,说:“通知书已经全发出去了,没有接到通知书,就说明你没有考上。”再问别的,她也不愿意多讲。我像泄气的皮球,一下心灰意冷了。从教务处出来,我一边走一边扪心自问,难道是我真的不行? 难道我真的失去了这次机会? 在武汉大学校门口处,我郁闷地停下了。望着牌楼上“国立武汉大学”几个凝重的大字,我差点哭出声来。不行! 我不能就这样离开! 我要弄清楚自己的差距。于是,我决定返回教务处,去查询一下自己的考试成绩。当我返回教务处时,仍然是那位女老师,她坚决不同意我查询分数,并说这是规定。正当我们争执不下的时候,又来了一位女老师,她是教务处的科长,姓肖。她首先问了我的名字,然后说:“朱卫平……好像是录取了,你等我查看一下。”查看后,她又说:“你录取了,通知书未发,因为你发表的文章有些用的是笔名,需要报社写证明,证明作者是你朱卫平。”听到她的解释,我的血忽地沸腾了似的。我急忙说:“能不能让我看一下通知书?”肖科长爽快地答应了,开玩笑地说:“要拿证明来换啊!”我无法形容当时的喜悦,只记得我是一口气跑出了武大校园……

四

应该说，能够考上武汉大学与我多年锲而不舍的学习有关系，但更与刘道玉校长的制度创新有关系，如果没有他所创新的插班生制度给我提供这样一个机遇，我的命运或许会是另外一种结果。

进入武汉大学之后，我首先被美丽的校园所吸引了：苍翠而神秘的珞珈山，清澈而飘渺的东湖，还有那不绝于耳的鸟鸣、蝉唱伴随着此起彼伏的读书声，每一分钟都让我激动，让我陶醉。可以说，武汉大学的校园风光在全国高校中堪称一流。但是，更令人耳目一新的是那里宽松、自由和活跃的学术氛围和学习环境。几乎是每个晚上，都有学生会组织的各种学术演讲，而且每个演讲都座无虚席，非常精彩。这种演讲有的是由学生会请来的外校专家学者所作的专题演讲，有的是本校老师或学生自己发起的关于历史或时政方面的分析，还有的类似于学术辩论会一般，大家你一言我一语，总是争得面红耳赤。活跃的学术氛围必然产生一些新的观念和新的思想，也必然给莘莘学子带来一种心灵上的震撼。

如火如荼的创新和改革，很快使武汉大学成为全国高校改革中的一面旗帜。刘道玉这个名字，也成为全国高等教育领域中一个响当当的品牌；作为当时全国最年轻的大学校长，他的观点、他的思想也成为全国各大媒体关注的焦点；尤其是他所率先推行的学分制、主辅修制、插班生制、导师制等，不仅突破了高等教育界的陈规陋习，激发了大学生们的热情和兴趣，而且还造就了一批卓有成就的人才，改变了一批发奋自学的青年的命运。在新中国的教育史上，他应该是一位当之无愧的改革家、教育家和思想家！在武汉大学，我有幸成为他的崇拜者之一，并多次聆听他那精彩、风趣而富有真知灼见的演讲。在我看来，他是一名真正负有责任感和使命感的大学校长，是当代中国知识分子的脊梁！

在武汉大学，我不仅遇到了一位终身受益的好校长，也遇到了一批中国法律界著名的精英，如韩德培、姚梅镇、马克昌、何华辉、李双元、曾昭度、蔡守秋、梁西和张学仁等老师，他们孜孜不倦地向学生们灌输着各种法律制度和法律知识，默默无声地为中国法治建设输送着各种各样的人才。在20世纪80年代中期，由于我国的民主政治刚刚起步，法律体系也不够健全，所以发达国家的法律制度和法治思想，理所当然地为许多学子所推崇，张学仁老师主讲的西方法律思想史便是其中之一。张老师讲课绘声绘色，入木三分，很快就吸引了不少中文系和作家班的学生。说心里话，西方的法治思想、政党制度和政治体制着实让人耳目一新。尤其是我们这些经历过“文化大革命”的一代人，在历经磨难之后，我们对旧体制中的一些弊端有着切肤之体会，我们非常渴望中国能够尽快步入法治轨道，也迫切期望那些被公认为文明成果的思想和制度早日植根于我们的社会。

在武汉大学，我如期修满了规定的学分，顺利取得了法学学士学位。

大学毕业后，我被分配到全国人大常委会办公厅工作。先是在信访局，半年后调到秘书局，在会议处负责委员长会议、常委会会议的记录和国务院向人大常委会的提案工作，并且兼顾全国人大常委会公报的编辑工作。在中央层面，会议处是一个非常重要的服务性的秘书机构，中央办公厅、全国人大常委会办公厅、国务院办公厅和全国政协办公厅都设有会议处，负责各自系统的最高规格的会议事务。在最高权力机关，会议处工作服务的对象是委员长、副委员长和常委会的委员们，工作既有荣誉感，也有许多酸甜苦辣。

在会议处工作的第二年，我开始跟随领导外出视察，先后几次跟随雷洁琼副委员长赴海南、广东视察。每到一地，我的任务就是帮助雷老撰写题词内容，并代雷老起草给人大常委会的视察报告。在其后的十余年里，我又先后跟随过王光英副委员长、费孝通副委员长、布赫副委员长多次赴地方视察。最庞大、最隆重的一次当数1996年6月跟随乔石委员长考察三峡。考察前，我和秘书局局长顾云昌、行管局局长白殿忠三人一起对考察线路和考察景点作前期安排，就是所谓的“打前战”。因为随同乔石委员长考察的领导人较多，有9位副委员长、22位正部级领导，所以地方各省都非常重视，所到之处都作了非常细致、周密的安排。考察启程那天,各位领导由北京统一乘专机出发,在成都降落,当晚又乘车抵达重庆,住重庆渝州宾馆。次日,由重庆乘“长江公主”号顺江而下。宜昌是乔石委员长三峡考察的终点站,在宜昌休息一宿后,又乘专机返回北京。

此次考察紧张而圆满,没有出现任何差错。每天夜晚,我们工作人员顶多能睡上三个小时,基本上是伏案达旦。由于船上房间有限,随行的正部级领导全都不让带秘书,许多具体工作都由包括我在内的6个随行工作人员承担,工作量相当大。看到我们夜以继日地劳累,一些部长主动要求帮助我们承担点具体工作,如朱良、顾昂然和柳随年等都曾先后到我的房间,说:“我也当过秘书,也能写点东西,如果方便,就让我们帮忙写点什么吧。”面对祥和、谦逊的部长们,我只有感激而已。

五

在全国人大常委会工作期间,我曾先后为七、八、九三届委员长和副委员长们做过秘书服务工作。给我留下深刻印象的当数雷洁琼、费孝通、周谷城和严济慈,他们德高望重,平易近人,语言有时幽默风趣,有时肃穆庄严,既是人杰,也堪为大师。如副委员长费孝通老先生就是一位学识非常渊博,待人极为谦和的长者,他说话幽默,语气适中,话语的含意颇耐人寻味;严济慈副委员长也是一位思维和行事都极为审慎的楷模。

一个偶然的机会,我又被调到习仲勋副委员长处工作。通过短短的接触,我发现习老是一个明察秋毫、爱憎分明、心底无私、敢于直言的老人,他对自己身边的工作人员要求极为严格,以至于一些老秘书们都有些怕他。但在当时,他还是非常喜欢我的,无论走到哪里都让我紧随其后,这是我终身不能忘怀的。后来,由于健康原因,习老转为住院治疗,中止了人大常委会的领导工作,我也被局领导调回机关。临走时,习老的夫人齐心阿姨不大愿意让我返回机关,希望我能继续留在习老身边。但是,我又不能不服从组织的安排,最后还是在习老入住医院的第二天回到了机关。

由于工作上总是平平淡淡,职务上又没有进展,所以在经历一番思考之后,我决定报考武汉大学的博士研究生。于是,我重温外语,拾掇旧业,又开始了学海生涯。在我看来,知识可以改变命运,也可以改变一个人困惑的心境。在读博期间,我研究的专业是宪法学与行政法学,研究的课题是国家元首制度。我选择的课题与我所从事工作有许多相通之处,所以论文和课题都进行得比较顺畅。三年时间,在张学仁、李龙、周叶中老师的教诲下,我顺利地通过了博士论文答辩,并取得了法学博士学位。

1999 年春,我被调到办公厅联络局。起初,领导的意见是想让我代表人大常委会办公厅常驻香港地区,因我本人不同意而更换了人选。接着,适逢临近澳门回归,我便被派去澳门组织第九届全国人大代表的选举工作。澳门的全国人大代表名额虽少,但选举程序颇为复杂。澳门有近四分之一的土生葡人,还有许多双重国籍的人。澳门与香港不同,面临回归,许多人都跃跃欲试要参加全国人大代表的选举。所以,中央对选举工作的要求很高,提出前期准备工作必须慎之又慎。筹备工作首先从组织选举会议入手,接着是赴澳门办理选举会议成员登记。在选举会议成立后,开始起草选举会议的表决办法等。这些办法既要符合澳门基本法,又要体现澳门不同于香港的特点。因此,选举的方案、办法、程序、公告以及常委会秘书长赴澳门的讲话,等等,基本上是三天一小改、五天一大修。经过几个月的折腾之后,选举工作总算圆满结束。然而,我却被有关领导提名留在了澳门,理由是熟悉情况,便于下一步开展工作。这次决定,没有征求我本人的意见,在常委会秘书长办公会议通过之后,才正式跟我谈话。无奈,我只能再次服从组织。2000 年 1 月 18 日,中央常驻澳门的工作机构正式更名为中央人民政府驻澳门特别行政区联络办公室。

澳门回归之后,我的工作远不如选举时期那么繁忙和顺利。中联办常驻的工作人员多是由闽粤两地选派的,语言不通,饮食习惯上也有很大差异。我孑然一人,无所事事,常常陷入无端的苦恼,工作上的枯燥、乏味,也让人彻夜不能入眠,而且每天只能在夜深人静的时候,才能与夫人、儿子通过电话报个平安。没有亲人,没有朋友,语言和环境让我感到格外生疏,格外郁闷。我时常发出颓丧的感叹:岁月无情,人生短暂啊!倏然,我发觉自己的心理已经开始悄然变化了:我无意再去打拼一个新的生活圈子,也不愿再去适应一个新的生活环境,往日那种激情在渐渐衰败、退化,继而转变为追求一种恬静、淡然和安逸。那段时间,我常常吟唱南唐后主的一段佳句:雕栏玉砌应犹在,只是朱颜改……我为自己碌碌无为的一生惭愧了!经过几天的思考之后,我突然做出一个惊人的决定:退休!重返北京!我的决定立刻让许多人感到震惊,他们都说不可思议。

记得在我离开澳门的那天,中央驻澳门联络办副主任柯小刚设宴为我送行,并于宴后和协调部所有的处级以上干部集中在新华大厦的一楼大厅,列队与我握手告别。在告别战友的那一瞬间,我心里确实流泪了,因为我毕竟是在告别一种自己所熟悉的生活。后来,有人戏谑我:你是第一个敢炒中联办"鱿鱼"的人。

2002年春,在我工作将满30年之际,我毅然退休返回北京。在我所熟悉的生活圈里,我又开始尝试着一种新的生活和新的追求……

现在想来,尽管我当时的决定有些贸然,但我深信,自己的选择是正确的。我觉得:人,就应当通过拼搏或挑战来验证自己,拼搏或挑战不仅可以使你摆脱心灵困苦,让你的生命大放光彩,还可以给你带来一种苦乐之后的愉悦和快感,让你发现自身的能量和价值!没有拼搏或挑战的人生,是苍白的,也是极其乏味的!

朱卫平,男,1955年12月生,中共党员,法学博士;1972年7月上郑州铁路机械学校,1974年7月毕业分配到郑州铁路局机务北段当司炉;1978年春调入河南省信阳地区中级法院任书记员,其后任助理审判员、审判员;1983年经推荐上信阳师范学院中文系;1985年考入武汉大学法律系首届插班生;1987年分配到全国人大常委会办公厅,1993年始历任秘书局处长、联络局处长;2000年调入中央人民政府驻澳门联络办公室工作;2002年退休,其后被北京师范大学聘任为法律系兼职教授;目前为北京金台律师事务所合伙人、执业律师。

1988年主编《企业法知识讲话》(清华大学出版社出版),1989年主编《全民所有制工业企业法知识手册》(中国政法大学出版社出版),1993年主编《中国百法条文注释》(吉林人民出版社出版),2001年发表专著《国家元首制度研究》(吉林人民出版社出版)。

一个人足以带来改变

——1985 年发生的事

华 姿

一

1979 年,我在天门的一所乡镇中学读高二。高考之前的某一日,我的历史老师唐承远在班上说,我起码可以考上武汉大学,倘若发挥得好,我还有可能考上复旦大学。

唐老师之所以说这番话,首先是因为,武汉大学是他的母校。他是"文革"前从武汉大学历史系毕业的高才生,缘于特殊的原因,被下放到了我们乡下。其次是因为,我的文史类成绩一向优异。唐老师曾说,我的记忆力以及对历史的领悟力,令他惊叹。在他看来,我完全有资格进入中国的一流大学,接受一流的文科教育。而他的母校武汉大学,当然是首选。

唐老师无疑是一个优秀的历史老师,但是,他在说这番话的时候,显然忽略了一个重要的事实,即,我是一个严重偏科的学生。我在数学上的表现非常差劲。如果单考文史,我应该不会辜负他的厚望。但是,倘若要考数学,那我就必定完蛋。

当然要考数学。所以那一年,我不仅没考上武汉大学,而且，我什么大学也没考上。

数学是我的噩梦。数学是所有偏科的文科学生的噩梦，一个永远的噩梦。这个噩梦究竟埋葬了多少青年的激情与梦想？只有天晓得。

二

时间很快就到了 1985 年。那一年，我在荆州教育学院中文系读书，两年的学习即将结束。在此之前，我上了两年的中等师范学校，当了两年的中学语文教师。

5 月初的一个傍晚，我收到一封来自武汉大学的信，是一个名叫石磊的历史系学生写来的。他自我介绍说，他是我的读者，读过我在那几年里发表过的部分诗歌作品。但他写这封信，并不是要跟我谈论写作，而是要迫不及待地告诉我一个重大的惊人的好消息，那就是，武汉大学要招插班生了。

他还随信寄来了一份招生简章。

一读完那份简章，我就立即明白：我听到的，不是一个普通的好消息，而是一个福音，一个罕见的福音。一个对我这类人来说，绝无仅有的福音。因为这个考试不考数学。

我一分钟也没有迟延，马上跑去传达室跟我的男友打电话，我兴奋地告诉他这个绝好的消息，而我要表达的重点是：这个考试不考数学。

5 月的最后一个星期，湖北省作家协会召开了中华人民共和国成立以来的第二次作家代表大会。我和徐鲁、曾静平、李更，作为最年轻的作协会员参加了这次盛会。

武汉大学要办作家班，中文系要招收一批在文学写作上有一定成就的插班生。这是一次伟大的高教改革，无疑，也是一个重大的文化事件，所以在开会之余，许多作家、诗人都在谈论这件事。毕业于武汉大学中文系的著名诗人王家新，更是极力地鼓动我们几个报名参加中文系的考试。为了让我们更多地了解一些对考试有帮助的信息，在会议结束的前一天夜晚，家新还像一个仁慈而细心的兄长一样，带着我、曾静平和陈应松，前往武汉大学，拜访了於可训老师和王文生教授。

於老师和王教授，那时都住在珞珈山上的老别墅里。我们摸着黑上山，又摸着黑下山。当在黑暗中慢慢走下山来的时候，我就已经决定，我要参加这个考试。因为这个考试不考数学。

三

多少年后，我很偶然地在一本杂志里读到，钱钟书先生当年报考清华大学的时候，英语考试得了满分，但数学，却只考了 19 分。愚钝的我当然不能跟钱钟书先生相比。但是，当我看到这个可怜的 19 分的时候，还是忍不住笑了。我想，原来聪明绝顶的钱先生，也是一个偏科的学生啊。

但是钱先生的数学尽管考得如此之差，当时的清华大学还是以宽大的胸怀欣然接纳了他。这是钱先生的幸运，是他的福分。但这又何尝不是清华大学的幸运和福分呢？

我们如今的大学，因为恪守应试制度的各种清规戒律，不敢越雷池一步，不晓得失去了多少这样的幸运和福分呢！

四

但是现在，也就是 1985 年的春天，有一个人，一个真正的教育家，在经过无数个昼夜的苦苦思索之后，终于从人群里站出来，作出了一个重大的注定要影响许多人的决定：武汉大学要为那些在文学、史学、哲学、法学、商学等任何一个学科拥有一定天分和成绩的年轻人，敞开大门，使他们不至于因为应试制度的严苛和死板，而终生徘徊在大学教育的大门之外。

一个崭新的、前所未有的招生制度——插班生制，就这样在 1985 年的春天诞生了。我相信，世间最好的教育，说到底，还是爱的教育。而一个真正富有社会责任感的教育家，也一定是一个胸怀大爱的慈悲之人。他决不高高在上，决不冷漠僵硬。对于那些渴慕学习，而因某种原因与大学无缘的年轻人，他一定会想方设法地为他们创造机会。

插班生制无疑是一次伟大的教育改革。从这个改革里，我看到了一个宽大的武汉大学，一个自由的武汉大学，以及，一个敢为天下先的武汉大学。

而有幸生在这个时代并听到这个佳音的我们，真的是有福了。

一个杰出的人，在某一个时代，一旦作出一个正确的抉择，并将其付诸实践。那么，这个抉择就一定会使许多人蒙福，也一定会为这个社会带来不可估量的意义与影响。

是的，一个人足以带来改变。而且有可能是，巨大的、史无前例的改变。

其实，我是在进校之后许久，才知道这个具有重大历史意义的教育变革，是始于我们敬爱的校长刘道玉。在当年，他被爱戴和崇敬他的师生们自豪地称为：武汉大学的蔡元培。

五

写到这里，忍不住想说几句多余的话。

知识是无限的。无论多么博学的人，在面对无限的知识时，恐怕都会感到能力的过于缺乏，以及生命的过于短暂。

事实上，我们更需要掌握的，是人生的那几项根本法则。

苏格拉底曾说，那种复杂的知识需要学生付出额外的努力，而这种努力将占用学生大量宝贵的时间,致使他们没有足够的时间去学习最基本的、最重要的人类追求:道德完美。

托尔斯泰说:有些人过着毫无意义的人生,背离了各个时代最智慧的人们所领悟的人生真谛。这种情况之所以发生,是因为我们年轻的一代在以一种错误的方式接受教育——有人教他们学习各门知识,却没有人教他们学习人生的意义。

我们现今的教育,因为以应试为唯一的目标,在某些方面有些偏离它育人的根本。

六

7 月初的一天上午,我在荆州教育学院教学楼二楼的一间教室里,参加最后一门课的毕业考试。我以最快的速度写完了答卷,在 11 点之前,我交卷走出教室,然后奔向宿舍,拎起简单的行李,马不停蹄地奔向长途汽车站。我必须搭乘当天的最后一班汽车赶往武汉,因为第二天就是武汉大学的插班生考试。我一分钟也不敢耽误。

终于坐上最后一班汽车后,我长长地舒了一口气。那时的交通不像现在这么方便,一天就只有那几班车,错过了这趟就再没有下趟了。所以,我望着车窗外迅速退去的庄稼和草木,心里充满了感恩。不管考不考得上,我都非常感恩。首先感谢武大历史系素不相识的石磊热心地带给我这个福音,然后感谢诗人王家新对我们几个人的鼓励与推动。而那一天,我还要特别感谢上苍的仁慈:荆州教院的毕业考试没有晚一天,而武大的插班生考试又没有早一天。倘若毕业考试晚一天,或插班生考试早一天的话,我将是怎样的无可奈何?

到武大后,我直接去了桂园四舍。武大中文系有一个来自天门的才女叫杨虹,她在天门中学读书的时候就发表过许多极好的作品。我到武大后,就借住在她的宿舍里。

20 世纪 80 年代是一个激情飞扬的缤纷的年代,诗歌写作在那个年代可以说是如火如荼。而武汉大学这个别具一格的招生考试,自然吸引了众多的诗人才子们从全国各地奔赴而来。所以,我在考场上看见了许多熟悉的面孔。

七

考试一结束，我就立即回到了荆州教育学院。就要毕业了，学校里还有许多事要做。然后，我回到了天门。有两件非常重要的事等着我去准备。

第一件事是，我要换一所学校。我是一个中学语文教师，我在教育学院学习的原则是，从哪儿来回哪儿去。但我实在是不想回到原来的那所中学去了。当然，如果我考得上武大，这件事就可以置之不理。但是，倘若我考不上呢？

第二件事是，8 月初，中国作家协会和《诗刊》社要在贵阳举办第五届“青春诗会”，我很幸运地被邀请了。一直以来，《诗刊》社举办的“青春诗会”都是中国诗歌界的一大盛事，为广大的青年诗人们所仰望。而在 20 世纪 80 年代，北岛、舒婷等优秀诗人都无一例外地参加过《诗刊》社的“青春诗会”。

但我根本无心准备作品。在这种时候，生存还是比诗歌更重要。

8 月初，我没有任何准备地出发了。这是我第一次一个人单独出远门。到了武昌火车站，才知道买一张火车票有多难。最后我只买到了一张去贵阳的站票。贵阳远在天边。当我终于从武昌站到贵阳的时候，我的双脚几乎不会走路了。

诗会开了 20 多天，从贵阳开到遵义，从遵义开到重庆，又从重庆开到武汉。

然而，当我在 8 月底疲惫不堪地回到天门的时候，我的入学通知书竟然已经来了。而且，我的调动手续也差不多办好了。

八

从 1979 年到 1985 年，经过了长达 6 年的曲折，我竟然以这样的方式实现了历史老师的预言——我终于考上了武汉大学。

仿佛命运已对一切做了神秘的安排。我必须经历过那些深渊和幽谷之后,才能真正抵达这里。但我深知,个人的命运永远与时代的命运息息相连。而时代的命运,却往往是由一些伟大的人,在某一个特定的时刻来改变或决定的。

我恰好就碰上了这样一个特定的时刻和这样一个伟大的人。他在改变武汉大学的时候,也顺便改变了我的命运。当然,他并不知道我。而且,他也不必知道我。要紧的是,只要我知道他,并且永远记得他,这就够了。

我不知道这个伟大的创举究竟吸引了多少青年才俊前来响应。我只知道,中文系只录取了有限的20个人,而其中,只有3个诗人。

但我相信,那些落榜的诗人和作家,并不会比我差。我不过是比他们更幸运一些罢了。

因为深知这是一种幸运,是武汉大学给予我的一份额外的恩典,所以当我在9月的那一天,终于以武汉大学一名学生的身份,欢喜而忐忑地走进这个校园的时候,我无比珍惜,也更加感恩。我极目四望,在这个广袤浩渺的宇宙空间里,我是何等渺小,又是何等珍贵;上天分配给我的短暂时间恰恰属于这一个时刻,而不是另一个时刻;我恰恰被安放在这里,而不是那里;我像一个稍纵即逝的影子,已然消失了,却又遽然返回。所以,我祈祷自己永远是珞珈山上的一粒石子,或者,东湖里的一滴水:谦卑,淳朴,忠诚,诚实,内心有爱。

这一年,我22岁,或者23岁。我的本应在16岁开始的锦绣年华,在停滞了漫长的6年之后,又奇迹般地展开了。

九

1985年发生的这些事,我觉得我是有必要记住的。

当然,我很清楚,我的一切,都始于珞珈山,始于武汉大学。所谓一切,并不是指那些有形的工作,比如,我写了多少作品,出了多少书,得了多少奖项,或者是,我的岗位升迁到了什么职位,获得过什么殊荣,而是指,我人生的根基是从这里开始确立的,我作为一个人的精神之旅是从这里开始出发的。这里既是我的受教之地,也是我的出发之地。

平生两件事:爱与自由。这便是我在珞珈山上奠定的人生目标,也是我的写作目标。我的长篇散文体传记《德兰修女传·在爱中行走》正是在这个目标驱动之下完成的。这本书给很多人的生命带来了奇妙的改变,使他们看到了什么是正确的人性。

我始终相信,爱的力量蕴藏于万物之中。而万物存在的目的,就是为了通过其所有的表现形式来表达爱。而我,既是孤立的一个人,也是万物的一部分。所以,只要我还在写作,只要我的心灵在日光之下还没有停止这种默默的劳作,那么,爱与自由便是我倾尽一生的努力所要表达的真理,不管这个时代如何变化,更不管这个文坛如何变化。因为,我对这个世界的神圣性充满信心,我对人类灵魂的伟大更充满信心。

我不会忘记,在遥远的 1985 年,我是作为一个写作者而被武汉大学录取的。那份录取通知书既意味着一种肯定,但也一定包含着某种期待。这正是多年来,我虽然置身在一个浮躁的圈子里,但也未敢在写作上彻底懈怠的原因之一。而到了现在,写作对于我已经不是一种艺术,而是我作为一个人,对这个世界尽责的方式。

最后,我要对武汉大学,对中文系,对老校长刘道玉先生,对导师陈美兰先生,以及,对所有教过我和未教过我的老师们,由衷地说一声:“谢谢!”并祝你们平安、喜乐!

华姿,出生于湖北天门,毕业于武汉大学中文系,现供职于湖北电视台。武汉市作协散文创作委员会副主任,湖北省少儿文学工作委员会副主任,美国《蔚蓝色》杂志编委。

著有诗集和散文诗集《一切都会成为亲切的怀念》、《月亮湾的女儿》、《感激青春》、《一只手的低语》等,散文和随笔集《自洁的洗濯》、《两代人的热爱》、《一个人的田野》、《花满朝圣路》,长篇散文体传记《德兰修女传·在爱中行走》等。《两代人的热爱》曾被权威机构和专家推荐为中学生课外阅读书目,并被第五届“沪、港、粤、新加坡四地中学生读书征文”活动指定为必读参考书。《德兰修女传·在爱中行走》曾被某机构评为“2005年珍藏榜好书”。《花满朝圣路》被美国某文艺杂志全书转载。曾获冰心图书奖、长江文艺散文奖和其他散文奖,并被《青春》杂志评为“最受读者喜爱的作家”。

非常读书时代

刘世华

1985 年初秋，我接到了武汉大学首届插班生的录取通知书。那年，我已接近而立之年。而立之年和一份大学录取通知书，构成了多重时代讽喻和人生况味，欣喜与感伤同时到达，这是我们这一代人的特殊境遇和命运尴尬。

我出生在 20 世纪 50 年代，伴随着新中国历史的风云跌宕、欢喜悲苦，一路坎坎坷坷，大致经历了三个非常时期：童年和少年时代，身体正需食品给养的时候，遇到了物质极度贫乏空前饥饿的“粮食关”；而本该上学读书心灵急需知识滋养的时候，又赶上了“文化大革命”；一代人的这种独特的生命历程尚来不及检点和回顾，中国开始了全面的拨乱反正和对外开放，一个崭新的变革时代接踵而来。我们的措手不及，表现了我们的身体和精神都没有做好准备。

虽然那时还没有生出这些想法，但那天我还是没有把我被武汉大学录取的消息急于告诉其他人，去了我当时工作的信阳卫校生理实验室，独自体味这份晚来的快乐，也品尝与之一起到达的酸楚。

我的眼睛里盈满泪水。

一

不幸之于我几乎早到生命的开始,4 岁时我的父亲就去世了。在传统中国农耕时代,父亲对于一个家庭有着非凡的意义,他是大地和天空,是庇护女人与孩子的大树;而这棵大树猝不及防怦然倒下了,母亲和我们几乎失去了能够艰难或幸福地生活在这个世界上的依靠和信心。这之后母亲所表现出来的超常的坚忍,令我一生都充满感动。一个女人带着我和我的三个姐姐一共四个孩子,日子的艰难和生活的艰辛不堪想象,万般无奈的情况下,二姐和三姐先后送给了亲戚抚养。

许多年后我在想,母亲那时最终答应把自己的孩子送人,她一定是忍了深深不可言说的痛苦,同时在心底也含了自责和对子女的歉意。因此在后来,无论日子过得如何艰难,母亲都是要让我和大姐上学的。这除了歉意和自责外,还有就是在她一个农妇朴素的观念中,什么都可以退让和担待,而供养孩子读书不能更改。这原本是由父亲来做的事情,现在只好由她来承担了。

其实在我们那个地方,这种观念传统的沿袭,并不是指望孩子们上学读书真要读出一番景象;但让孩子们上学并能有所出息决然是土地上耕作的人们世代不肯放弃的梦想。人们在表述这种梦想时都只说让孩子们读书不过是识些字,不当睁眼瞎;其实在心里都是怀有希望的,企图通过读书改变命运。这要算是我们那个地方历史积淀下来的文化风尚吧。

我老家河南固始县,在淮河上游、大别山北麓,春秋时为古蓼国,中原文化、楚文化和吴越文化在这里交汇共融。固始这个县名始于东汉,是取"坚固初始"意。后有论者对"固始"县名的蕴含作了文化的延展,认为固始是取"欲善其终,必固其始"之意,这也成为更多人认知固始县名的富含哲思与理念的文化注释。我当然更喜欢这后一种解释,它不仅强调了强本固基对于成就大业的重要,也表达了"始"与"终"的哲学辩证,更展现了开拓进取、善始善终的精神。因此固始人在任何艰难困苦的情况下,都顽强不屈,充满信心,乐观地处世和生活,从不轻易放弃，以致形成了固始人一种独有的性情特质。

我的出生地张广庙这个地方是固始出名的“东大岗”，“岗”是岗坡地，干旱、缺水、荒凉、贫瘠，生态环境和生存环境相当恶劣。在我的童年和少年时代，这种情况没有改变。父亲的死多半因为饥饿，肠胃出了问题，没钱医治，直至病死。我还记得小时候我家住的房子，前墙不足2米高，说是房子，其实就是一个草棚子。母亲带着我们，先是让姐姐上学，好像是卖了家里的什么东西交的学费。姐姐天资聪明，成绩很好，初中毕业后就被选到乡广播站工作，属于亦工亦农；工资微薄，除了补贴家用外，还可以交纳我的学费，不堪负重的母亲稍稍有了解脱。

我在村小学上到四年级，“文化大革命”风暴突起，胡闹了一年多之后，我就到张广完中直接上了初中，老师讲数学时，我们连小数点都不知道。好在我们遇上了几位好老师，他们是从上面“下放”来的，其中好几个都是“文革”前老牌大学生。知识分子单纯，他们似乎不知道那调动带有惩罚性质，以为是正常的组织分配，还按照原来的课本和方法教我们，这不仅引发了我们的学习兴趣，培养了我们的钻研精神，还让我们逐渐领会到知识对一个人的成长是多么重要。重要归重要，但初中毕业后，按照我家庭的贫困状况，学是真不能继续再上了。我记得直到我上中学还未穿过一双雨鞋。一般情况下，雨雪天上学，穿那种叫“绑屐子”的东西，其实就是木屐，绑在脚上。那年冬天，下了一天的大雪，我没带“绑屐子”，晚上放学后，我就穿着布鞋回家，7公里的路，等走到家时，我的脚已经冻得完全麻木了。母亲慌忙弄了温水给我洗脚，我一点感觉都没有，母亲用双手不停地抚摩着我的脚，小声地抽噎。那是我第一次看见母亲在我面前哭。

不再继续上学了，是我不想再上了，我少年幼稚的想法里以为辍学回来，可以帮母亲一把。这时母亲不愿意了，我初中的班主任也不愿意了，来做工作。因为我初中的学习成绩在班里相当优秀，班主任听说我不再上了，感觉十分惋惜。母亲的执著和班主任的真诚，使我又回到张广完中上高中。而高中阶段是重要的，是一个人必须完成的基础阶段的知识学习和储备，不可或缺，受用一生。虽然在那个非常的年代，我们学习的课程缺东少西，学到的知识残缺不全。

高中阶段，身体也日渐强壮起来，我于几乎所有的星期天和节假日回家干农活，挣工分。整个高中阶段的几年中，我学会并基本掌握了所有的农业劳动技能，犁田、耙地、育苗、下种、插秧、薅草、收割、扬场、担捆子、圈茓子、堆草垛等。人在劳动锻炼中变得有力和快乐，那是另外一种幸福，只有在劳动中才有的体会。

1973年底，我高中毕业，以为这一生的书就这样全部读完了，回农村做农民，没感到有什么不对。回去后才发现知识很有用，生产队分配我去开打米机，那是一个技术活，他们觉得只有像我这样的高中生才能胜任。只两三个月，生产队继续重用我，让我当了记（工）分员。记分员不只是记工分，在记工分的同时还有大量的数学计算，要通过计量转化为工分，这一般人还真干不了。譬如你插了多少面积的秧，碰上不规则的田亩，需要计算面积的知识；譬如那时兴起的沤绿肥，需要计算体积，等等。除此，你面对的是没有文化的农民，你的计算需要换一种最简单平直的语言对他们讲明白，最重要的是你要有公心，不能因家族亲戚的关系，你就多记。这对我是一个严峻的考验。我知道我的这个工作生产队给了我多么大的信任，我手中握有的这份权力是多么重要。因此不论在任何情况下，我尽可能显示出我这个记分员的公正来，并表现得铁面无私，其间把想让我给他多记点工分的堂哥都得罪了，情绪激烈地还大吵了一架。队长以至村长都对我有了充分的认识，也把我看得很重。一年后村里小学缺老师，村里一研究，非我莫属，我就去做了老师；去后两个月，校长成分不好被免职，村里一研究，校长的补缺，非我莫属。

我是个天生好动的人，喜欢积极思考的人，总是想尝试改变现状的人，直到现在。当然那时绝没有与现实和命运抗争的意思，只是想要努力，获得成功的那份幸福与快乐。譬如我最早莫名其妙不知怎么就安装成功了一台矿石收音机，惊喜不已；进而又组装单管晶体管收音机，能收好几个电台广播，村人视为神奇。后来我竟学会了刻章及至刀法娴熟，在极其简陋困难的条件下学会了焊接、配锁、修理广播喇叭等。高中毕业回村后的第二年春上，我就自作主张，向邻居赊了两头小猪回来饲养，为弥补饲料不足，整个夏天的中午我都去水塘四处捞菱角秧，回来煮熟后，拌以米糠充作饲料。到了年底，两头小猪竟都长到了百把来斤，让我和母亲喜出望外。杀了一头，卖了一头，再凑些钱，选了一处临水的宅基地，在亲朋邻居的帮助下，平地造了三间大屋，顶盖中间是草，四圈上了红瓦，非常气派耀眼，四邻皆刮目相看。

在我当了村小学校长后，觉得天降大任于斯人，我开始琢磨并动手解决一些问题，譬如为改善教室的采光，决定把教室的小窗户全部改为大窗户，组织学生到河堤上砍了刺槐的枝条，在火里烤热，退去皮，做成窗棂。改造后的教室从此亮堂起来。接着抬高教室地基的高度，解决潮湿问题。到了后来我就开始研究"体育设施"。我之所以把"体育设施"加上引号，是当时我完全没有要加强学生体育锻炼的概念，就想着怎么让孩子们能像乡里的中学一样在课余打打球。于是用了一根木头固定上一个铁圈，没有篮板，竖起了全世界怕是都没见过的篮球架；又用废砖头垒起了乒乓球台。有点滑稽和寒碜，但这对于那个时代的一所村小学，也是开天辟地的事情了。在学校的管理上，在尽可能紧缩开支的情况下，我让老师们每月聚会一次，改善生活。买点菜，再买一些便宜的酒，让大家开怀畅饮，每次都有人喝醉，和谐与快乐全都有了，就像现在单位发奖金。许多年后我明白了，人如果没有奢望，就会快乐无比。贫穷年代的人们是那么容易满足！

村小学让我操持得日新月异，校内外众口交赞，于是在1976年年底，我被推荐到河南省信阳卫校大专班深造，荣幸地成为最后一批工农兵大学生。这是我平生第一次离开我的家乡，也是我平生第一次见到了我幼稚概念加诸许多想象的城市。

二

按母亲和我的想法，到信阳卫校大专班进修深造，是想学一门手艺，回去后能做赤脚医生，背着小药箱，走村串户，被人尊重，高接远送，很风光的。所以我选择了临床医学专业。学习于我始终是一件快乐的事情，加之目标单一而又明确，所以在信阳卫校学习期间我自始至终表现出了不衰的亢奋，兢兢业业，十分努力，学业成绩优异，表现出类拔萃，我竟很快成为生活班长、学习班长，及至后来的毕业临床实习组长。

现在回过头来看，还是不明白为什么当时物质条件那么匮乏，甚至严酷，而我们却始终充满向上的激情和生命的快乐，仿佛从来就没有过忧愁，也没感到过生活的迫切和慌张；并且倘是有一点生活上的改善，学业上的成功，难题上的破解，都会感到一种莫大的幸福，内心荡漾着春天般的温暖和喜悦，成为永恒而鲜活的记忆；时常回顾，仍沉浸其中，感觉久往岁月的美好。而事实与理性告诉我，贫困对我们的伤害是巨大的；没有良好的文化学习和教育，对我们的伤害是巨大的；震惊全国的“信阳事件”、三年自然灾害、“文化大革命”对我们的影响和伤害是巨大的。这些不可否认，也不能回避。那么怎么办？我觉得除了保持顽强独立的生存信念，有一种方式可以选择，那就是不断地学习和读书，以努力完善自己的知识和品格，进而由生命本能的盲目走向人性的自觉，由物质的属性到达精神的澄澈，并获得救赎和新生。而不是一味地后悔和怨恨。因为生命不能重来，时间不会倒流。

我上信阳卫校已是粉碎“四人帮”的1976年，第二年我们国家就恢复了高考制度。让我们大为不解的是我们这些大专生不准参加高考，中专生反倒可以。直到现在我也没弄明白当时的那个规定的缘由和根据。于是我们困扰地于1979年7月从信阳卫校毕业，然后返乡回家务农。很多同学两眼茫茫彻底绝望，很多同学一腔哀怨痛不欲生，仿佛一切都到了尽头，对前途充满了命运的忧虑。我知道我原本就出生不幸从不奢望，我很平静，甚至有重返土地的激动，回归自然的欢乐。间或想起来，心中未必没有失落。

我们这一代人的人生总是充满生活的变数，也充满了社会的调侃，也就仅仅两个月吧，几乎绝望的我们就又接到了河南省卫生厅的通知，全省75、76两届卫生院校5000名毕业生一律重新参加考试，成绩合格，即可录用为国家干部，共1000名。于是再次兴奋起来，放下手中的农活，投入复习考试。就考内科、外科两门，100分及格。结果我一门内科就考了89分，我理所当然被录取了。录取之后，我当时的愿望就一个:能留在信阳卫校工作。信阳卫校开出留校条件,一是高中毕业;二是成绩优异;三是学校了解。我觉得这些条件好像就是为我开设的,果然不出所料,我被卫校录取。略略有点惊喜的是,卫校从该校毕业生中只挑了两名,我是其中一个!

其实留校教书与我当初上学的愿望多少有些出入,我原是要做一名医生的,医生是好职业。当时所谓好职业的流行说法是:听诊器(医生),方向盘(司机),国家干部营业员。现在想来,对职业的选择有点矫情了,留校教书也好,当一名医生也好,目的都是很浅显的,绝无什么人生抱负或专业理想,因为我们的用心显而易见,那就是通过参加工作改变一直以来物质生活的贫困。

在卫校我被分配到了生理教研室做老师,身份改变了,生活也改变了,这才发现这些东西原来并不重要,才发现人除了需要基本的物质保障之外,还有生命的价值体现。而我们因时代的原因竟有那么多的缺失和不足。站在讲台上做了我想做的老师了,自信却没有了。接下来的时间里我和我们这一代很多人一样,一边工作,一边开始了反复的知识补充和能力学习。这些带有修补或速成性质的学习是十分有效的,在河南省卫生干部进修学院学习回来之后,我就在卫校为大专班讲授两章消化和泌尿生理课;在去了河南医学院培训回来之后,就申请获得了市科委批准的"引产药甘遂药理研究"科研课题项目,并获得了该项目专项科研经费。当时中药甘遂提取液已普遍应用于计划生育临床大月份引产,其优点是引产婴儿100%死亡。但很长时期以来,甘遂提取液的应用药理即机理不清楚。我和我们生理教研室的同志们白天教学夜晚投入项目研发工作,经过两年多的深入研究反复试验,克服了在当时难以想象的困难,于1984年,该项目研究成果通过了省级专家组的鉴定,并获得信阳市科技成果二等奖。与此同时,有关该项目研究的一系列专业学术论文相继在《生物学通报》、《新乡医学院学报》等刊物上发表,在业内产生了一定的影响。

教学与科研工作在证明着自己的能力,鼓舞着自己的信心;同时也检验了我们在基础知识掌握和专业研究水平两个方面的有限、贫乏与不足。我才知道,我仍然需要读书。

一个人的一生,我大致把它分为四个阶段:童年的学前阶段、青少年学习阶段、社会工作阶段和老年退养阶段。我认为在你学习的年龄阶段,你就照本宣科好好读书;在你工作的年龄阶段,你就心无旁骛好好工作。而我们这一代人恰恰弄反了。本该是学习的时候我们在闹革命;本该工作的时候我们被迫去读书。因此我称我们的学习为非常读书时代,我们有着种种带有时代特征的非常境遇和命运尴尬,这诸多的"非常",让我们在新生活的变革中,在所属的工作实践中,常常表现出有点张皇失措,有点捉襟见肘,有点力不从心,甚至贻笑大方。

伴随着中国改革开放崭新时代的来临,全社会都意识到了我们这一代人的先天不足和后天缺失,都意识到了如果不对这被严重异化了的一代人进行学习改造,中国的现代化就将出现严重的人才断层。所以,在 20 世纪 80 年代,在中国全面改革的初始,时任武汉大学校长的刘道玉先生以其超前的敏锐和胆识,率先在全国实施了一系列高等教育改革措施。其中于 1985 年,首创高校插班生(包括作家班)制。这一创新思维和制度的确立与实施,给中国传统教育注入了新的理念,从更高层次上给了我们这一代人把握自己、完善自己的一个机会,一次驱动,一个飞跃,一种可能。

实践表明,它提升了我们一代人的生命质量,它改变了许多人的命运。

三

美丽的珞珈山,称著世界的中国高等学府武汉大学,在我的心目中一直因神圣而神秘,因神秘而神往。在偶然得知其向社会招收插班生的消息后,我兴奋异常,甚至压抑不住情绪的冲动,就像是我已经被录取,已经是武汉大学的一名新生了。我知道这是对上大学的渴望,对读书的渴望,对一所世上杰出大学的渴望;这种渴望由来已久,比当初渴望摆脱生活的暂时贫困更强烈,像火焰深埋在心中,一经点燃,便激情澎湃地燃烧,整个生命灿烂地跃动起来。

而当这种情绪稍稍平息之后,剩下的竟全部是对自己的怀疑了。

那年武汉大学在中南五省招收插班生，名额一共 60 名；而与我所学相关或相近的武大生物系 4 个专业只招收 6 名插班生。我就是那 6 名中的一个么？我准备好我个人的相关资料，带着怀疑和试探，在一个惶惑的周末悄然南下去了武汉。我记得十分清楚，下了火车后，我是坐武汉市 12 路公共汽车，平生第一次到了武汉大学。天色已晚，朦胧中我先是看到了武大堪称“近现代中国大学校园建筑的佳作与典范”的中西合璧、古朴典雅的宫殿式建筑群；然后看到了图书馆，心上掠过一阵激动，设想如果真能如愿以偿考入武大，我就可以到这个图书馆里读书了。那会儿就觉得能在武汉大学图书馆读书，真是天底下一件幸福的事情。我从心里说，我一定要到这个图书馆读书。就是这么一个简单又强烈的想法，竟给了我这之后坚决报考武大插班生的强大信心，这信心甚至超过我报考的实际能力。

非常读书时代，总是有非常的事情发生。在先期一番努力报上名之后，原说插班生只面试不笔试的，我便去了河南医学院病理教研室、生理教研室学习，完全按照细胞生物学面试的要求做准备。譬如强化病理切片以及核移植等相关细胞生物学实验，包括熟悉其实验设备等。一个月之后，我们接到通知，说插班生仍要进行所报考专业院系一二年级主要必修课目的笔试，然后再面试。录取后，直接插入本科三年级学习。我那时表现得非常顽强，这一个更改和反复，竟没有挫伤我的锐气。于是把那些要考试的必修课教材找来，只看一眼，立即晕倒。算了算，全部时间加起来离考试只有两个月；两个月，最多也就能把那些教材通读一遍。而且这些教材过去几乎都没有学过。因此接下来的便是夜以继日、浴血奋战、拼死一搏的非常复习过程，如今已不堪回首，不能复述。好在两个月终于挺过来了。挺过来了，就是胜利。

从 1983 年到 1985 年，我在信阳卫校完整地带过一个班级，任他们的班主任。非常有意思的是，我带的这个班级是 1985 年 7 月 4 日毕业，当天晚上，我和他们通宵联欢，近乎疯狂；7 月 5 日，我和我的学生们在信阳火车站告别，应该说是相互告别。学生们与我告别是他们学业有成将奔赴各自的工作岗位；而我与我的学生们告别，是我要去武大参加入学考试。所以在我们的告别相拥的泪水里,我比他们多了人生的苦涩。后来,当我经过笔试面试终于接到武汉大学录取通知书的那天,我怎么能不百感交集,万般感慨。

考入武汉大学,仿如梦想的抵达,我们全身心地投入到一种崭新的学习环境和深厚的文化氛围之中。在不断解决因系统基础知识残缺不足而带来的学业与课程上的问题之后,我们这些插班生开始真正与这所著名的高等学府融合在了一起,开始在精神的高度理解和领悟这所大学的意义和内涵,开始于心灵的触动与震撼中感受武大和它的管理者们先进教育思想对一个时代的影响。

武大“自强、弘毅、求是、拓新”八字校训,拓新也就是创新,是其全部理念的要义,是这所大学的灵魂。武汉大学因此延续了它百年辉煌,传承着它不老的人文精神。就像珞珈山永远的年轻繁茂,傍依着武大的殿堂和圣地,在岁时与季节的更替中,没有重复的绚烂,只有纷呈的风景。而在那每一棵树的内心,都有生动的时光涟漪和生命年轮。

武大的改革与创新是无所不在的,并在与时俱进中形成有效的机制,体现在每一个环节,让你处处都能感到这种创新机制带来的宽松、快乐、开放和自由。就像清新的空气一样,氤氲淘洗我们,永远保持生命的鲜活。这是一群人创造的一所大学的文化氛围,这也是一个人带给一所大学的品格魅力。这个一定会被历史记住的人,就是刘道玉。

正是刘道玉,让一直提倡的以人为本的先进教育理念最先在武大得以实现,譬如上课不考勤,实行学分制;改助学金为奖学金;优胜劣汰,优异生配备导师,研究生免试,甚至去图书馆享受学校老师同等待遇;教授知识,更培养能力;稳固基础,更训练方法;为“少壮一派”开设系列讲座,让你处于科学思维的前沿;为“珞珈泰斗”开设系列讲座,让你领略大师风范……因此,在武大,你感到了自己在成长,你也感到了自己在成熟;学习时间只有几年,影响到的却是一生。以致从武大毕业后的许多年里我在不同工作岗位上那些独立的思想和创造、事业的成就与进步,都能在武大找到印证和源头。创新是一所大学永恒华美的主题,更是一个民族进步的灵魂,是其兴旺发达的不竭动力。创新能改变一个人的命运，一代人的命运；大到一个国家，创新能改变一个民族的命运。

刘道玉的教育思想和创新机制，将知识传授、能力教育和创新素质结合起来，细致到为大学生设立科研基金。你不会想到我和我同班的插班生也能获得该项基金的支持。获得经费后，我们在导师的指导下，合作完成了“人的同步化技术在草鱼染色体显带中的运用及草鱼核型的初步分析”、“放射性同位素和射线对四膜虫微核的影响”等课题研究。相关专业论文先后在国家级核心刊物上发表。这些具有一定难度的课题研究，最终能由我们插班生得以完成，除了得益于武大专业知识系统训练外，我们获得了基于创新理念的思维和方法，后者所体现的正是武大努力造就的人的素质和能力。实践证明，这正是现代教育的根本和核心。

在武大学习期间乃至包括 20 世纪整个 80 年代，我们国家为我们这一代人开办了各种函大、夜大、电大，几乎所有大中专院校都设立了干部进修班，继武大实行插班生制度并在教育界产生重大影响之后，北京大学、西北大学、复旦大学、南开大学、南京大学等国内一流品牌大学纷纷效仿，脱产的、不脱产的、半脱产的，几乎人人都在上学，个个都在读书。一个国家三代人都在进修深造考文凭。三代人中除了部分 20 世纪 40 年代和 60 年代出生的人外，绝大多数都是我们这些 50 年代的人。这种特异的情形甚至说有些怪诞的现象，就是我说的非常读书时代。整个国家都在补习，全民都在补习，为即将到来的现代化中国和中国的现代化补习。我们这一代人和我们的国家都缺失耽误了太久太多的课程。

在武大，三年的勤苦和努力，我修满了学分，完成了学业，获得了优秀毕业生的称号，光荣地加入了中国共产党。1987 年那个难忘的夏天，我拿到了武汉大学毕业证书，被授予学士学位。我知道，我的非常读书时代结束了。也许就知识积累、素质提升而言，我还远远不够，但客观现实和年龄提醒我，我早已不是一名学生的身份了。在武汉大学，和那些年轻的学子们整天生活在一起，单纯而又快乐；而在一些特别的场合，他们蓬蓬勃勃张扬着的青春生命形成的力量，对我既是一种深深的感染和触动，也是一种强烈的对比和逼迫。当然，在从武汉大学毕业又20年之后的今天，这一切都因为太过遥远而变得无比美丽和温馨。时间已经没有了它的意义，这包括我和我们一代人贫穷的童年，苦难的少年，动乱的青春以及那遭遇无数尴尬的非常读书时代。

之于生命，一切都是一个过程，繁复而又简单。

曾经沧海，我们因此丰富；有所缺憾，生命得以完美。

……

2005年10月，我赴欧洲10国考察，当飞机穿越在壮美雄奇的阿尔卑斯山的上空时，我望见了山顶常年皑皑的积雪，感到了天地的久远和时空的浩瀚；在著名的巴黎卢浮宫，金碧辉煌与斑斓色彩中，我徜徉于文化与艺术记述的人类的文明和历史，心灵再次受到震撼。我在那里企图寻找人的位置和意义，寻找一个人个体的位置和意义；我联想到我的中国，中国的古陶、瓷器、编钟、宣纸、书法和国画，联想到最先构思和创造它们的那一双智慧而充满灵性的手。

从卢浮宫参观出来，一眼就望见了广场上扩建之后的一组玻璃金字塔，这独具匠心充满个性的经典之作出自世界著名的美籍华裔建筑设计大师贝聿铭之手。惊叹之余，我想起贝聿铭的一句名言：我把每个睡醒后的早晨都当成一件礼物。贝聿铭一生恪守祖父"全力以赴"的教诲，从不缅怀过去，而只专注于现在；他只做他认为美丽的事，那就是有震惊效果的你无法选择的美感。

当然，这是大师的境界，也是人生的一个极高的境界。

在卢浮宫，我找到那一双创造神奇的手。

刘世华，1956年出生于河南固始，武汉大学生物系1985年首届插班生，毕业后先后在信阳行署经济研究中心、信阳市委组织部、信阳驻深圳办事处、信阳市南湾水库管理局工作，现任河南省信阳市南湾管理区书记、主任。

专著有《简明商品经济知识》（1992年，华中师大出版社）、《走出贫困》（1991年，河南人民出版社）、《新时期执政党建设通论》（1994年，海燕出版社）、《南湾水库志》（2005年，中国档案出版社）等；论文有《论信阳大别山苏区经济社会发展的系统调控》、《贫困地区劳动就业问题研究》(获1992年河南省政府实用社科优秀成果奖)、《南湾水库应用决策咨询风险调度的探讨》(获1999年河南省政府发展研究中心、省决策咨询研究会优秀论文三等奖)、《重建堡垒后的反思》、《对国有企业党组织领导地位重要性的再认识》等近百篇。

由道玉校长提倡的“创造性想象力”说开去

——邀请聂卫平访问武汉大学的故事

许金龙

大概是1986年吧，当时我任武汉大学外文系学生刊物《译苗》的主编，在道玉校长的支持下，向校宣传部要了一千元钱，很阔绰地出了一本铅印的《译苗》，较之于此前油印的刊物就显得神气了不少，系里的老师和同学们都比较高兴，英、法、日、俄、德等各语种的译者们（均为武大在校生）当然更是高兴，便想开个座谈会总结一下经验，说是要把道玉校长拉来开会。现在回想起来仍然觉得不可思议，极为繁忙的堂堂大校长竟然真就被外文系的同学给拉到这个学生刊物的座谈会上来了。既然来了，同学们当然饶不了这位原本就没人怕的校长，七嘴八舌地要求他为大家说上一些话。

道玉校长少不了说上一番学习外国文学的重要性，也说到了文学翻译的重要性，随后所说的话语却似乎与会议主旨有些距离，他转而说起了创造性想象力的重要性，认为无论文学创作还是文学翻译都需要丰富的想象力，尤其是创造性想象力，而现行教育机制还存在一些问题，对创造性想象力有时会带来消极影响，制造出高分低能的学生，这种学生将难以胜任社会上的激烈竞争，更不容易抓住难得一遇的历史性机遇……

说到最后，道玉校长举了一个看起来有些离经叛道意味的例子，说是武大一个学生到北京查阅资料，恰逢围棋宿将聂卫平在国外赛事中获得历史性突破，取得了非常好的成绩。在他回国那天，很多人去机场欢迎他，就在这欢迎的人群中，有一面非常醒目的旗子，上书“武汉大学全体学生欢迎您！”。聂卫平走到这面旗子下时，脚步自然就慢了下来，于是这位学生不失时机地冲上前去很精神地喊道：“我代表武汉大学刘道玉校长邀请您访问武汉大学！”后来的事大家也都知道了，不久后，聂卫平先生出现在武汉大学的讲台上，面对武汉大学的师生发表了他的演讲，让很多学生为之热血沸腾。不过，很多人并不知道这个故事背后的另一个故事——道玉校长事先根本不知道欢迎聂卫平之事，也从不曾授权那个学生邀请聂先生访问武汉大学，一切都出自于那个学生本人的热血冲动，自费做了一面旗子后跑到机场，又向聂先生喊出了那番话语。当然，他随后就用电话向道玉校长做了汇报并得到了认可……

在《译苗》编辑部的座谈会上，道玉校长没有指责那位学生“先斩后奏”的行为，倒是认为那位学生在当时那种情况下做出了正确的选择，并在事后及时向学校通报了相关情况，使得武大众多学子有幸聆听聂先生的精彩讲演。由于年代已经久远，在武大读书时的很多往事已经记得不很清楚了，可被道玉校长作为“创造性想象力”的例子予以引用的这个邀请聂卫平访问武汉大学的故事，却被我实实在在地记忆下来了。

由前一个故事引发的另一个故事

听了这个故事大约 13 年后，准确地说，是 1999 年年底，我结束了在日本北海道大学为期一年的学术访问，回国前取道东京前往一家著作权事务所为朋友办点儿私事。在纯文学领域内，这是一家影响力比较大的著作权事务所，包括川端康成和大江健三郎这两位诺贝尔文学奖获得者在内的日本成名作家（比如三岛由纪夫、村上春树等），大多由这家事务所代理全球著作权业务。在这家事务所办完要办之事临回国前，非常偶然地在我所借宿的日本朋友矢野女士家发现一页中文报纸，一页由在日华人创办的小报，而且是几年前的旧报。这页报纸上的一条消息引起了我的注意，说的是《人民日报》一位已经卸任的领导访问了大江健三郎，在谈话过程中，大江表示若有机会的话自己愿意去中国看看。也不知什么原因，《人民日报》那位前官员似乎没有注意这句话，自顾自地把话题转到其他方面去了。

当时，我还在中国社会科学院外国文学所的《世界文学》杂志社工作，主要负责日本文学在中国的译介，曾以专辑形式集中介绍过大江的一些作品，自己也曾翻译过大江的重要演讲并写过有关大江的学术文章。应该说，对大江其人其作品并不十分陌生，对大江文学在中国的译介和研究状态当然比较清楚。尽管大江在25岁那年(1960年)曾作为日本文学家代表团最年轻的成员随团访问过中国，当时在《世界文学》杂志上也发表过特约文章，可从那时一直到1994年获得诺贝尔文学奖为止，在这漫长的34年间，中国的日本文学研究界竟好像忘记了这位作家的存在，在他获得了诺贝尔文学奖后才开始大量译介其作品。由于当时没有足够的学术准备，急切间组织起来的译者队伍的翻译水准又参差不齐，在翻译这位学者型作家的文学作品的过程中，就难免出现一些令人遗憾的现象了，致使社会上有“大江的作品读不懂”之说。就学术研究领域而言，也只有叶渭渠和唐月梅两位先生在撑持局面，除此之外，则少见略微像样一些的学术文章。也就是说，至少在1999年年底这个时间点上，中国学界对于大江文学的研究基本处于空白状态。即便是现在，这个状态也没有得到实质性改观。

为了改变这种不正常状况，此前我曾通过一些渠道探询过邀请诺贝尔文学奖获奖作家大江健三郎访问中国的可能性，国内其他一些机构也曾做过类似的努力，却由于种种原因，我们的这些努力没能取得明显效果，至少从表面上看起来是这样的。及至看到这页陈旧的中文小报后，才发现事情之所以不顺利，可能还是由于我们的工作没做到位，于是随即给大江先生的著作权代理人酒井先生挂了电话，紧急约定翌日上午前往事务所拜会。尽管在日本少见这种强行约会的例子，可能酒井先生从话语中感觉到了我的急切，也就破例同意了。

翌日约谈的目的很清楚，那就是邀请大江先生访问中国。可问题是，我已经离开单位来日本学访一年了，此前并没有和单位正式谈过邀请大江先生访华之事。也就是说，我从不曾得到任何有关邀请大江访华的授权，而且也不了解单位对于此事的想法。在这种情况下，擅自代表外国文学研究所邀请享有世界级声望的大江先生访华，便显得非常滑稽和荒唐了。更糟糕的是，我几乎没有丝毫犹豫（或者说，丝毫没有考虑这样做可能带来的各种消极后果）就做出了这个决定，只是在这样决定的时候，道玉校长引用过的那个故事不断出现在我的头脑里。我不了解校长本人在这种时刻会如何决定，但我知道他至少不会反对（甚至会赞同）我做出这样的决定。后来的事情就比较简单了——通宵拟定一个计划，翌日上午红着眼睛提前出现在酒井先生的办公室，使对方认可并接受了我的计划。时隔四个月之后，我再次出现在这家事务所，带着正式邀请函和向中国大使馆出具的办理签证的照会，同酒井先生一起前往大江先生位于成城学园的宅邸，与大江先生本人商量他第三次访华的具体日程安排，顺便代表《人民日报》下属的《环球时报》对他进行专访。再后来，大江先生于2000年9月下旬如期对中国进行了学术访问。这是继泰戈尔之后第二位正式访问中国的诺贝尔文学奖获得者。如果从1949年10月1日新中国成立那天算起，则是第一位正式访问中华人民共和国的诺贝尔文学奖获得者，而且到目前为止，也是唯一正式访问中华人民共和国的诺贝尔文学奖获得者。在那次访问期间举办的座谈会上，女作家徐坤表示，大江先生这次访问的效果无疑将会十分深远，很可能要在30年后甚至50年后才能完全显现出来……只是徐坤至今都不知道，她所说的需要50年后才能显现出来的那种效果，其缘起却是武汉大学校长刘道玉在本校学生刊物《译苗》座谈会上的一次讲话。也是在那次访问期间，大江先生受聘为中国社会科学院外国文学研究所的名誉研究员，与中国的创作界和文学研究界就有了固定的交流平台。更为可喜的是，这种交流目前已经远远超越文学创作和研究的范畴，扩展到文化、教育和社会等诸多领域，甚至对中日间政治关系也开始产生积极影响，而且我们可以预期，这种交流将会越发频繁并将产生更为积极的影响。当然，我仍然要强调，已经发生的这一切和注定将要发生的那一切，其缘起还是武汉大学校长刘道玉对其学生们所做的一次非正式讲话。或许,这就是教育的魅力!

许金龙,1952年出生,男,武汉大学首届插班生,入学前为卡车司机,1985年入83级日语专业学习,在校期间承蒙各位师长教诲,自觉所获教益甚多,两年后获得学士学位毕业。现任职于中国社会科学院外国文学研究所,职称为研究员,从事日本文学研究工作,近期主要以大江健三郎为研究对象,译有大江氏《愁容童子》和《别了,我的书!》等小说若干,以及《我在暧昧的日本》和《北京讲演2000》等讲演辞,围绕大江文学写有《森林中的孤独骑士》、《盘旋在废墟上的天使》和《先在于萨特的鲁迅》等文章若干。另外,还翻译三岛由纪夫等日本作家的小说若干,写有《三岛由纪夫美学观的形成和变异》、《村上春树在中国》和《柳美里的文学世界》等文章近百篇,获中国社会科学院三等奖一次。

是创造教育，我们才不枉做武大人

——有感于武汉大学插班生制

刘少雄

20世纪80年代，在中国改革大潮的召唤下，著名教育家、化学家、社会活动家，我们永远尊敬的老师、老校长刘道玉先生率先在全国实施了一系列高等教育改革措施。其中备受世人瞩目的武大首创并实施的插班生制（包括作家班）就是其中的一项重大创举。这一创举为我们许多特殊志趣由于诸多原因而无法得到特别培养而又特别渴望特别发展的青年提供了深造的机会。这一创举使我们的同学们20年来一个个成为将军、教授、作家、科学家、企业家、出版家、大法官、大律师和领导干部。这一创举使我们一部分武大学子从“武大制造”变为“武大创造”。温情回首这20年，我最深刻的醒悟、领悟、感悟是什么呢？是一个字，那就是“创”，我们享受的是刘校长所“创”的一系列学制，学习的是“创”的胆量和方法，收获的是“创”的一系列成果，成功的是“创新”的事业。可谓学在“创”，做在“创”，贵在“创”，难在“创”，成也在“创”。

一、刘道玉校长创新了武大教育

查考国际国内一系列研究刘道玉校长的文献，翻阅中国改革时期《光明日报》、《人民日报》、《高等教育研究》，美国的《华夏文摘》以及《当代中国高等教育家》、《刘道玉晶核》等报道刘道玉校长一系列文章，研读刘道玉校长的《一个大学校长的自白》以及刘道玉校长合著、编著、论著的《新的继续革命与未来》、《改革与创造性人才》、《高等教育改革的理论与实践》、《搞好教育综合改革》、《教育经济学研究》、《中国当代高等学校管理》、《知识·智力·创造力——谈创造教育》、《关于创办中国十年大学》、《创业与人生设计》、《爱的学校》、《素质教育与培养创造力》、《新世纪曙光》、《面向二十一世纪大学生学习观》、《二十世纪我国基础教育展望》、《关于大学创造教育模式构建》、《实施创造教育，培养创造性人才》、《金属有机化合物和配合物光电能材料的设计、合成、机构与性能》、《创造教育概论》、《创造思维方法大纲》、《为大学文科改革献计三策》、《怎样建成中国一流水平的大学》、《创造教育新论》、《中国现代为什么不能产生著名教育家》、《高校学风亟待整肃》、《论世界一流大学建设》、《我们需要怎么样的大学校长》、《中国应当怎样遴选大学校长》等一系列论著，考证刘道玉校长生平以来的所有要事与活动，特别是在刘道玉校长从事教育及担任武汉大学校长期间的要事与活动，我们完全可以得出这样一个结论：是刘道玉校长创新了武大教育，是刘道玉校长创造了现代教育。刘道玉创造教育的始发时间是 1981 年，这是刘道玉被任命为武大校长之初。从 1981 年开始，刘道玉校长集其过去对所有中国旧教育的思考，而对武大的教育进行了一系列的改革，走出了一条全新的办学路子，使武汉大学成为创造教育的实施基地。他的第一篇创造教育论文《要重视大学生的智能培养》开篇就对 17 世纪著名哲学家培根的至理名言“知识就是力量”提出了质疑，他认为知识不等于能力，书本知识多的人不一定工作能力强，考分高的学生不一定是优秀的人才。知识与能力是有差别的，只有当知识被人们所掌握并转化为独立工作和研究能力时，它才能成为一种力量。他认为，创造才是力量，创造才能推动人类社会不断进步。刘道玉校长敢于向权威挑战，观点鲜明，具有创造个性，道出了优秀人才的真正实质。这篇论文在《人民日报》发表后，迅速被全国媒体转载，且在全国的教育界引起了强烈的反响，也带动了许多大学的教育改革。随后他的《改革与创造性人才》一文主要论证了教育改革的目的在于转变教育观念,特别是人才的观念,改革不适宜的教学制度、教学内容和教学方法,培养富有创造性的人才,并且强调人才观才是制定教学计划的依据,也是衡量学生毕业以后是否为人才的标准。在系统研究人才观的基础上,他第一个提出了人才观的六种类型,即“工具型”、“知识型”、“全面型”、“智能型”、“创造型”、“审美型”,他认为每一种人才观都是一定历史时期的产物,而且也是为一定的政治和经济服务的。他特别地强调,为了迎接中国新的技术革命,当代社会必须学习创造性的人才观,要大力地培养创造性的人才。而要大力培养创造性人才必须要实施创造教育,当时他还预言在未来各类教育高度普及和物质极大丰富以后,教育将不再是谋求职业的手段,而是充实自己和完善自我的需要,“到了那个时候人才观将是审美型的”。对他的观点,著名学者金马评论道:“这种高明的主张,可以说从哲学智慧的高度较完美地逼近了马克思所提出的‘人也按照美的规律来建造自己’的精辟观点。”在刘道玉一系列的创造思维、创造教育、创造型人才培养计划的设计下,武汉大学在短短的几年间,率先推出了“学分制”,以贯彻实施因材施教的原则;实行了“导师制”、“主辅修制”、“插班生制”、“奖学金、贷学金制”、“转学制”、“优异生制”、“双学位制”,以使学生除了学习本专业的有关课程外,根据教学计划、学科发展的需要和自己的兴趣爱好、专业特长设计选修自己的专业和课程。鼓励学生成为专才,成为冒尖人才。另外,他还创设了大学生科研基金、李达哲学奖、黄侃语言文学奖、闻一多文学奖、周鲠生法学奖、曾昭抡化学奖、桂质廷物理奖、数学生物学“新星”奖,这些都为学校教育注入了全新的活力,给每一个学生都能根据自己的志向和专业兴趣积极主动地、生动活泼地学习创造了良好的条件,涌现了一大批品学兼优的“冒尖生”。

不仅如此,刘道玉校长还组织学校教师积极开展对外学习交流与合作。与美国、法国、日本、联邦德国、民主德国、加拿大、奥地利、澳大利亚、英国等20多个国家和地区的145所大学及科研机构建立了交流关系,取得了显著成效。聘请了众多的外国学者为武汉大学名誉教授或访问教授，近百名专家在校长期任教。当时武汉大学还参加了一百多个先进水平的国际学术会议，武汉大学众多的正副教授被邀请出国讲学，还有的被聘为国外知名大学的兼职教授和访问学者。学生也率先走出国门，到国外留学，接受研究生或博士生的教育；也率先接收来自世界上许多国家的留学生在武汉大学接受创新教育。这些使当时的武大享誉全国、名扬全球。武汉大学不仅以她位于风景优美的东湖之滨，珞珈山麓的地理优势和校园里琉璃屋宇、丛林掩映、名花异草、四季飘香的校园风光吸引全世界的学子，而更以它独特的刘道玉创造的一系列的教育模式，吸引了无数的世界学子在武大接受创造性教育，成为真正符合《中共中央关于教育体制改革的决定》所要求的坚持以教学、科研为中心，按照“三个面向”的要求进行教育改革的标准示范性的大学。在刘道玉时期真正使武大由“文、法、理、工、农、医”的综合性学科建设变成了真正的“医农工，理法文”的创造性人才培养基地，成为“高教战线的深圳”。因此，当时的学子和武大的校友无一不以是“武大人”为荣。

武大刘道玉校长改变了武大及其学子的命运，而武大及其学子却无法左右老校长的去留。刘道玉校长并没有因失去教育改革的舞台而丧失对教育改革的追求。从 1988 年至今，近 20 年来，他继续对创造教育的理论框架和实施创造教育的各个要素进行了系统的探讨，如他的《教育探索者》、《知识 · 智力 · 创造力——谈创造教育》、《创造力三要素》、《关于我国新的教育方针的思考》、《创造教育实验研究》、《素质教育与创造力的培养》、《培养创造力是素质教育的核心》、“SSR 模式”等，特别是“SSR 模式”形成了刘道玉创造教育的晶核。“SSR 模式”的第一个“S”是英文词组 Study independently 的缩写，它被翻译为自学或独立的学习；第二个“S”是英文单词 Seminar 的缩写，是指大学生在指导下进行课堂讨论的一种学习形式，有时也指讨论式的课程；“R”是 Research 的缩写，它的意思是研究、探索。

为什么说“SSR”是刘道玉校长创造教育模式的晶核呢？第一，SSR 分别代表了世界古今教育之精华，特别是百多年的实践证明了它们是最具有推广价值的成功的教学方法。第二，这三种方法的共同特点是创造，是与“三中心”的灌输式的教学法根本不同的。自学是从学习者自身出发，依靠学习者的主动性，是具有积极性和创造性的有效学习方法。课堂讨论是双向交流，营造一种自由民主的氛围，以达到激励和产生创造灵感的目的。科学研究是学习的最高境界，它不是为了掌握现在的知识，而是应用已有的知识去创造新的知识。第三，SSR既反映了教学内容内在的联系，又符合由浅入深的认识规律。

至此，我们不得不感慨我们的老校长，“格物致知，其命维新”，“思若大海，行如天马”，“心系教育，心系民族，心系学子，心系未来”，“公而忘我”的人生境界。刘道玉校长的创造教育，创新了武大，创新了中国式的教育，而且这种创造教育的理论已被实践所证实，被广泛地认可，已是不争的事实。民族复兴，教育为本；国家兴衰，教育第一。我们坚信，刘道玉的创造教育在教育界的全面影响必将还会引起大学教育领域里的一场哥白尼式的革命。衷心地感谢我们的老校长刘道玉，在20世纪80年代创新了武大教育、创造了我们的同时，又为21世纪的教育界献上了一份以创造为特征的特别礼物。

二、创造教育使我们从“武大制造”变为“武大创造”

全世界都知道：中国是一个“制造”大国，所谓制造就是按照每个生产流程固定不变地进行生产，而创造则需要运用大脑改变行为，如果我们陶醉于中国制造大国的地位，而不去创造，则中国无法成为明天领先的创造大国。如果一个企业仅满足于制造所得的既得利益，就无法应对明天因创新而带来的风云变幻的挑战。因此，创新无论是对于国家，对于企业，还是对于个人都是极其重要的。

法国历史学家费尔南·布罗代尔说：“这个世界上有三种历史，一种是迅速动作的，一种是缓慢动作的，一种是完全不动的。”迅速动作者就是创新者，缓慢动作者则是执行者，而完全不动者将会成为被淘汰者。20世纪成功的故事都是属于那些速度能够更快，更能够创新，更能够针对瞬息万变的客观世界作出更多的不同思考的人士。这种情况在21世纪仍将继续，所以要想持续成功的企业和个人就必须做到破除旧习，切入新领域，打破旧模式。

作为有一百多年历史的武汉大学，作为培养千千万万社会急需人才和持续发展人才的摇篮，在经历了“文化大革命”的混乱时期，百废待兴的情况下，尤其需要迅速动作，破除旧习，切入新领域，打破旧模式，进行教学的全新改革，进行教育的全面创新。在这个问题上我们的老校长刘道玉把握住了20世纪80年代武汉大学改革的黄金时代，在国家及学校众多仁人志士的努力下，实行了“学分制”、“双学位制”、“转学制”、“导师制”、“贷学金制”、“插班生制”等六项制度的创新，使武汉大学一跃成为高教战线改革的先锋。这些创造性的教育改革不仅影响了一代人，而且造就了许多代人，也带动了全国高等学校的改革。由此，武汉大学从原来的按照过去有关部门设定的固定不变的教育流程进行教学的“制造人才”模式而变成了按照不同的专业、不同的学科、不同的人才志趣、不同的个人特质、不同个体需求而应用不同的教学方式和方法进行培养人才的“创造人才”模式。至此，武汉大学的学生由原来的“武大制造”变为“武大创造”，而我们有幸成为了武汉大学创造教育所创造的第一批学子，我们为此感到骄傲。特别值得一提的是，刘道玉校长费尽千辛万苦所创造的武大插班生制，打破了一次高考定终身的高考制度，适应了通过多种形式开发智力促进高等教育改革的现代化要求，贯彻了对有特殊志趣和特殊才能的学生依材施教的原则，也成全了全日制本科教育以外的其他高校的优秀学生再次根据自己的特殊志趣和能力来有选择地锻造自己的成才之路。更重要的是，还革除了高校教育按部就班、因循守旧的机械培养的弊端，开创了以插班入校的跳跃式的学习制度，缩短了学习周期，节省了培育成本，提高了办学的经济效益，创立了评价和录取学生的新方法，坚持笔试与面试，重视能力和成果，真正使高等学校能够多出人才，快出人才，出高质量的创造性的人才，有了“创造性的工艺和途径”。

插班生作为一项制度从上述的许多优越性方面无疑能够使众

多的具有特别志趣和特别才能的青年获益，但我们作为第一届的插班生还有更多感激插班生制度的理由。

第一，我们第一届的插班生百分之九十都是十年"文革"期间的学生，文化基础偏低，专业方向偏窄，年龄偏大。

第二，我们这一批插班生百分之九十都在各条战线上有了相当的经历和专业成就；有的已是作家，有的已是专利发明者，有的已是科研带头人，有的已是单位重要领导。

第三，我们这一批插班生绝大多数都受过高等教育，有的本身就在高校读书或者当老师。不在高校的插班生也在重要的科研岗位和生产岗位上任职。

第四，首届插班生绝大部分因为各种原因未能参加 1977 年、1978 年刚恢复的高考，或者是因为出身，或者是因为高考时没有自己适合的专业，或者是高考时因为有特殊志趣和才能却无法按国家高考规定的应试生科目通过应试，或者是已经在高校岗位上单位不允许参加考试，或者是参加了高考而无法按照自己的志愿选读学校和专业，或者是因为已成家立业、不堪重负而无法按照自己的专业志向去发展，等等。

第五，我们这一届插班生还有相当一部分是因为 1977 年、1978 年恢复高考时，当时国家将大学和中专分开考试，大学是在全国录取，中专由各省出试卷招考，而又不允许考生既参加大学考试又参加中专考试，致使相当一部分有实力的青年因为家庭贫困而保守地选择了中考考试，放弃了大学考试（当时国家规定凡既报考中专又报考大学的取消考试资格），失去了自己本有实力考入的适合自己发展的大学深造的机会。

基于以上五个方面的原因，插班生制度特别适合我们这一批学子。如果不是刘道玉校长创造了插班生制，我们这批人就没机会到武大接受创造式的教育。也是基于以上五个方面的原因，我们这一批学子，分布在武汉大学的几十个学科，实现了我们各自不同的愿望。有的是已有大学文凭而来读取第二学位；有的是根据自己的特殊志趣，通过武大相应专业的特殊训练，通过主辅制，完成了专业训练，夯实了专业基础；有的在导师制的训练下，进一步寻找到了自己专业升级的阶梯；有的在学分制下，缩短了学习周期，在短期内完成了学业而快速地升级到研究生院学习或奔赴新的工作岗位；有的在贷学金制下解决了学习期间的经济困难，实现了"武大梦"；有的在学校利用转学制又重新找到了适合自己志趣和专业基础的学习专业。如此灵活的教育政策为我们的深造大开方便之门。在经过系统的学习之后，绝大多数插班生进一步取得了许多的科研成果，有的还有科学发明和技术创新的成就。其中以作家班在国内的创作成果最为显著。比如，茅盾文学奖的获得者熊召政创作的《张居正》，其中有一项指标就是其不同中文字数量所占用《新华字典》字数总量的比例超过了《红楼梦》。熊召政能够成为在中国乃至世界文坛上公认的学者型的大作家，就是他插班武大，在武汉大学接受刘道玉的创造教育，进一步得以深造，夯实了专业基础的结果。无数的教学成果和事实证明，刘道玉创新了武大教育，武大教育又创造了我们插班生，使武大的一部分学子由原来的"武大制造"变为"武大创造"。由于第一届插班生的成就和在社会上的影响，虽其数量不多，但却点燃了所有具备特殊志趣和才能的青年求知的心灵之火。因此，我们将永远以"武大创造的第一届插班生"为自豪。

三、我们尝试了创造，我们正在努力创造着

作为武汉大学的第一届插班生，我们完全地享受了并实践了刘道玉校长的创造教育。我们是第一批接受了武大的创造教育而再走向社会的武大人。20 年来，我们这一批学子在各自的战线上没有辜负老校长刘道玉的创造性教育，没有辜负珞珈山对我们的期望。我们这一届的插班生每一个人都可以坚定地说："我们没有枉做武大人。"我们当中有的已经成为将军，有的已成为教授和博士生导师，有的已成为实业家、出版家、作家和高级领导干部，并且在许多岗位上尝试了创造性的工作，在许多新领域正在领导和

改变着这个世界。就本人而言，虽不如马建勋、文新国、王英琦、水运宪、刘汉俊、朱秀海、许金龙、陈世旭、周百义、郑彦英、赵铁骑、哲夫、徐锋、晓剑、陶世隆、野夫、野莽、曾静平、谭智群、潘平正、薛毅等成就卓著，但本人也试图尝试了一些创新的工作，并且为此而不断地努力着。

本人是在“大跃进”中出生，“文革”中成长的农村青年，在阶级成分论的背景下，受过各种磨砺和委屈。在十年“文革”期间，基本上没有受过正规的基础性教育。在高中2年的学习生活当中，所有的同学被分成农机机械班和政工班。本人有幸在政工班学习了一些诸如写作、绘画、书法及文艺宣传等方面的文化。在高考前扎扎实实地做了三年的农活，在恢复高考后由于家在农村无人指点，也无复习资料，白天要干农活，又遇到当时的高考制度规定大学和中专不得兼报，出于政治上要求得翻身的原因，而报考了湖北公安学校。当时武汉大学还没有恢复法律系的招生。湖北公安学校毕业以后，于1980年被学校选送到中央政法干校公安师资班（现人民公安大学）培训，中央政法干校师资班毕业以后，回到湖北公安学校（现为湖北警官学院）任教，从事治安、绘图、刑事侦查、刑事摄影、步伐追踪等专业的教学。在教学岗位上，与其他的教学工作人员一道创建了全国公安的第一套专业教材，本人担任了《治安管理》、《刑事照像》、《刑事绘图》、《刑事侦查》等教材的编写工作，并且还创建《模拟画像》和《步伐追踪》的教学图谱。时值本人深感专业基础底子薄，教学吃力之时，恰遇刘道玉校长的创新式改革，本人荣幸考入武大，按照自己的特殊志趣和专业志向接受了武大的创造性教育，成为第一批接受创造教育的幸运儿。

武大插班毕业后本人作为湖北省纪委研究室挑选的干部，在武汉大学所有报考湖北省纪委研究室招聘干部的学员中，以笔试与面试综合成绩第一名成为湖北省纪委在武汉大学录取的唯一一名学员。这一度使我本人感到高兴，高兴的不是进了如此大的机关，而是我以插班生的身份在有许多其他专业学生（包括研究生）的竞争中取得竞聘的好成绩。到湖北省纪委上班以后，本人发现这是一个极其严肃的机关，当时的主要领导也是少数极其严肃的干部，以至我们这些受过武大创造教育、富有工作挑战性的学子完全不适应这样的机构。但是，本人在湖北省纪委研究室三年的工作中尽我所能，努力适应并尽可能地完成了自己的本职工作。在做好本职工作的同时，本人在中国共产党纪检领域第一次创建性地提出了关于纪检专家系统的研制方案，并组织部分高等院校相关专业的专家、教授和纪检战线的部分同志联合攻关，在建造《纪检专家系统》理论知识文库的基础上，分类进行理论提炼，编写了《党纪学》、《党风党纪教育学》、《党纪监督学》、《纪检心理学》、《纪检调研学》、《纪检信访学》、《党纪案件检查学》、《纪检证据学》、《党纪处分学》、《党纪案件审理学》、《纪检文书学》、《纪检档案管理学》等专业书，构造了独立的完整的纪检专业理论体系，填补了中国共产党纪委检查战线建党70年来没有纪检教科书的空白。在该套丛书出版前，全国的纪检机关的干部培训都是以零星的印刷品作为培训材料的，没有系统的理论架构和专业教材。在从事该项创建性的工作时，由于当时的湖北省纪委领导成员少数保守势力的压制，本人及其参与此项攻关的写作班子经受了许多的挫折，最后在中央纪委的支持下，该项工作方得以完成。在中国检察出版社的支持下，使得该套丛书问世于全国纪检战线，并获得纪检战线以及各党校及大专院校党建专业的一致好评。

后来我从纪检机关调到湖北省公安厅法制研究室从事与自己所学专业相一致的工作。到湖北省公安厅后，由于专业对口，在当时省厅比较开明的领导的关怀与指导下，本人又创办了《公安法制》及《警事文摘》，给全省的法制战线的公安干警提供了一个研究公安法制的平台。同时还配合法制处的同仁完成了一系列的公安法制方面的制度建设。同期本人还担任了全省公安战线“二五普法”的唯一的教师，负责全省公安干警“二五普法”的法律讲授，编辑并由中国检察出版社出版了《二五普法知识集解》，协助省厅分管的厅长编写并由武汉大学出版社出版了《治安处罚要略》。

由于在湖北公安学校有四年的教龄，并有公安法制方面的创建性的成果，也有省纪委及省公安厅工作期间卓有成效的理论建树，本人于 1992 年被武汉大学著名法学家马克昌教授邀请调入武汉大学法学院刑法教研室从事教学科研工作，并于 1993 年 3 月（当年 35 岁）破格提为武汉大学法学院副教授。在武汉大学工作期间，除了完成日常的教学工作以外，在博士生导师喻伟教授的提携下，与熊选国博士（现最高人民法院副院长）、王晨博士（现湖北省高级人民法院副院长）一并完成了长达八十多万字的科研著作——《量刑通论》。

尽管武汉大学对本人寄予了非常的厚望，尽管本人无数个日夜思考并不愿远离法学院，远离马克昌、马俊驹、喻伟等恩师和其他的同事，但是为了拓新自己的事业平台，为了找到更适合自己的发展机遇，为了寻求到更适合自己发长的土壤和天空，本人毅然放弃了武汉大学的优越工作环境和生存环境来到了深圳，经受了深圳特区一系列的艰难曲折的考验。在深圳闯荡江湖的日子里，本人有两个深刻的感受。第一，刘道玉校长的创造教育以及武汉大学所赋予本人的知识铺垫，使本人在深圳能够立足；第二，“书到用时方恨少”，要想在特区这种高度竞争的场所开拓事业是何等艰难，必须要分秒必争，必须要不断地更新自己，必须要像刘道玉校长所教导的那样“办事要勇往直前不留后路，说话要明明白白不留余地”，必须要做到“格物致知，其命维新”，“思若大海，行如天马”，“每日必思，每日必学，每日必做，每日必做到”，“案不留牍，文不过夜，来者不拒，有求必应”，必须要具备这些不做官的禀性，使自己成为一台推土机，勇往直前地开辟生存与事业发展的道路。因此，在深圳特区长达 12 年的日子里，在工作竞争压得喘不过气的环境中，我坚持“每日必思，每日必学，每日必做”，并在工作之余进一步学习，完善自己的知识结构，先后在人民大学高级董事长班攻读 MBA 硕士学位，在华中科技大学攻读经济管理博士学位。同期在事业上也从国企到私企再到从事专业律师工作，经过了许多的转换过程。这些都使本人对中国社会发展与经济发展以及人文环境、法律背景、政治视角、民情社情有了全新的深刻的认识。特别是在加入仁人律师事务所与合伙人共同拓展律师事业的日子里，我的事业有了新的突破，除办理了三百多宗有影响的大案、要案，如张国庆君安证券案、刘晓庆的税务案及名誉侵权案等，期间还历任澳门新建业集团、香港永资投资集团、奥林巴斯（深圳）工业有限公司、国内贸易部南方集团、国信证券有限责任公司、《民主与法制》杂志社等大型企业和机构的法律顾问，还被聘为深圳市场经济法律研究会专家教授，南方报业集团专家咨询委员，武汉大学法学院兼职教授，武汉第三、第四届"武汉小姐选美大赛"法律顾问，而且还在律师业务的理论方面创建了卓有成效的业绩。2001 年受中国检察出版社的邀请，在司法部的领导下，由本人担任总主编，创建了中国律师界第一套涉及专业全面的办案技术性的丛书《律师通路经典》。具体包括：《刑事案件律师办案指引》、《民事案件律师办案指引》、《金融案件律师办案指引》、《破产案件律师办案指引》、《房地产案件律师办案指引》、《企业上市案件律师办案指引》、《企业并购案件律师办案指引》、《知识产权案件律师办案指引》、《国家赔偿案件律师办案指引》、《经济诉讼案件律师办案指引》、《行政诉讼案件律师办案指引》、《劳动仲裁案件律师办案指引》、《经济仲裁案件律师办案指引》。该套丛书在律师界具有广泛的影响，受到各层次法律工作者的好评。

以上职业活动已被许多记者采访并以《山高人为峰》、《剑胆琴心担道义，理论文章成古今》在《法制日报》、经济与法制出版社和法制日报广东分社出版发行的《法制特区》、《民主与法制》、《中国改革》、《中国经贸导刊》等相关报刊予以报道和宣传。

以上是本人从武大毕业以后的工作与创业历程。虽不敢接受有关媒体所赞誉的"汉川铁嘴"，"胸罗锦绣文章，口悬甲兵万千"的"才干双全"的法学斗士，"既满了口袋，又满了脑袋"的"智本家"，但本人敢承认自己是一位"勇于攀登，敢于创新，敢于负责任"的武大人。本人没有辜负刘道玉校长及武大法学院所有教师的培养，本人尝试了创造而且特别的努力。

四、创新永不停息，一定要做好武大人

实践证明插班生制是武大创建的一个行之有效的先进的教学制度，应该坚持推广。特别应该坚持原创的标准推广。作为武大第一届的插班生有必要呼吁一定要坚持插班生制的标准，坚持维护插班生制的原创精神，坚决维护全体插班生的集体荣誉和利益。创造教育虽然是刘道玉校长时期的武大品牌，但坚持创造教育、不走老路维护的却是武大和武大人的整体利益。无论是出于对刘道玉校长的个人的尊重，还是为了武大及武大人的整体利益，武大及武大人都要坚决维护插班生制的标准和纯洁，不断总结插班生制的经验，不断提升插班生制创新的理念，不断纠正插班生制执行当中出现的偏差，不断地推动插班生制的深入发展，永不放弃，永不停息。

无数成就伟大事业的案例证明：学在创，做在创，而创贵在坚持，难在坚持，成也在坚持。在创造中失败，也胜过在模仿中成功。“创造”是我们抵御不确定性的最佳武器，创造是我们重塑自我的唯一途径，坚持创造必须破除旧习，切入新天地；不坚持创造，意味着我们将被淘汰出局。武大人要想将“武大制造”真正实现为“武大创造”，进而推动“中国制造”到“中国创造”的进展，就必须巩固已有的创新成果，继往开来，前赴后继，不断创新，永不停息。学历只能代表我们的过去，已有的成果亦只能代表我们的过去，只有坚决维护创造的成果，不断继续创造才能决定我们的未来，这样才不枉做武大人。

以上是本人对插班制的感悟和对刘道玉校长创造教育的领悟，承蒙大文豪熊召政的赏识和介绍，得到了刘道玉校长的亲自召唤，本人深感受宠若惊。但按照编委会的要求，本稿无以砌成“征文”所需的“建构”，权且当做一份远方学子的信息或是早就该交却又没有给老校长刘道玉恩师交去的迟到的“思想汇报”吧！

刘道玉校长说：“传记可以使读者从中受到启迪，寻求借鉴和获得前进的动力，爱读传记的人好奇心特别强，怀有远大的理想，富有责任

感，乐于学习和借鉴他人的长处，重视人生的自我设计和自我实现。”我大概属于爱读传记的这类人，期待编委会通过这次活动能提供更多插班生学友的传记和信息，使我们以一种特殊的方式与刘道玉校长相聚在一起，我将以独立思考的态度来一一地读懂它们，因为刘道玉校长说，“独立思考的态度是我们这个时代永远需要培植和发扬的可贵的精神”，只有坚持独立思考才会形成自己的独创。

最后我给大家通报五个我个人的信息以求各位老师、学友及社会同仁的支持，让我们携手共创未来。

1. 本人于2005年6月在北京创办了北京法联德赛图书发行有限公司，旨在促进和帮助有志于民主、科学、法制研究的同志多出书，快出书；多出成果，快出成果。欢迎大家投稿。

2. 本人于2005年8月在武汉创办了武汉少雄施洋文化传播有限公司，旨在促进、宣传和普及民主、科学、法制的理论成果，重点是宣传和弘扬真正的“法律人”和“法律人的文化”，宣传当代中国在转型时期所形成的人治、法治、德治、混治的背景下一代真正的律师为追求真理、崇尚科学、维护人权、促进法治而顽强拼搏的优秀案例，总结、提炼与弘扬当代的真正的律师文化。拟在2007年创作推出大型电视连续剧《律师楼的故事》（暂定名），欢迎大家参与支持。

3. 本人于2006年3月创办了武汉富本投资顾问有限公司（中外合资）和香港兆熊企业发展有限公司，旨在拓展海外业务，帮助中部中小企业拓展海外融资和海外发展的通道，欢迎大家参与合作。

4. 本人于2006年6月与武汉大学法学院、武汉大学商学院、北京法联德赛图书发行有限公司、广东德赛律师事务所联合创办成立“武汉大学公司法治研究所”，挂靠在武汉大学法学院，旨在聚集有志于公司管理与制度研究、公司法人治理与基本法律制度研究、公司的国家与行业监管基本法律研究、公司犯罪与预防研究的专家、教授、学者们，为公司法治献计献策，多出成果，快出成果。

5. 本人已与广东仁人律师事务所，广东德赛律师事务所，德赛事务所北京分所、武汉分所、广州南国德赛律师事务所以及上海、西安、哈尔滨等地的知名律师事务所商议，拟组建旗舰式的律师集团，将律师事务所做大做强，与国际接轨，适应国际化的需要，使中国律师走出国门，提供更广泛的社会法律服务。在此欢迎从事律师工作的校友参与合作。

刘少雄，男，1959年1月1日出生，广东仁人律师事务所合伙律师。就读过湖北公安学校、中国人民公安大学、武汉大学、人民大学，获法学学士学位、MBA学位，现为华中科技大学经济管理学博士。历任湖北公安学校讲师，湖北省纪委研究室秘书，湖北省公安厅法制研究室副研究员，武汉大学法学院副教授、兼职教授，国内贸易部驻深圳企业总法律顾问，澳门新建业集团、香港永资投资集团、奥林巴斯(深圳)工业有限公司等大型企业的法律顾问。具有26年大学教学和公安、纪检、监察、企业管理及律师执业实践经验。现任深圳市律师协会公司法委员会委员，深圳市市场经济法制研究会企业法律服务部副部长，《民主与法制》杂志社法律顾问，南方报业集团法律专家咨询委员会委员，武汉大学公司法制研究所所长，武汉少雄施洋文化传播有限公司董事长，北京法联德赛图书发行有限公司副董事长，香港兆熊企业发展有限公司董事长，武汉富本企业投资顾问有限公司副董事长。

人的一生是领悟的一生

刘湘平

我的人生经历丰富而不复杂。我于1970年11月初中毕业后应征入伍,1975年复员退伍后到信阳地区卫生防疫站,从事医学微生物实验工作整整十年。在这十年里,我靠勤奋自学和刻苦钻研,在医学微生物研究方面取得了一些成果,并在《中国科学院学报》、《美国生物学》杂志、《中华流行病》等国内外的核心期刊发表论文、论著10余篇,译文10余篇,获得省、市科研成果奖3项。当时尽管在别人看来我在工作上、事业上、生活上都已达到比较不错的状况,但是,我自己并不满足于已有的成果和现状,我一直渴望上大学,希望能到大学去接受更加系统的专业理论学习和更加广泛的知识教育。

1985年,感谢武汉大学刘道玉校长所推行的高等教育改革,创造性地实行插班生制度,在全国公开招考插班生,给我们这些自学成才者提供了一个上大学深造的机会。当时全国报考武汉大学插班生的人可能有上万人,经过严格的资格审查、考试和面试,我有幸成为被武汉大学正式录取的首届插班生之一,于1985年9月进入武汉大学生物系微生物专业插班3年级学习。

在武汉大学读书的那两年里,我充分利用武汉大学良好的学习条件，充分享受武汉大学改革开放所创造的宽松的学术氛围，并参加了丰富多彩的学术活动。我除了全面系统地学习了生物系微生物专业课程之外，还选修了法学、哲学等课程，听了许多场高水平的学术讲座和报告。它们全面丰富了我的知识，提高了我的理论素养，使我的视野能够从生物学微观领域扩展到更广泛的宏观的社会领域，为我以后的工作打下了良好基础。

我于1987年7月完成学业，获学士学位、本科学历，被分配到河南省人大常委会教科文委员会，从事教育立法工作四年。1991年调到中共河南省委高校工委组织处工作，1996年又调到河南省教育厅工作至今。无论在哪个工作岗位，我都像过去搞生物学研究那样严谨细致和认真负责。

回顾我所走过的人生历程，有一个很深刻的体会：人的一生是领悟的一生。

参军当兵五年，我在部队练就了铁的意志，养成了铁的纪律观念。当兵虽然很艰苦，但五年军旅生涯使我这一辈子不遗憾，我领悟到了人的精神和意志在艰苦环境中能够得到磨炼。

从部队复员退伍回到地方，我进入到一个全新的工作领域，从事生物学技术工作，在显微镜下的微观世界里，在勤奋自学和刻苦钻研中，我领悟到了奋斗的力量和快乐。

在武汉大学学习期间，不仅使自己的专业理论知识得到了升华，更重要的是给了我更多的学习哲学和社会科学方面理论知识的时间和空间。我通过学习哲学和法学初步领悟到，作为具有生物属性和社会属性的动物——人，不能不学哲学，也不能不学法学，要规范自己的行为，也要科学地训练自己的思维。

在河南省人大常委会从事立法与监督工作期间，在日复一日地处理繁复的人与法的事务中，我领悟到法律与政策的关系，立法与执法的关系，权力与制约的关系，监督与被监督的关系。

在河南省委高校工委工作期间，从事党务工作、干部工作，我领悟党的组织行为，党的组织行为与行政组织行为的关系，领悟党政关系问题。

在教育厅从事干部人事工作期间,我领悟人的事和如何做好人的事,领悟政策性与策略性,领悟原则性与灵活性,领悟大事与小事。

人的一生是领悟的一生,但是,对于有限的人生来说,时间不够,空间也不够,既然时空不够就简单一点,学会舍与得就够了。

刘湘平,男,1955 年 5 月生,湖南茶陵人,汉族,中共党员。于 1970 年 11 月应征入伍。1975 年 5 月至 1985 年 8 月在信阳地区卫生防疫站从事医学微生物实验工作。1985 年 9 月进入武汉大学生物系微生物专业插班 3 年级学习,于 1987 年 7 月完成学业,获学士学位、本科学历。1987 年至 1991 年,在省人大常委会工作,任科员、副主任科员、主任科员。于 1991 年 11 月至 1996 年,在中共河南省委高校工委组织处任主任科员、副处级组织员。1996 年 6 月至今,在河南省教育厅工作,期间,先后任人事处副处长、调研员、处长。

难忘武大

朱秀海

一

时光荏苒，仿佛只是转瞬之间，离开母校武汉大学已近20年了。20年时光不算短，可是当年在校读书的日子，仍然如同昨日，时忆时新。

记得是1985年仲夏的一天，时在海滨城市大连参加一个笔会的我接到一个电话，电话里讲，为了使中国作家协会提出的“作家学者化”的倡议成为现实，作协和武汉大学商定，在武汉大学中文系开设全国第一个作家班，使由于“文革”等多种原因没有机会上大学的青年作家们有机会接受正规的大学教育。好像最初的招生对象是年龄40岁以下的全国作家协会会员，最好能得过各种文学门类的全国奖。作家协会于是发信给全国40岁以下的作协会员，让大家踊跃报名（后来由于40岁以下的作协会员数量相当少，又将年龄扩大到45岁以下）。接到这个电话，非常高兴，笔会没有结束就匆匆赶回家中，办理报名所需的有关手续，不久后就如愿地拿到了录取通知书，9月初，我和另外23名同学一起，顺利地走进了武汉大学的校园。

我是怀着异常感激的心情走进武大的,说起来话长。应当说从小学时起,我就一直非常羡慕教过书的一位老师,羡慕他的原因是这位老师读过大学。这是一位在我的印象中举止文雅的老师,虽然我在他的记忆中可能没有留下什么印象(他教我的时间相当短),但他留给我的印象却相当深。是他让我第一次在许多农村小学老师中间发现了一个读过大学的人在言谈举止方面的许多不同之处,从而萌生了长大了上大学去的愿望与向往。再次坚定了我的这种信念的是一位与我在同一所农村中学读书的学长,那一年我读初二,他读高二,时值"文革",学制缩短,初中和高中都是两年,我们同在那一年的夏天毕业,秋天的时候,我回到学校读高一,他却从老师手中接到了一张北京大学自动控制系的录取通知书。老师在将它交给这位学长之前,特意在我面前展现一番,说:"北京大学呀,你好好学习,将来也像人家一样!"这样一句话形同鞭策,让我在羡慕这位学长的同时,再次燃起了我读大学的热望。两年后我读完了高中,本应去报考大学,却在毕业前夕对这件事失去了信心。原因很简单,这时大学里招收的是工农兵学员,上大学不看分数看你的家庭政治背景,像我这种没有背景的人自然是没有机会走进大学的。

我最后一次失去读大学的机会是"文革"结束后的 1977 年,国内恢复高考的第一年,那时我已入伍五年,在师的政治机关做一名新闻干事,知道了消息,久已忘却的大学梦死灰复燃,冲动地去找我的上级,要求他准许我去参加高考。领导的反应是:第一,部队只允许战士参加当年的高考,不允许干部参加,而你已经是一名干部了,自然不能参加;第二,我的这位毕业于上海复旦大学的领导对当时的高校教育质量评价很低,他以一位刚从某大学毕业分到我们单位的工农兵学员的文字能力为例,竭力向我证明"现在的大学,你不去也罢"的结论是正确的。这件事直接导致了当时还年轻的我以消极怠工的方式回答了领导的不通融,放弃新闻写作而开始投入文学创作,并且一发而不可收,终于并不是十分情愿地走上了专业文学创作道路。

我以为我再也不会有机会走进大学了,但是就在我已经 31 岁、当兵 13 年、参加过两次边境战争之后,武汉大学和中国作家协会合办的全国第一个作家班，意外地圆了我的大学之梦。

二

武汉大学优美的校园环境，刘道玉校长，教务处、中文系和其他各系的老师张开臂膀欢迎了我们这些大学的迟到者。从走进武大的第一天起，我们就成了这所著名学府中受到特别款待的一群。

无论是在孕育中国第一个作家班诞生的过程中，还是入学后母校为我们这样一群奇特的学生特意设置的课程、精心安排的老师，尤其是在学分和选课方面给予我们的优待，都处处体现了刘道玉校长和校方在特殊教育方面具有的跨越性的见识与胆略。作家班的诞生本身就是刘道玉先生创新教育理论的一次勇敢的和成功的实践。我们这些学生以插班生的身份入学，在校两年，学分也只有 150 个，大大低于四年本科生必须拿到的 300 多个学分。学校这样做的目的并不是要减少我们的学习量，而是适应我们的特点，尽量为我们减少学分上的压力，以便于腾出更多的时间和精力，减少不必要的学业负担，让我们有机会学习更多的学科，更多的知识。在教学安排上，除了本科生必须完成的一些课程，校方和中文系尽可能地为我们安排更多的时间学习文学之外的课程，让我们在这所著名的综合性大学里能够涉及更多的专业，接受所有让我们感兴趣的教育。到作家班授课的老师也是经过了认真挑选的，他们都是各系的专家和尖子人才，和这些本身就是出类拔萃之辈的老师呆在一起，在长达两年的时间里聆听他们的教诲，让我们这些人从他们厚重的学养里，领会到了许多在大学之外根本不可能学到的东西。

在中文系的学习是作家班学习的重点。两年时间内，我记得我们学了中国文学史、中国现当代文学史、西方文学史、文学概论、美学概论、中西方比较文学以及小说创作等数十门课程。这是一个老师们拼命地教、我们这些“大人”（本科生们私下里这么称呼我们）拼命地学的时期。这么多和文学有关的课程开阔了我们在文学和美学方面的视野，系统地梳理了我们应当掌握的文学和美学方面的知识。对于我自己来说，还有一个重大收获，入学之初，我对古汉语还知之甚少，毕业之时，已经大致可以囫囵吞枣地读古文了。

同样重大的收获在于文学之外。短短两年中，仅就我自己而言，在选修了大量中文系课程的同时，还选修了哲学、历史、法律各系许多感兴趣的课程。入武大之前我也读过些中外哲学方面的书，年轻时甚至萌生过报考大学哲学系的念头，因为没有机会不得不放弃了，武大的两年大致上满足了我学习中外哲学思想的愿望。我不但系统地听完了中国哲学思想发展史方面的课程，而且听完了西方哲学思想发展史方面的课程。武大的学习生活不但引发了我对中国古代哲人如老庄孔孟之流思想的兴趣，还引发了我对康德、黑格尔哲学的兴趣，后来还引发了我对西方现代哲学的兴趣。这些兴趣一直影响着我，直到今天。

当年报考大学的另一个意愿是读历史。武大的学习生活也大致上满足了我这方面的愿望。值得为当年的武大教学改革大书一笔的是当时校园内相当活跃的众多的学术活动和知识讲座。它们涉及当时国内外各学术门类的前沿课题，其中不但有人文科学的课题，还有自然科学的课题，更有人文和自然科学交叉的课题。我记得一位老师在我入学的当年学校办的讲座上做了一次历史地理方面的精彩演说，它直接勾起了我对中国历史中历史地理这一分支的兴趣，这种兴趣又诱发了我对中国历史上河流变迁、城镇兴废、物流交通走向的兴趣。这些兴趣，影响了我日后进一步去探寻中国古代的商道和商道上发生的故事。

还有一件事情应当提及，在武大的两年间，无论是我还是我的同学，都经历了一个过去不大有过的安静的读书时期。武大是个山清水秀之地，到武大做学生让我们摆脱了过去的工作环境和工作负担，以一个纯粹的学生的心态去读自己需要读的书和感兴趣的书。后面这一类书在当时看来对我们的工作也许是不重要的，不进武大绝对不会去读的，但是一旦读过之后，其中的这一本和那一本，也许就对你的一生都产生了重大影响。

三

难忘武大，还因为我们在这两年里和刘道玉校长以及各位老师建立起来的亲切的师生情谊。刘校长在职的那些日子里，他对我们作家班的关心，他在学习上给予我们的直接的教导和影响，直到今天仍然让我们班的同学们难以忘怀。在刘校长身上，我们感悟到了一个真正的教育家所具有的天下情怀。具体办理我们的入校手续并在其后的两年间一直负责作家班管理工作的肖爱琼老师是另一个让我们难以忘怀的人。肖老师是一位女性，她以一种母性的情怀关心照料着我们这些岁数不小的学生，不但在学习方面而且在生活方面给予了我们许多的帮助。中文系的诸多老师们为了我们的进步更是付出了许多的心血。所以这一切，都作为武汉大学美好记忆中的主要部分，在离校之后的漫长日子里，一直留存在我们的脑海里，长久地温暖着我们的心。

构成两年学习生活主要记忆的还是母校四月的樱花，雪天的梅园，夏日的东湖，秋日的枫叶，一年四季景色变幻不止的珞珈山。当然在一篇短短的回忆文章里写不尽所有这一些景色对于我们的意义。我们来自远方，最远的同学来自新疆、云南和黑龙江，每个人的经历都不同，由于年龄的关系，世界对于我们，它在我们心中留下的影像都并不单调，但是武大却是另外的部分，另外的画面，一些犹如儿时印象中的故乡、炊烟、小河、岸柳那样的印象，一些像落在梅花上的雪那样宁静平和、又如山间清溪流淌一般明净灵动的印象。武大让我们在似乎见识整个世界之后又意外地见识了一个新的世界，在见识了世界上的许多人之后又见识了一些全新的人。从某种意义上，武大完成了对我们原有的世界印象的重塑，至少我本人感谢这样的重塑。

武大已经成了我们这些远离的学生心底的秘密。这种秘密和你人生中的所有秘密都是不同的。那里有你在任何别的环境里都体验不到的全身心沉浸于知识、幻想、友情、快乐之中的生活、感觉与记忆。武大是我们已经离去久远的梦，走进去时是一场梦，走出来时尚在梦中,今天则成为梦一般的记忆,一段人生中最美好的日子。

感谢母校20年前的培育,今天我们能够取得的点滴的成绩,都与母校的恩赐有关。

在今天的日子里更加美丽。

祝当年将我们带进武大的校领导和我们的老师们健康长寿。祝母校在新的世纪里更加美丽。我们的心与生命将会与武大同在。

朱秀海,电视剧《乔家大院》编剧。

海军创作室创作员,一级作家,满族,1954年生于河南鹿邑,1972年12月入伍,曾先后在武汉军区、第二炮兵和海军服役。1978年开始文学创作,中国作家协会会员,中国报告文学学会会员,河南省文学院院士。

主要作品:长篇小说《痴情》、《穿越死亡》、《波涛汹涌》、《音乐会》,长篇纪实文学《黑的土红的雪》、《赤土狂飙》、《东北抗联苦斗记》、《红四方面军征战纪实》,中篇小说《出征夜》,短篇小说集《在密密的森林中》等,有作品翻译到国外;电视剧作品有《百姓》、《波涛汹涌》、《军歌嘹亮》、《乔家大院》等。

曾获第二届全国优秀报告文学奖,第一、五、九、十一届中国人民解放军文艺奖,"八五"期间全国优秀长篇小说奖,第十届中国图书奖,第二届国家图书奖提名奖,全军长篇电视剧一等奖,中宣部"五个一"工程奖,第二届冯牧文学奖(2002年)等。

回望“落枷山”

陈世旭

不晓得为什么，祖父在我一出世就认定了我只能做读书人。他把我的胎毛用红纸包起来放在胸口的荷包里。母亲没有奶，他把自己一件穿了几十年的大皮袄当掉，给我请奶娘。临终前，他把我的父亲和母亲叫到床前，交待说：以后不管怎样难，都要让这个孙子读完大学，考上状元。那时候是公元1956年，科举已经是遥远的故事，但86岁的老人满脑子仍是一大堆旧梦。他的话不幸言中。以后的确有了很难的日子，以至初中毕业之后，我不能不失学。父亲和母亲为此终生都对祖父怀了深刻的内疚。

上大学成为我一生最大的愿望之一。在乡下插队和在县城工作的近20年时间里，读大学和同异性的亲密接触一样充满了我青春期骚动的梦境。1985年，我在南京参加全国文学奖的发奖仪式，听到武汉大学招收插班生的消息。我连一分钟也没有犹豫，立刻就去找了当时中国作协的负责人——中文系的插班生，需要由中国作协推荐。

1985年暑期结束，我成为武汉大学中文系汉语言文学专业的插班生。

我在武汉大学过了两年认真而忙碌的学生生活。校方很是体谅，给插班生发了教工用的红校牌，以免使我们这些可以当同年级本科生父亲的人尴尬。但我仍挂着学生的白校牌。这源于我那个当大学生的固执的愿望。武大留给当时的我的最深印象是选课的自由。这使我在中文系之外,还得到在哲学、历史、法律、新闻一类专业听课的机会。另外,又可以选一些很容易拿学分的课,比如“鉴赏”一类。这样可以给其他需要工夫的课程多腾出些时间。大多数日子,我每天早上五点以前起床,盥洗之后,开始写作。大约两个小时之后,去食堂用早点。然后就这里那里地去找教室,找座位。有些热门的课,去晚了,没有了座位,就只能坐在阶梯教室的台阶上。晚上时常有许多海内外著名人物的讲座,我都尽可能挤进去恭听。我因此有幸见识了一大批享誉国内教育界的学者。他们大都是谦谦君子,对后学极为友好。以我当时的心情,我很希望能把与他们的密切的师生联系永久地保持下去。但自离校后,其中的许多人竟一直无缘得见,书信往来也日渐疏落。不过,这并不表明我的淡漠。在我的内心的深处,永远有一个供奉他们的崇高位置。转眼之间十几年过去,我稍一闭目,仍能十分清晰地记起他们的一愠一笑,一举手一投足。所有这些,我都陆陆续续写进了小说,后来结集成长篇小说《裸体问题》出版。武汉大学当然并不完全等于《裸体问题》中“东方大学”的原型。但我对武汉大学的怀念,以及对在那两年学习生活中所经历的一切的思考和感慨都寄托在“东方大学”了。

因为上课和写作的匆忙,我对武大的历史和环境所知甚少。事后发现这一点,真是莫大的遗憾。至今我印象最深的是樱园,樱园的樱花大道和工字楼,还有樱园外的东湖。我自己住在樱园尽头的一幢楼里,常到后门外的东湖边散步。

珞珈山我只在刚开学的时候上去过一次。杂花生树,楚天开阔,感觉很好。以为会常来登临,却再没有上去过。似乎是在武大图书馆看到一个资料,上面说珞珈山原来叫“落枷山”。大诗人闻一多先生觉得不佳,遂改为“珞珈山”。以美玉名山,当然是风雅了。但也许是在乡下种了很多年田的缘故,我个人的情趣里,总是缺少诗人的那一份风雅。给一家文学杂志写稿,落款的写作地点依旧写“落枷山”。除去农民式的朴拙,我还有一重想法,那便是以为从人生智慧的角度看,求知其实是一个解脱的过程。从各式的羁绊乃至迷惘中解脱,让生活的视野展开得广大、更广大。正因此我感谢武大,并把这感谢寓于"落枷山"。小说发表出来,杂志仍把我写的"落枷山"改回闻先生的"珞珈山"。这自然出于编辑的好心和责任感,他们是怕我闹笑话。我本想跟他们说这样做大可不必,作者落款的写作地点完全可以虚拟,无须泥实。但想想这是另外的话题,遂作罢。

陈世旭,当代作家。

先后出版长篇小说《梦洲》、《裸体问题》、《将军镇》、《世纪神话》、《边唱边晃》、《一半是黑色 一半是白色》等以及《风花雪月》、《都市牧歌》、《中国当代作家选集丛书·陈世旭卷》等散文随笔集、中短篇小说集多部。发表有关先秦诸子文论、中国小说史及现当代文学研究论文数十篇,并有多篇被转载。

小说《小镇上的将军》、《惊涛》、《马车》、《镇长之死》分获1979年、1984年全国优秀短篇小说奖,1987~1988年全国优秀小说奖,首届鲁迅文学奖。

现任中国作协主席团委员,江西省文联主席、作家协会主席。

理想、目标和追求

——武汉大学是我学术成长的摇篮

李云贵

1979 年,那年我 17 岁,也就是全国恢复高考招生制度的第三年,我考进了宜昌师专中文科。可这是一个培养初中教师的专科学校,学校的培养目标与我的志向、兴趣格格不入。一进校,我就一头扎进了故纸堆里,如饥似渴地学习汉语史、训诂学,从王作新教授那儿借来了油印的台湾学者林尹的《训诂学概要》,在书店买了一本周大璞教授的《训诂学要略》。一个寒假,在农村一位好像叫陈胜谷的老先生那儿弄了一本发黄而又残缺不全的线装本《诗经》。在曹文安教授那里知道了什么叫章黄学派,什么叫小学和"毛传郑笺"。旁听了曹文安教授在中文科当时唯一的选修课"《诗经》研究",其实我也不知道为什么当时选修的名单中没有我,我想可能是每次考试成绩分数不高的缘故吧。但这却是一件好事,因为我只用听课,不需参加考试。师专毕业时,我的毕业论文题目是《通假字与古今字辨》,这是一个前贤时彦未能很好解决的课题,显然,我的研究不可能有什么建树。记得还有一篇毕业论文,题目叫什么就不知道了。毕业后,自然是分配在一所农村中学教书,在艰难的环境中开始了步履蹒跚的学术研究。1983 年 11 月,在《学语文》报上发表了一篇豆腐块小文章,着实让我激动得几个晚上都没有睡好觉。后来两年，通过刻苦自学，我的科研也有一些长足的发展，《尊重历史，面对现实——略谈中学鲁迅作品的用字问题》等10余篇学术论文陆续见诸各种公开出版的期刊。

1985年春，一个偶然的机会，我在办公室里看到《中国青年报》、《湖北日报》上刊登武汉大学招收插班生的消息，我怀着喜悦而又忐忑不安的心情将我发表在《语文学习》、《中学语文》上，且被《青年文摘》转载的论文原件，邮寄给武汉大学教学科。经学校对我有关证明和材料的审查，5月20日，便收到了同意受理报名的通知。7月8日，我在武汉大学教三楼201室参加了学校组织的《汉语写作》、《文学概论》笔试，我的准考证编号是201－110。

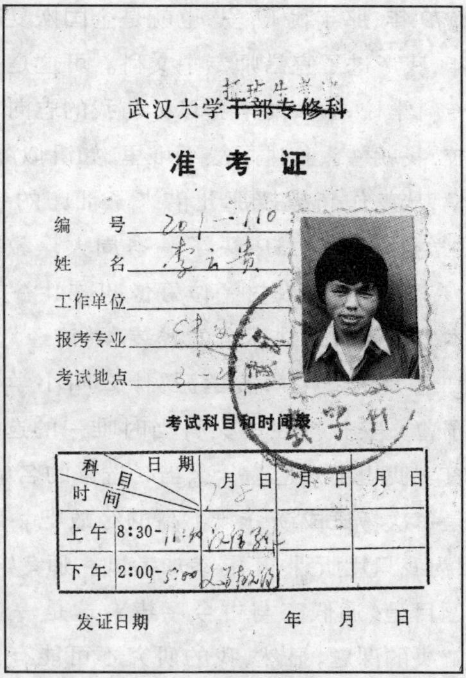
武汉大学~~干部专修科~~

准 考 证

编 号 201－110

姓 名 李云贵

工作单位

报考专业 中文

考试地点

考试科目和时间表

科目 日期 时间	月 日	月 日	月 日
上午 8:30-11:30	汉语写作		
下午 2:00-5:00	文学概论		

发证日期 年 月 日

▲ 当年的准考证

据当年的校长刘道玉教授回忆，申请报名插班生的有15 000多人,受理报名的有 3 000 多人,经过严格筛选和笔试,最后全校录取了 92 名。而我非常荣幸地成为中文系 17 名首届插班生之一,并且作为中文系唯一有志于古典文学、训诂学研究的插班生进入武汉大学。来到珞珈山,首先我拜访了我仰慕的周大璞教授、李格非教授、胡国瑞教授、石泉教授、郑远汉教授、夏渌教授、张广明教授、宗福邦教授、陈美兰教授、沈祥源教授、白嶷岐教授和李开金教授,此后在武大求学期间经常向他们请教,诸位先生的道德文章对我的治学产生了深远的影响。不过给我影响最大、最直接的还是杨合鸣教授。我选修了他的"《诗经》句法研究"课程,并多次与杨合鸣教授合作撰写、发表了《诗经》句法方面的学术论文。我后来《诗经》的研究完全受到他的影响。在武汉大学,我的绝大多数时间是"泡"在新、老图书馆,中文系和古籍整理研究所的资料室里;同时,我也深深感受到学分制的优越性,根据自己的特长和爱好,设计了自己学习蓝图和研究方向,先后选修了中文系、历史系、哲学系、图书情报学院和计算机科学系的课程,以及汉语史方向研究生、古代汉语助教进修班的课程,还旁听了华中师范大学中文系的许多课程。毕业时,在杨合鸣教授、沈祥源教授的指导下,我完成了《〈诗经〉句法二题》和《〈诗经〉、〈离骚〉中"之"字句比较研究》两篇毕业论文,均在《武汉大学学报》、《宜昌大学学报》等学术刊物上发表,并被多家刊物转载,广泛引用。

1987 年 7 月,我毕业分配到宜昌职业大学从事《古代汉语》课程的教学工作。学术上主要从事汉语史、训诂学研究及《诗经》语言、句法研究,其中《〈诗经〉"名·是·动"式新考》、《再论〈诗经〉"有……其……"式——与华学诚同志商榷》、《〈诗经〉"载……载……"式初步考察》、《〈诗经〉"不 A 不 A"式新论》、《〈诗经〉"AA·AA"式及其蜕变》、《〈诗经〉训诂二题》、《"彼君子兮,不素餐兮"别解——兼论〈伐檀〉的主旨》、《〈诗经·棠棣〉"鄂不韡韡"考释》、《"有椒其馨"中的"椒"为何义》、《辨章析句,振本知一——杨合鸣先生〈诗经〉学成就述评》、《创造性的〈诗经〉研究——〈诗经主题辨析〉评介》、《"同源字"的字形分析问题》、《散文也要讲究音乐美》等学术论文在《武汉大学学报》、《辽宁大学学报》、《湖北民族学院学报》、《宜昌师专学报》、《辞书研究》(上海辞书出版社主办)和《求索》(湖南省社会科学院主办)等大型刊物公开发表,并应邀参加了中国诗经学会、日本诗经学会联合在河北北戴河举办的第二届《诗经》国际学术研讨会,与会学者来自日本、韩国、美国、俄罗斯、新加坡、中国(包括中国台湾、中国香港)等国家和地区,我提交的论文《〈诗经〉“AA · AA”式及其发展》在大会上宣读,并收入大会论文集,由北京语文出版社出版。《宜昌日报》对此曾经在头版头条进行报道。我系统地考察《诗经》句法,在研究过程中,十分注重训诂和语法的结合以及从发展的眼光考察《诗经》句法的产生、消长的演变轨迹。这些学术论文具有广泛影响,曾被全国具有较大影响的中国人民大学报刊复印中心《语言文字学》、国家教委《高等学校文科学报文摘》、《青年文摘》和《中文自修辅导》等全国性刊物转载和《语法与训诂研究》(武汉大学出版社)、《诗经疑难词语辨析》(崇文书局)收录。同时,也有15篇论文收入了由河北师范大学寇淑慧教授编写的《二十世纪诗经研究文献目录》(学苑出版社)一书。与此同时,韩国汉学家、台湾中国文化大学中文研究所宋寅圣博士来函索要论文。文章的引用率也较高,广州中山大学文学院唐钰明教授在其博士论文中引用(《中山大学学报》1990年第三期),在《上古判断句辨析》中也有引用(《古汉语研究》1993年第四期);华中师范大学文学院硕士安敏老师的《〈诗经 · 伐檀〉主旨的争论及其阐释要义》对本人一学术观点作详细阐述(《贵州教育学院学报》2004年第一期)。应该说我是国内继武汉大学文学院博士生导师杨合鸣教授之后比较系统研究《诗经》句法的青年学者,事迹已收入《中国语言学人名大辞典》(岳麓书社)、《宜昌文艺理论家辞典》等大型工具书。中国诗经学会会刊对我的治学进行了专题推介,《宜昌日报》在1995年12月4日“中堡岛”专栏中以《李云贵及其〈诗经〉句法研究》为题进行介绍,《宜昌年鉴》(1995年)在“文化 · 新闻出版”专栏中以《李云贵名入〈中国语言学人名大辞典〉》为题进行介绍,韩永强、李亚静在《三峡日报》(2007年10月19日)头版头条上发表了《本土学者李云贵研究〈诗经〉有重大发现,“笙诗”〈南陔〉“藏”在王峰“唐祭”中》一文,各大型网络媒体纷纷转载。还有《古汉语重言词词典》一部。我在学术上取得了一定成绩,先后加入了中国诗经学会、中国语言文化学会、湖北省语言学会,并当选为宜昌市文艺理论家协会理事、副秘书长。

1992 年,因工作需要,调入宜昌市城市建设档案馆工作,目前专职从事编研工作,任副研究馆员,同时,加入了中国档案学会。档案学研究著述颇丰,主编《宜昌市城建档案馆指南》、《城建档案工作实用指南》(武汉大学出版社)和《宜昌市城建档案利用》等近 10 种专著,20 余篇档案学论文在《湖北档案》、《城建档案》、《城建档案通讯》和《安徽城建档案》等刊物上发表。我的档案学论文及编研成果多次在建设部、湖北省建设厅获奖。2006 年 1 月,被宜昌市建设委员会评为“2006～2008 年度建设系统优秀专家”荣誉称号。

▲ 全家福

转眼毕业快 20 年了。每次回忆起自己在武汉大学温馨而又快乐的日子,就幸福无比。那时是武汉大学的黄金时代。武汉大学是一所民主、自由、开拓、创新的大学,是高等学校改革高高飘扬的一面旗帜;珞珈山是一所全国莘莘学子向往的快乐学院。同学相处,也其乐融融,同学们戏称我“阿贵”。我儿子也在我毕业的那年出生,彭兴国同学(即著名作家“野莽”)、龚绍东同学(企业战略专家、作家)和我合计给他起了个好听而又有纪念性的名字——“李珞珈”。他也长大,进入湖北美术学院学习。目前,我与其他同学相比,取得的成绩微不足道。但我还是把它记录下来,算是对母校的汇报吧。

李云贵,1962 年 10 月 21 日出生,湖北省枝江市人,九三学社社员。1979 年 9 月考入宜昌师专中文科。1982 年 6 月分配到枝江县老周场农业中学教书，并任教导主任。1985年9月考入武汉大学中文系83级，成为中国首届插班生。1987年7月毕业分配到宜昌市职业大学，从事古代汉语教学。1992年1月调入宜昌市城市建设档案馆从事编研工作，现任副研究馆员。其间，还参与《湖北三峡职业技术学院学报》创刊。中国诗经学会、中国语言文化学会、中国档案学会、湖北省语言学会会员，宜昌市文艺理论家协会理事。

从船工到学生

陈应松

我在来武大之前，曾被借调到文化馆，但工作关系还在水运公司，集体所有制职工。因无法转干，调入文化馆也就异常艰难。我还曾两次高考，第一次，因把高考作文当做小说写，作文分数奇低，也可能碰见了一个“不识货”的阅卷老师；第二次，时隔两年后想再考时，却被派到水上“跟船”，住在后舱，机声隆隆，休息不好，又没有时间复习，考了两门就放弃了。心想这辈子与大学就绝缘了，死了心结婚生子，过一种县城生活，也没啥奢望了。

哪知1985年参加省作协会议，竟发现许多人在啃复习书，一问，才知是武大刘道玉校长要搞一项改革，招收插班生，把因各种原因被阻隔在大学校门外的社会青年人才招揽到他的麾下，让这些人能够有机会深造并改变命运。

确实，当年的大学生非今日之大学生，在社会上还是颇受尊重的，武大的学生更是吃香。当年读书不交学费，还可拿些菜金补贴。更要命的是，一旦考入大学，就等于有了“铁饭碗”，并且自然而然成为了“国家干部”，一切在社会上遭受的不公平便迎刃而解了。这种好事，我又一次差点错过，如果我不是到武汉来开会的话。于是，在报名截止的那天，诗友王家新陪我去找他的同学於可训，报上了名。后来录取了。录取后於老师通知我又找不到我，我那时到鄂西放木排去了。好事多磨，终于在入学前收到了通知。就这样，我在 29 岁那年做梦一样地、没有任何心理准备地走进了世界上最美的大学——武汉大学。刘道玉校长开全国先河的改革，改变了我们这些“社会闲杂人员”的命运。

因为没有心理准备，不良习惯多，进校后还是吊儿郎当，跟当年驾船一样，除了冬天外，一年三个季节趿一双拖鞋，头发蓄得老长且不愿洗理，看起来就像个游手好闲的无业青年，街头混混，甚至是流窜犯。没有一点那种名牌大学学生的派头，而且还穿着廉价的、化纤的奇装异服，肯定是一副十分恶心的样子。就这么一个让人不齿的滥人，就因为写了几首别人看不懂自己也不懂的诗，就被称作“人才”混入武大，实在是有些牵强。当然，自尊心还是有的，武大毕竟是百年名校，有一股改造人的潜在力量，言行举止虽不合格，思想也不健康，但大小作家班的小说家受到本科生的狂热追捧，写过小说有些名气的人，在学校人五人六，趾高气扬，这就刺激了我，影响了我，我也就在那时开始了弃诗而写小说。本来我内心对小说是不屑的，认为小说家除了会编故事外，都是些人模狗样、无德无才的家伙，没什么真本事，不如诗人纯粹。但人家写小说不仅名气大，粉丝多，还因为稿费丰厚而经常下馆子吃小炒喝“小茅香”。于是歪打正着，也写了一些小说，也就开始了小说家的漫长生涯，一直到如今，一直到成为作协的专业作家，一直到拿了鲁迅文学奖、全国优秀中篇小说奖等国内数种重要大奖。这样说来，武大和刘道玉校长不仅改变了我的人生命运，也改变了我的写作命运。事实很清楚：如果我不来武大读书，继续写那些佶屈聱牙的诗歌的话，自命不凡的状态在县城那种卑下庸常的环境中，绝对保持不了几年就会土崩瓦解，与诗、与文学拜拜了，成为一个文化馆默默无闻的小馆员或者干脆还是在船上驾船，一直到成为真正的老船工。

命运的确是不可捉摸的，当人们一再地讲宿命时，当我们心如死灰，即将人到中年时，命运却被一个远在武汉的大学校长戏剧般地改变了。难怪许多插班生都说：我们要感谢两个人，一个是邓小平，一个是刘道玉。这是有道理的。

这些年，我一再当众强调自己是水货武大生，但武大并不这么看我们，还是把我们当作自家人。比如编的武大的作品集中，收入我的小说；比如“樱花诗会”让我去当评委，校报副刊颁奖让我去当嘉宾；还两次让我登上武大讲台，在几百人的会场上去给学生们开讲座。更令人感动的是，文学院的博士、硕士都有将研究我作为他们的毕业论文。研究这么一个冒牌货学长，谈不上什么成就的老校友，让我汗颜，当然，有些窃喜也是难免的，人性的弱点嘛。

在这篇小文即将结束之前，我愿借此文，向老校长刘道玉先生道一声真诚的感谢。真的，你改变了我们的命运，让我们的下半生变得开阔和美好起来，人生的境界也因为两年武大的熏陶高远了许多。虽然，我早就不再怀念那样的“学生”生活，但写到这里时，眼睛还是不由自主地潮湿了。

刘校长，保重！

陈应松，祖籍江西余干，1956 年生于湖北公安。武汉大学中文系毕业，中国作家协会会员，现系湖北省作家协会专业作家。出版有长篇小说《魂不守舍》、《失语的村庄》、《别让我感动》、《绝命追杀》，中短篇小说集《鲁迅文学奖获奖者丛书·陈应松卷》、《陈应松作品精选》、《太平狗》、《松鸦为什么鸣叫》、《狂犬事件》、《马嘶岭血案》、《豹子最后的舞蹈》、《大街上的水手》、《黑艄楼》、《苍颜》，随笔集《世纪末偷想》、《在拇指上耕田》、《小镇逝水录》，诗集《梦游的歌手》等 25 部。小说曾获第三届鲁迅文学奖，第二届中国小说学会大奖，首届中国环境文学奖，第六届上海中长篇小说大奖，2004 年人民文学奖，第一、二届湖北文学奖，2004 年湖北文化精品突出贡献奖，首届《北京文学·中篇小说月报》奖，2001～2005 年连续五年进入中国小说学会的“中国小说排行榜”中篇小说十佳。

创新激活命运

——一个武大插班生的内心愿景

李克俭

一、引 语

20 年划一个时代。

20 年跨一个世纪。

20 年创新和风景着一个珞珈学子的命运图谱。

20 年我能做什么?

20 年我做了什么?

20 年的内心愿景从走进知识的珞珈山和走出创新的珞珈山开始。

岁月两肩,春光满头,一幅一幅春华秋实的壮丽美景在我心中徐徐展开……

20 年激情日月,创新激活命运。每一个早晨醒来,我都会想起草原上的故事:清新的太阳滑过地平线,一只羚羊很快想起命运的决战时刻,小羚羊问妈妈:"为什么我们每天都要拼命的奔跑啊?"妈妈说:"孩子,如果我们跑不过最快的狮子,我们就会做人家的美食……"狮子醒了醒眼睛,小狮子问妈妈:"为什么每天我们都要拼命的奔跑呀?"妈妈说:"孩子,如果我们跑不过最慢的羚羊,那我们只能饿死,命运没有重复的机会……”

是的,命运没有重复的机会,只有“奔跑”、运动和创新。命运的历程就是创新的历程。创新为改变命运注入活力,激情、奔跑、运动,每天,狮子和羚羊都在演绎着命运与创新的传奇。

可以说,创新是改变自然界和人类命运的永恒动力,是社会进步、文明发展的不竭源泉。一种制度的创新,往往改变的是个人的命运和族类的命运;但从某种意义上来说,一种制度的创新,其深刻含义和对人类进步、发展的影响,它的价值远远大于这种创新制度的本身。

二、插班生制度创新的“中国意义”

哲人云:创新是一个民族的灵魂。一个民族、一个国家、一个社会要发展,要强大,必然要创新,必须要创新,必定能创新。百年大计,教育为本。一种单一的高考制度能不能创新?能不能突破?如何创新?什么时候创新?……一系列问题、一系列难题摆在了中国高等教育、中国高考制度面前,敢为人先,谁者也?

一场艰难的高考制度改革和创新,多出人才,快出人才,出应用型人才,出高质量的拔尖人才,打破一次高考定终身的攻坚战在武汉大学开始了,一场高考制度改革的难题在武大率先攻克:经国家教育部批准,1985 年开始,武大在全国实施招收“插班生”制度;凡是在学科建设和学科成果方面有突出贡献者,均可报考这所风光旖旎、四周没有围墙的名牌大学。我激动着,向往着,背着行囊和一袋子“作品”一举考上了珞珈山,来到一座知识的宝库。这时候,我突然感觉到自己的渺小,感觉到“作品”的孱弱。

武汉珞珈山,每天给我一个崭新的视野,给我一个命运创新的奋力图谱;创新在珞珈,给学子的是敢于创新、善于创新和掌握命运的机会。这种机会也让我时时刻刻感觉到插班生制度创新的“中国意义”。

首先,插班生制度创新的“中国意义”在于:它率先从一个层面上改变了国人的高等教育理念,开创了中国高等教育改革的先河。尤其是对中国高考制度的改革和创新,无疑具有划时代的先导意义。武大这种敢于“吃螃蟹”的先进教育理念，必定给武汉大学的教育改革、制度创新以及选拔人才、培养人才的制度带来更科学、先进的教育思想。思想决定思路，思路决定出路。制度创新需要一定的战略远见和胆识，需要一种改革创新的时代精神。传统的高考制度在一定的历史背景下和文化背景中，本身也具有一定的创新意义。但随着中国社会经济的飞速发展，国内外形势的发展，共和国建设迫切需要应用型和创新型拔尖人才；传统的高考制度虽然能选拔人才、培养人才，但不一定能选到应用型、成果型拔尖人才；因而，出现“学习机器”型人才、“高分低能”型人才的现象不足为怪。一石激起千层浪，武汉大学插班生制度应运而生，一种新的识别人才、选拔人才、培养人才、造就人才的观念在武汉大学树立起来，成为人们热议的话题。

其次，实行插班生制度，对中国高考制度的改革具有创新意义。几十年传统的高考制度，在认识人才、培养人才方面有其科学的社会基础、理论依据和实践意义。但，如果要用与时俱进的社会发展眼光和科学发展观以及可持续发展观来看，即便是一种先进的、科学的高考制度，在全球经济一体化、文化一体化的条件下，也会随着社会进步、经济发展的需求，文化思潮融合的影响，而必然走向改革与创新之路；传统高考体制下，那些陈旧的人才观、价值观，那些锈蚀的应试教育人才机制和滞后的育才方法，以及那些不适应当今市场经济、应用型经济、创新型经济发展的人才培养机制，已经走到了中国高考制度改革与创新的前沿。高考改革势在必行，制度创新志在必得。

从此，中国高考制度的发展史上重重地写下了一笔：中国珞珈山，有一座世界著名的高等学府——武汉大学，敢为天下先，为中国高考制度的改革、完善与创新注入了新的动力、活力与生命力。从此，中国学子深深感谢并铭记着一个那时中国最年轻的大学校长的名字——刘道玉。刘道玉校长的创新精神和锐意改革的气魄，开始与中国插班生制度一起成长，与插班生的成长一道铸造珞珈的辉煌和成就。

再次，武汉大学实行插班生制度，以这种武大独创的“特招”方法来识别和选拔有社会实践经验、创新精神、创业成果的应用型拔尖人才,将其收入武大麾下,给他们一个更大的知识平台、一个更大的创造平台、一个更广阔的发展空间。这不仅仅是对一批创新型学子的激励,更重要的是,它对武汉大学乃至中国高校培养人才机制的发展与改革,同样具有创新意义,具有领先意义、导向意义、示范意义和借鉴意义。在武大传统招生机制的基础上,多了一种选拔人才、培养人才、成就人才的方法和模式,为培养创造型拔尖人才开辟了一条“绿色通道”。第一要义是插班生人才模式的出现,调整了武汉大学现有的人才结构和培育机制,也优化了人才结构和人才类型,对武汉大学在应用型人才队伍的培养以及学科建设和科研成果创造等方面,都无疑有着积极的促进作用。而且,插班生人才与武大本科生人才之间有着更为融合、融通的领域,他们优势互补,共生共赢,插班生渴望知识积累,本科生渴望创造成果,你中有我,我中有你。珞珈山下,比、学、赶、帮的学习氛围从此形成;走出去,走向社会,武大人敢说:创新型应用人才“武大制造”!

最后,武大学子本来就很优秀,插班生可谓“锦上添花”,为武大增添一道魅力“风景”。实施了20多年的武大插班生制度,已为社会输送了众多的创新精英和累累硕果,这些插班生在各条战线做出了很大的成就。其中有将军、教授、作家、学者、实业家、出版家和领导干部等,他们的创新精神、创新思维和科研成果已经为社会创造了巨大的财富。

插班生为武大添一道“风景”;

武大也为插班生的人生添一道“风景”。

风景这边独好哩!在中国珞珈山,在武大,每年都能看到或听到武大插班生的创业激情和创新成果,走出珞珈,飞向全国,飞向世界,带着武大人的自信、自立、自强和自豪,带着绿荫如盖、鸟语花香的珞珈景致。

三、一个珞珈学子的学业图谱

图一：角色的转换

武大插班生进入珞珈学子队伍，与武大本科生的角色是一样的，属于统招统分那一类吧，就像现在的“保送”、“面试”、“特招”等，进入武大的过程不同，但进入的角色是相同的。本科生是由中学生的角色转换的，插班生是由“社会人”的角色转换的，“社会人”也是由中学生角色转换的。

记得1979年参加高考，我考入家乡一所师范语文专科学校，第一次转换角色，那时把个知识视为救命的衣食。考入武大插班生后，进入美丽的珞珈山，面对风景如画的珞珈美景，面对享誉世界的知名学府，自觉有“社会经验”的我，一时却不知道该如何转换角色，面对珞珈呆了起来：我成了一名真正意义上的珞珈学子么？我的知识储备、知识结构、认知能力、学习方法与武大学子到底差距在哪里？我用什么方法从珞珈宝库开掘我需要的知识和能力呢？不能简单地“到此一学”吧？——我为武大留下了什么？……第一次转换角色时，我只知道拼命地追逐知识，把自己当做羚羊或狮子；这次珞珈角色之转换，我感觉自己不仅要追逐知识，还有追逐运用知识的方法及创新能力，既做羚羊也做狮子，自己突破自己，自己与自己较量，仿佛茅塞顿开，心情豁然开朗，我第一次把珞珈风景转换成自己心中的愿景。

图二：寻求创新意义的学习方法

珞珈山的清新与美丽令人陶醉，身临其境，心旷神怡。珞珈山上每一处景点、每一片景致，樱园、桂园、枫园，无论哪一景区，我觉得都是早读的好去处，其实，那时大学里并没有“早读”的要求。但在我看来，这么漂亮的校园，如果不用来读书学习，这美好的景色岂不是“浪费”了吗？于是，每日清晨我都会在珞珈风景中开始我的“早读”。

如果说，插班生在动手能力、创新能力及科研成果方面与武大本科生相比还有一点“优势”的话，那么，本科生学习专业知识的方法和能力，远远比我们这些插班生要强。于是，我那时便在心灵深处定下一个规矩，要好好向本科生学习，学习珞珈学子的才智和他们的学习方法，也学习他们做人做事的系统思维和更好的谋略，学习他们学习方法的轻松与潇洒，学习他们的从容与自信。那时，无论上大课还是上小班，都会有很多本科生学友指导我学习，甚至在必要时帮我“占位子”。我把他们当兄弟，心灵融通，没有隔阂，一些小兄弟有时也把他们学习文学创作的“成果”拿来让我“斧正”，我非常乐意交流创作感受及经验教训，有时还帮他们推荐刊物发表，想想，那是怎样一幅珞珈风景啊？20 年过去了，到现在我还与一些学友保持着密切联系。

在听课方面，尤其是我非常感兴趣的专业课，如古代文论、诗词欣赏、中国美学史、美学、文心雕龙研究等，往往由于缺乏听课经验而不得不“囫囵吞枣”。那时，课堂记笔记是最常用的好办法，教授讲的好东西又不是照本宣科，也没有教材可参考，完全是教授们的科研成果或课题。怎么办？我那时不管重点不重点，统统“拿来”，以我最快的笔记速度记录下来，记到精彩处，我连教授的表情或动作也要标记下来，以便整理笔记时“再现”一次课堂情景。这种非常原始、非常笨拙的课堂笔记方法，虽然疑似可笑，但在我看来，这种方法是克服脑袋记忆“消化不良”的良方呢，好记性不如烂笔头嘛。我见人家同学记笔记都是整整洁洁记个提要、层次、要点什么的，可我做不到那样。我总感觉听满一堂课，就得把笔记本记得满满的，过了一日半日，有了空儿，我还要对满纸“荒唐言”笔记进行梳理、提炼、精选出层次和要点，再对着笔记“过一次电影”，再想想课堂是啥情景。那些深奥的地方，难懂的地方，或者我认为比较“经典”的地方，作个标记，等下次上课找机会问教授。或者，遇到有时间“冲突”的课都得去上，又不能分身呀，于是，我便和同学“做个交换”，互换互抄笔记，再相互交流和探讨一番，当然，我得大方一点，主动说请人家喝酸奶。酸奶买得多了，笔记借得多了，同学看我心诚嘴善，往往一高兴就透露给我一些“秘招”：“其实，武大的教授教书是很灵活的，是很注重知识创新和运用的。你要把知识和方法一起打捞才是。一是因材施教，学生对哪些知识和方法特感兴趣，特有智慧，教授就会在哪些知识和方法上做得精彩；二是因教施材，中文系教授都怀揣十八般武艺，所教的那门课，往往会是那个教授的重要科研成果或研究方向，在教书中显露过人的才智，创新的地方很多，激得学生跃跃欲试。或者一些专业课学习结束后，要考试过关拿学分呵，这个时刻，学生可以跟教授商量：'老师，这门课中我有个选题，可不可以写作一篇研究性论文做考卷呀？'教授会欣然应允。这时在教授的指导下，力求将论文的知识点和立意做精做新，要达到公开发表的论文水平啊！"高标准、严要求的条件下，我记得我学"诗与禅"专题研究课时，就试着写作了一份5 000字的论文试卷，名叫《"推敲"新探》，得到陈亚琳教授的指点与好评；后来，这篇论文我投稿至北京《人民政协报》，再后来，这个论文发表了并被《新华文摘》转载；紧接着，我又试着写作一篇论文叫《诗与禅的奥秘初探》，又大篇幅发表在《人民政协报》文史版上，直到现在读起来仍有新意。

图三：师生轶闻趣事

插班生情况不同，兴趣和特长不同，因此，学校特别对插班生实行"导师制"，享受一种研究生才能享受的待遇。如果说，常规的班级辅导员制是本科生层面上的管理方式，那么，导师制就是便于对插班生实行因人施管、因材施教的个性化管理尝试，目的是便于激发插班生创新能力的发展。由于插班生班小，人少，管，可一个一个地管，教，亦可一个一个地教。这种学习和生活"待遇"，那是相当地高呀！很快，我们插班生的学习兴趣，生活爱好以及创新能力等方面，贴身导师已经了如指掌，甚至针对我们的兴趣、爱好、创新各方面所需的知识储备和能力锻炼，导师都会给我们描绘个小蓝图。

记得，1987年冬天，天很冷，武大有很多学子踊跃义务献血。我也在其中。当天献了血后我躺在宿舍床上身上不停地冒虚汗，浑身无力好难受。到了中午吃饭的时候，我起了身，口干舌燥什么也不想吃。正在难过之时，只见我的英语教授老两口提着小竹篮子，给我送来一罐热气腾腾的鸡汤。我当时不敢相信老教授会这么厚待我呢！一来，没想到老教授翻山路不辞辛苦居然找到我的住室；二来，没想到老教授会想得这么心细和周到,会爱徒如子。再联想起,我们几个插班生常去老教授家学英文,老教授每次总是先把屋子打扫得干干净净,桌子上摆了茶水、糖果、点心之类,想到此,我当时已是眼泪汪汪了。那时的鸡汤多么珍贵呀!老教授一家人也未必天天能吃鸡汤;偏偏那一个星期,我每天都能喝上老教授送来的鸡汤啊……

四、创新,为事业拓展绿色通道

在新闻事业中的创新与收获

1988年6月底,一列火车从武昌驶向郑州。带着简装行李,带着满满一大袋武大教科书和几十本课堂笔记以及厚重一沓“作品”,我离开母校武大,开始了我的第二次择业、创业。人生的“拐点”横在我眼前,望着车窗外匆匆而过的景致,云烟往事和严峻的现实压得我心头忽然沉重起来:离校时,同学们大多拿着红彤彤的“武汉大学毕业文凭”和接收单位的报到证,可我呢?为了所谓的“亲情”和一厢情愿的眷恋家乡而放弃了去南方就职的良机,只有手中的一纸文凭而没有接收单位,要“二次分配”!在“统招统分”的年代,“二次分配”的结果凶吉莫测。郑州,我可爱的家乡,你能热情接受我——一个武大的学子吗?不看僧面看佛面,最起码享誉国内外的中国名牌大学,在北方、在郑州还是有一定的“优越感”吧?一下火车,一连几个月,我疲惫地投入到度日如年的找工作的艰辛和奔波之中。在弹尽粮绝、身无分文、家徒四壁的窘迫下,我这个从未因困苦和艰难流过泪的北方男儿,第一次感到绝望,一日一日在街头流浪的时刻,我摸了摸红色的“武大文凭”,心中不停地追问:可爱的郑州家乡,你难道就容不了我这个敢于吃尽天下苦,热心家乡建设的名校学子啊?还有你,姓李的,“天将降大任于斯人也,必先苦其心志,劳其筋骨……”除了怀揣“武大文凭”之外,你不是还有一肚子学问和武大教授教给你的知识和做人做事的方法吗?你那一副习惯在生活底层挣扎,不甘低头,把握命运,北方田野里耕牛一样的铮铮铁骨呢……最后,在“降低”择业门槛和听从命运安排的情况下，我找了一家高校的校报做编辑。原先，我干过新闻，有点“老底儿”，编辑报纸是我创业的基础，所以轻车熟路，厚积薄发。我非常珍惜和热爱这份工作，不以物喜，不以位卑，便全身心投入，从头做起。工作第一年、第二年，全省58家高校校报年度质量评比，我编的校报连续两年被评为一等奖第一名，后被评为“河南省高校优秀新闻工作者”。当时，一些高校校报的同行表示质疑，说：姓李的这家伙是刚毕业的“生手”，为何出奇制胜？当得知姓李的是武汉大学中文系毕业，而且是个“老新闻”时，他们的质疑顿时没了，纷纷前来“讨教”。

有一年暑假，我为郑州一家正规报社打临工，几个回合下来，我的手艺又被这家报社的老总看中，在他眼中我是“编辑高手”，而且被称为“文字高手”。后来，开学后，这报社老总不惜动用上级某厅的私人关系把我从高校“挖”走。是时1990年10月。有了正规报社这个社会新闻平台，我是如鱼在水，得心应手，很快，采访、写稿、编辑（有时替代业余编审）以及广告、发行、公关等新闻产业链条在我手里玩得溜溜转。我常常想起一位武大教授的教诲：一味积累知识还不够，重要的是如何运用知识来创新、创造成果。是的，学中文只为新闻职业做了一定的知识储备，要把中文的语言组合能力、文笔视角和技术运用得恰到好处，对新闻写作一定大有裨益。

于是，我给自己定下铁规：再忙、再累、再苦，中文技术与方法不能丢，写得一手好新闻、好文章，是做好编辑记者的起点和终点。尤其是采访写作重大社会新闻故事及重要财经报道，我由小稿练到中稿，最后练成万把字的大稿，写起来轻笔如燕。尤其是我写的市场分析大稿，对市场战略和行业的透析以及市场走势的把握，准确而到位，深得众多企业家的好评，有的企业家是读我在报纸上发表的文章后认识我的，甚至有的还专门剪辑收藏我的文章，组织职工学习。后来，“官”至总编室主任，被评为“河南省专业报系统优秀新闻工作者”；再后来，我又考入河南省“百万大报”——《大河报》，进入地方主流媒体，新闻事业的舞台更大了，做了“经济新闻部副主任”，主持国内重大财经动态新闻的采编。三天两头参加国内，尤其是北京召开的全国性、国际性财经行业会议等重要新闻的采访；往往是火车上构思采访提纲、日夜采访,回来后又连轴转地赶写稿件,第三天还得亲自编好版……那个累呀,那个苦呀,不可言状,只有创新思维给我带来的成就感让我备觉欣慰。因为,创新思维使我在采编时容易找准题材,出新视角和主题,使稿件立意新颖,技高一筹,再加上散文化的财经文风令人耳目一新。那一年,全省工业结构调整的报道,众多记者写的稿多为传统“大路货”,只有我创新写法,从工业结构调整的“终端”切入新闻,切口小,背景大,角度新,主题深,文笔潇洒机智,题曰《一根发丝能变成艺术品吗?》,报纸头版头条刊登后引起当地新闻专家的盛赞,认为“原来经济新闻还可以写成清新俊逸的经济散文呀,经济新闻居然能写得如此生动……”

写文章如做人,思想境界大,文章境界大;境界愈大,则文章愈有生命力。如今,我被郑州晚报“挖”来做“资深新闻教练”了。眼下,我正筹写 3 本“专著”:一是《中国报业品牌的市场营销》,二是《新闻方法实战》,三是《水墨佛禅》(美术评论集)。

在市场营销事业中的创新与收获

市场经济条件下,一切似乎均按市场运营规律进行。什么叫与时俱进?什么时候与时俱进?一个人的人生价值变成社会价值,就得与时俱进地创新;社会的转型、进步与发展,经济形态的变革,仿佛时刻在提醒着我:你不能有负武大的金字招牌,你得更新知识结构,提升创新能力,创造更大的社会价值,你必须创新;在创新的过程中体验才智的运用与快乐;单一的学科知识已不能适应社会发展和个人品牌的发展,跨学科是个趋势,你必须做三栖动物,时代逼着你创新。

是啊,我年轻的时候,社会潮流是大量使用老年人,资本和财富向老年人招手;现在,社会潮流是大量使用年轻人,资本和财富为年轻人掌握;我这不老不少的总赶不上好“点”,怎么办啊?

仿佛又迈入人生的重大“拐点”哩。这时候,我迅速调整了心态,消除了一些浮躁心理,临渊羡鱼不如退而结网,我忽然变得宽容了,心中能兼容一切。我在研究新闻业态的同时,大量学习市场营销知识,向营销策划界的专家请教和学习,与营销策划实战专家为伍,挤时间参加行业战略峰会等，力求放宽眼界，站高看远，并结合本土企业实践，由原来写作大型经济现象的新闻报道“转型”为，为大型企业集团写作市场透视与分析文章，将企业战略、方法置于行业发展的背景之中，传播企业品牌文化。一传十、十传百，我的这类文章颇受企业家们青睐，登门求文者慢慢多起来。如今，又从大型财经报道文章“转型”为研究企业文化建设战略的操盘方案设计、运营、执行等层面的核心担纲，帮助企业提升品牌形象，为社会创造更大的物质和文化财富。这时候，我的个人品牌形象得以形成，在当地营销策划界占有一席之地；连续几年被河南省营销协会评为“河南省优秀营销专家”，并成为该协会专家委员会资深专家委员，后被聘为香港思创国际企划机构高级顾问、北京博目企业管理顾问机构高级顾问师、北京清大师团国际企业管理中心高级顾问、河南金星啤酒集团品牌顾问、河南奥克啤酒集团品牌顾问、河南永达集团企业文化高级顾问、河南大河村酒业集团总裁顾问、华中电力康隆集团企业文化高级顾问、河南省酒业协会营销策划专家委员会首席专家。行业内人士戏称我是“黄河岸边三栖鸟兽”；我的营销策划案例近百件，有几十个成功案例为企业和行业发展创造了巨大的商机与财富，以至于，某地方大型啤酒集团老总曾不下4次诚心“挖”我出山，邀我“加盟”，承诺月薪2万元人民币，被我婉拒。

艺术鉴赏事业中的创新与收获

毕竟我是学文学的，文艺评论本是“专业”，作为“修身养性”的休闲产品，我不能丢。10多年来，我虽没做“专业”的文学创作，但文艺评论方法一直握在手里不丢，尤其是对中国书画艺术的研究完成了我的“嗜好”。乍一看，书画艺术与市场经济、新闻不沾边儿；但仔细琢磨关系大着呢。文学知识帮我认识书画美学中的文学元素和意境元素，市场营销知识帮我认识书画艺术的收藏热以及国民艺术鉴赏意识的增强使书画艺术潜藏有巨大的商机和财富；其中，有一种“绝活”为众人所忽略，那就是艺术评论（尤其是美术评论）。不知不觉，我对美术评论情有独钟了，甚至有点“偏爱”了；我于是认准了，决心爆这个“冷门”。这不，自武大学习期间打下的古典诗词赏析的知识储备和鉴赏能力的“基础”，这时候刚好派上“用场”呢。最后，我尝试着创新性地将文学领域、市场营销领域、新闻领域及艺术领域原来相对封闭的知识体系打开缺口，实施个人品牌的跨学科“融合”的战略转移。我对自己说：姓李的，你的书画评论文章也要姓“李”噢！凡经你手，必放光彩！

在储备书画艺术知识的同时，注重人生的感悟和艺术美学的感悟，这是我写作书画评论的立足点和出发点。悟，就要会悟出艺术门道，悟出美学真谛。因而，我要求我的书画艺术鉴赏评论文章，力避传统绘画理论的俗套和学院派绘画理论的玄奥、空洞、抽象思维的束缚，力求既有传统艺术理论素养作支撑，又有以社会文化思潮和审美理想为背景的现代美学元素；既有艺术行业背景的透析，又有对艺术家张扬个性及作品艺术特色的中肯评价，从艺术家作品整体风格和品质中提纯文化内涵及美学因子，因而为艺术家作品的审美定位、艺术水准以及发展方向提供一些探讨性的技术启导和建议。

也许是我的艺术鉴赏文章中美学因素较多的缘故，一批批的理论文章及书画鉴赏文字在国内外中文报刊及中文网络发表后，尤其是在一些权威性、专业性较强的美术报刊、网络发表后，颇获书画界好评。一位美术学院的教授评论说：“在本来就冷门的中国美术评论界，李克俭先生的美术评论代表一种时尚、真实、实用的审美鉴赏方向，他的文字是优美的，视野是广阔的，立意是新颖的，耐用、耐读，有韵味。”尤其是我的美术论文《从“胸有成竹”到“胸无成竹”——郑板桥美学思想的当代思考》，参加了中国文联举办的全国美术论文大奖赛，并荣获一等奖。自 1999 年以来，每年都会有海内外、省内外一些知名的、半知名的画家上门请我用文字“包装”其作品，以求使其作品“升值”。

有三件轶闻趣事值得一提：

广西桂林有个享誉荷兰的画家林先生，托人求我的美术评论，我为其做了两篇文章。他拿到荷兰鹿特丹《华人报》刊登后，很快引起当地富商和收藏家的关注，原来林的一幅“斗方”中国画只卖 1600 荷兰盾，现在要卖到 8000 荷兰盾。

深圳一画家的巨幅惊世大作《中华佛教全图》问世，画家欲寻国内文字“高手”对此作进行评论和鉴赏，当得知我的美术评论在国内“颇有特色”时，托友人欲寻我的文字——“就是他了！”第一篇文字印在了精美绝伦的大型画册上，第二篇文字欲印“专著”并作为其国内个展的“前言”，并说：“这文字在国内画界也是人见人爱噢……”高兴时刻，一日从深圳“飞”至郑州送来稿酬几千元，一算，每字竟达3元。好友戏称道：“姓李的美术评论可以‘润格’啦，每字3元！”

北京著名画家崔先生专画国画牡丹40余载，风格独特，气象万千，创意作品千米牡丹长卷欲赠联合国科教文组织及分赠50个国家元首，已申报上海“吉尼斯”。此杰作的文字“解读”和评价已注定“非同一般”，这“瓷器活儿”须有更好的“金刚钻儿”哟！谁能胜任耶？画家最终拍板：“非李莫属！克俭同志跟踪研究‘崔氏牡丹’10多年了，李家的文字可谓轻车熟路……就这样定了。”

近年来，由于热衷现代美术鉴赏评论，因而受关注的程度也“重”起来，也为“名”而累，如中国书画研究院美术评论家、中国美术家协会河南省创作中心副主任、中国少林书画研究会副秘书长等头衔多起来了，一些知名的不知名的画院之类往往托人“拉”我入盟，给我戴上一顶顶“理论顾问”的小帽。

五、继续创新的思想

20年来，我写成并发表的文学、新闻、市场营销及艺术评论等作品达200多万字。许多作品多属于“跨学科”的尝试。

未来10年时间，我设想：在文学、新闻、市场营销、美术评论4大领域，将相关资源、资本进行融通、整合、提升，形成李克俭跨学科思想体系，以北方男儿的牛劲、韧劲和武大人的机智与创新精神，把事业做专做精、做大做强，把文字做得“人见人爱”，所涉跨学科领域均要出来几项大的“成果”，做一个对中国贡献更大的武大人。

李克俭，男，47岁，武汉大学中文系84级插班生，曾供职于河南省信阳日报社、河南商业高等专科学校、河南商报社、大河报，现为郑州晚报主任编辑、新闻研究员。1983年以来，在中国境内和海外近百家报刊发表作品200多万字，如《中国青年报》、《中国文化报》、《新华文摘》杂志、新加坡《热带文艺》、荷兰鹿特丹《华人报》等，其中部分作品多次获奖；先后获得的社会荣誉有：中华名人协会会员，中国书画研究院美术评论家，中国美术家协会河南省创作中心副主任，中国少林书画研究会副秘书长，中国作家协会河南分会会员，河南省作协报告文学分会副会长，河南省营销协会专家委员会专家，河南省优秀营销专家，河南省酒业协会营销策划专家委员会首席专家。

蓝月山谷——通往人生的香巴拉

杨向群

一、心中的蓝月山谷

藏传佛教流传这样一个故事：在青藏高原的雪山深处，有一个诗一般美丽的地方。那里被层层雪山围绕，世世代代与世隔绝，中央有朵盛开的莲花，四面围绕着一座座雪山。莲花上有一座富丽堂皇的宫殿。那就是人间天堂——香巴拉王国。那里山清水秀，风光绮丽，没有斗争，没有贪欲，人人都有无比的智慧。那里的人世世代代相亲相爱，从不知何谓人间的喧嚣与争斗，过着自给自足、宁静、富裕、长寿的美好生活，完全是一片人间乐土，而通向这样一片人间乐土的是一个名叫蓝月山谷的圣地。所有向往香巴拉的善男子、善女人，都必须在佛祖的指引下，翻过重重雪山，涉过道道冰川，战胜千难万险，打败妖魔鬼怪，寻找到蓝月山谷圣地，最后到达香巴拉王国。

今天有这样一个真实的故事：一群抱有金色梦想的青年男女，他们在用自己的方式寻找人生的香巴拉，但是他们一次次失败，又一次次苦苦地寻找，他们希望找到人生的蓝月山谷，能进入大学学堂，实现梦想。有一位长者叫刘道玉，在长者的呵护和指引下,他们找到了通往人生香巴拉的蓝月山谷,他们通过武汉大学这一人间的蓝月山谷,正在一步一步地走进人生的香巴拉。我有幸成为这群青年中的一员。

二、感谢小平爷爷

我的家乡是一个让人骄傲的地方,我们的祖先神农炎帝就出生和生活在这里,这里也是中国音乐之乡,曾侯乙编钟出土的地方。我们全家非常感谢、热爱共产党、毛主席。毛泽东主席去世,我们全家人都流泪了,尽管我父亲当时仍关在牛棚里。

但是我最感谢和爱戴的领袖还是小平爷爷。小平爷爷让全国人民吃得饱、穿得暖、有学上、有钱花,结束“文化大革命”,恢复高考制度。为把中国变成美丽的香巴拉,创造了蓝月山谷,使中国快速地实现小康社会。同时我有了寻找自己人生香巴拉的蓝月山谷,进入大学学习的希望。

三、大学梦的破灭

1977年,小平爷爷听取了道玉长者等一批有远见卓识的思想家、教育家的汇报后,决定恢复高考制度。我和我的伙伴们都很高兴,并开始复习备考。当时“文化大革命”刚刚结束,学习资料十分匮乏。我母亲托关系,找后门,费了九牛二虎之力,在书店弄了一套17本从初一到高三的数理化自学丛书。当时拥有这样一套丛书比现在拥有一辆大奔还要自豪。我的初高中文化知识都是来自于这一套丛书。30年来,我一直保留着这套丛书。

当时报名必须经单位同意,我和我的伙伴们分别去找我当时所在的单位领导,要报名考大学。那位领导却批评我们“好高骛远,资产阶级思想”,并要开我的批判会。他说到做到。记得是在一个周四的晚上,领导亲自主持召开土产公司青年大会,公司所有的青年人都必须参加会议,领导在大会上点名批评了我们想考大学的几个青年人。主要说了三层意思：一是我们的学识不具备考大学的实力；二是我们不安心本职工作，是资产阶级思想在作怪；三是不上大学也能做出成绩，要求我们走自学成才的道路。

这次会议使我打消了上大学的念头，我的第一次大学梦也因此而破灭。

四、在武汉大学进修

1977年失去高考机会后，我开始走自学成才的道路，我补习全部初高中文化知识，并根据业务工作自学了部分大学知识。我开始在县、地、省等三级的新闻媒体和学术刊物上发表文章，并用自己的知识，解决业务工作中出现的问题。1980年，我因“自学成才”调入湖北省贸易学校任教，由一名县土产公司的小职员变成了省重点中专学校的老师，随后又调入湖北省人民银行电视大学任教，成了一名大学老师。

1982年湖北省人民银行送我到武汉大学进修。我的指导老师是周吉教授，同时也受到李崇淮教授、谭崇台教授、杜贤忠教授、杨小凯教授、甘碧群教授等诸多老师的亲切指导，特别受到当时武汉大学管理学院的书记胡春芳教授、院长樊民教授的重点呵护和指导，使我有很大的收获。我参加了系里很多教学、科研和社会实践活动，并代表武汉大学管理学院参加了教育部组织的《现代管理学》统编教材会议，争取到主编这本教材的任务；在周吉教授的指导下，具体组织编写了我国第一本现代管理学工具书《现代管理学词库》，并多次到北京联系出版事宜；具体组织参加管理学院多本教材的编写和全国第一套管理学丛书的组织编写工作；协助老师做本科生教学工作及研究生的论文指导和答辩工作。

在我进修两年结束后，武汉大学给我所在单位湖北省人民银行正式发函，要求我留在武大任教，并答应为我争取讲师职称。但当时的湖北省人民银行政治处刘处长说，我们比武大更缺人才，人不能放。为此，奖励了我80元人民币。

五、圆了大学梦

记得是1984年底或1985年初，我在《中国青年报》看到一则消息，大意是，武汉大学校长刘道玉将在武汉大学试行插班生制度，并获教育部批准。知道这一消息后，我兴奋不已，高兴得不知道说什么好，我知道我的机会到了，我必须抓住这次机会。我立即与当时武汉大学最有影响的知名学者、全国人大常委会委员李崇淮教授，湖北省政协常委周吉教授，胡春芳书记，樊民院长，杜贤忠教授等老师联系，并找到了我父亲的老同事，时任武大教务处副处长的王祖福叔叔，以及与我是一个中学毕业的前辈校友，时任武大组织部部长的唐道均叔叔。当时，他们还不知道这消息，听后都很高兴，要我积极准备，有机会要进武大。

1985年3月，我打了个方便妄语，说到武汉查资料向省人民银行请了三个月的假，在武汉大学对面，湖北省水利电力学校招待所租了一间房，并邀请同乡黄敬刚一同备考插班生。1985年7月，我和同乡黄敬刚"过五关，斩六将"双双被录取。他到历史系，我到经管系。经管系计划招生5人，我以科研成果分第一、面试分第一、文化课第五的成绩被录取。最后经管系录取了9人，包括田启新、潘平正、宛士雄、汪水文、彭南林、冯浩、张烈军、严炳洲和我。我因在武大进修过两年，被系里定为插班生班长。

后来有媒体报道，这次招收的插班生的情况是：全国报名或询问的有近3万人，符合报名条件的有2千多人，参加文化课考试的400多人，最后录取60人。

六、三个凡是与三界联谊会

刘道玉校长面向武汉大学的学生承诺过："凡是学生的合理要求不得延误，要及时解决；凡是学生写给院校的信件，要及时递交，不得扣押，有信必回；凡是学生请求见面的不得挡驾，要及时安排见面。"因此，武汉大学，是学生的天堂。这里的一切都以学生为中心，学生是学校一切工作的主导。我们随时可以以不同的形式与包括校长在内的各级领导和老师沟通。正是因为我们有了道玉“三个凡是”的尚方宝剑，使我们在武汉大学做成了一件事情。

武汉大学的插班生都是从社会不同单位走进校园里的，许多同学有十几年的工作经验，有的是当时的社会名流，如田启新是全国十大优秀青年厂长，潘平正是河南省企业家协会秘书长，另外还有省作协副主席、军队上校等。因此生活十分丰富多彩，插班生组织的各种活动不断。其中有一件事情应该最有代表性。

我们管理学院的九位插班生有五位年龄偏大，背书比较困难。特别是田启新，年龄大且还当着武汉琴台汽车改装厂的厂长，厂里几百号工人要靠他吃饭，因此学习上有些影响，有些课也不能上。为了通过考试，我经常陪田启新到老师家补习功课，同时也与老师套套近乎，向老师说明情况，求得老师的理解和宽容。

经济法由法律系的罗明达老师主讲。罗老师是广西人，很瘦很小，虽然年龄不大，但外表还是非常和蔼可亲的。他除了教学以外，还负责当时在我国很有影响的《法学评论》的编辑部工作，是个非常敬业的好老师。但好人不一定有好报，听同学说罗老师去世好多年了，我真的非常怀念他。

我们到罗老师家除求学外，还和他一起探讨我国改革初期举国上下都非常关注的问题——增强企业活力。田启新当了多年厂长，正处在社会经济变革的风头浪尖上，需要有法律法规保障。罗老师从事多年法律教学研究工作，需要从企业了解社会实际情况。当时我们三人决定设计一个“增强企业活力的法律保障”课题，发动所有插班生和相关老师参加。

我们将这样一个创意书面报告给学校有关院系领导，得到了当时武汉大学法学院院长马克昌教授、管理学院院长樊民教授、经济学院副院长伍新木教授以及广大教师和插班生的积极支持和热烈响应。特别是潘平正同学，身为河南省企业家协会秘书长，深深体会到在新旧体制交替的过程中，企业家是多么渴望有法律来保障企业的各项改革措施。潘平正认为只有学者作为理论研究还不够，不能解决实际问题，要让全社会都参加，让社会重视，要用法律手段保护企业的改革成果。

经大家磋商，提出了召开“全国增强企业活力法律保障学术研讨会”的想法。参加人员包括企业界、学术界、新闻界的同志，后称为“三界联谊会”。三界联谊会的想法得到了武汉大学校长刘道玉的肯定，并指示管理学院、法学院及学校有关行政处室积极支持和配合各项工作。当时的武汉市政府、湖北省政府也积极支持这一活动。

这项工作主要由插班生发起，当然要由插班生来具体负责完成。大家进行了分工，我是会务部主任，负责整个会务保障工作。武汉东湖宾馆是毛泽东主席在武汉的专用驻地，平时也是接待中央主要负责人的地方，一般不对外开放。为了办好这次会，我们动用各种力量，一定要在东湖宾馆召开这个会。

开会还有一个经费问题。当时的武汉大学及管理学院、法学院均不能承担会议费用。会议费用的落实主要由联络部主任宛士雄同学负责。宛士雄也是插班生中的大能人，当时他出有专著《商标学概论》。为了落实经费，在潘平正、田启新的安排下，宛士雄、汪水文、夏洪超、冯浩等插班生同学以及宋恩灵等本科生同学走南闯北，筹集善款20多万元，使会议在经济上十分宽裕。

宛士雄给我讲了他筹钱的故事：他去南京汽车制造厂，找到汽车厂管财务的副总经理，说明来意，要求他们赞助会议。但汽车厂不相信湖北来的毛头孩子。宛士雄拿出武汉大学的介绍信，自己的学生证、校徽和有国家工商总局任仲夷局长写序的自己的专著，说：“我就是这个宛士雄，武汉大学学生，本书的作者。”南京汽车厂财务副总相信了他，不仅同意参加会议，还将善款寄给了武汉大学。

潘平正是三界联谊会的常务副秘书长，日常工作均由他负责。潘为这次会议可以说是呕心沥血，拼了小命。

会议最终在武汉东湖宾馆隆重召开，出席会议的官方人士有：现中共中央政治局常委、时任武汉市市长的吴官正，湖北省委副书记、武汉市委书记王群，湖北省副省长徐鹏航，以及中央顾问委员会委员于光远的代表——社科院博士黄小祥，国家计委常务副主任袁宝华的代表等，湖北省、武汉市有关厅局的领导也参加了会议；参加会议的企业代表有一汽、二汽、南汽、长沙动力、长江动力、湘潭轴承、郑州轴承、武汉国棉、郑州国棉、石家庄国棉等近百家国营特大企业的老总；参加会议的新闻界代表阵容庞大，有《人民日报》、新华社、《光明日报》、《经济时报》、《世界经济导报》、全国各大新闻单位驻湖北记者站以及湖北省所有新闻单位；参加会议的学术方面的代表有中国社科院财贸所、经济所、工经所和研究生院，武汉大学法学院、经济学院和管理学院。

这次会议开得非常成功。北京的所有媒体都进行了报道，特别是人民日报、经济参考报、经济日报等报道得更是充分。刘道玉校长在会前因出访美国，不能参加会议，但他于临行前召开专门会议，安排这项工作，并指派童懋林副校长作为刘道玉的代表主持了这次会议。

七、正在走进人生的"香巴拉"

武汉大学两年的学生生活很快就结束了，虽然时间不长，但我们获得了人生最重要的东西——机会、文化知识和道玉时代的武大精神，我们有了通往理想王国的资本。武汉大学是通往人生香巴拉的蓝月山谷。武大毕业后，我们这些学子在人生的道路上正一步一个脚印地走向人生的香巴拉王国。

插班生制的创立，改变了我人生的轨迹。从大学毕业以后近20年的情况看，我还是做了自己的本分事，并且遵循老校长在我毕业时纪念册上的题词"不断探索，勇于创新"的教导，创造性地做了一些事情。先后创办《中华人民共和国物价公报》、《全国价格信息》等各类期刊,负责主要编辑工作的有八种;主编(著)著作《中华人民共和国价格政策法规全书》等书籍有九本;策划建立了"中华人民共和国注册价格鉴证师"制度等全国性职业资格制度五种;策划并负责了《中华人民共和国企业价格经理》等三套丛书的编写;参与了《价格法》的起草、讨论和国务院清理整顿中介机构及行政许可项目等重大活动;创意或参与制定了国家有关政策文件几十种;到日本、美国、澳大利亚等国家考察,并向国家有关部门提出了政策建议;策划并筹建有关机构,等等。所做的事情,全部是开拓创新性工作,并在全国有一定影响。如果不是插班生制度,我可能会和我的小伙伴一样,10 年前就下岗吃低保,靠麻将过日子了。

当然,20 年来,还是有些小的风风雨雨、坎坎坷坷,但是我的腰板是直的,骨头是硬的,心术是正的,道玉的学生是正宗的。虽然在处级职务上锁定了 14 年,但我无怨无悔。对于这一点,我认了,但我身上道玉时代的武大精神不会因此而改变。

八、道玉的菩萨精神

近些年来,我在工作之余,对有几千年历史的佛教文化产生了兴趣,并在北京大学哲学系读完佛教研究生课程,同时有机会亲近了梦参老和尚、本焕老和尚、圆霖老和尚、明海大和尚、昌明老和尚等高僧大德和善知识，读了一些佛教的经、律、论，明白一些人生的准则和道理。佛教的基本教理是“众善奉行，诸恶莫做”。佛教的基本精神是“菩萨精神”。

我在研究佛教文化时，一直在思考一个问题：中国有个刘道玉！刘道玉是谁？中国教育之子，武汉大学老校长！老校长是谁？老校长是用智慧集天下英才而教之，是般若之智，是人间之文殊菩萨；老校长爱护所有的学生，心里装着学生，凡事想着学生，工作依靠学生，一切为了学生。深怀爱教之心，恪守为教之责，善谋从教之策。有教无类，是大慈大悲，是人间之观世音菩萨；老校长长期关心中国教育问题，锲而不舍，坚持实践，谏言谏策，是大无畏精进，是人间之普贤菩萨；老校长一不做官，二不发财，一生献身教育事业，不为自己求安乐，敢为天下先，敢于下地狱，是大宏愿力，是人间之地藏王菩萨。

道玉是一种精神，是菩萨精神！我为自己是一名道玉的学生而自豪。

杨向群，男，湖北随县人，1956 年出生，共产党员。武汉大学首届插班生，北京大学哲学系佛学研究生班毕业，经济学学士学位。现任国家发改委价格认证中心综合处处长，中国价格协会价格鉴证分会副会长，中国佛教促进会常务理事，南京大学国学研究所研究员。

武大，我永远的母校

李斌奎

1983年6月，作为部队作家访问团的成员，我自重庆沿长江而下到达武汉，住东湖宾馆，隔湖而望，第一次看见了秀丽的珞珈山，看见了隐现于湖光山色的武汉大学。虽一湖之隔，那时的武大对我这个人到中年的军人来说是遥远而陌生的。我以为，我们是被数不清的政治运动和“文化大革命”剥夺了受高等教育权利的一代人，求学早已成为了过去，留下的只有梦中的憧憬。然而生活竟是这样的奇妙，一年之后，中国作家协会与武汉大学决定联合创办中国首届作家班，坦言，要为共和国培养一批学者型的作家。发起倡议者是时任武汉大学校长的刘道玉先生。他是一名学者，也是一名不可多得的教育家与思想家。然而我还是愿意称他为先生。

正是在先生的引领下，著名的百年学府武汉大学敞开胸怀接纳了我们这些早已被高等学府遗忘了的学子，开创了共和国教育史上一道先河。一时言者甚众，像一块石子投进了浩浩的东湖，在当时中国的教育界及文化界激起了一圈又一圈涟漪。不过，作为一名有幸被选入的学生，年近40岁的我除了兴奋，更多的只是感慨与惶恐。

带着这种复杂多味的情愫，我走进武汉大学，接受了特殊的入学考试——“圆周上的任何一点是终点也是起点”，我不记得自己是怎样应对这道精心拟定的作文题目的，至今也无从知晓阅卷的教授们如何评价被称为作家的学生，而唯一留在记忆中无法忘怀的是，20 年后的今天，我才真正品味到学校在接纳我们时的一番良苦用心。

是啊，那时我是站在了一个新的起点上，而面对这个全新的人生圆点，我的起步却并不容易，甚至有些苦涩。

初入学堂，虽然我们高唱着“小呀小二郎呀，背着书包上学堂……”相互调侃，以示青春依旧，不乏活泼可爱。但真的同儿女辈的本科生们一起抢座位，占课堂，排起长队打糙米饭、大锅菜时，却怎么也潇洒不起来，挂在心头上的只有说不出的难堪与别扭。于是我们不断地向学校提出要求——不能四人同居一室，住高低床；更不能像本科生一样佩戴白颜色的普通校徽。总之，我们这些超龄的老本科生们极力地要和年轻而真实的本科生们区别开来。事后多年自己想想也常常觉得可笑，但在当时却是极其认真而严肃的抗争。

入校前，身为副师职的中国人民解放军的军官，我早已过惯了整齐划一的军营生活，作为一名军旅作家也无任何特殊的待遇。我最美好的青春年华是在西部边陲度过的，在那里几十年间奔走于雪山哨所，出没于大漠戈壁。什么样的苦都吃过，再恶劣的环境也习以为常。我不明白面对着如此秀美的珞珈山，徜徉于如雪如梦的樱花大道上，自己还有什么难以破解的苦闷。

我喜欢在东湖边走走，我问东湖的水波清风，是否吃惯了大块手抓肉喝惯了大碗酒的肠胃与这里的鱼米无法相容？东湖水是有灵性的，我想除却年龄的差异与生活习惯的不适外，可能最大的不适是我们自视的特殊性与不可言状的沧桑感吧。

有句话叫“一辈子甘当小学生”，其实，现实生活中除了真正的小学生外，有多少人心甘情愿地去当小学生呢？何况现今的社会被称做个性张扬的社会。连真正的小学生都不甘寂寞，何况我们这些人呢。说实在的，情愿一辈子做小学生者是根本不存在的。这种名言警句不过是政治家们制造出来做宣传用的。

于是我们心目中自视为绝对不能等同于一般学生的特殊学生，而教师们却认为进了校门就是普通的学生，必须一视同仁。很快作家班的故事便不胫而走。

问题反映给校长刘道玉先生，先生毕竟是先生，很快学校给我们发放了同于研究生的红色校徽，住宿的房间也做了调整，既保证我们的学习，也保证我们有一个可以进行创作的相对宽松的空间。同时，学校特别为作家班作出一条规定，凡是武大开设的课程，我们都可以选修，只要完成学分即可。学校的决定让我们高兴也让我们激动，其实在校期间我一直没有佩戴过校徽，我把原来发放的白色校徽和后来破例给予的红色校徽一直珍藏在箱子里，同时埋藏在心里的还有学校的爱护与包容。在这些包容中我似乎能揣摩到先生那颗博大而慈爱的心。他让我们这些调皮的大学生们很快融入到珞珈山的湖光山色之中。

走进武大，又走入了武大。只有当我越来越接近这所历史久远、学风纯朴而真诚的百年名校后我才明白什么叫苍白无力，什么叫博大精深。

我虽然是个老高中生，而真正进入文学创作的年月却是整个“文化大革命”时期。作为那个时代的经历者，我所有的知识及对文学的理解很难逃脱当时主体色调的熏染及影响。何况自己又久居于边疆，闭塞而守成，而最大的闭塞是并不认为自己闭塞。

20 世纪 80 年代初的武汉大学犹如一位春意勃发的少女，学院里到处散发着炙人的青春气息，创造与开拓是这个时期的主调。学校新开设了不少的课程，于是我选择的目光更多地投向了文学之外的领域：法律、美学、社会主义货币银行学……而刚刚恢复不久的有关宗教文化和社会学的课，都是才从桎梏中解放出来重见天日的新兴学科。在这里，对我说来一切都是全新的，我几乎快被淹没了。

在这里，我每天骑着一辆破自行车从枫园跑到梅园，或从湖畔一头撞到桂园，像游弋于智慧海洋里的一位泳者，经历了从来不曾有过的宽松自由和快乐。此时的武大是个不折不扣的没有围墙的学府，几乎每天都有精彩的学术讲座，从当年的匈牙利事变到最新的改革开放信息，全在人们关注的视野里。深深地吸一口炽热而活跃的学术空气，我觉得自己立马进入了一个新的空间、新的天地。渐渐地，我明白了，读在武大，不如感受武大。

我融入了，不是修一门两门新课，也不是听一次两次讲座，而是感知到一个全新的观念。这是从来不曾有过的，更是从来也不曾想过的。中年人被称做成熟的人，自然也是被社会和自我固定的人。如果一个原以为已经认识了社会，并把握着真知的人，突然间发现自己只不过是一个站在门外的自以为是者时，他的震撼又是何等的强烈！

生活原来是这样的，这是我在武大两年间时常发自内心的感慨。那时我虽然已经远离了文学的思考，但我清醒地意识到其实我才开始找到关于文学的思考。我想也许我不会成为学者型的文学家，但是我会因为自己开始了一个新的人生认知而庆幸。

几十年过去了，直到今天我仍然这样想——武大，是我人生观念一个重要的转折之地，她教会了我真诚与智慧，也教会了我清醒与执著。每每想起，我都深深地感谢刘道玉先生，感谢所有为我们传道授业解惑的老师们。

武大，你是我永远的母校！

李斌奎，陕西省合阳县人，1946 年 10 月出生。中国作家协会会员，中国戏剧家协会会员。国家有突出贡献的专家。甘肃省作协副主席，曾任兰州军区政治部创作室副主任。现为兰州军区政治部创作室副军职专业作家。

著有长篇小说《欲壑》《哦，昆仑山！》《镜头中的世界》，中短篇小说集《樱花大道》《山鬼》《天山深圳特区处的“大兵”》等，多幕话剧《天山深处》《草原珍珠》《塔里木人》《昆仑雪》等。著有电影《天山行》，电视连续剧《啊，昆仑山！》《这里并不寂寞》等多部影视作品。曾获全国优秀短篇小说奖、中国人民解放军八一文学奖、中国人民解放军新作品奖、全国优秀剧本创作奖等各种奖励。

传播文明

——回忆在亲爱的校长刘道玉麾下读插班生的日子

宋骥弘

一、起飞成功

岁月荏苒，我在武汉大学读书的日子已经过去20多年。从武大毕业后，我又辗转北京大学和华中科技大学求学深造，取得更高的学历和学位，但是，让我珍视如命的文凭，是我获得学士学位的文凭——印着刘道玉校长名字的武汉大学毕业文凭。

20世纪80年代的武汉大学，因刘道玉的锐意改革创新而成为中国高校改革的一面旗帜。1981年，48岁的刘道玉就任武汉大学校长时，是中华人民共和国当时最年轻的大学校长。他在全国高校率先推行了学分制、选修制、导师制、转系制、主辅修制、双学位制、插班生制等一系列改革措施，大力倡导思想解放，学术独立，培养造就创新人才……武汉大学成为莘莘学子向往的精神家园。我，幸运地成为武汉大学实行插班生制后首批受益者之一。

下乡当过知青，招工回城后当过工人、统计员，18岁在《长江文艺》发表短篇小说而加入作家协会；21岁起在襄樊日报做新闻记者，陆续有多篇“本报讯”获奖，破格晋升工资和职称……27岁那年，我突然疯狂地渴望占有更多知识，空前渴望接受系统的高等教育。所以，我到武大中文系读插班生之前，正同时在华中工学院新闻系和中央广播电视大学汉语言文学专业读大专。

感谢1985年春天武大樱园那美丽、圣洁、清纯、靓丽的樱花啊！这一年4月里一个风和日丽的下午，我与同学骑自行车从华工去武大看樱花，在灰墙绿瓦的行政大楼前，偶然看见了张贴在告示栏内关于武大招收插班生的消息。“经考试合格录取为我校的插班生，直接进入大学三年级学习，毕业纳入国家统一分配，所需经费由教育部拨给……”

梦寐以求的机会如此神奇的降临，狂跳的心几乎从喉咙蹦出！我飞快记下报考中文系的相关要求和考试范围，眼泪簌簌地落下，几度模糊了视线。

武大中文系，我心中的神圣殿堂！1966年，我12岁，刚刚考入初一，“文革”开始了。大串联之后停课闹革命，我的毛笔字太臭，写不好标语，只好赋闲在家。我母亲办公室的一位阿姨1963年毕业于武大中文系，我在那位阿姨的藏书中借阅的《约翰·克利斯朵夫》和《飘》，成为我最初的文学启蒙，奠定我后来精神生活的走向。及至阅读范围逐步扩大和当时阅读时间无限充沛，我一度手抄过不少名著的片断。时至今日，我仍然能够轻松地默写出《牛虻》中亚瑟最后写给琼玛的凄美绝笔，默写出傅雷翻译的罗曼·罗兰在《约翰·克利斯朵夫》中那一封封美妙绝伦的信笺……我从那位阿姨口中知道了武大中文系如雷贯耳的“五老八中”，了解了竺可桢、闻一多、郁达夫、沈从文、朱光潜、叶圣陶等著名学者曾先后在武大中文系任教，造就清风明月，群星灿烂，各领风骚的“系风”。

首届插班生招生考试时间定在1985年6月中旬，考生除要求具备大专学历外，“作品分”和“笔试分”各占50%。

那年武大还有一种叫做“作家班”的本科学历教育，录取对象均为中国作协会员，他们不用参加文化笔试，凭获奖作品直接进入中文系深造。

报考首届插班生者千余人，其中中文系报名者最多。最后全校总共录取插班生90名，中文系占了16人，这就是22年前“中国首届插班生”的阵容。《人民日报》、《光明日报》、《中国青年报》都作了报道，全国数十家报刊转载了这一消息，在社会上引起巨大反响。

当时有人奚落刘道玉搞的插班生制度是非驴非马的“嫁接式”教育，校长说，好啊，感谢有人为我想出这么个好名称，植物学上，嫁接出良种，人才为什么不能嫁接呢？

化学家出身的刘道玉教授笃信，知识是构成能力的基础，而能力是知识人格化的一种素质；能力是获取成果的保证，而成果是能力物质化的形态。如果每个大学生都明白这三者的关系，并且能够自觉地按照这三要素创造性地学习和研究，那么他们每个人都会成为成功的人。

录取通知书宣告我起飞成功。

记得我拜托我家邻居何敬东帮我看榜，何敬东的父亲是我在襄樊日报当记者时的顶头上司。小伙子瘦高个儿，皮肤白皙，戴着眼镜，高中时参加国际中学生奥林匹克数学竞赛并获奖，1981年考入武汉大学数学系，每天听外教用德语授课，学制5年。受其父影响，何敬东在文学方面颇有天赋，最绝门的功夫是他居然用简洁的数学公式展现《红楼梦》错综复杂的结构艺术，大观园在他那儿变成了贾府兴衰史和宝黛情爱史两个基本公式，由此派生出一个个人物、一段段故事，每个人物的来龙去脉，均以符号、数字、线条来衔接，一目了然。

这小子硬笔书法非常了得，加上在篮球、网球、乒乓球诸方面的爱好，以及在国标舞探戈比赛中多次崭露头角的业绩，进校不久他就在学生会混了个“官职”，好像叫做文体部长。

何敬东也是刘道玉校长推行教育改革的受益者。大二时，未经他爹批准，小伙子擅自提出从数学系转入中文系，于是阴差阳错跟我成了同班同学。

何敬东帮我签收了录取通知书，却揣在兜里3天没有告诉我。因为那时他正与英语系一个重庆丫头热恋，那丫头肤色荷花般白里透红，一颦一笑可爱极了，只是那川妹子身材过于娇小，与运动健将何敬东海拔落差很大，以至于后来“红学家”何敬东的脊背变得有些微驼。

新学期开学后我回到华工新闻系继续在那里的学业，一面焦急等待武大的消息。迟迟收不到录取通知书，最初对考试结果的自信感逐日销蚀，变得一天比一天心虚。

终于在一个中午，何大侠顶着骄阳专程赶到华工东二舍 315 号，把录取通知书送到我手中，此时离新生报到只剩下一周时间。

我请何敬东先生在教工三食堂吃了午饭。数年之后我再回华工求学，教工三食堂已经改名叫“集贤楼”，成了一个昼夜营业的酒店式食堂。

二、诗意的活着

我在武大读书的第一年，可谓“一仆二主”。由于在华工新闻系的学业尚未完成，我每天都骑自行车辗转于两所高校上课。常常在华工东五楼听完了第一二节周泰颐教授的《报纸编辑学》，立马踩车奔武大化北楼，赶上第三四节罗立乾教授的《沧浪诗话专题》，如此一个学期下来，车技见长，身材见好。

刘道玉校长当年推行一系列改革所产生的巨大魔力，具体表现为整个武汉大学成了一个完全敞开的大讲堂，每个学生的求学欲望都变得“贪得无厌”，人人都因为充满自信而变得“野心勃勃”。动与静、稳重与轻狂的生命意识空前活跃，空前融和，粗俗因为熏陶而变得优雅，古板由于浸润而变得练达……

每当新学期伊始，无论哪个院系的学生，返校后第一件事，就是去教务处浏览本学期全校各院系课表。除了解自己的必修课程外，你可以完全根据自己的兴趣爱好，选修全校任何院系任何年级任何教授开设的任何课程。而且可以“先尝后买”，比如，你在某教授那里报名选修他开设的某门课程，试听一两次后，你觉得没什么意思，尽可扬长而去，不必作任何解释。因为刘校长有一句名言：“学生有罢听的权利，教师无罢授的自由。”

教授为了“取悦”学生，必须调动浑身解数，竭力撰写内容厚重、精妙鲜活的教案，满足学生求知欲。若有哪位教授心不在焉，拿些陈芝麻烂谷子的过期内容，或弄来生吞活剥的猎奇说教、忽悠学生，等待他的必定是，两节课之后，讲台下面的学生走得一个不剩。

在武汉大学，凡是受到学生欢迎的课程，绝对是那种追随时代脉动、饱含鲜美思想的“浓缩橘汁”，而绝非干瘪陈腐的“故纸堆”和索然无味的“白开水”。凡是受到学生钟爱的教师，绝对是治学严谨、性格鲜明、师德高尚的良师益友，而绝非心猿意马、以教谋私、敷衍抄袭之辈。

教务处门外4块偌大的看板足有百余平方米，课表一排排张贴在上面，绵延百余米，课程名称、授课教师姓名、课时、上课教室等一目了然。你的目光在课表中徜徉，不时被哪门课程吸引，迅速记下，一不小心就搜罗了数十门，一门也舍不得割爱。记得我第一学年选修了17门，包括哲学系的《科学技术史》和《美学》，历史系的《美国简史》和《菊花与刀——日本民族性格分析》，政治系的《20世纪西方主要思想流派》，管理学院的《世界旅游地理》，中文系的《戏剧美学》和《胡适研究》，新闻系的《普利策新闻奖获奖作品赏析》和《传播美学》，英语系的《奥斯卡获奖影片赏析》，以及当年被武大学子热情追捧的哲学系2位青年学者、刘纲纪教授的高徒邓晓芒老师、易中天老师联袂开设的《中西比较美学》和易中天老师的《文心雕龙美学思想研究》等，加上中文系必修的4门专业课，还有华工那边的功课，约有30多门。到了期末考试时，我往往是“两眼一睁考到熄灯”，居然一丁点儿都不觉得辛苦——诗意的校园生活让我感到空前充实和快乐。

暑假返校后我去系办公室看成绩，兼任教学秘书的周老师，一个毕业留校不久的湖南籍小伙子，用审视的眼光上下打量我一番，说道：“一学年搞了50多个学分，太不可思议了！”原来，周老师在各系送达中文系的批有“合格”的一大摞成绩单里，频频看见我的名字，有点怀疑我是不是“做了什么手脚”。因为在我之前的创纪录者，是一学年完成了38个学分。学校的要求是每生每学年不少于24个学分。

当我把二三十本用活页纸装订的听课笔记，以及撰写的读书报告底稿，整整齐齐展现出来时，周老师惊讶地大喊：“宋骥弘，学分专业户！”我有些激动地告诉周老师，其实得了多少学分我并不看重，我实在太像一个饥饿的乞丐突然闯入盛大的宴会厅，面对梦寐以求的经典教育，我恨不得把桌上每一道食物都吞下去啊。

如今，我的儿子已经在武汉大学念到硕士，他翻阅我当年的一本本听课笔记、一篇篇读书报告，连连感叹"刘道玉时代的武大学生，含金量太高了"。

"含金量太高"的，应该是毕生崇尚创新的杰出教育家刘道玉校长。他尊重每一个学生，着力培养会思考的人。如果没有刘校长率先在武汉大学推出一系列锐意改革的创新举措，没有不拘一格的插班生制，没有天高海阔让学生自由翱翔的学分制，没有激励教师创新进步的选修制……怎么可能有我这样贪婪的"学分专业户"。

那年秋天我采访作家丁玲，她来武汉参加"史沫特莱在中国"学术研讨会，住在华工外招。路易·艾黎、马海德等前辈都来了。那天非常巧，是丁玲 80 岁生日。我对这位历经坎坷的革命前辈和文学前辈是充满敬意的，虽然她的《太阳照在桑干河上》我读过 N 遍也不曾读完。我把打算提问的内容拟出，请陈明先生转交丁玲，在获得应允后，我得到了 10 分钟独家采访丁玲的机会。那天丁玲身着大红色羊毛开衫，短短的白发精心打理过，显得格外精神矍铄。得知我是武汉大学中文系学生，且做过新闻记者，丁玲很高兴，脱口便问："武汉大学现在的校长是不是叫刘道玉？是个了不起的教育家！"丁玲非常认真地告诉我，在她 18 岁的时候，"最大的野心就是考上武汉大学"。时任《人民文学》主编的丁玲，对武大校长刘道玉如此熟知，令我非常自豪。

生活毕竟不是诗。武大中文系 16 名首届插班生，最后只有 14 人取得毕业文凭，2 人于毕业前夕被除名。一个因为作弊，一个因为作风。前者有悖校训不足惋惜；后者纯属私人问题但不幸被寝室同窗告发，因确实触犯当时校纪而不得不受到惩罚。那位从郧阳的崇山峻岭中艰难跋涉出来的男生，一度精神崩溃几次欲跳楼轻生。难忘那个飘雨的下午，我去当时新落成的武大医院住院部二楼看望过他，他那张泪流不止、万分沮丧的脸庞，至今在我脑海里清晰如画。

三、精神的家园

武汉大学桂园二舍109号，我在那间寝室住了两年，每天的太阳都是新的，每天的日子都充满诗意。

据导师陈美兰教授介绍，桂园一舍至四舍，是1958年由武大在校学生利用课余时间，义务劳动设计并建造的。陈老师当年是武汉大学女子皮划艇队的主力，也是校园建设的义务劳动主力。桂园二舍虽然简陋，但采光很好，每逢八九月份桂花盛开，香气浓郁沁人肺腑，夜间常被活活香醒。

中文系83级插班生总共5名女生，桂二109成为我们临时的家。每人的铺位都是学校提前贴好姓名的，我的铺位是个靠窗的下铺，对铺的是曾静平，毗邻的是朱华姿，上铺是洪琼和吕新琼。

在我眼里，武大最迷人的地方，莫过于图书馆和小操场。

▲ 中文系首届插班生的5名女生与陈兰教授合影，右三为宋骥弘

去图书馆看闲书和撰写读书报告，是我大学生活中非常惬意的事情。肃穆安静的氛围，宽敞通透的环境，每人一盏台灯一爿案头，每位阅读者都陶醉其间，全神贯注与书籍交谈，与伟人聊天，与巨匠较劲。

进入武大的第二年，我已从华工新闻系毕业，在武大桂二109安营扎寨。每天晚饭后以及星期天，我最向往的地方就是图书馆。为了确保能够占领一个位子，我会在下午下课之后大约4点钟直奔图书馆，占到位子后，拉开阵势看书写东西，到5点30分左右，我把笔记本和书包分别放在桌椅上，假装去WC，跑回寝室，抓起我妈为我专门置办的2只8磅大暖壶，冲进水房打来开水，将热水袋灌满后藏进被窝，剩下的开水留着晚上回来享用。

坐在学生食堂的长凳上狼吞虎咽干掉一碗食物，舀一勺免费的“神仙汤”喝下，一溜小跑返回图书馆，此时大约是晚7时，我一天之中精力最充沛的时段。

坐在独享的台灯下，花不多的时间把白天学习的重要内容重温一下，所有笔记仔细整理一遍——这个习惯是我做新闻记者养成的，自以为受益多多。然后，进入“多读书不求甚解”的快乐时刻。衷心感谢母校武汉大学给予我民族文化的规范训导、经典文本的研读熏陶，教会我养成以自然科学研究方法为取向的琢磨问题的习惯，赐予我特有的感受能力、理解能力和表达能力，使我找到了超越个人安身立命的需求，为实现梦想而努力奋斗的“回家”之路。

武汉大学的选修课每门一般为24课时，每周授课一次，也有36课时的，但不多。老师会在第一次上课时，向你推荐5部以上参考书目，包括他本人的专著或公开发表的论文，让你置身海纳百川的氛围中。老师的讲义往往就是几张卡片或几页稿纸，却是他的某一部专著的晶核。他站在讲台上旁征博引，雄辩滔滔，一泻千里；我们坐在台下洗耳恭听，会心会意，如痴如醉，教学双方互动默契，行云流水，神思飞越哉游哉。到了期末考试时，不少选修课的老师会让你自拟题目撰写一篇3000字左右的读书报告，在当时，据说这种考试方法是“与国际接轨”。

武汉大学是一位最慈悲最宽容的母亲，能够包容她的每一个健康的、羸弱的、正统的、叛逆的……孩子千奇百怪的成长方式。不过，若有哪位同学试图不用心不用功，单凭小聪明蒙混学分，一般极难得逞。所以，每到期末，总有同学会因为收到补考通知而沮丧烦恼。甚至有人到毕业时因为学业太臭而肄业或被除名。

我有一个很奇怪的习惯，在图书馆用功，比起在寝室或自习教室，效率高出许多。直到今天依然如此，我一直没有搞清楚原因到底何在。那时我没有电脑，读书作笔记全靠手写，读到精彩内容，我一般会做卡片，少则一两张，多则数十张，花掉不少时间。我的钢笔字一辈子没有写漂亮过(这个缺陷后来成为我较早使用电脑的原动力),唯一的优势是书写速度极快。我的听课笔记成为全班乃至全年级公认的“范本”,完全得益于我写字快,班长龚绍东说我的笔记是“除了老师咳嗽不记,全记”。我从27岁至38岁先后辗转4所高校求学,总共129本听课笔记,其中在武汉大学期间的有51本,这是我的一笔精神财富,20多年来数次搬家,不曾丢失过一本。

21时15分,图书馆的铃声响起,大家开始收拾东西准备还书退场。我常常会磨蹭到最后离开,这个坏习惯给图书馆的孙老师添了不少麻烦,也让她记住了我的名字。这位和蔼可亲的老师一辈子甘为人梯,默默奉献,她给予过我很多关照,我们的师生友谊因此保持到今天仍然非常密切。

四、珞珈山,我想念你

凡是在武汉大学读过书的全日制学生,不可能没有在小操场看露天电影的美好记忆。每逢周六、周日傍晚,大家带上小凳子,从珞珈山的桂园、樱园、梅园、枫园、湖滨……向小操场汇聚,凭着1元硬币大小的圆形塑料门票,排队依次入场。当晚若演两部故事片,通常是一部译制片、一部国产片,门口的大牌子一准儿会写着“每人3枚”,若加演记录片,则“每人4枚”。

那种“武大特色”的电影票每枚5分钱,没有失效期,你可以进场之前现买,亦可平时在买饭票的窗口购买。那时人心淳朴,若在当今,这种防伪含量极低的“代金券”,肯定会被轻易地大量复制,从而迅速摧毁武大露天电影的票房收入。

小操场的露天电影永远不缺乏忠实观众,无论严寒酷暑,无论雨天雪天,银幕的正反两面,都是黑压压的脑袋。我们总能够在那儿看到最新的国产影片,译制片比如《走出非洲》、《莫斯科不相信眼泪》等,都是在武大首映之后,才陆续在武汉三镇的影院与观众见面。国产片《一个和八个》等,记得也是在武大首映的。

冬天,为了能够看露天电影又不至于挨冻,我购置了棉帽子、军大衣、大棉鞋，以及棉手套和大口罩。说起这套行头，还得从刘校长鼓励学生开展社团活动道来。

中文系插班生成立了一个“白校徽文学社”，所谓“白校徽”意在区别于教师的“红校徽”，强调我们是学生社团。“白校徽文学社”得到刘道玉校长的亲切关怀，他抽空参加我们的活动，记得还批给《白校徽》期刊一点科研经费。此前，中文系女生喻杉在小说处女作《女大学生宿舍》中，塑造了一位名叫“路石”的大学校长形象，这位路石的原型就是刘道玉校长。里面讲到路石校长鼓励学生课余时间进行学业创新，鼓励文科学生积极参与社会生活，忠实记录、热情歌颂行进中的伟大时代。

当时，原武汉军区某舟桥部队的驻地就在武大附近的东湖之滨，有几名年轻军人酷爱文学，常来武大听讲座，并带来习作在《白校徽》上刊发，一来二去我们就成为了“军民共建单位”。所以我们提出想买一部分军用品的要求后，很快得到答复：每人限购棉大衣一件，售价5元；棉帽一顶，售价2元；棉鞋一双，售价2元……基本等于白送。有了如此武装到牙齿的行头，还怕在冰天雪地里看露天电影吗？

刘校长常常在某个风和日丽的下午，步行来到小操场，与学生们亲密接触。事实上，我们经常在校园里遇见校长，就像遇见一位熟悉的邻居。校长与学生之间绝对没有代沟，他既是堂堂一校之长，又是同学们的好朋友。插班生中不少同学昵称他为“刘道”，“我们的刘道”。

“我们的刘道”永远风度翩翩，春秋季节爱穿深蓝色风衣，夏天爱穿白色衬衫，冬日常常身着灰色中式对襟棉衣和熨烫笔挺的毛料裤。校长的眼镜绝对精致考究，头发永远认真地梳理过，步行时，右手提着公文包，走路速度很快。

刘道总是用定格的微笑向人们打招呼，小操场那片参天樟木林中，三三两两温书的学生远远看见校长走来，一定礼貌地向校长致意。1985年前后，高校经常闹游行，我非常清楚地记得，1985年秋天，武大小操场几乎天天有学生聚会。一次，发现有学生要上街游行，只见“我们的刘道”一个箭步跳上小操场的大舞台，手持麦克风动情地呼喊：

"亲爱的同学们,我是你们的校长刘道玉,我最真诚、最关切地提醒同学们,你们千万不要上街,千万不要犯幼稚的错误。只要大家留在校园里,我就可以最有效地保护你们……"情真意切的声音在珞珈山麓回响,在东湖之滨飘荡,在学子们耳畔飞扬,留住了几多年轻人盲目的脚步!

值得记忆的事情还有在教3楼的多媒体阶梯教室听讲座。当年武大还没有人文馆报告厅,位于桂园与历史系教学楼毗邻的教三楼,是我听讲座最多的地方,其次是樱园的理学楼以及稍后建成的教五楼。

那时很多大家都还健在,叶君健、艾青、程千帆、李健吾、萧乾、刘宾雁、汪曾祺……他们应邀到武大开讲座,带给我们几多启迪。两三个小时所讲的内容现在已不记得,但先生们举手投足间的风范意气,最直观地告诉你,什么叫做大家。

我在武汉大学读书时,中文系主任是学贯中西的王文生教授,身着中式对襟上装的王文生教授用最地道的英语讲授最地道的《文心雕龙》,令人叹为观止。讲授《文学概论》的何国瑞老师,讲授《古典文论》的罗立乾老师,讲授《古代文学史》的蔡守湘老师、唐富龄老师,讲授《中国古典诗词赏析》的苏者聪老师,讲课时都带着浓郁的湘方言,他们学养深厚,治学严谨,诲人不倦,令我怀念。

苏者聪教授是我的毕业论文导师,我那篇题为《从刘兰芝、杜丽娘看中国古代知识妇女社会地位的演化》的毕业论文中,倾注了她的心血。苏先生多年潜心研究中国古典诗词,尤其对古代女性诗人、词人的研究成果丰厚,在学科内知名度非常高。难忘她在我的毕业论文开题报告上写下了"有一定的探索精神,值得肯定"的评语。在撰写论文过程中,我受益于苏先生的许多研究方法和研究成果,令我终生难忘。

在中文系老师中,我毕业之后仍然往来密切的,主要有陈美兰、李惠芳两位女老师。

陈美兰老师是我们班的导师。刘道玉校长勇敢地在武汉大学废除了政治辅导员制度后,陈美兰老师是以教授身份担任中文系本科生导师的第一人。陈老师 18 岁从广东考入武汉大学,再也没有离开过武大。她学养深厚,性格直率,作风正派,为人厚道,在学生当中有一种天然的亲和力。她编著的《中国当代文学》在 20 世纪 80 年代是全国通用的高校教材,她本人是我国最高文学奖"茅盾文学奖"的历届评委和武汉大学博士生导师。当年陈老师给我们讲授《中国当代文学》,后来她又开设了《新时期文学专题》的选修课,"伤痕文学"、"寻根文学"、"反思文学"……清晰的逻辑、丰富的文学形象概述,让我茅塞顿开。她教会我如何梳理文学现象,如何拿捏艺术的真实和生活的真实,如何用时代精神遴选不同历史阶段最有代表性的作家作品。她告诉我们一定要用心阅读原作,尽量逼近事物的本质,不要浮皮潦草浏览一下就去说事儿。毕业之后我虽然一直从事新闻工作,与文学基本"不相往来",但是陈美兰老师的思想方法和工作方法,一直是我视为至宝的精神教义。

李惠芳老师是一位气质优雅、绝顶聪慧的天才女子,她给我们讲授《民间文学概论》时还很年轻,最多三十四五岁。她的声音圆润,语速较快,板书比较潦草。最喜欢听她绘声绘色地讲民间情歌的起兴,以及民间故事中的叙事类型,比如"三女婿(三姐妹)类"、"两兄弟类"、"地主长工类"……后来,李惠芳老师开设了选修课《中国民俗学》,确实让我受益匪浅。她还把辽宁大学中文系的蒙古族教授乌丙安等民俗学专家学者请来武大讲学,她把封建迷信与民风民俗进行生动形象的对照,给我们耳目一新之感。

20 世纪 80 年代末至 21 世纪初,我有幸在北京大学 31 楼 308 室住过 2 年,北大中文系著名民俗学家段宝林教授非常夸赞李惠芳老师,说她是一位"特别擅长学以致用的人"。

毕业 20 多年来,我这个老学生没有少给李惠芳老师添麻烦,每当新闻报道中涉及丧葬、风水、婚礼、服饰、图腾、禁忌等民俗问题,需要请专家发表权威意见时,我就会打电话向李老师求教。老师总是耐心地把某种社会现象中所蕴涵的民俗精神及其在新的社会背景下的变异情形,描述得生动而又具体。李老师的智慧令我的不少新闻报道蓬荜生辉。

最难忘毕业酒会上，亲爱的校长刘道玉教授欣然在我的毕业纪念册上题字留念。

那天，我捧着毕业纪念册，挨个儿请老师和同学们留言。那时我没有DV，没有相机，只能用毕业纪念册这种虽然原始但也最真实的方法，留下难忘的毕业纪念。

我走到校长跟前，对他说："我是中文系的宋骥弘，请校长给我留个言吧。"校长正在与人讲话，听见我的请求，很高兴地接过我递过去的笔，亲切地问道："分到什么单位了？"我回答去一所学院的中文系教书。校长笑道："很好啊！"一面挥笔在我的毕业纪念册上题写了四个大字："传播文明"。

我感动得说不出话来，深深地给校长鞠躬致谢。

▲ 我和我亲爱的儿子

我毕业后不久，校长就被免职了，那年他54岁，正在以生命中最亢奋、最成熟的黄金年华，踌躇满志地"传播文明"。刘道玉校长的过早下野，绝对是中国当代高等教育的大悲剧。刘道玉遵循的是道家的"道"，是尊重教育科学之道，他在骨子里并不是旧体制的共鸣者，对旧体制内的思想和做法，他常常显得格格不入。当我在他新近出版的《一个大学校长的自白》中，读到他念念不忘劝诫"教育部要放权"时，心中满是悲凉。

事实上，教育领域改革的滞后不过是整个国家政治领域改革滞后的表现，反过来，教育体制改革的真正实行将是政治体制改革的一杆标尺。正如政治体制改革的要害是限制政府对一切事物的绝对权力一样，教育体制改革的要害也是限制对教育事业的无所不至的干预。教育家治校，而不是行政主宰一切的那一天到来之时，我们最需要记住的那个名字就是“刘道玉”——一个以身殉“道”的布尔什维克教育家，一块为改革创新中国高等教育事业呕心沥血、鞠躬尽瘁的坚硬的“路石”。

宋骥弘，1954年6月24日出生，汉族，中共党员。先后毕业于华中工学院新闻系（大专）、武汉大学中文系（文学士）、华中科技大学社会学系（法学硕士）。1989～1991年在北京大学中国文学系脱产进修。当过知青、工人、统计员、新闻记者、大学教师，现为《长江日报》高级编辑，《长江日报》新闻热线采编室主任。

永远的珞珈山

周百义

我常常想,如果在而立之年没能到美丽的珞珈山上读书,我此生的轨迹又将指向何处呢?

这一切,至今忆及都像是一场梦。

这场梦,始终与一个叫刘道玉的人有关。

一

大山,连绵的大山,我生于斯长于斯的大别山。夕阳西下时,我拖着疲倦的身子,卧在树丛里,眺望着树梢上镶着金边的云彩,一遍又一遍地在心里追问自己:我就这样度过一生?

小学毕业,因为家庭出身,因为父亲的右派身份,我随在小学当教师的母亲下放到农村。繁重的劳动,被人歧视的“黑五类”身份,让我小小的年龄心灵里就蒙上了阴影。也许,16 岁还是一个幻想的年龄,我不甘心命运对自己这样残酷,不时地在笔记本上涂抹着自己要读书、要写作的愿望。

推荐工农兵学员,我以“可教育好的子女”的身份去报了名,结果可想而知,但我没有死心,当下一次报名来临时,我鼓足勇气又去了公社,结果仍是名落孙山。命运对我就如此不公，此生此世我就老死在那几分贫瘠的土地上吗？我不止一次地思索这个问题。

母亲的再三努力，1973 年，我终于去了我就读的佘子店小学当代课教师。这里，我有了一间属于自己的房子，有了一张可以摆放油灯的书桌。我夜以继日、如饥似渴地寻找一切可以找到的图书阅读。在书桌的旁边，贴着我不认识的注有拼音的生字。每一周，我都会更换新的内容。书桌两边墙上，我贴着马克思与鲁迅的两句话：时间就是生命，天才在于勤奋。

1977 年，大学招生的消息传到了我所在的乡村小学，深藏在心底的读书的愿望又蠢蠢欲动。大约周围的人都认为我这个小学学历的青年人在做不切实际的梦，但远在外地当工人的哥哥支持我的打算，并为我寄来了一些复习资料。他是 66 届的高中生，此时，他也在准备重温大学梦。可是，小学校里没有一个曾经考过大学的同事，也没有人告诉我应当如何复习，我搂着数学书一个劲地计算什么正数与负数，对于什么是鸦片战争、从昆明到北京走哪条铁路我皆置之一旁。何况那时我每周要给学生上 22 节课，还要带学生到深山里去打一次柴，对于一个连初中都没有读过的我来说，不好意思也不愿让人知道我在复习“考大学”。

高考报名时，公社文教办的负责人提到我的学历，一个小学毕业生也考大学？幸好曾在我隔壁住过的一位老师这时也到了公社文教办，他为我说了一句话，我得以与其他考生一起走进了考场。

试卷改完后，我的作文在全地区得了个最高分。作文被改卷的老师刻印后带到了各县，关于我被清华、北大录取的消息不胫而走。我在希望与失望之间煎熬了几个月，当熟悉的人一个个被录取后，我还是只被录到了一所中等师范学校。后来，我才得知，我的数学得了零分，这还不算，我的政治做掉了一道题——为了显示我的能力，当时我只忙着去做参考题了。但参考题并不算分数。

就这样，我与大学失之交臂，尽管我对能够上师范也是三呼万岁。

之后我留在这所师范教书，在一所乡村高中教书，在县委宣传部当新闻干事，但大学的梦仍然时时萦绕在心，此生此世，如此多的莘莘学子都能进高等学府读书,我却连这样一次机会也没有吗?

那是我在河南潢川县委宣传部工作时,一天下班后,我随手翻阅当天的《河南日报》。在第四版右下角处,发现了武汉大学招生办答读者问的一则消息。

这件事虽然对我有所触动,但我对武大如何招收插班生仍知之甚少,在单位一忙乎,就把这件事给忘了。春节时,去县医院张医生家拜年,突然看见她在武大读书的儿子李伟,于是又与他谈起武大招生之事,他允诺回校后给问问。没多久,我收到了他寄来的招生简章。其实,我当时也是说说而已。

我在这儿烦琐地提起这些细节,是因为我觉得我的命运在某种程度上与李伟这个热心的孩子——我后来的校友有关。如果不是他信守承诺为我寄来了招生简章,偏居一隅的我此生可能与武汉大学擦肩而过。

当我走进掩映在绿树丛中的武汉大学赴考时,我立马被那依山傍水的百年老校征服了:此生能到这里读几年书真是三生有幸呵!当晚,住在招待所里,后山的草木清香伴我沉沉入梦,一觉醒来,自觉神清气爽,走进考场,感觉良好。不过,同屋的诸君可能没有我如此"举重若轻",据他们说大多一夜难眠。

但回到河南后我心里又没了底,日思夜想,结果夜夜做梦总是与武大有关。在希望与失望中苦苦等了二个多月,终于盼来了录取通知书。

妻子腆着已经怀孕的身子,送我登上了开往武汉的客车。这是1985年的9月15日。

二

清晨,我还没睁开眼,便听见了窗外的啾啾鸟鸣,我猛然想起,我现在已经到了珞珈山,已经成为武汉大学中文系的一名插班生了。

31岁又走进大学读书,一切都是新鲜的。走在飘荡着浓郁的桂花香气的校园里,我整个身心都陶醉其中。我觉得我是这个世界上最幸福的人了。我抓紧给我的师长、朋友写信，描述这里美妙的一切。

这一届插班生每个系都有，中文系最多，分为两个班。一个班是由中国作协推荐的，他们住在湖滨六舍，其中不乏在中国文坛已经名声鹊起的袁厚春、李斌奎、邵振国、陈世旭、严亭亭等。我们这个班13个人，年龄均在35岁以下，主要来自湖北和河南，大家都有一段创作经历，大多是省级作协会员。虽然在家时个个自命不凡，但对进大学门，则是平生第一次。

我们班的第一次全体会议是在系总支办公室召开的。主要议题是选举班委会，张法德提名，大家附议，班长是周元镐，一个大大咧咧并无太多城府的江汉平原的汉子，后来读他的小说《襄河一片月》，才知他其实是柔情似水的。我呢？因为来之前当过县文联主席，大家选举我当了学习委员，但在选举文体委员和生活委员时，大家互相谦让，系总支副书记郑传寅生了气，最后才定下由年龄最小的吕新琼和与我同室的来自襄樊的王伟举担任。

我们班的导师是国内研究现当代长篇小说成果卓著的陈美兰老师，尽管当时她与我们年龄相差并不大，但在我的心目中，她像一个慈母，对我们呵护有加。当时我并没有想到，我这个河南人后来会留在湖北，是我们这个班与陈老师交往最多的人之一。

我们这些迟到学子终于挤上了末班车，大家如饥似渴，除了学习知识，还包括各种新鲜的事物。大家去看戏，去听音乐，去学跳舞，华尔兹、伦巴、探戈、迪斯科。我悟性太差，前学后忘。后来反思，自己从下边来，多少有些自卑。看见比自己年轻许多的女同学，更觉时不我待，平时练习不够，结果大学毕业了跳舞还是小学水平，算是辜负了班长的一片苦心。

班里要办个文学社，这也是学校及系里的意见。但选举社长时，却闹出了一些矛盾。先是社名，“红烛”，取闻一多先生在武大中文系教过书的典故，彭兴国君指出闻一多家乡浠水县已经办了个同名刊物；有人建议用“野土”，又有人提出排列不美而放弃。不知是谁说应叫“白校徽”文学社，大家略一怔，然后皆称妙。因为学校里老师的校徽是红色的，学生的是白色的。不过，一会儿大家把话题扯到生活作风上去了，同室的王君特别激动，他用愤世嫉俗的语气疾呼插班生应当为本科生做个样子。为了强调自己的态度，他几乎是吼一般地说："我是农民的儿子！"结果大家吵成了一锅粥。

20世纪80年代中期，中国正处在一个思想大解放的前奏期，武汉大学被称为是"中国高等学校的深圳"。除了我们这届插班生制度本身就是改革产物外，学校革除一切不符合教育发展规律的羁绊。学分制、主辅修制、导师制，这些在全国许多高校很多年后才推行的改革举措，当时在武汉大学已全面推行。我除了按要求学习中文系的必修课、选修课外，还选修了哲学系的"当代西方哲学思潮"、"中国哲学史"、"西方哲学史"、"伦理学"等。由于武大的教室散布在珞珈山的岭南岭北，相距比较远，每上完一个老师的课后，大家便提着书包，随着洋溢着青春气息的师弟师妹，从这座教学楼匆匆赶往另一个教学楼。现在回忆起来，武大两年时间里读过的几十门课，至今还受用不尽，但就是"英语"课我们只学了一阵子，因为学校对我们网开一面，不作为必修课对待，我与大多数同学一样，坚持了一年就放弃了，所以至今让我也在读武大的儿子笑我这个校友是个"英盲"。

那时学校经常请很多专家、学者到武大讲学。印象比较深的是温元凯讲的"中国改革的不可逆转性和不平衡性"。学子皆关心国家大事，听者踊跃，室内室外人头攒动，教室后边的人看不见，干脆跳上桌子一睹温君风采。当天下着雨，室外有人还冒雨仰首聆听。我拼命朝里挤，鞋子被人踩掉几次。后来，美籍华人教授陈鼓应、聂华苓等都曾来校讲过学。萧军、冯牧也来谈过创作。我们都从中获益匪浅。

武大两年的学习时间是愉快的，也是轻松的。可对于我而言，创作上的压力却十分大。尽管入学时我已经出过一本儿童短篇小说集，入学评定成果时我排在第一，但我心里有数，知道自己还有很大的差距。不和湖滨作家班的同学比，就是本班的同学，也有不少发表过反映成人生活的中短篇小说，获过这样那样的奖，我自觉与他们也有一些差距。过去我写的作品，主要是反映山区少年生活，被人当做小儿科，所以我急着要写点成人的东西，以便早日摘掉这个儿童文学作家的帽子。

稿子我送给很多同字看，也朝各地的刊物寄送，但开始的一年里，事倍功半，我写了一篇又一篇，多数是不成功。也许是功夫不负有心人，到了第二年，我写的以自己熟悉的家乡生活为素材的几十篇小说，相继在《上海文学》等刊物上发表。

三

我拉拉杂杂写下了上面的文字，意在说明我对两年大学生活的无限怀念与感激。但我清楚，这一切，正如开头我说的，没有刘道玉校长，就没有这一切。可以说，是他的锐意改革精神，使我们这些被各种因素留在大学校门外的青年人，有了一次深造的机会。

在武大读书的两年时间里，作为一个学生，能见到校长的机会并不多。但每一次见刘校长情景，我都记在日记上，所以至今读来仍历历在目。

第一次是刚入校不久的开学典礼上，一个穿着灰色衣服、佩着红校徽的瘦削的长者走到麦克风前。会场响起了热烈的掌声。主持人介绍说，他就是刘道玉校长。校长按惯例介绍了学校的历史沿革，历年的成就，当年的招生情况。他特别强调，今年入学的新生除了85级新生外，还有专科生、进修生、插班生、少年班、留学生、研究生。尔后是化学系教授讲话，老生、新生代表讲话。他们的话我没有听清，印象中只记得刘校长那抑扬顿挫的口音。那语调我听上去就像我的家乡话，后来因为编辑他写的《一个大学校长的自白》一书，我才知他是枣阳人，距河南很近的鄂西北地区。

第二次是当年10月9日，在学校的行政大楼里，学校专门给我们全体插班生召开了一次会议。刘道玉校长最后讲了话，他谈了为什么要招插班生，招插班生的经过。当他提到要“集天下英才而教之”时，声音变得沉重许多，其中也不乏几分悲壮。因为当时招插班生的报告送到国家计委教育局时，局长虽已同意，但具体办理的处长却不同意，是刘校长据理力争才获批准的。当时，对插班生制度社会上也有一些非议，上海的《新民晚报》曾发表文章，戏称武大的插班生是“嫁接生”。

也许后来当刘校长离开了校长的位置,我们才理解他的“集天下英才而教之”的教育理想和人生追求。当时,他曾告诉我们,学校为了满足一位希望插班就读的考生的愿望,特地到广州军区总医院的病房中,为一位后来录取到病毒系的女生举行了一场特殊的考试。当时我们也就是感动了一会儿,但当刘校长离开了他为之献身的岗位时,我们才知道,如果我们这个时代缺少一个像刘校长这样的教育家,我们的民族,也许会少了许多社会的栋梁之才。

再见到刘校长已是1986年的12月7日,这一阵儿,躁动不安的学生纷纷上街游行。这天,刘校长要与学生对话,讨论自由与民主的话题。地点原拟定在教3楼201教室的,后来参加者太多,临时改在放电影的小操场。等我赶到时,操场上已有上千人,不少学生站在讲台上,围着刘校长。刘校长对着麦克风,一一回答学生的提问,但他并没能阻止住狂热的学生的冲动,一些学生还是走上了街头。这些学生们没有想到,他们的此举为刘校长离开校长岗位迈出了关键的不可挽回的一步。

2004年,还在长江文艺出版社社长任上的我,突然接到老校长的电话,要来与我商谈他的图书的出版事宜。尽管我也感觉到他的自传事涉许多尚在的当事人,出版后可能会带来一些麻烦,但我想,古人曾讲,滴水之恩涌泉相报,今天是我报答刘校长的时候了。我要将刘校长的人生道路展现在所有关心着他,怀念着他的人的面前,要将他的教育理念,告诉天下所有的教书人和读书人。

武大的两年,对于我的一生而言,其重要性不言而喻。那些帮助过我的老师,那些曾经有些许矛盾但又释然的同学,都与美丽的珞珈山一起,永远地留在我的心底。如果说我有什么值得宽慰、庆幸的话,那就是作为学生,在卸掉社长职务之前,能够向世人介绍一个真实的刘道玉校长。

周百义,1954年出生于河南省商城县,现系中国作家协会会员,湖北省文艺理论家协会副主席。曾担任长江文艺出版社社长10年,现任湖北长江出版集团总编辑。职称编审。

在担任长江文艺出版社社长的十年时间里，该社从一个严重亏损的单位一跃成为全国文艺出版社的排头兵，图书市场占有率在全国地方文艺出版社中居于第一名，在全国居于第二名，十年间为国家贡献税收近亿元，国有资产增长 76 倍。担任责任编辑的《张居正》获得第六届茅盾文学奖。2004 年始担任湖北长江出版集团总编辑。在业余时间坚持文学创作，曾先后出版了中短篇小说集、报告文学集、评论集 12 种。1999 年被评为湖北省“有突出贡献的中青年专家”，2002 年被评为“湖北出版名人”。2004 年在英国朗讯公司出版的《华文出版业》一书中，称其为“出版名人”。

珞珈山，四季开放着鲜花的圣地

郑彦英

从上小学开始，我父亲就对我说："咱们公社有两个娃上了大学，还有一个留了洋，咱家里再难，也得供你上大学。古人说，书中自有黄金屋，你要记住。"

父亲的话我牢牢地记住了。但是到了我上大学的年龄，却因为"文化大革命"没有大学可上。这成了我年轻时期最大的遗憾。

是武汉大学圆了我的梦想。

当我接到中国作协的通知，要我去武汉大学上作家班时，我激动得立即给老家的父亲写信，告诉他我要上大学了，而且是全国著名的武汉大学，更自豪地告诉他，我们这个班的学生不像一般的大学生，是作家班，要求在全国有一定影响，年龄在35岁以下，是受全国作家和媒体关注的一个班。

在武汉大学上学的两年时间里，我的感觉是幸福的。那美丽的、诗一般的校园，常常出现在我的梦境里。我的一个个同学的举手投足，我的一个个老师的音容笑貌，至今历历在目。

最令我感动的是1985年深秋那个凉爽的日子，学校贴出海报，晚上放映我编剧的电影《秦川情》，我并没有看到海报，是住在湖滨区的新闻系的同学告诉我的。同学们向我祝贺，还邀我与他们一起去看。作家班的同学们闻讯也很高兴，也相约一同去看电影。下午，研究生院那边的同学也从枫园走到湖滨，要求晚上一起去看电影。我本来很高兴，但是这么多同学的关注，反倒使我心里发怵，因为武汉大学的学术气氛特别浓，我多次参加班里、系里特别是研究生院的自发性的学术研讨会，在这些研讨会上，许多著名的作品被同学们评头论足，说得一无是处，我常常被他们新锐的思想和犀利的言词所感动，甚至汗颜，因为他们的观点往往与我的观点相悖，而最终，常常是我被他们说服。于是我想，同学们会不会像在研讨会上面对那些大师们的重要作品一样，横挑鼻子竖挑眼呢？在极具批判意识的我这些同学的眼里，我的作品也会被批得体无完肤。我的同学们的可爱之处就在于不管是谁的作品，都会以冷静的眼光去审视，然后提出自己的观点，并以自己的观点为主线，对原作进行批判或批评。所以我担心，在电影放映场上，同学们会不会当面对我的作品评头论足呢？于是我就真诚地谢绝了同学们的邀请，并且把我的真实心情告诉了他们："我害怕。"

但是在天渐渐黑下来以后，两位和我一起吃晚饭的同学对我说，现在同学们已经进场了，天也黑了，你现在进去，没有人能看得见，悄悄进去看就行。

我一想有道理，就和这两位同学一起去了。

我们到达电影场的时候电影已经开演，我们拿着小凳子，悄悄坐到电影场最后面，越过同学们黑压压的头顶看向银幕，才知道放映的是一部外国影片。

这让我有些吃惊，因为在20世纪80年代，一般来说，外国的影片比较受欢迎，如果一场放两个影片，就先放国产片，后放外国片。电影放映人员把我编剧的片子放到后面，说明他们对这部影片是有信心的。

第一部电影放完以后，我睁大眼睛看着场上的师生，唯恐他们提着凳子离开电影场。还好，整个电影场的人群很安静，几乎没有人走动。我就舒了一口气。短暂的停顿之后，就开始放映《秦川情》了。电影的字幕是在一段序幕之后，当我的名字出现在银幕上的时候，全场爆发出热烈的掌声，这是我完全没有想到的，坐在我身边的同学也跟着大家一起鼓掌，只有我没有鼓，因为我太激动了。电影放映完之后，全场又是一阵热烈的掌声，我知道鼓掌的有我的同学、我的老师和学校职工，他们的掌声是鼓给电影片的，也是鼓给我的，因为我是他们的同学、学生或校友。

鼓掌之后，同学们站起来陆续退场，和我一起来看电影的两位同学也站了起来，一位同学看着我说："你流泪了？"

"不会吧。"我说。但我一摸脸，确实有两行泪。

我这才真正理解了我的同学和老师，他们在学术上是严肃的，真诚的，认真的，在学术批评上是清晰而又犀利的，但是，他们又是充满着温情的。

也正是因为这珍贵的温情，使我对武汉大学的热爱升了温。离开大学多年后，我在整理堆积得越来越多的照片时，把许多照片都清理掉了，而在武汉大学所拍的照片，却全部保存下来。虽然我知道这种保存是多余的，因为我就是不看照片，也能回忆起在大学教室听课的情景，回忆起每一个季节都会送给我们美的风采的校园，回忆起丛林里的小道，回忆起东湖畔飘飞的白鸥，还有吃饭的饭堂、打球的球场、红枫、腊梅和樱花……

武汉大学，我的爱留在你的怀抱里。珞珈山，四季开放着鲜花的圣地！

郑彦英，1953年6月26日出生于陕西省礼泉县。毕业于武汉大学中文系，获汉语言文学学士学位。历任广州军区空军政治部创作员，中共河南省委《党的生活》杂志社编辑室主任，河南省文联专业作家，灵宝市副市长，三门峡日报社党委书记、社长、总编辑。现任河南省文学院院长。出版长篇小说《石瀑布》等4部，作品集《太阳》、《在河之南》、《郑彦英诗语焦墨画——乡村模样》等12部。被搬上银幕的电影剧本《秦川情》等3部，被搬上荧屏的电视剧本《彭雪枫将军》等6部。6部作品获河南省五个一工程奖，30余部著作获冰心奖等省以上文学奖。1篇论文获全国社科人文科学优秀成果奖。系一级作家、河南省省管专家、享受国务院特殊津贴的国家有突出贡献专家。

梦珞珈

周元镐

又是阳春三月，又是莺飞草长，又是樱花灿烂，又是梦牵魂萦，我回到了珞珈山！

一

1985年的春天，我作为一个青年作者，到省里参加一个会议，住在武汉大学旁边俗称“曹家花园”的武汉军区第四招待所，和后来成为我老师的於可训老师同住一个房间，英俊飘逸的於可训老师当时是武汉大学教务处副处长，著名的青年文学评论家，就因为这个会议，我一生的命运被改变了。

一天，张祖慰来访。当时祖慰因发表《啊！父老乡亲》、《刘道玉晶核》等报告文学闻名全国。祖慰和可训老师在一起，自然要眉飞色舞地谈刘道玉校长，谈武汉大学的改革。突然，他们都一起转向了我：“武汉大学准备招收插班生，你可以来。”

我对可训老师提了过分的要求：“只要你对我免考，我就来。”

可训老师笑得很坦诚：“你来考吧。”事情似乎就这样定了……

因为我只是个初中毕业生，在当农民，当搬运工、砖瓦工的那些苦涩的日子里，完全是靠自学走过来的，所以为了报考武汉大学，我认认真真地复习了三个月的功课。六月份，我们在武汉大学教三楼参加了考试，监考的是肖爱琼老师，作文考试题目是西方一位哲学家的名句“在圆周上，终点就是起点”。坦白讲，我认为我考得还可以，但没有把握，因为我不了解神圣的武汉大学对我们这批半路出家的俗家弟子到底有什么要求。值得庆幸的是，一个月后，录取通知书收到了，我给可训老师拨了个电话：“谢谢你，我收到了武汉大学录取通知书。”於可训老师在那头笑：“祝贺你，来吧！”

二

当时我并不知道武汉大学招收插班生的厉害，以后才听说刘道玉校长率先在教育界改革，面向全国在有成就的社会青年中招收插班生，在国内外引起了强烈反响。全国当年报考武汉大学插班生的考生有 1 万多人，但首届只录取了 90 多名。其中中文系最多，招了两个班，共 38 名。一个班由中国作家协会推荐，俗称大作家班，一个由湖北省作家协会推荐，俗称小作家班，插入中文系 83 级，分别编为 8303 班、8304 班。8303 班的学员主要来自湖北，觉得“小作家班”听得刺耳，但也无可奈何。以后还是校方通情达理，把两个班的“作家”都去掉了，称为大班和小班。大班的班长是袁厚春，来自解放军文艺出版社。我是小班班长，即那个 8303 班。当时我们全班都笑得尴尬，二三十岁的人了，还什么小班啊，幼儿园了，还要回家吃奶呢？

我们还有另外一种心态，大学原来对我们是神秘的，我们现在居然考进来了，自然高兴和骄傲得有点眩晕，但年龄偏大，饱经风霜的我们和那些朝气勃勃的本科生小弟弟、小妹妹相比，我们算是老了啊！

刘道玉校长及时了解到了我们这样微妙心态，在开学不久的全校插班生大会上，他发表了热情洋溢的讲话。刘道玉校长的讲话留给我印象最深的有两句，一句是武汉大学要“集天下英才而教之”；第二句话是勉励我们的，刘道玉校长充满感情地说：“同学们，欢迎你们，欢迎你们这批半路出家的、有实践经验的天之骄子。你们现在是堂堂正正的武汉大学的本科生了!”

三

在两年的插班生生活中,刘道玉校长无时无刻不在关心和爱护我们,同时严格要求我们,许多事情我至今历历在目。

武汉大学学生会,这年因我们的到来,刘道玉校长亲自建议大班的严亭亭和法律系的插班生魏同斌担任武汉大学学生会副主席。严亭亭是来自云南的一位白族作家,毕业后还与我通过信,听说后来去了美国。魏同斌来自湖北省军区,毕业后不久调进中央军委办公厅,后又调入广州军区,现任惠州军分区政委。在我们 90 名首届插班生中,只有严亭亭和晓剑是夫妻同学,刘道玉校长不仅指示学校后勤部门给他们夫妻在湖滨单独安排了一间宿舍,还给他们单独配了一台彩电。我们戏称严亭亭和晓剑是我们插班生中的留学生,因为当时在武汉大学,只有外国留学生才能享受这个待遇。

我们两个班的英语老师是毛峰老师,我们毕业后的一年,毛峰老师时任武汉大学研究生院办公室主任,我还和他通过电话,后来听说他竟英年早逝,病故了,这让我伤心不已。我清楚地记得,毛峰老师给我们上英语课时那份潇洒和耐心,但的确由于我们年龄偏大,学习英语有一定的难度,当时大班的刘亚洲都 48 岁了,他入校前是西北某省的省文联副主席,虽然听课时专门配了一台收录机,以便复习和背诵,但记忆起来仍有困难。我们班上的学生党支部书记龚绍东在房间的墙壁上,包括天花板上都贴满了英语单词以帮助强记,我时常窥见他背诵英语单词时顽强的痛苦表情……毛峰老师后来把我们两个班的特殊情况向刘道玉校长作了汇报,刘道玉校长关心地指示,实在跟不上的同学可以放弃。期终考试前,我代表两个班去给毛峰老师送一本挂历,毛峰老师再一次谈到了刘道玉校长对我们的关心,连他都艳羡不已。

还有几件事不得不谈,因为这些事涉及我、我们班和我们班上的同学。这些事的发生,我们愧对了武汉大学和刘道玉校长,我的心至今仍有隐隐的疼痛!

开学后不久,湖北省文联特意宴请了我们两个班。宴会后,省文联派了部大交通送我们返校。当时的学校大门没有现在气派,安有两扇铁栅门,门卫看见大交通要进校门,不知何故却要把门关上,我和几名同学下车后和门卫发生了冲突,但的确没有打架。后来保卫处向学校汇报说作家班打了门卫,刘道玉校长也知道了。我不知道刘道玉校长当时的心情,但我当时是第一个跳下车去推铁栅门并和门卫发生冲突的,因此我的心情就有几分沉重,并且持续了许久。

第二个学期,由我提议,并征得班上大多数同学的同意,党支部书记龚绍东也表示支持,我们班与英文系的女孩子共同组织了两次活动,一次是去湖北省歌舞团学习跳交谊舞,跳舞之后又组织去东湖搞了一次郊游和野炊。

我们班上凡参与者都掏了 30 元钱,主要用来支付省歌舞团两位老师的劳务费,余款请英文系的小妹妹们吃了一次饭。在此之前,我们班成立了武汉大学白校徽文学社,文学社之所以以白校徽命名,是因为大班的同学都戴红校徽,而我们班和普通本科生一样,只能佩戴白校徽,心里多少有些酸葡萄味。另外,白校徽这个名字极具大学校园的特色,用来给文学社命名的确也显得亲切和自然。当时在文学社成立大会上省文联和省

▲ 我（左佩白校徽者）与大班同学王梓夫（佩红校徽者）1986年摄于武汉大学樱花大道

作家协会的领导吉学沛和刘富道老师就很欣赏白校徽这个名字,说这个名字大巧若拙。但成立白校徽文学社,在职务的分配和人员组成等若干问题上不能让每一个人都满意。我们班从此埋下了隐患。果然,学舞和郊游两次活动后,我们班有人到中文系告了状,我第一个受到了批评。中文系党总支何书记找我谈了话,让我们不要辜负武汉大学和刘道玉校长的期望,好好珍惜这来之不易的学习机会,多学点东西。何书记还是给我留了点面子,觉得话说重了些,最后开玩笑说,周班长,这么好的学习机会不多,等你们毕业后,跳舞和郊游的机会多得很啊!

武汉大学的首届插班生是 85 年进校的,插入 83 级,87 年本科毕业,也就是说,我们在珞珈山上只有非常紧张的 4 个学期,可在第 3 学期和第 4 学期,我们班连续出了两件事,虽然这两件事无损插班生制度的辉煌和光荣,但它的确在我们的心头蒙上了耻辱和阴影,让我们面对珞珈山只能垂下沉重的头颅。

这年秋天,我和班上的另外两名同学接到湖北省作家协会通知,去长沙参加湖北湖南青年作家联谊会,半月后,等我们从湘西返回学校时,才知道我们班出事了。我们班一个姓肖的同学犯案自杀未遂,经学校抢救过来后,已被遣送原籍。肖后被学校开除党籍和学籍,被原单位开除公职。过几天,省、市的报刊分别以"一个堕落的准作家"和"一个准作家的堕落"为题披露了这件事的真相。原来,肖不住学校却在外面租了房子勾引邻校的女学生,事败后逃往外地又冒充电影制片厂的导演继续行骗,被当地公安机关抓获。再后,我们学校保卫处接到公安机关通知,千里迢迢将其押回来了……一天晚上,系党总支的刘俊昌副书记悄悄来到我们班,让我和彭兴国一起去清查肖在外面的租住屋。让我去,因我是班长,让彭去,因彭与肖是老乡。刘书记和我们是骑自行车去的,在肖那间低矮狭小的出租屋里,只有一张钢丝折叠床,枕头下面,我们发现了避孕套和肖给女孩子们写的情书……第二天,肖的妻子来到了学校,我们把那张钢丝折叠床还给了这个不幸的苦命女人,因为这张床竟是她当初不远千里从鄂西北的大山里为肖送来学校的,肖对她说需要一个安静的环境学习,而一个安静的环境需要一张床……

毕业前夕，珞珈山的天气渐渐热了，又一件让人啼笑皆非的事发生了。这天中文系办公室来了一位满面泪痕的美丽少妇，她卷起了衣袖和裤腿，哭哭啼啼地让党总支书记看她身上的累累伤痕，哭哭啼啼地揭发控诉了我们班上一位张姓同学犯下的罪行。她是张的妻子，但她有前夫，她的前夫离异后去了美国。

张动手打妻子的原因很简单，妻子虽然和前夫分手了，但前夫留下了一个女儿在她身边，后来妻子的前夫在国外发展了，几经辗转又和妻子联系上，并提出要接女儿去国外，还表示要和妻子复婚，妻子的心也就动了……关键是，张不动手则已，动手就凶恶至极！妻子还控诉说，张变态，折磨起人来变本加厉，骇人听闻！让党总支书记震惊的是，张的妻子揭发了张另外两件与武汉大学有关的犯罪事实：

1. 张根本不够资格报考武汉大学中文系插班生，他没有创作成果。他报考武大中文系插班生的成果是发表在上海文汇的一部小说的复印件，小说的名字叫《啊，兰手绢》。但小说的作者并不是张，张用橡皮擦掉了原作者的名字，然后从印刷厂找来了三个铅字，他在别人的作品下面盖上他的名字，经过反复复印加工，他就这样欺世盗名，混进了武汉大学。

2. 张混进了武大，还想混进党内，但他的档案里不干净，于是他私刻了他原工作单位人事部门的公章，又在武昌小东门花500元钱请了两个算命先生（不是瞎子）冒充他原工作单位的人事干部，拿着伪造的介绍信，轻松地从武大拿回了他的人事档案。张从他的档案里抽回、销毁了那些不利于他的材料，塞进了他伪造的有利于他入党的材料，还是辛苦那两个双目炯炯的算命先生，把他改头换面的个人档案顺利地还给了武汉大学……

这事非同小可，张自然被武汉大学坚决地从插班生中清除了，他也得到了开除学籍和原单位开除公职的惩罚，但两件事都发生在我们班，我怎么去向刘道玉校长交代啊！

四

我想起了头年的寒假前，我去刘道玉校长的家里汇报工作的情景。我知道，刘道玉校长和他的夫人都是化学教授，但我真不相信，他的家里竟是如此的清贫，不知是两居室还是三居室的普通楼房，我当时的确没留心。但我看到了房间里光线很暗，没有任何装修，只有简单的几件桌椅。刘道玉校长和他夫人都在家，是中午时分，午饭时间早过了，看来他们还没吃饭，客厅中间有个烤火的煤炉，煤炉上一只小型的钢精锅里热着半锅牛肉萝卜汤，所以我闻到了牛肉萝卜汤的香味。见我进了房间，刘道玉校长端开了牛肉萝卜汤，边烤馒头边和我说话，这样房间也显得暖和。

刘道玉校长详细问了我们班的情况，部分涉及大班，然后刘道玉校长让我转告同学们，一定要珍惜和爱护插班生的荣誉，严格要求自己，加强道德修养。刘道玉校长还要求我们要有远大的抱负和理想，不要想当大官，赚大钱，但要做大事。作为武大的学子，在社会上怎样实现自己的人生价值，是不是一个好的工作地位、政治地位、学术地位就行了，刘道玉校长没有正面评判这种标准，但他强调，一个顶天立地的武大学子，不仅要学问好，还要人品好，走向社会后要为民族为人民立德、立功、立言！他虽是化学教授，但对文学也有他的见解，他这样和我平等地讨论，如果巴尔扎克是他那个时代的书记员，我们这个时代的作家是不是也要像史官一样地忠实于历史，直抒胸臆。他的谈话还涉及美学，他认为真的就是美的，假的就是丑的，仅对文学而言，他认为，粉饰太平不好，这样只能麻痹人民，对国家对民族有害无益。他断言，文学的轰动效应时代即将过去，随着国家经济建设高潮的到来，社会将不可避免地庸俗化，所以文学反“媚俗”的使命异常重大和艰巨！他说这番话时，目光深邃而又悠远。

刘道玉校长的教诲，我从武大毕业至今快 20 年了，一直没有忘记，也不敢忘记。我从事的工作是文学创作，作家的名字绝对是和作品连在一起的，写什么和怎么写一直是困惑我的问题，我认为稍有不慎和稍有私念就对不起我的母校和我的恩师刘道玉校长。

文章这东西,从来没听说过它能安邦济世。虽然古人有“千古的霸业,万古的文章”之说,但我从来不以为然。在我初涉文坛时,多次听徐迟、姚雪垠等前辈讲课,他们告诉我文学无非有批判和审美两种功能,而现实中,它的功能还包括鲁迅先生所悲哀的,敲门砖的作用。既然文章只是一块砖头了,拿它来敲什么呢?一些装模作样、心术不正的文坛伙计们,不外乎只搞两件事,一是软了骨头,带了媚笑,扭曲了灵魂去钻营拍马,混个一官半职或者一级二级职称什么的;二是哄骗勾引那些涉世不深,什么事也不懂,朦朦胧胧只听说过爱情和金钱的无知少女们。

古往今来的文人里,除了硬骨头的鲁迅外,毛泽东说他是中华民族的脊梁,我还怀念“安能摧眉折腰事权贵,使我不得开心颜”的诗仙李白,余光中赞他道:“酒入豪肠,七分酿成了月光,剩下的三分啸成剑气,绣口一吐就半个盛唐!”可惜今天找不到鲁迅,更难找到李白了。只听说有些个毫无才气、义气、勇气却浑身都是流气、痞气、酸气的旧贵和新宠们,无病呻吟地不知弄了些什么不痛不痒、古树衰草禽兽之类的东西,终日在那里自命清高和得意。不说要他们去为民请命,去为弱势群体鼓呼,这似乎太崇高了!古人说,为了朋友两肋插刀,这是做人最起码的道德底线,只要他们为了女人、权力和金钱,背后不去捅朋友两刀,我辈就得喊阿弥陀佛、谢天谢地了。

我从武汉大学毕业后,虽然为生计所迫,经常变换角色,做过报社记者、编辑,当过报社常务副社长兼副总编,干过公司副总经理,但我一直没有放弃文学。1994年,中国文学出版社出版了我的第一部中短篇小集《无字的花圈》;2002年震惊海内外的刘晓庆税案引爆,我奉命进京,在法律系首届插班生刘少雄的帮助和安排下,撰写、出版了长篇纪实文学《我们为刘晓庆辩护》;2005年,由我执笔的长篇小说《天下》由长江文艺出版社出版,这部35万字的小说花了我7年的时间和心血。不久,湖北省作家协会组织召开了《天下》作品研讨会,省市有关领导、评论家、作家、记者共40余人参加了研讨会。会议对《天下》作了高度的评价,一致认为这是一部湖北文坛近年来少见的长篇创新之作，并对该书的忧患意识和批判锋芒给予了充分肯定。

2006年4月，《文艺新观察》发表了《天下》作品研讨会的会议纪要。《天下》问世前，我说过一句狂话："一部《天下》，足慰平生！"但我想到母校武汉大学，想到我的恩师刘道玉校长，我立即汗颜和羞惭，不得不冷静下来反省自己，是不是还要做些什么再报恩师呢！

▲ 与《天下》合作者习志淦（右）在长篇小说《天下》作品研讨会上

周元镐，祖籍湖北天门，中国作家协会会员，国家一级作家。1950年12月出生于湖北沔阳，后在湖北潜江生活和工作多年。1985年考进武汉大学中文系插班生班攻读本科，1987年毕业，获文学学士学位。现在湖北省地方戏曲艺术剧院任职。主要作品有中短篇小说集《无字的花圈》，长篇纪实文学《我们为刘晓庆辩护》，长篇小说《天下》，儿童文学《风筝飘飘》等。其中《风筝飘飘》获湖北省少儿优秀文学作品奖，中篇小说《襄江一片月》获芳草文学奖，中篇小说《这里曾有过风流》获武汉大学业余科研与文学创作成果一等奖。

珞珈山往事

胡发云

印象中，第一次去珞珈山，是十来岁的时候，到我哥哥当时工作的中国科学院武汉分院数学物理所去玩。不知为什么，当时他的工作地点在武大水工室——好像就在那个著名的穹形屋顶建筑群中，远远望去，山麓间那些错落的建筑，很像小人书中那些阿拉伯神话里的宫殿。那时武大很冷清，周边是大片大片的田园与荒地，很少见到人。那正是三年自然灾害时期，估计人们没有多少体力出来活动。山林中，那穹形屋顶便有一种神秘感。走进去，里面空空荡荡，也有一种神秘感。

到了小学四五年级，迷上了游泳。当时，还没有谁提倡游泳，更没有成为时尚。父母、老师都是绝不允许的，似乎那是野孩子干的事。于是，我和班上的几个小伙伴常怀着一种干坏事的兴奋偷偷结伴去珞珈山游泳池学游泳。当时，从武昌城内到珞珈山游泳池有两种去法，一是乘 1 路电车到水果湖，沿湖边走到游泳池，也就到了武大的后门；一是乘 12 路公共汽车到武大正门——就是现在的六一纪念碑，贯穿整个武大到游泳池。两种都要走一段很长的路，路边有很多树林、荒地或农田，树林里有知了和鸟雀鸣叫，田地里如有玉米，我们便会偷偷钻进去掰下几根来，嫩生生的玉米有点清香,有点甜,可以当水果,也可以充饥。那时东湖的水很清亮,很干净,所以无需带水,口渴了,把头埋进湖水里,尽管喝就是了,或是在来去的路上,找一处办公楼或家属院,把头歪在水龙头下灌它一肚子水。游泳池和周边水域的人也不多,不像今天,下饺子一样密密麻麻。游完泳,将游泳裤顶在头上,可以挡一点太阳,还可以将它很快晒干。回家的路上,我们要不停地朝胳膊上吐口水并不断地擦拭——当时有一种说法,游泳后再一晒太阳,用指甲一划,会有一道白印,能轻易地被大人鉴别出来。用口水擦拭过便划不出白印来了。只是父母从未用过指甲在我的胳膊上验证过,他们都忙。

那是我童年的武大,宫殿与田园诗般的武大。

我上高中的那所学校,曾是武大附中。同学中有许多武大子弟。他们的父辈中,有许多是中国各个学科的著名学者,文史哲,理化生,都有,也有校系领导。偶尔去同学家玩,见了他们的父母,觉得也如平常人一样。1966 年初夏,武大率先成为湖北省"文革"的发祥地,"武大三家村"在这里诞生了。来声讨的,来参观的,来取经的;坐车来的,步行来的;集体来的,自个儿单独来的,珞珈山上一片沸沸扬扬。那景况比今天到武大看樱花不知热闹多少倍,有一段时间,到武大看大字报,成为武汉市民的一个重要节目。"文革"中,我见到最早的领袖像章,就是武大出的,小小的一个头像,下面有一面小小的红旗,红旗上写着"9 · 12"几个字——据说是纪念伟大领袖 1958 年 9 月 12 日来武大视察。后来,"912"成为一派红卫兵的名称。接下来,一些同学的父母有的被关,有的自杀,有的名字被打上了 × ×,涂得到处都是。后来武大的几派学生自己互相打起来了,或分别与校外的不同组织打起来了,还死了人。

插队期间,回城时也偶尔到武大的同学家去拿一些书读。那时的武大又非常清静了。许多同学的家长被关押,被审查,被下放到"五七"干校,又有人自杀了。家中一些尚未被抄走的书刊——红的、黄的、黑的、灰的,开始肆无忌惮地在年轻一代中间流传。尽管历经洗劫,但是,许多家庭的书架上,墙角里,床底下,仍然可以找到一些可读之物。我们像一群饕餮之徒,见到什么读什么,连那种教师们打印的讲义之类也读得津津有味。我记得，还将那些封皮灰暗的西洋五线谱器乐曲都抱回家去看——听不到“封资修”音乐，我们只好从那些“蝌蚪”的曲曲弯弯的排列中，去读出那些旋律来。在整个校园不再有年轻的莘莘学子的身影的时候，我们这些从偏远乡下回来的“社会主义新农民”意外地获得了一点阅读的自由。在山坡上，丛林中，那一幢幢人去屋空的小院小楼里翻检完书，当窗坐下，看枝叶疏朗，听秋虫啾鸣，有一种世外桃源的感觉，又有一种难言的寂寥。

那是我青少年的武大，革命时期的武大。

后来，武大重新办学了，招收工农兵学员，我却没有一点心动，一来害怕那种太过政治化的学习生活，二来觉得当时进校的，多少是一些有一点特权，无多少才学的人，无须去凑热闹，有一点年轻气盛、恃才傲物的味道。到后来，真的恢复高考时，却又有了一种曾经沧海难为水的感觉，竟没有想过去报考。

80 年代，武大日渐活跃，常有一些很开放的讲座，研讨会，很热闹的舞会和诗会，还有学生们自己办的刊物。记得有一个“樱花诗会”，每年都有几次活动，偶尔也去参加一下。那时，我的一些同学、朋友已是武大的教师了，有的还担任了一点领导工作，有的同学则成了武大的女婿或媳妇，来到武大，可以到他们那儿去混一顿饭吃，聊聊天，谈谈往日的事或当今的事。

最终到武大读书，多少有些偶然。1985 年，武大率先办作家班，武大的朋友叫我也去。拿到通知，又犹豫了，一直到开学，尚未最后下定决心——那时，我已经在武汉市文联做合同制作家了，很喜欢那种自由自在无所事事的生活，看自己喜欢看的书刊，写自己喜欢写的文字，去自己喜欢去的地方，熬夜，睡懒觉，没有任何章法。一想要上课，要考试，要作笔记，要背单词……心里便有点发怵。再说，住校吧，家就在附近，几站地之遥。不住校吧，还得每天起早床骑车赶到教室。直到学友们上了一个多月的课了，才下定决心重做一个读书郎——这其中还有一个原因，就是作家班除了几门必修课之外，其余课目可以跨系任选。便想好好补充一下哲学、宗教、民俗、心理学、社会学方面的知识。这些方面的书，也零零星星读过一些，但有一个沉下心来，强迫自己系统学习的机会,也很难得。加之作家班高人云集,三人行,必有我师,二十四人行,我师众矣。

我没有住校——我这一辈子都没有住过校,很散漫,游离于集体生活之外,因此,班上的许多活动,许多饶有意味的故事,我都不太知晓。我只记得,在一些必修课的课堂上,我常常能和同窗们相见,并在课间课后聊聊天,偶尔也到同窗们的寝室去,说说闲话。然后有几次共同的酒宴,大家喝酒,说笑,唱戏唱歌。印象最深的,是一些学友在临时离校外出或返家时,会到我家来坐上一两个小时,三五个小时——我家离火车站很近,那时,武大到火车站没有方便的交通,于是,有的学友便会骑上一辆自行车出来,然后将车放在我家,径直奔火车站。如果离开车尚有一段时间,便会在家里坐坐,聊聊,或喝点酒,吃点夜宵。有时,碰上哪一班车是在深夜或清晨发车,刚好大家兴致很高,便会边喝边聊混上一夜。不久后的一个深夜或清晨,他们又会来按门铃——他们匆匆度过几天休假,来取车返校了。

20 年一晃眼就过去了。20 多位作家班同窗早已各自西东,各自大约都发生了许多变迁。前几年在北京开会,有一半学友得缘相聚,无需执手相认,大多竟还是当初模样,并不见有多大衰朽,想一想,大约当初我们进校时,和那些年轻少嫩的小学友比,已经很老相了。人说,老得早,反倒经老。

在武大求学期间,是一段学风尚正、活泼向上的时期,为以后的思想、写作,增添了许多滋养,仅此一点,也是非常令人怀念的。可惜的是,那样的岁月,没有持续太长时间。

那是我成年的武大。一个相对来说,宽松自由、注重精神学养的武大。

胡发云,生于一个重大的历史交替时刻。少年爱诗,爱音乐,也爱玩,由于许多机遇,读了许多同龄人当年不太容易读到的东西。当过知青、工人、企业干部,后来成为一个职业作家。20 世纪 80 年代后以写散文、随笔、中短篇小说为主。散淡、怠情,任由性情,写得不多。希望把生活过得比小说更有意味一些。近年的主要作品是《处决》、《老海失踪》、《死于合唱》、《隐匿者》、《思想最后的飞跃》、《驼子要当红军》、《葛麻的 1976—1978》、《媒鸟 5》、《老同学白汉生之死》、《射日》等。

武汉大学:一生远航的起点

胡　鸿

考上武汉大学,是我一生中最值得纪念的事,我的人生从这里开始转折,在此,我要深深地感谢我们的恩师刘道玉校长倡导的插班生制度教育改革,他大胆将有成就的人才汇集到武大深造,使一大批各行各业的人才脱颖而出,对社会作出了应有的贡献。没有他老人家的创新,就没有我们的今天……

的确,回忆上武汉大学的日子,至今都有一种幸福的感觉洋溢全身。从懂事起,武汉大学就是我向往的大学,可是由于1979年我参加高考时,还是我们国家刚恢复高考制度不久,我的功课底子薄,只考上了当时的荆州师专中文系,现在的长江大学,1982年毕业后回到京山二中当了4年中学语文教师。由于不甘心就此了结一生,在教课之余一心想考武汉大学的研究生。当时的基础差,英语就跟着高中班的学生一起上,但总是跟不上,我感到灰心丧气。记得有一天,我来到京山风景优美的烈士公园,坐在草地上,望着树上正在鸣叫的小鸟,我不知道明天该怎么办,是放弃考研究生,在小城默默地靠写作奋斗,还是坚持考研快速改变命运。正在我犹豫彷徨的时候,传来了武汉大学招考插班生的喜讯,当年刘校长改革,将一批在社会上有成就的青年破格招考进武大。

对于报考中文系的学生来说，最主要的条件是要有相当数量的已发表作品，要有专科的学历，作品分占60%，文化分占40%，考上后直接插到三年级就读。这真是天赐良机呀！可是我的条件够吗？我仔细掂量了一下，有专科文凭，因为从小爱好文学，在地区和省一级报刊上也发表了一些作品，在县里当时还小有名气，一定要报考。如果考上既不影响我的创作又可以改变命运，多好的事呀！由于时间紧，任务重，还有一门王力编的《古代汉语》，一共四册，全都是之乎也者亦焉哉的文言文，十分难懂，以前在师专也没有学好。考试眼看就要到了，自己心中还是没有底。记得那是1985年8月的一个灰暗日子，我得知我最后还是落选了。

得到落选消息的那天夜晚，正好是接到北京《诗刊》社邀请我参加第五届青春诗会通知到贵州去的那天，真是悲喜交加呀！我为落选而悲，又为能够参加这样高档次的诗会而喜。当时正是我教书的学校放寒假的日子，独自一人来到举目无亲的武汉，黄昏时分提着包挤上了去火车站的公共汽车，由于人多，上车时，在车门关上的一刹那，我包里的镜子被夹得粉碎，就在这时，忍了多日的泪水倾盆而出，不是镜子碎了，而是我的心碎了，22岁，多好的年华呀，别人都在花前月下谈情说爱，我却整日面对一盏孤灯苦读，最后希望渺茫。下了公汽后，面对黑夜第一次一个人仰天大哭，哭自己的命运和前途一片灰暗。哭够了想起上火车的时间也到了，一个人一整夜坐在通往贵州的车上，窗外一轮皎洁的月光仿佛是上帝派来安慰我的天使，使一颗孤寂失望的心得到温柔的安抚。月光呀，你静静地流淌着，使我一颗躁动的心慢慢得到宁静，我要奋斗，绝不就此放弃。北京《诗刊》的第一届诗会有当时有名的顾城、舒婷参加，我现在能荣幸地参加第五届，难道这不就是一个新的开始吗？当我在车上坐到天明，看到一轮红日又冉冉升起的时候，明年再次报考的决心在我心中又涌起滔天的波澜。

是呀，人在失意的时候，如果一蹶不振，那就永远失去了前进的动力。在此，我非常感谢《诗刊》社的老社长，老诗人邹荻帆恩师，我能参加那次笔会就是他老人家提的名，在我没有考取武大失意的时候，能参加全国的笔会，这无疑是给我第二年报考武大打了一针强心剂。我和邹荻帆老诗人第一次见面的情景至今仍历历在目。那是1984年，我当时在京山二中任教，平时爱好写诗，听说襄樊孟浩然的故乡在开诗会，不顾诗会没邀请我的胆怯，坐着马车和诗友曾静平赶到那里，当我们见到许多老诗人的时候，真是激动万分。我在回忆起当年对文学事业的虔诚之心时，这样对朋友描述过，如果我到邮局去取信，一封是求爱信，一封是退稿信，我一定会先看退稿信，哪怕是短短的几个字，都要回味半天，可见那时对文学事业的追求胜过了一切。一首小诗在地区报上发表了，三元钱的稿费会捂在口袋里好久都舍不得用。老诗人读了我当时写的组诗《初恋的情绪》后，立即就被我描述的少女的纯情所打动。最难忘的是在去游览隆中的途中，老人紧紧地握住我的手鼓励我好好写诗，还叫我参加《诗刊》举办的函授学院的情景。不久老人将我的组诗《初恋的情绪》发表在《诗刊》的函授学院刊物上，后来，老人还为我的诗写了诗评，发在《文艺报》上。想不到1991年，几家出版社同时将那几首诗，盗用成台湾省席慕容的诗出版，老人站出来为我作证，全国20多家媒体纷纷报道、转载，引起文坛瞩目。

的确，邹老是带我走向诗坛的引路人，我见到老人是1984年，老人要我参加全国的笔会是1985年，正是武大招考插班生的第一年，那时我虽然落选了，但有像邹老这样的恩师给我鼓励，给我信心，我是绝不会轻言放弃的。诗会开得很成功，回来后我的诗第一次上了《诗刊》，我的干劲就更大了。我制定了创作和学习计划。我当时在学校带的是毕业班，我决心和小我三岁的学生们一起参加考试，我的创作计划是，从省一级到全国一级的报刊要一个一个突破，要写出有生活气息的文艺作品，要加入省作协。在攻克王力的《古代汉语》这门课时，我想起了爸爸的老师张南勋老人，当时他老人家已经70多岁了，且行动不便，我得知老人的古汉语基础很好，就天天在教课之余去请教。记得老人总是坐在床边，一句一字地教我，老人慈祥认真的神情至今我还记忆犹新。不管多难多晦涩，每天一课不弄懂绝不睡觉。

就这样我的许多作品见诸报刊，不久加入了省作协，我满怀信心在1986年去武大报考，在全国五省140人取得考试资格的人选中，我终于成为第二届武汉大学中文系7人中唯一的一名女生，这一年正好我23岁。朋友们笑话我说,刚好到了晚婚年龄。记得最早告知我考上武大消息的,是上一届考上武大的诗友,现在鲁迅文学奖获得者——陈应松作家,当时没有电话,他给我拍来一封电报说我录取了。我还不知道,当我走进教室准备上课的时候,全班同学都起立,欢呼说祝贺老师,你考取武大了!原来这份电报首先是被我的学生看到了。我喜出望外,眼泪当时忍不住就流了下来。那真是我人生的一大盛事呀!

就在我考上武汉大学的时候,有一件事在我高兴之余很久不能释怀。我在京山二中教书期间,有一个我高中时就悄悄喜欢的男同学闯入了我的生活。那是一个深冬的黄昏,我放学回家,有一个穿着军大衣的熟悉身影拿着一本诗刊挡住了我的去路,啊!原来是他。他一直是我们小城女同学心中的白马王子,他爸爸是公安局长,他也是一个刚从警校毕业、英武潇洒、又会开车又爱文学的警察。每次在街上只能远远地看开着摩托车风驰电掣地远去的他,今天怎么会突然出现在我的面前。我诧异中感到惊喜,原来他手里拿着的那本杂志上登了一整版我的组诗还有照片,他看到后就拿着这本杂志向我表白,一刹那我成为小城里最幸福的小女人。可是在紧张备考武大期间,我没有时间谈情说爱,家里也极力反对。短短一年中,他一直帮助我备考,特别是他将我所有需要到武大报考用的作品一一剪贴粘好,如今作品原件下他那俊秀的行书字体还清晰可见。当我考取武汉大学时,恰逢他被下派到一个乡镇去工作,那个离别的夏天真是高兴又伤感,高兴的是我终于考上了大学,伤感的是他的自尊心决定了他不会影响我的前程。那个离别的清晨,他提了一大袋我爱吃的东西来送我,没有语言,只有深情的目光,在霞光中看着我乘坐的车渐行渐远。我站在车的第一排,开始只是眼中含泪,到后来他的身影越来越模糊,就忍不住哭出声来,直到车开了很久,我都未停止抽泣,惹得满车人都看着我不知所云。上学后我收到他的来信时,才知道他当时的心情,就像他引用的一句诗那样悲壮:“风萧萧兮易水寒,壮士一去兮不复还。”是呀,荆轲当年悲壮而歌,刺杀秦王而死,生离死别的场景让多少人流泪。我用什么来弥补这一切,默默看着还没有来得及给他织完的毛衣,一滴一滴的泪浸透了那只没有织完的袖子。那件毛衣用的是纯毛线,花了一个月的工资,上学后没有了钱,剩下的袖子只好买廉价的腈纶线,虽然质量一般,但织进去的眼泪却是那般昂贵。是呀,人在成功的时候也在失去,又有谁能读懂光环背后的辛酸泪……

武汉大学,我梦寐以求的大学,在1986年桂花飘香的季节,我终于来到了你的怀抱,走向你的步履是那样轻盈而又沉重,我的生命仿佛从这里重新开始。我的眼前又出现了向往你的一幕又一幕的情景。1983年,父亲带我来到省城探听弟弟高考的消息,招待所正好与武大临近,我偷偷溜出来独自来到武汉大学。那是我第一次见到梦中的武大,参天的法国梧桐宁静高远,优美的珞珈山,还有碧波浩渺的东湖,优美的自然景观和人文环境构成了一幅优美的图画……今天我终于成为一名武汉大学中文系的学生。从此,我开始一边读书一边写诗,最惬意的是在温暖的春天里,我躺在樱花树下的花园里,构思一首首诗。和煦的春风吹在脸上,树上的小鸟在欢快地鸣叫,我的灵感也汇成了诗的海洋。一首首让少男少女们喜爱的诗从这里寄出,相继刊登在全国各大有影响的报纸杂志上,引来了武汉各个媒体的关注和报道。每年武汉大学举办的"樱花诗会",更是群英荟萃,被大家誉为"纯情少女诗人"的我总是坐在主席台上,格外醒目,感觉好极了。

写到这里,不禁想起一段趣事,当时我现在的爱人和我认识不久,正处于想谈恋爱的阶段,当他兴致勃勃地拿着电影票找我去看时,刚好听到"樱花诗会"上主持人介绍我是什么纯情诗人。他和我交往的时候根本不知道我写诗,后来他竟想离我而去,认为诗人浪漫,以后靠不住。我本来一心一意学习,不是朋友们提醒我过了晚婚年龄,也没有想到要谈恋爱。刚考上武汉大学自我感觉又好,哪能容忍遭别人抛弃,我连忙跟他说,你不是要贤妻良母吗?我告诉你,我不仅会写诗,而且还会做缝纫,说不定以后还会赚稿费成为你的摇钱树。总之用一切花言巧语扭转了乾坤,现在有时他还大呼上当了。

上武大的确有很多美好时光值得回味珍藏。我和84级本科生住在一起,他们很喜欢中文系教美学的易中天教授,被他深沉的气质和博学的才华所吸引,但谁都不敢对他表白。有一天我兴致勃勃地去上易教授的“文心雕龙与美学”，其实我对文心雕龙没有什么兴趣，就是想上易老师的课，上课时就坐在右后面的窗户边躲着看书。两节课下后，正准备去吃饭，突然听见易老师喊我的名字。我真的不敢相信自己的耳朵，这么多学生他怎么记得我，一定是我上课开小差不尊重他所致，我低着头走到他面前，没有想到他竟说出了让我至今都难忘的话，他说：“胡鸿，我看了你写的诗，觉得不错，我决定为你的诗写一篇评论给《芳草》杂志发表，在湖北文坛我只为老诗人曾卓写过。”我不知说什么好，真的很感动很受鼓舞。我还只是一个二十几岁的学生，一个我们暗恋、崇拜的知名教授为我写评论，实在让我喜出望外。

记得那是一个秋日的午后，武汉大学满园的桂花开得正浓，空气里到处弥漫着沁人心脾的清香，我和易教授漫步在校园里谈诗、谈理想，从桂园到他住的南三区的路真是诗情画意呀！走着走着，易教授停住了，眼睛凝视着远方山那边的东湖，对我说：我喜欢你在诗里描绘的鸽子般初恋少女的形象，更喜欢你写的组诗《我的鸽子群》里天真烂漫的学生时代……胡鸿你知道吗？很久以前我读过的一首诗至今都让我难忘，诗里写的是一个从朝鲜战场上归来没有了手的战士，不能为妻儿做事以后的内疚心情。战士说，我真想为我劳累的妻子，洗洗衣服分担家务，可惜我没有手；我真想告诉我的孩子写写字，可惜我没有手……说着说着，易老师凝视前方的眼睛湿润了，我的泪也在不知不觉中流了下来。这首诗并没有正面写战争是多么残酷，但读后每个人的心都因为战争留下的阴影而隐隐作痛。

易老师教诲我写诗就要像这样贴近生活，令人难忘。接着易老师还说，他爱诗的女儿以后要拜我为老师。听着老师的一席话，我忘了吃饭，忘了一切，如果不是因为老师中午还要休息，我真想一直这样谈下去。当我告别老师一路兴奋地小跑回桂园的宿舍后，我迫不及待地给寝室的同学们激动地说起每一个与老师见面和谈话的细节，同学们都瞪大眼睛惊呼地问：这都是真的吗？我自豪地说：当然！洋洋得意之情溢于言表。那天中饭也没有吃，同学们笑话我吃了一肚子的精神食粮，至今想起来都觉得饱饱的。

易老师为我写的诗评在武汉文联的《芳草》杂志上发表以后，引起了文坛的关注。最值得一提的是,我分配进原邮电管理局工作后,管人事的杨宝洲处长(也是武大校友)对我说,当时单位本来不要女同学,当看到他所欣赏的易教授给我写的诗评时,觉得一定不错,就录用了我。现在想起来,易老师对我真的帮助很大。现在老师调到厦门大学去了,我一直关注他的一切,我和当年曾暗恋过他的女同学一样,为他《评三国》和《汉朝人物》的轰动效应而骄傲,为他在新浪网上有那么多的"粉丝"追随而备感欣慰,因为他的确是一位才华出众的好老师,在我的心中他永远那么英俊、深沉,具有男人气质。至于他现在是否知道我们都曾暗恋过他已经不重要了,用诗人普希金的一句话来说:过去的一切都成为亲切而美好的怀念……

在武汉大学像易老师这样的优秀老师还有很多,都是当年刘道玉校长慧眼识珠、不拘一格选拔而来的,他们为我国的教育事业作出了贡献。在我一生中能够与他们相遇并相知,是我最大的幸福。可惜当年我作为一个普通学生,没有机会跟刘校长接触,直到去年武大师兄诗人高伐林从美国回来,我通过他跟刘校长联系上了。让我受益匪浅。记得那是2005年年底,刘校长的书《一个大学校长的自白》正在出版发行。我们认识后,想不到刘校长竟认我做了他的干女儿,这使我很高兴,刘校长在我的心目中不仅是一个才华横溢的学者,而且是大家公认的教育家。有这样一位恩师般的父亲,将激励我在今后的创作中更上一层楼。不久我就接到了编辑出版《创新改变命运》一书的约稿通知,记录当年刘校长改革插班生制度后,这批学生所走过的成才之路。我觉得这很有意义,欣然提笔写下了以上的文字,留作纪念。

在武大学习期间,同学们的友谊至今想起来也记忆犹新,1984年和1985年来武大中文系插班的同学,都是来自全国各地爱好写作的准作家,大家兴趣爱好一致,有很多共同语言,特别是在没有考上武大之前,有的就已经是文学朋友,像给我拍电报的陈应松,还有在京山就一起写诗的女朋友曾静平、天门老乡华姿、原来的诗友当时的同班同学野夫等,大家欢聚在武大美丽的校园,共同探讨写作的技巧。当时他们小有名气,常常吸引武汉各报刊媒体的记者来采访。还有一些已经是作家的朋友也经常来往,如现在武汉市作协主席董宏猷和诗人董宏亮两兄弟等等，他们的到来也为武大的校园生活增添了色彩。

另外，我和同窗学友的生活也是别有一番情趣的，他们是北京的贾梅、南京的秦伟明、山东的朱军、鄂州的程智涛和杭州的姚勤。我23岁，他们只有18岁，我谈了男朋友以后，他们周末也要和我一起到男朋友的工作单位去吃好的喝好的，并且还要我男朋友晚上开车带他们去看江城的夜景，去兜风，大家在一起有说有笑真开心。特别有趣的是，我们寝室的同学在我的倡议下开了一个米酒汤圆店，晚上轮流值班。到处张贴的广告语是我的创意，我还记得有几句是这样写的：同学们，走在下晚自习的路上你孤独吗？你饿了吗？请到桂园米酒汤圆店里来，这里会给你温暖给你爱……就这样我们的生意在晚上9点过后，真是应接不暇呀！我们的寝室里弥漫汤圆米酒的清香，还有同学们分到红利后得意的笑语。特别是樱花季节，我们生意兴隆，斗志昂扬，意气风发，团结一致，反正用什么好听的词来形容我们的精神状态都不为过，我的博士导师丁忱老师还把自己家里用的火炉也捐献出来，我们班的男生也蜂拥而至，家里也不用给我们寄生活费了。直到后来，我还是觉得影响了大家的学习才收班。现在人到中年的我每当走过桂园二舍一楼靠右边的第一间宿舍时，都会深情地久久凝望，那记载着我们欢声笑语的青春岁月已流逝在历史的长河中了，但永恒的是最珍贵的记忆里不泯的童心。

考上武汉大学的我一边学习更深的文艺理论，一边更加勤奋地努力创作，这时的作品写得境界更开阔一些，意境更深远一些，我的身边不仅有老师的指点，同学的帮助，更有自己对未来的信心。下课后我每天坚持写诗，随着作品在报刊杂志上陆续发表，我在全省文坛有了一定的知名度，我以为从此不会再有烦恼和忧愁了，但生活怎会一帆风顺呢？就在我将整理好的第一本诗集交出版社准备出版的时候，我万万没想到，我的诗竟被几家出版社同时当做台湾省著名诗人席慕蓉的诗出版发行，读者纷纷指责我："怎能抄席慕蓉的诗来欺骗热心的读者？"天啦，我无言以对，难道10年的努力就这样毁于一旦，我的眼前只闪现出10年前自己在晃动的油灯下，为寻找诗意忘了吃饭忘了睡眠的影子，想起父亲对我踏上文学之路的鼓励，想起邹荻帆老诗人对我的关怀,难道我真的欺骗了多年来关注我、支持我的长辈和读者吗?不,我决没有!我要擦干眼泪为自己辩白。

人间总是充满了正义的呼声,记者纷纷采写文章在《中国青年报》、《新闻出版报》上披露真相,《光明日报》、《文摘报》、《法制日报》等全国20多家报刊先后转载,从而引起了一场文坛的“胡鸿事件”,最后《新闻出版报》以醒目的标题,刊登了出版社“向席慕蓉、胡鸿、未凡等作者公开致歉”的声明。一场噩梦过去了,我将永远难忘在我最困难的时候给予我帮助的师长和朋友们,他们的鼓励和支持将成为我永远向上的动力。

更令我欣慰的是,广大读者始终给予我以信任,他们不只寄来热情的信件,甚至特地将录有湖北人民广播电台播出我的诗文的磁带作为生日和新婚贺礼送给朋友们;重庆有一位少女说看了我的诗,真怀疑我偷看了她的日记;安徽一位年近古稀的老人在下雪的冬夜读了我的诗,不禁想起了已故多年的妻子和他初恋的情景,更有许多朋友寄钱来要购买我的诗集,这一切引起了出版界的关注。天津百花文艺出版社已再版发行的突破三万多册的《胡鸿爱情诗精品赏析》受到了广大读者的青睐;四川大学出版社推出了我的诗集《飘零的感觉》,并已再版。光明日报社的《文摘报》又转载了以《出版界“胡鸿现象”透视》为题的各地报刊报道我诗集近况的文章,引起了海外出版界的关注。接着《初恋的感觉》和《相思的感觉》相继出版;1992年,北京《中国青年报》应广大读者要求约我写了《十年写诗路》,并在三版头条的位置登载;1994年,我的诗集《初恋的感觉》在韩国出版。珠海特区音像出版发行公司将我的诗《你要好好地走》谱曲并收录进台湾34集电视连续剧《长相思》主题歌的盒带中,该片在电台、电视台播出后引起了反响……

1999年,更令我想不到的是,36岁已是肝癌晚期的一个普通农民的人生最后一个愿望就是,能再次听到8年前湖北楚天电台江霞播出的曾温暖过他许多晦暗日子的我的诗作。我和主任播音员江霞帮他实现了这一夙愿后,新华社在全国发了通稿,全国30多家媒体报道转载,电视台纷纷做专题报道,《家庭》杂志也作了专题报道,长江文艺出版社以最快的速度出版了《美丽的忧伤》胡鸿诗文自选集，并在武汉武圣路新华书店举行了首发式和新闻发布会。

如果不是考上武汉大学，我的人生就不会这样丰富多彩，我深深地感谢我的导师、亲人、朋友、同学和喜欢我诗文的读者们，在我人生创作路上，没有你们的支持、关爱和帮助，就没有我的今天。今后创作的路还很长很长，我所取得的一点成绩还微不足道，我将继续努力，写出更多更好的作品来回报大家和母校。

如今，人到中年的我，每当想起你，我亲爱的母校——武汉大学，你那深情东湖的波涛声，珞珈山下树林里的欢声笑语，总能把我带回到樱花丛中初恋的时光，让我找回了遗失在岁月长河中久违的梦想与激情，激励我重新扬起搏击人生海浪的风帆……

胡鸿，湖北天门市人。毕业于武汉大学中文系，中国作协湖北分会会员。1981 年起，在《人民日报》、《光明日报》、《中国青年报》、《诗刊》、《飞天》、《长江文艺》、《芳草》等报纸杂志上发表诗文，其中组诗《初恋的情绪》和《我的鸽子群》等系列诗文分别收入《爱之诗》（人民文学出版社出版）、《中国当代女青年诗人诗选》（长江文艺出版社出版）等 20 多种选本。已出版的个人诗集有《美丽的忧伤》胡鸿诗文自选集、《胡鸿爱情诗精品赏析》、《初恋的感觉》、《相思的感觉》、《飘零的感觉》等。其中《初恋的感觉》在韩国翻译出版。

永远的恩师，永远的母校

洪 琼

一

女孩的父亲是一个老兵。老兵打了小日本打老蒋，打完老蒋到朝鲜去打美国鬼子，然后被派到鄂西重重大山里去打土匪。一切拿枪的敌人都被消灭后，彭德怀元帅签署了转业令，于是老兵就地转业，在鄂西某座大山的皱褶处落地生根了。若干年后，老兵领着他的女儿到小镇上的中心小学去报名。小小女孩扎着两根乌亮的大辫子，但女孩自己却不会梳辫子，每天清晨，她须先到带大她的保姆家梳辫子，然后才背着书包蹦蹦跳跳去上学。

女孩最喜欢做的事情是上学读书，最喜欢去的地方是学校。放暑假了，学校空无一人，但女孩还是每天都去学校。学校有一架秋千，秋千旁边有一个花坛，花坛里种着海棠与月季，还有一种具有濡染指甲功能的花叫凤仙花。女孩会到花坛中扯下一些凤仙花花瓣，把花瓣碾碎，敷在指甲上，然后静静地坐在台阶上等待凤仙花的汁液把指甲濡染成美丽的嫣红色。也许是因为来自大山外老兵的遗传密码，女孩对大山外的世界充满神往。她每天便用有着嫣红色指甲的小手攀上秋千板,越荡越高,越荡越高,高得几乎要和屋顶相平,她的目光越过屋顶,投向遥远的天际……女孩知道,在她的目力不能及的远方,有着比她的学校不知要“大”上多少倍好上多少倍的学校,学校的名字叫“大学”。女孩恨不得一天就把小学读完,然后一步跨进世界上最“大”的“大学”里去。

然而,女孩如凤仙花般美丽的“大学梦”却在20世纪60年代那场史无前例的飓风中零落成泥。

女孩因她老兵父亲的“问题”被逐出了校门。70年代某个凄冷的早晨,女孩背着小小的背包卷到更大更高的大山深处去落户。在一条小河边,她碰到了已被关进“牛棚”多日不见的父亲。老兵父亲夹在一大群修桥的民工当中,胸前挂着“叛徒”的大牌子,沉重的大青石压在他的肩膀上,他受过枪伤的腰被压弯了,趔趔趄趄呼哧呼哧喘着粗气。河那边,是女孩的中学,昨天她还坐在明亮的教室里睁大求知的双眼在书本中搜寻,期望在书本中找到解读光怪陆离现实世界的钥匙,而今天,她就同她的老兵父亲一样被一脚踢入了“黑类”,去接受民工和贫下中农的“再教育”。学校的下课铃声响了,女孩遥望她的中学心如刀割:此去山高路断时,何处有天梯,能渡她到魂牵梦绕千百回的那所美丽的“大学”?

在那一个清冷的早晨,女孩坐在升腾着袅袅晨雾的小河边,为了她在秋千架上就开始编织的“大学”梦破痛哭失声!

——而那个不会梳辫子的女孩,那个用凤仙花扮靓指甲的女孩,那个坐在小河边哭得肝肠寸断的女孩,她就是我。

二

1985年7月8日,是我永生也不会忘的日子。

这天,东湖之滨美丽的珞珈山上,武汉大学某一栋教学楼里正在进行一场特殊的考试。考场上静悄悄的,只有考生们钢笔在考卷上游走的“沙沙”声。突然,有个女生大声咳嗽起来,全场考生的目光“刷”地投向了她。她窘迫极了,连忙紧紧地捂住了嘴巴。她知道,这场特殊的考试对这一群特殊的考生有多么重要——这是全国首届插班生入学考试，坐在教室里的考生来自天南海北，而且全是渴望上大学却又因种种原因被阻隔在大学校门之外的“跋涉者”。他们被从一万三千多个报名者中遴选而出，过五关，斩六将，才获得了坐进今天考场的资格，能否跨进他们梦寐以求的大学校门，今天是最后的也是非常关键的一关。短短两个小时考试时间，他们必须要快速而准确地把他们的知识储量和思想火花作出完美呈现，而这个女考生却石破天惊地一顿猛咳，把他们的思绪全部打断，真是太不合时宜了！女考生越是急越是自责反倒咳得越凶，没奈何她举手请求撤离考场，监考的女老师陪着她在教室外站了一刻钟，她才好不容易止住了咳嗽。她重新回到教室答题，一直坚持在考卷上写完最后一个字——虽然到最后她几乎昏过去，是抓着桌子角才没有从凳子上滑下去。没有人知道她是撑着高烧39.8℃的病体来参加考试的，在39℃的盛夏酷暑，高烧使她失了声，头天晚上她到医院看病是用笔同医生交流的：医生，请给我最快最猛的药降烧，我明天要参加考试。

这个不合时宜咳嗽的考生便是我。

那时，我已被招工来到武汉，工作单位是人人羡慕的大单位——长航。在长航，我演过戏，写过小说，教过书，当过干部，人人都说我好运气，运气好，但我就是莫名焦躁，我就是觉得我的人生有一个很大很大的空洞，我的心就悬挂在空洞上方，慌慌地没有着落。我知道这个空洞就是若干年前那个大辫子小姑娘带着浑身凤仙花香在秋千架上做下的大学梦，我更知道假若这一辈子我的大学梦不圆则我的人生便根本不复完整！

人，是应该有梦的。徐志摩到康桥去寻梦，罗伯特·金凯到廊桥去寻梦，而我，只想到我魂牵梦绕的大学里去寻找我最绚丽的人生之梦。为什么我的信念会如此执著？也许是儿时外婆给我灌输了太多的“万般皆下品，惟有读书高”的思想；也许我这个人天生就太不自信，每当我像一条鱼游走在城市的大街小巷时，我不知道我的所言所行是否符合为“人”之要义，也不知道我的所有道德文章是否符合为“文”之规范；也许是因为对自己生活的这个世界有太多的疑问与好奇：我不知道为什么分分合合是天下大势，争争斗斗是人生常态，我更弄不懂为什么孟子说人性本善，而墨子却说人性本恶……因此，我认定自己人生的航船必须驶进“大学”这个港湾校正罗盘后才能扬帆远行……

感谢上苍！20 世纪 80 年代上中叶，在一所声名远播的大学里，时任校长是一位致力于教育改革的教育家，由他动议并全力促成的插班生制度经高教部批准施行，于是，我才有幸在 1985 年 7 月 8 日这个特殊的日子走进这个特殊的考场。那个浸透了凤仙花香的美丽的梦，穿越 20 年的时光隧道，就要成真了！

三

我真的成了一名大学生。我的大学是名扬全国的“武汉大学”，我的珞珈山是世界上最美丽的仙山，我的红墙绿琉璃瓦的校舍是世界上最美丽的校舍，我的老师陈美兰、郑传寅、於可训、李惠芳、白嶷岐、王文生、易中天、刘晨峰、余传棚是世界上最好的老师，我的校长刘道玉是我最崇敬、最热爱的校长！我把一枚白底上凸出“武汉大学”四个红字的白校徽端端正正地别在胸前，手中抱着一摞书，在图书馆的小径上穿行，在树林中的小石凳上流连，我呼吸的是 20 世纪 80 年代中叶珞珈山上最科学、最自由、最民主的空气，我胸中涌动的是“金牌精神”、“创造精神”校训所激荡起来的满腔奋斗激情。

我的大学梦终于圆了！我相信那几十个与我一同成为“中国首届插班生”的同学有着与我大同小异的寻梦经历，我们都是当年刘道玉校长教育改革的受惠者。为此，我们将对我们所敬爱的刘道玉校长感戴终生！

而有一天，当我坐在林中小石凳上又一次感叹这一切时，突然我心中一动，想到了一个问题，不由得顿时出了一身冷汗。

我在想：我们的刘道玉校长用尽全身力气才把一块太重太大的巨石撬开了一点点缝隙，我辈有幸，正好被缝隙中透过来的一缕温暖的阳光笼罩。然而，我们的校长他为什么要汗流浃背地去撬动那块许多人视而不见或见而畏难的巨石呢？究竟是为什么？

就拿使我等受惠的插班生制度来说吧,原本这项制度是根本没有的,也是一般人想都不敢想的。因为它太复杂太难,涉及招生、分配、增加教育经费等许多须"朝廷"才能解决的问题。在通常情况下,一般大学校长是根本不会去管理这些个"闲"事,操这些"闲"心的。改革?干吗呢!唱唱高调是可以的,动真格嘛……累不累呀你!

然而,我们的刘道玉校长却不嫌"累",他真的做了。他并不认为这些都是狗拿耗子的"闲"事,而将此作为锻造民族品格,推动社会发展的"正事"、"大事"来办。英国上议院某议员先生曾向刘校长提问:"校长先生,你认为一个大学校长最大的贡献是什么?"我们的校长刘道玉是这样回答的:"一个大学校长不仅是属于学校的,也应当是属于社会的。他的最大贡献除了向社会输送大批的优秀人才以外,他还应当是一个思想家,始终站在历史潮流的潮头,以他的新思想来影响社会,推动社会向前发展 。"

是的,是为着"推动社会向前发展",因此我们的刘道玉校长才努力去推动那块巨石。他希望挪出一条通道,把因种种原因被阻隔在巨石那边的人们——愿意致力于"推动社会向前发展"这一事业且又非常渴望接受锻造的热心者、志愿者放过来,组织起声势浩大的同盟军,激扬奋发向上的民族之魂!

待想明白这一点时,我惶恐、流汗了。我反问自己,校长的切切信任和殷殷希望,我,当得起,负得动吗?

一种叫做"责任"的东西在胸中庄严地升腾。我想,我今天走进刘道玉校长的大学绝不能仅仅只为了圆当年秋千架上那个小女孩的凤仙花梦。我们的老师、我们的校长都希望我们能为这个国家、这个民族、这个社会做一点什么。我能做点什么呢?

四

珞珈山上两年使我铭记终生的求学时光一眨眼就过去了。真想一辈子就这么住在这里,呼吸自由而清新的空气,白天夹着书本去教学楼听尊崇的老师向我们讲述无数先贤"正心、修身、齐家、治国、平天下”的人生理想，晚上自带一个小凳子到阶梯教室去听各种各样的讲座，去感受挺立在中国教育改革潮头的“武大人”新锐而独特的思想锋芒。然而，却不能了，虽没有学成，却不得不离去了。我捧着鲜红的毕业证书，那上面有我感戴终生的校长的亲笔签名——刘道玉。我在心里暗暗发誓：刘校长，您的三千弟子中，我或许是最卑微最无才的一个，但，您与您麾下那一大批我所尊崇的老师给我的教诲，我将毕生谨记！我的校长、我的老师的道德学问和耿耿风骨当为我毕生之楷模。

离校前，我们一帮插班生同学去向我们的导师陈美兰先生、亦师亦兄的於可训先生以及郑传寅书记等两年中密切注视多方关怀我们的亲爱的老师们辞行，只是，我们都不敢去惊动我们的校长刘道玉先生。我们一是怕校长太忙，更重要的，我们是怕面对校长那双充满了希望的眼睛，校长的目光里凝聚着世纪的重量，我们怕，怕自己承载不起啊！

20 年白驹过隙 ，20 年间，我们的校长经历过重新探索教改之路的种种艰辛，还有病痛的折磨……但，“路漫漫其修远兮，吾将上下而求索”，我们的校长仍字字千钧地宣布：“生不愿封万户侯！”他不愿意当团中央书记，不愿当前呼后拥的市长，却跑到一所中学去当“孩子王”，去给十二三岁的娃娃们讲“创新思维”。这种风骨，这样的赤子之心，怎能不使为弟子的我膜拜与景仰！20 年中，我多少次都想去叩开校长的家门，表达一个最卑微最无才弟子对恩师的景仰，但，我仍是胆怯，一次又一次，越来越胆怯，我怕从恩师的眼睛里看到失望，我知道，无论什么样的高压都不会使我的恩师屈服，但假如面对的是一个他曾经花费那么多心血培养却至今都不甚争气的弟子时，他是会叹气的，我怕听见我的恩师那一声失望的长叹啊！

聊以告慰我的校长及在“武大”求学期间所有栽培过我的恩师的是：20 年来，我是认认真真生活的。我按照师尊对我的教导，认真做事，诚实做人。我在文化厅下属的一个文化部门工作。搞群众文化工作时，我扎到最基层的文化站里，与基层同志一起去钻山洞，寻找文化旅游资源；我当过民俗文化研究所副所长，其间还同李惠芳老师一起深入武当山区研讨民俗；我还当过湖北省民间艺术家代表团团长，远赴波兰去寻求文化合作；更多的时间我在当编辑，一丝不苟地为他人作嫁衣裳。后来我做了大型通俗文学刊物《中国故事》的总编，又为了满足老百姓的精神文化需求而在通俗这块园地里辛勤耕耘；其间我也写过一些东西：散文、报告文学等，但既是以“作家”身份被招到刘道玉校长麾下读插班生，这些区区小文肯定远远不是刘校长要的，刘校长要我们写的“书”我们远远还没写出来，差得太远啊！

在我写这篇文章之前，我看了学友彭兴国和龚绍东的文章，他们俩写得真好，情真意切，很多话都是我想说而表达不出的，读他们的文章犹如又看见了20年前他们的音容笑貌。假如他们现在在武汉，我一定会约上他们，同武汉的学友宋骥弘、华姿等人一起，重返珞珈山，再去一一拜望我们共同的恩师，我们共同的校长。我们都长了20岁，但是在师尊面前，我们永远不敢言老，我们永远是在恩师面前聆听谆谆教诲的恭谨的小学生。

▲ 当年与彭兴国学友（左）一起拜访邹荻帆先生（中）

此生我真不知道该拿什么才能回报你啊，我的母校，我的师尊，我的校长！在此，谨以最虔诚的诚意，祝我永远的校长刘道玉先生健康、长寿！

洪琼，湖北省作家协会会员。当过知青、教师、干部。大学毕业后分配到湖北省群众艺术馆工作，职称：副研究馆员。历任《文艺指导》主编，民俗文化研究所副所长，《中国故事》常务副社长/总编。写过小说、散文、剧本、报告文学。

我所走过的人生之路

封秀红

上大学是我儿时的梦想！也许是因为我从小就是在大学院校里长大的。一个毕业于70年代的普通高中生连做梦都没想到，10年后，我还能踏入大学的大门，而且还是全国知名大学——武汉大学！

由于历史的缘故，1974年，我们只能是走出校门，到农村广阔天地种地。因我们姊妹3人同时下乡，母亲又患了癌症，所以我下乡1年就被照顾回城，并在父母的呵护下进了卫生部门，有了一个相对满意令大众羡慕的工作。但是，像我这样一个无文凭的辅助试验人员，在技术性很强的卫生部门工作，是没有地位的。我勤奋自学，刻苦钻研技术，比别人付出更多的努力，但即使工作中有点成绩，单位领导和同事也是不认可的。这就是现实，什么晋职称、涨工资等跟我都没关系，即使出了成果也排最后一名，真的是很可悲！就这么拼命地挣扎了十几年，虽然也嫁人了，千金也3岁了，但我还是不甘心，我是那么酷爱学习，不甘此生平庸，碌碌无为。

20世纪80年代改革大潮来临。武汉大学刘道玉校长率先实施了高等教育改革措施，首次在全国公开招考插班生，给我们这些渴望学习的自学成才者提供了深造的机会，我是那么的兴奋激动！虽然我在单位是小卒一个，但还是单位干活的主力，几经周折，除了“坑蒙拐骗”，其他手段都使上了，领导终于同意给假复习报考，我的恩师（李羽原全国免疫协会理事，现在美国）更是理解我急切学习的心理，支持我离开家离开孩子，只有这样才能有个好的学习环境。于是我踏上了生我的故乡武汉。我经过三个月夜以继日的拼搏，总算盼来了面向全国的招生统考。那是我一生中最难忘的日子！

也许是命运在戏弄我？也许是老天爷在考验我？时值盛夏，由于武汉这个“火炉”酷热高达40摄氏度，加上考前的紧张复习，弱小的我在临考试前4天的夜里突然大出血。我不愿意承认我生大病了，忍着剧痛一夜，觉得天亮就会好的。等天亮到医院时我已经不省人事，手术前高压40，低压为0。在不用麻药的情况下强行手术，等血压上来后剖腹探诊，麻药用量不好掌握，用过量了，我昏迷中一直呕吐，吐得将声带都振坏了。术后，我睁开眼声音嘶哑的第一句话就是“我能参加考试吗？”我爱人和弟弟又心疼又感动，马上跟学校联系。病毒系的邱泽松主任等老师赶来医院看望我。他们安慰我要安心治病养病，今年不能参加考试还有明年，并答应明年保留我的考试资格。我一下就蒙了，我急了，难道三个月的拼搏、十几年的梦想和人生如此难得的机遇就这样被病魔毁了。我不甘心，我真的豁出去了，手术后18个小时我就拔掉导尿管和输液管，拼命挣扎下了床，不停地在屋子里活动，监护病房的7个病友都被我感动了。三天。只剩三天时间了！我一定要尽快恢复才可能走进武汉大学的考场。学校和系里被我的这种精神感动了，决定特例专为我一人把考场设在医院病房，派老师到医院病房和全国同一时间发试卷并监考。医院的领导和医护人员也被我感动，专门给我准备一个无菌室以便安全考试，不至于感染（因我当时是被从休克状态紧急手术抢救过来的，身体很虚弱，容易感染）。我终于如愿以偿地参加了考试。

那场在医院病房进行的考试，使我及所有在场的老师和医务人员都终身难忘。考试的时候，因大出血我贫血症状很严重，头都直不起来，头晕、恶心、大汗淋漓。我一边用左手捂住伤口，一边用右手答卷。

看着我强忍剧烈疼痛答卷，护士长和监考老师在一旁禁不住泪流满面，一会儿替我擦汗，一会儿给我递水，还不时地安慰我不要着急慢慢答。我是在与命运抗争，最终是我战胜了命运，完成考试。考完后，医院的那个科室还号召全科员工向我学习，学习我这种顽强的学习精神。笔试通过后，我拖着病体继续参加面试。短短的从楼下到二楼系办公室的距离，已使我大汗淋漓，上气不接下气了。病毒系里见过和没见过我的老师都感动了，有的给我搬凳子，有的给我端来糖水……在自己的努力和大家的帮助下，我取得较好成绩，成为武汉大学病毒系唯一录取的插班生。

▲ 封秀红（右3）和8316班同学野外郊游

这个学习机会可真是来之不易！接到入校通知书后，爱人天天想着办法给我做我喜欢吃的东西，爸爸从外地开车给我送猪肝、鸡等营养品，因为那个年代好多食物是限量供应的，而且还要凭关系才能买到。全家都希望我身体能尽快恢复，适应学习的要求。入学后，武汉大学插班生制度改革成为全国各大媒体报道的新闻热点，我的“医院病房考试”事件也就成为热点中的热点。当时有许多记者追踪报道。他们到处找我，只要是在课余时间，甚至是吃饭时都会来找我采访。可我觉得学习机会来之不易，时间真的是太宝贵了，就尽量躲避媒体记者，回避采访。我知道我的学习机会可以说是用生命换来的。当时，记者问得最多的一句话就是：“是什么力量在支撑着你？”我觉得这个问题很简单，我们这些人经历过“文革”的洗礼，经受过上山下乡的锻炼，接受了工人阶级和贫下中农的再教育，只差没能好好上学读书,在单位就遭到别人的歧视。我就是渴望有学习的机会。

入校后,虽然系里老师照顾我,给我安排了单间宿舍,但我全身心地和同学们融入在一起了,同学们小我将近10岁,都亲切地叫我"大姐",大家心里有不高兴的事就来找我聊聊,有不舒服的时候也来找我,我以一个大姐姐的身份来照顾她们,同学们更是在生活上、学习上给我以无微不至地关怀。

我当然更是珍惜这来之不易的学习机会,为了学习我几乎是天天"三点一线"地在教室、寝室、食堂间奔波,但由于学习基础差,学习压力大,严重的贫血身体没有完全恢复,引起免疫功能低下,经常感冒发烧。不久,又得了病毒性疾病带装疱疹。教我们病毒学课程的邱老师知道这种病是剧痛难忍,晚上疼得无法入睡,这是神经引起的疼痛,吃止疼片都没用的,动员我去医院看病。我了解这种病,知道看不看都需要1个月左右的时间才会好转,我未去医院看病,我怕耽误学习时间。病痛更是让我想家,想我从来没有离开过的宝贝女儿。那一个月,在每天夜里病痛难忍睡不着觉的时候,我就偷偷地躲在被窝里流泪。那真是度日如度年!我们的辅导老师部金荣老师得知后,给我送来她们家的定量挂面。

在第一个学期,无论在何时何地,老师和同学们只要当面提起我女儿,我的眼泪就会止不住唰唰地往下流。因我身体不好,女儿出生不足3斤,先天不足,身体很弱,经常生病。在家里不富裕的条件下,我们家唯一的家电就是冰箱,因为它能给孩子储存一点吃的。那一个学期,我对远在千里之外的女儿真是担心加不放心,那是我除了学习之外唯一的牵挂。让我最难忘的是,爱人带着孩子来休假,临走时,我怕看见女儿哭,就和爱人商量好不去送行。第二天,我一大早就悄悄起床去学校。我没想到的是,女儿早上起来看见我已经走了,不仅不哭反过来安慰她爸爸说:"爸爸别难过,我们走吧!"当我在电话中听到这句话时,我就哭得说不出话了。女儿才3岁呀!就已经这么懂事了。当时,我心里很矛盾,不免有些动摇了,我在心里问过自己:我能坚持到底吗?但是,我咬牙度过了难关,终于坚持到底。

在学习中无论是我们病毒系的老师，还是生物系的老师，除了在课堂上讲，都会在课外热情辅导我，只要我有要求，他们就会很耐心地给予帮助。对于我们插班生系里是有要求的，就是基础课生物化学、英语必须重修考试，重拿学分。这就意味着我们除了大三的课程要完成，还要到大二选修这两门课。生化和英语基础课的大部分内容都是需要背诵的，我要加倍付出努力，用更多的时间来完成，还要完成规定的学分，到别的系选修和必修课上课时间不冲突的选修课。基础差，学习任务比正常学生大，实在压得我喘不过气，有时在寝室看书竟然忘了吃饭。我清楚地记得，因遗传学教授年纪大，湖北方言浓，我听不懂，为记笔记我就在上课前 30 分钟占位第一排；细胞学老师下课专门为我"开小灶"补课；老师和同学们为了不让我掉队，经常陪我一块学习并辅导我一块完成作业；晚自习我都是最后一个离开。寒冷的冬天武汉是无暖气的，冻得手脚冰凉。由于身体太弱我患了夜盲症，教室在山上，寝室在山下，寒冷的冬天地上结着薄冰，天黑地滑，滑倒摔跤是经常的事。晚上同学们等我并陪我一块回寝室，让我感动得流泪，那一幕幕让我记忆犹新！在老师和同学们的帮助下，我终于以较好的成绩完成了学业。当毕业要分手的时候，我对老师和同学们真是依依不舍，每送走一批同学都哭成泪人似的，眼泪怎么也止不住。直到现在，不管是在国内还是国外的同学，我们都还经常联系，亲如姊妹。女儿在我的影响下，现在新西兰 OTOGA 大学选择了和我一样的专业——医学检验，马上就毕业了，学习很优秀。我很欣慰。

毕业 20 年来，我在学校学到了基础理论知识，打下良好的专业基础，使我在单位的科研工作中成为真正的技术骨干，先后由技师晋升为主管技师、副主任技师。我一直负责病毒性肝炎防治检测，先后参加了"乙型肝炎母婴传播及其阻断的研究"课题的研究，并获国家科学技术进步集体三等奖；参加"国产血源性乙肝疫苗的长期效果评价及复种规律研究"课题的研究，并获河南省卫生厅科技成果个人二等奖；主持参加"河南省病毒性肝炎的血清流行病学研究"，并获河南省卫生厅科技成果个人二等奖；主持设计"乙肝疫苗对 HBsAg 阳性母亲的新生儿免疫效果长期研究"课题，并获河南省科学技术进步奖第一作者

▲ 送女儿去新西兰 OTOGA 大学留学，在北京机场的合影

二等奖；主编撰写“病毒性肝炎防治研究进展”专著一部。先后主持参加 1979 年、1992 年全国病毒性肝炎的血清流行病学调查。在国家核心期刊、省级期刊先后发表论文 30 余篇。2003 年在抗击“非典”的斗争中做出突出贡献，被中华预防医学会评为“全国先进科技工作者”，被中国农工民主党中央委员会授予“全国优秀党员”称号，被中国农工民主党河南省委员会授予“先进个人”称号。

这些成功都是跟所学的知识、方法分不开的。在此我真诚地对刘道玉校长、病毒系以及其他系的老师和 8316 班的全体同学、所有帮助我的朋友表示感谢！

封秀红，1956 年 3 月生，河北平山县人，农工民主党（党员），（医学检测）副主任技师。1985 年武汉大学首届插班生，就读于病毒系专业，1987 年本科（理学士）毕业。现在河南省疾病预防控制中心免疫预防与规划所。从 1979 年至今一直从事病毒性肝炎防治研究工作。

我们在奋斗,我们在成长

郝宗宇

武汉大学第二届插班生郝宗宇以《河南省学术、技术带头人考核表》向母校报告

基本信息:

郝宗宇,男,1954 年 10 月出生,河南叶县人。1976 年 12 月毕业于河南职工医学院医疗专业,同月分配至河南省卫生防疫站从事布氏菌病防治;1986 年 9 月考入(插班)武汉大学生物系微生物学专业,1987 年 12 月加入中国共产党;1989 年 6 月毕业分配至河南省地方病防治研究所,仍从事布氏菌病及鼠疫防治研究;2001 年 10 月从事人兽共患病防治研究;2005 年 11 月至今从事公共卫生检测检验及其管理工作。

荣誉称号:

1. 1991 年 2 月获河南省直属机关优秀共产党员称号;
2. 1992 年 2 月获全国卫生系统先进工作者称号;
3. 1996 年 2 月获河南省八五防治地方病先进个人

称号；

4. 1997 年 2 月获卫生部首批跨世纪防治地方病优秀科技工作者称号；

5. 1998 年 11 月被省人事厅批准为河南省跨世纪学术技术带头人培养对象；

6. 2003 年 10 月获全国科协抗击非典先进科技工作者称号。

学术组织任职及社会兼职：

1. 1996 年 2 月至今为河南省地方病科学委员会委员；

2. 1998 年 10 月至今为《中国地方病防治杂志》编委；

3. 2000 年 2 月至今为卫生部布氏菌病专家咨询委员会委员；

4. 2002 年 3 月至今为中华预防医学会河南人兽共患病防治专业委员会常务副主任委员；

5. 2003 年 6 月至今为山东大学公共卫生学院兼职硕士生导师，4 名学生顺利毕业；

6. 2005 年 8 月至今为河南省卫生厅公共卫生突发事件应急处理专家委员会委员；

7. 2006 年 6 月至今为河南大学硕士研究生导师。

获奖情况：

1. 农区布病控制措施研究，获 1992 年度省科技进步奖三等奖；

2. 加味四逆散治疗布氏菌病的实验及应用研究，获 1994 年度卫生部科技进步奖三等奖；

3. 孕妇传染病监测及其优生学意义的研究，获 1995 年度省科技进步奖三等奖；

4. 布氏菌蛋白变应原的实验及应用研究，获 1998 年度省科技进步奖三等奖；

5. 布氏菌苗滴鼻免疫及其在布病控制中的应用，获 1999 年度郑州市科技进步二等奖；

6. 结核菌耐药监测室间质控的研究，获 2000 年度省科技进步二等奖；

7. 一种多功能化学反应板，获1999年中国实用新型专利。

获基金资助情况：

1. 河南省八五科技攻关课题（93120210）

"发热待查快速诊断的研究"

2. 河南省九五重点科技攻关课题（97120007）

"布氏菌及其组分在生物医学中的应用"

3. 河南省医学创新人才工程基金项目（20010026）

"鼠疫血清快速诊断技术研究"

4. 中国疾病控制与预防中心软科学基金项目（2002003）

"公共卫生突发事件应急处理体系建立及运行机制研究"

5. 国家十五重大科技攻关项目（2003BA712A08－02）

"新发现虫媒病毒出血热病原学调查研究"

主要专业工作经历：

1992年2月晋升中级技术职称；

1995年10月～2001年10月任省地方病防治研究所布病鼠疫研究室副主任、主任；

1995年11月晋升副高级技术职称；

2001年7月组建国内首家发热待查中心实验室，兼任主任；

2001年10月任河南省卫生防疫站人兽共患病防治研究室主任；

2001年12月晋升正高级技术职称；

2005年11月任河南省疾病预防控制中心卫生检测检验中心主任。

论文著作：

主编《传染病与优生优育》，1993年10月，中国科学技术出版社。

主编《临床常见发热性疾病及其诊断》，1998年8月，中国科学技术出版社。

1990年以来执笔撰写并在国内外期刊杂志（专业会议）发表（宣读）学术论文38篇。

贡献、水平、效益：

主持全省布病、鼠疫、出血热、乙型脑炎、狂犬病等人兽共患病防治研究和管理工作；组织炭疽白色粉末邮件等生物恐怖应急处理工作；参与组织SARS、禽流感、猪链球菌病等重大疾病控制；主持发热待查实验研究工作。上述疾病防治研究在国内处于中等偏上水平，部分工作处于领先地位，为中原地区政治稳定、经济发展、社会进步、人畜安康奠定了基础。社会经济效益无法估量。

正在（拟）从事的科研项目（课题）：

“鼠疫血清快速诊断技术研究”

“新发现虫媒病毒出血热病原学调查研究”

考核内容（省辖市人事局或省直有关厅局填写）：

按照省人事厅的要求，我们对郝宗宇被批准为河南省跨世纪学术和技术带头人以来的政治思想、业务工作、科学研究等进行了认真的考察，认为该同志具有较全面的专业知识和丰富的实践经验，尤其被批准为河南省跨世纪学术和技术带头人以来，能及时掌握本学科国内外发展动态及新技术、新方法，能够开展相应的科学研究，并取得了较高水平的研究成果和良好的社会经济效益。他是我省人兽共患传染病防治研究的带头人，是全国布病鼠疫防治研究领域的技术骨干；已被评为全国地方病跨世纪优秀科技工作者；也已成为优秀的河南省跨世纪学术和技术带头人。

感言：

1986年9月，本人跟随改革大潮，凭内部刊物6篇文章、1项厅级科研成果、粗浅的10年工作经历，进入武汉大学圆梦，学习了文化知识，掌握了一定技术，开阔了一定视野。1989年7月，带着母校师长的谆谆教诲、党组织的嘱托,再次融入社会,重新书写人生。20 年来在各级党组织、上级领导、周围同志的帮助、支持、鼓励下,凭着自己的不懈努力,取得了一定成绩,这些都与中国的改革开放有关,与武汉大学首创插班制有关,与以审时度势的刘道玉校长为首的武汉大学的领导、可敬的老师和学长有关。我们怀念珞珈山麓风景如画的美丽校园,不忘为我们付出巨大心血的学校各级领导,教务处主管插班生的娄处长、沈科长,生物系的熊主任、谢主任、刘主任、彭主任、陈鑫老师,微生物教研室的李老师、卫老师、沈老师、马老师、卢老师、林老师、安老师,尤其是经常给以关怀、照顾的毛绍麟、杨代菽老师,更不会忘怀共同进入武汉大学的具有相同经历的插班生大同学们和朝夕相处的生物系微生物、生物化学、细胞生物、遗传学专业的小同学们。目前我所在的河南省疾病预防控制中心已由原址搬迁至郑东新区新址,而斥资 2.3 亿元兴建的河南省疾病预防控制中心建筑物,主体工程 3.6 万平方米,固定资产约 1.5 亿元,其中仪器设备约 1.2 亿元。本人所在的卫生检测检验中心,占据五层楼,建筑面积约 7000 平方米,辖理化、微生物、毒理学实验室,分析测试仪器设备价值约 5000 多万元,承担国家健康相关产品检测检验、公共卫生监督检测检验、高等学校教学实验及社会化服务工作。40 余位高、中、初级专业技术工作者同我一样正满怀信心地为创建省级一流疾控中心在奋力拼搏。作为武大学子,我将秉承"自强、弘毅、求是、拓新"之校训,继往开来,与时俱进,迎接新挑战,争取新成绩,报答母校培育之恩。

感谢那只手

——一点关于插班生的回忆和感想

赵铁骑

插班生制度的改革是胆识和智慧的杰作,也是武大“兼收并蓄,大度包容”历史传统的发展。如果说当今的自主招生被视为一种制度创新的话,那么20年前武大自主招收插班生就是这一改革的先驱和首创。

一项改革目标的提出和实施,在相当大程度上取决于领导干部、领导班子的能力。历史经验表明,在改革的一定阶段的特有的政治经济环境下,领导干部的因素将会影响一个单位的改革方向和进程。因为对于不同能力和影响力的领导干部来说,其所能挥洒的改革空间是不一样的,尤其是在开创历史新局面的起步阶段。因此,作为改革的受益者,我们记住了刘道玉和他的助手们。

我十分庆幸能够首批获得这个机会,尤其是其后这个平台给了我更多的成长和进步的机会,让我更感慨自己的幸运。

记得有一个故事,说的是一个家境贫寒的孩子画的一幅画。同学都以为他会画一些好吃的东西,不曾想到,这个瘦弱的孩子画的是一只手。老师低声问他,“能告诉我你画的是谁的手吗?”孩子小声地回答,“这是你的手,老师”。老师这才想起,每天她都要拉着孩子黏乎乎的小手送他走一段路。孩子的家很穷，破旧的衣服总是脏兮兮的，老师的这只手对于孩子来说有着非凡的意义，他要感谢她。帮助，对许多人来说可能是微不足道的，但对于需要的人来说却有着难以估量的意义。当时校领导班子倡导并践行的插班生制度改革，向众多的具备一定实践能力、专业基础、渴望上学的青年人伸出了那只手。我，幸运地握住了那只手。

插班学习时间只有两年，但那是必须完成四年130学分的满负荷的两年，那是一段十分充实又十分辛苦的时光，一天最少要上八个小时的课，与同寝室的小同学常常晚上睡觉时才见面。有的同学劝我没必要听课从头听到尾，借笔记抄抄就可以了，他们认为不会读书的人才这样忙。我接受这样的意见，但我是一个想读书的人。就念书而言，他们上大学是一种解放，而我们才刚刚开始。面对超常的忙碌，“知我者谓我心忧，不知我者谓我何愁，悠悠苍天，此何人哉”，在当时刘校长主持召开的座谈会上我这样说过。那时候太想上学了，所以珍惜、饥渴、兴奋，听不够，看不够，记不够。

20年前走进武大时的那种心情和劲头，说实话，以后再也没有体会过。

插班生的学习自我选择性、针对性是很强的。有用的、需要的一定是主要的。当时的萨特存在主义、弗洛伊德精神分析法等西方哲学思潮很新鲜，学生趋之若鹜，但我觉得对自己不实用，知道便了。相反，政治系的马列原著精读课我选了，因为搞新闻需要。当时新闻系何为教授讲授的马克思主义新闻理论，也是非常有用的课，对后来的工作，获益多多，如今的新闻管理没有离开这个思想根基。当然,为了解决学分的压力,类似于韦应物诗歌研究、王国维与人间词话等一些开卷考试的课也是要选的。学校的学习空气是十分自由的,求新、求异体现了青年人的学习探索精神,但它需要理性的自我把握,就是说,适合自己的才是最好的。学取所需,目的性强,这是插班生学习的特点,也是其毕业后一般发展路子比较稳、比较正的重要原因。

学校对插班生的培养、管理是有计划、有措施的。插班生文化基础知识的综合水平不如"千锤百炼"由中学直接进大学的同学们,这是现实。但武大采取了融合的管理方式,"同吃,同住,同学习",大家取长补短,着实弥补不少。系里安排插班生担任班干部,党团书记、委员,配合学校参与学生管理,同时也参与同学们的各种社团、学术交流活动。一些插班生也利用自己的资源组织同学们开展一些社会实践活动,像刘海法同学通过他原来所在的县委宣传部,带着新闻系的同学去组织基层通讯员培训;我领着同学们到部队开班会,与战士们座谈、联欢、赛足球。插班生与其他同学虽然年龄有一些差距,但通过一段时间的融合,大家建立了友谊,心理上已没有了距离,交流的障碍基本消除。

插班生进校后能够健康成长更重要的是得益于校、系老师们的特别关照。新闻系的吴高福、罗以澄、樊凡主任、胡武、赵贯东老师等给了我们悉心的指导和"吃小灶"。有两件事在我的记忆里难以抹去。

第一件事:为了安排好学习,新闻系专门指派赵贯东老师担任我们这一届四个插班生的导师。他非常尽心,我们经常被叫到他家里,给我们解答学习上的问题,告诉我们专业课学习的一些方法。不久前我翻出了20年前学校的笔记和作业,看到赵老师在我写的新闻评论作业上批改的那一行行的小字、打的勾勾、画的圈圈,几乎所有的作业都有批语,我再一次为他的认真所感动。想想看,在我们这个讲究劳动与报酬等量互换的社会,有谁为先生默默地劳动称斤度两,有谁会给先生的认真和倾心衡级定等……然而,就是在这无人喝彩中,他静静地,把该负责的负责了,该认真的认真了,该尽心的尽心了。在赵老师,少做一点没人指责,多做一点没有奖金,那是一种无需得到任何褒奖与喝彩的为人的本分和为人的自觉。多年来,我一直被他做事的态度感动着、激励着。

学会做人,学会做事,学会共处,学会认知,是21世纪学习化社会的四大支柱。武大,从我们在校时就感受到她在为之努力培育着、实践着。

第二件事:毕业时我约了外文系的汪永源同学拜访道玉校长。平时校长在学生面前就像一个普通的老师,有的同学还称其“刘道”,所以去他家我们不怯。本来是去告别,没想到“刘道”和我们长谈了一个多小时,临别时还毫不犹豫给我写了一封推荐信。这让我深深地感受到什么叫爱生如子,如今只要见到一些家长托人送来的毕业生求职信我就会想起这件事,校长如家长呀!一位校长为一个普通学生写推荐信其实与总理为农民讨欠款具有同样的伦理价值和社会意义,说大了是执政为民,说小了是好人好心肠。

插班生制度的改革还在继续着,它更加规范、更加成熟,人才质量越来越高。许多插班生毕业后坚持学习、成就斐然,值得我学习,我期待着他们为我们插班生续写辉煌。

珞珈山是属于年轻人的,只要在那里浸润过的人,都会留下一生最美好的记忆。

感谢那个改革的年代,感谢那只手!

赵铁骑,1955年4月生于湖北武汉。1972年4月插队湖北京山五三农场青山队,1974年12月入伍,在空降兵部队历任战士、宣传干事;1982年任武汉空军司令部政治部宣传干事,1983年7月入上海空军政治学院学习;1986年9月录取武大新闻系插班生。1988年7月毕业后分配至广播电影电视部工作,历任人事司干事、处长、副司长,广播科学研究院党委副书记,中国国际广播电台副台长。

“创造教育”与“草菅人命”

哲　夫

“刘道玉教育基金会”网页上，有刘道玉先生写的一封提纲挈领的公开信，先生在信中开宗明义，大蚌剖珠似地现身说法：“我本自幼就立志要成为一名诺贝尔式的发明家，然而历史的误会却使我成了武汉大学第19任校长。但是，创造之梦在我的心灵中并没有消失，而是异化成了另一个梦——执著地研究和实施创造教育，培养创造性的人才。”

读先生这封信之前，恰好，我在吕梁山的大山深处刚刚拜会了落难或蓄根在前元庄办学的陶行知先生，此话可谓亦褒亦贬，说落难，是因为陶先生大好的教育主张本应风云于天下，不幸却窘迫在山乡。折服于陶行知先生农村教育之理念：农村要培养具有农夫的身手、科学的头脑和改造社会精神的人。僻处柳林县一角的前元庄实验学校，得以于1987年初试啼声于一座破庙之中，学校坐落村口，陶行知先生伫足校内。校内有老树一株，时常见证时人之不屑，它说，村长兼校长，校长是村长，不知学校是前元庄？还是前元庄是学校？

在墙上沉思的陶行知先生，思想幽深如人类不断进化的大脑沟回，行文也如他在晓庄时穿过的那双草鞋，这双草鞋曾经走过的是林畔、苔径、草野、花地、田边，曾经踩过南国的鸡屎和北方的猪粪；行处，自会撒落些许，肥沃些许，生花生草,一路都是。

陶行知先生说:“你们知道现在是一个科学的世界。科学的世界里应该有一个科学的中国,科学的中国要谁去创造呢?要小孩子去创造!等到中国的孩子都成了科学的孩子,那时候,我们的中国便自然而然的变成科学的中国了。”“教师的成功是创造出值得自己崇拜的人。先生之最大的快乐,是创造出值得自己崇拜的学生。先生创造学生,学生也创造先生,学生先生合作而创造出值得彼此崇拜之活人。”

毕竟是在僻壤之中蓄的,有根,有根便会有希望。这不屈不挠的与中国强大的梦想一同披荆斩棘、攀援向上的教育之根蔓,不仅是在荒僻的前元庄蓄着希望之根,还有在十几年前的武汉大学,这“创造教育”之根也曾滋新嬗变出披离的花朵和纷繁的硕果。从乡村走向城市,与陶先生异曲同工的时任武汉大学校长的刘道玉先生,在1980年就提出“大学应当把培养学生创造能力放在首位”,刘道玉先生在继承的基础上发展和创新,提出了创造性的人才观,并围绕着高等教育改革的理论与实践和创造教育的理论与实践,先后出版了10多部学术专著,发表了200多篇论文。为了实施培养创造性人才的目标,刘道玉先生提出大学应当培养大学生的金牌精神,营造民主、自由、开拓、创新的学习与研究的校园文化,大力推行教育改革,实行了一系列创新的教学与管理制度。这一切都收到了良好的效果,涌现出了大批富有创造精神的优秀人才,社会贤达们把那时的武汉大学誉为领先教育改革的“中国高校中的深圳”。

陶行知先生曾在申报写过一篇文章《佛罗棱萨的教授》,他讲伽利略发现木星的四个月亮之后,写了一篇文字,于1610年1月24日在《星座报告》发表出来。可“佛罗棱萨”大学教授们却看它不起,说了许多似是而非的话。伽利略为此叹息说:“我想请佛罗棱萨的教授们来看木星的四卫星,他们不但不愿意看星,连我的望远镜也不愿看。他们相信在自然里没有真理可找,真理只在书本里。”陶行知先生感慨说:中国的教授,有哪几位不是从“佛罗棱萨”来的呀?国产的老夫子说:“真理只在古书里。”留洋的洋翰林说:“真理只在洋书里。”懒得看书的讲师说:“真理只在嘴巴里。”青年学生若信这些教授们的话,也就可算是“佛罗棱萨”籍的学生了。谁能自造仪器向大自然瞄准？如有这人我是愿意拿着扫帚做他的斋夫了。

不久前，刘道玉先生在古稀之年又推出了他的新著《创造教育新论》，再一次发出了“创造教育”的强有力的呐喊。在《创造教育新论》的跋语中刘道玉先生说：“在真理标准之下，在做人的底线之内，我尽量说真话，但决不说假话，体现一个中国真正知识分子的良知。我想，每一个有良知的知识分子，都应该有坚持真理的信念和勇气。”其中不乏独创，如《论大脑的创造状态》、《试谈创造性的本质》、《简论意识革命》等，国内尚无人论及。

陶行知先生百年以后，他的灵魂仍然在追求“手和脑在一块儿干，是创造教育的开始；手脑双全，是创造教育的目的”。刘道玉先生也在生命的空耗和疲惫中感慨：“我现在已年逾古稀，而且身体状况不是太好，我所为何求呢？我别无所求，唯一的就是希望实现我的一个教育情结——创造教育之梦！”两个不同历史空间的人似乎都认为，成功的教育，是可以将魔鬼也教育成天使的；而失败的教育，是连天使也会被教育成魔鬼的。那什么才是成功的教育呢？结论无疑只能是“创造的教育”了。他们两个人都试图追问，过去式的教育和现行式的“学校的教育”、“生活的教育”、“社会的教育”都教会人们一些什么呢？让人为之不解和辛酸的是，何以两个置身在不同历史空间的人却有着共同的追求和类似的坎坷与心痛？

究其原因，还是教育惹的祸，诚如陶行知先生所言：“一个人若做了私欲嗜好的奴隶便失掉自由。青年放荡固然不能成人；成人放荡也只算是成年，不能算是成人。”“道德是做人的根本。根本一坏，纵使你有一些学问和本领，也无甚用处。否则，没有道德的人，学问和本领愈大，就能为非作恶愈大。建筑人格长城的基础，就是道德。”信然。

我有幸在1987年进入武汉大学汉语言文学专业做一名插班生，可谓是刘道玉先生倡导的“创造教育”的受益者，这种匪浅的受益不仅让我跨越了生命中关键的几大步，也使我们作家班25名同学皆获益多多。这不仅是一个因为刘先生的创新而改变他人命运的例证，更是一个社会之所以不断进步、生命之所以不断升华的举一反三的人类可持续发展的关键之所在。

陶行知先生曾在《中国的人命》一文中感慨说："我在太平洋会议的许多废话中听到了一句警语。劳耳说：'中国没有废掉的东西，如果有，只是人的生命！'"鲁迅先生也说，浪费别人的时间无异图财害命。不妨换一个角度细细检视，迄今为止，对中国人的生命的不尊重是否已经有所改变呢？非也！并非滥杀无辜才是对中国人生命的显性的不尊重，毫无创造力的僵死的教育制度是隐性的最大的草菅人命，误人子弟，无异图财害命。

创新不仅是改变个人命运的关键，更是改变中国社会命运和创造人类幸福的唯一有效的手段，我想，这就是陶行知先生之所以不畏艰险茕茕独行并致力于"创造教育"的初衷，也是刘道玉先生之所以披肝沥胆并身体力行地要将"创造教育"发扬光大的原因吧！

杂 色

——第二届武大作家班纪实

哲 夫

第二届武大作家班共25人，来自十几个省，男士21名，女士4名，大小不一，胖瘦各异，口音、性情、志趣，各不相同，果真杂色纷呈，异彩斑斓。

从南昌来的宋清海，年纪最大，差一年便知天命了。此公稳健持重，惜言如金，终日除了上课便是爬格子，雷打不动天天写；处事为人宽厚礼让，大家称之为大师兄。大师兄曾以《鸡鸣店》而名噪一时，为“知天命”又来珞珈山上学。近日左右开弓，长短篇同时写，结果犯了“胆结石”，颇多省悟，以为要想百尺竿头，更进一程，先得爆破“结石”，方能入无“阻结”之境，写出一番自在来。在校期间其小说《馕神小传》获最后一届“全国小说奖”，不久前其长篇小说《重轭》又轰动一时，还喜结良缘。若以色彩喻之，有如朱红。

按年纪排下来，《广州文艺》副主编方亮，乃是二师兄。此位仁兄一度时期作品很走红，后来大约公务缠身，写得少了。但峥嵘头角，仍不时露出，生怕读者忘了他。广州人大都不善饮，而他善饮，且有海量，与众位仁兄仁弟，不时较量一番。为人有君子之风，儒雅而恭让。携佳丽毕业之后，转调《星报》工作，再聚时，仍复孑然一身，相对无言唯豪饮尔，饮毕，匆匆又别，再未相见。日月强梁，甘苦自知，尔尔。若以色彩喻之，乃是明黄。

赣南多土匪且产雅士，《赣江文艺》的黄砾明却兼有雅士与土匪的双重风格，眉目纤秀，骨格清奇，戴近视镜，已出了几本书，过百万字，似乎是个雅士骚人。可接触一段便知道错矣：这位老兄性急如火，刚直不阿，动不动就跳脚，打起扑克牌，如一只斗架的雄鸡。雅士只在书案上，一离了书案，便是个文绉绉的“土匪”。各奔东西之后，该兄东来西去，后上北京混事，偶尔打来几个电话，腔口还是那般硬气，该兄乃是冷调子的墨蓝色。

李海音从海南来，人物风流，做派却如绍兴师爷，喜喝功夫茶，常背了左手，右手张开，搓动一对钢球咯咯地响，在东湖边上走来走去，凝神做沉思状。于是，一篇一篇小说便从他那对钢球间搓出来，如《杂毛狗牯》之类，四处爬开去寻取它的主人。几年前在福建再次与他相见，仍复旧时模样，似乎昨日还泡功夫茶给我饮之。海音之色，有如飞白。

成都军区创作室的专业作家张泗琪，是穿军装的作家，初见面颇有弱不禁风之感，相处一段才知道军人就是军人，瘦弱之躯的胸膛里跳荡的乃是一颗雄心。他的小说多次获奖并引起轰动。近年来与“罪犯”干上了，写了一连串探索犯罪心理的高档次法制小说，刚刚又写了系列短篇，《军事法庭正在开庭》将在广州文艺连载并郑重推出。别后闻其小说不多写了，可是官升得还不错，当了《大西南军事文学》的主编。泗琪之色，当为大紫。

看过《华罗庚》、《春蚕》、《秋收》、《残冬》、《金色夜叉》、《神火》等电视剧的人，不会不知道孕育这些产儿的专业编剧程蔚东。江南多才子，多秀士，程蔚东貌似五四时代的大知识分子，文质彬彬，温文尔雅，不光是电视剧编剧，还是个现代派诗人。前年采访，在浙江见到程蔚东，此公已经是浙江广电集团的副总裁兼广电厅副厅长。聚饮甚洽，不同之处是书生之态依旧跃然，却多少有些官气习染，果真是连宝刀也要生锈。蔚东之色乃是忧郁的蔚蓝色。

安徽人严歌平，人高马大，小说颇有意蕴，理论素养也有根底，常常高谈阔论，时而慷慨激昂，时而意气消沉。别后数年，在马鞍山曾与他匆匆谋过一面，其时江上大雾，问他是否污染，歌平不答，唯嘿嘿的发笑。歌平属不稳定型色彩，间于紫与黄之间。

王平如孔雀蓝，来自湖南，少言寡语，偶尔开屏，便见华光，自费上学，囊中不免羞涩，只好奋力笔耕——祸兮福兮，要靠时间确证。毕业后王平倾力打造《书屋》，名编之誉掠动天下，可惜黄花明日，如今《书屋》与王平一起淹留，不知去了何处？

九江人氏徐锋，生就一颗大头颅。聪慧而多思，文章之间，常有灵犀闪动，若以色彩名之，当是沉凝的棕榈色。毕业后各奔前程，徐锋与我可谓往来甚多，该兄不仅商海沉浮有术，还兼着《中国经济时报》驻湖北记者站站长，不论务实还是务虚，都得了先手。

萍乡的陈海萍，几乎年年在江西省获一个剧本奖，乃是专业编剧。这小子身体极棒，有武士道精神，冬日坚持冷水浴。歪戴一顶贝雷帽，很是辖达快乐。经常按响走廊中的车铃大叫：哲夫，接电话。前些年见面，海萍的文运和笑声仍然清亮，相约大师兄宋清海，一起话说长江，事毕去街上喝酒，豪饮一气，至夜方散。以色名之有若响亮的柠檬黄。

湖北作家王继，性情外向，心直口快，很够哥儿们。写起小说来不要命，喝起酒来也不要命，喜则雀跃如孩童，怒则斗鸡斗狗之状。整个人是透明的，优点和缺点同样明显，绝不藏起自己，只一味把给人看。毕业后奔媳妇而去，落脚在麻辣成性的重庆恰得其所，据说小日子过得麻麻辣辣，不时还写些文章对中国足球指手画脚一番，乃是透明的虾青色。

湖北的祝建华，爱下棋，棋力不弱可常输，因为生性宽大，任由对方悔棋。他不光写小说，还写电视剧，而且是全国颇有名气的古代建筑研究家，倘有哪座名山的大庙梁柱坏朽，如何替换，是需要请教他的。别后再未见过。该公为人古道而热肠，当为鎏金之色。

吕运斌也是湖北人，时而爽朗，时而深沉。出道虽晚，可小说的字里行间，已见城府之幽深，沟壑之纵横，上通九重，下通九重，足见其为文为人的功夫。与班上福建女子张建萍梅开二度，纵横驰骋商海，衣天下而物神州，很是发达。以其厚重当为泼墨色。

河南人赵亮，以长篇小说《红月亮》而走上文坛，性喜胡说八道，一有闲暇便谈天说地。每每在走廊晃来晃去，拿腔捏调曰：同志们，要注意身体！有他在场，总能惹起一片笑声，是个热闹人。其面红润，其牙白洁，红面而白牙，淡淡如月晕色。

广西的三位，是梅帅元、张仁胜、石山浩，各有千秋，但共同点是为人极好，为文极认真，为学又很刻苦。梅帅元年纪最小，作品有《黑水河》、《红水河》、《羽人梦》等，潜力甚大。张仁胜不光小说写得不错，歌喉也很美妙，多才多艺。石山浩着意于美酒文章，除了喝酒便是写作，总是笑眯眯的，偶尔作苦痛状，说是想小孩了。若以色彩论之，梅帅元属熟梅之色，张仁胜乃阳雀之彩，石山浩若轻霜之白。

最悦人最明亮的色彩，当属翡翠绿，这个色彩属于山东水手宗良煜。这小子走过 19 个国家，是大海的宠儿，有着大海的天真和大海的俏皮，但也沾染了大海的恶习，喜欢豪饮，纵横恣肆，不能自已。以长篇小说《与魔鬼同行》登上文坛后，仍在玩命似地写海，要写出一个属于自己的大海。上回去泰安见他，见了面就挽起袖子喝酒，喝过酒上山，还借了他一件衣物取暖，下了山继续喝酒。过后与我随行的两位朋友赞曰：哇，你这个同学可真爽！

来自西北的大汉杨志鹏，其体魄、气魄，可与他的小说媲美，舞场上横扫千军，文坛上纵横驰骋，前途不可限量。雄赳赳地走来，雄纠纠地走去，有如一匹西北名骏，奔驰起来像一团赤炭色的旋风，席卷大漠。近年在青岛开发文化产业，事业如日中天。

刘汉太的报告文学《中国乞丐群落》引起全国瞩目，据说为了写这部纪实他曾扮成乞丐混入其间一个多月。不光写报告文学，还写小说，是个双栖动物。毕业后在北京《中国经济时报》工作有年，离去之后，兼工兼商，半文半武，也算是拥有了自己的一方天地。该兄虎气秀气各占一半，红黄相混，当为柿子黄。

女性当中，首推来自广东的刘西鸿，西鸿东渐，依凭的是《你不可改变我》和《黑森林》等几篇小说，王蒙先生曾大力称赞，文学界亦叫好声一片。刘西鸿长发飘逸，相貌秀丽，身材丰盈，是名符其实的美女作家。得之于美貌亦失之于美貌，被一位名叫方如龙的外教俘获并携手法兰西，音讯从此杳杳，花事因此阑珊，惟余雪泥鸿爪。西鸿之色，当为紫罗兰。

淑女模样的梁晴，来自南京，小说虽然不多，却篇篇精巧，花开花落，一颦一笑，怡然只为自赏。别去后锦绣篇什常见二三，各自忙碌却寡往来。当为素心兰之色。

青海女士牛振环，老师和学生风范兼而有之，性情诙谐幽默，雅谑并举，偶尔还小抽几根香烟。数年前追踪黄河至青海，曾在她家中与之相聚，说起往事，仍然谈笑风生，不改旧时风范。乐天达观，笑对人间万象，乃是碧云天之色。

福建女张建萍，文思敏捷，才情盈盈，与吕运斌连理之后，财帛似乎是多了，可文章似乎却少见了。七十二行，行行出状元，也是一种成功。其色如砂中金。

最后一种色彩自然属于我，但我并不真的知道自己属于何种色彩？也就不去劳神了。往往给别人下判断容易，给自己下判断却很难。

其实，这些色彩的判断也未必准确，只不过是向人们证明，大自然的色彩是何等丰富，人类的个性又是何等摇曳多姿——一个小小的作家班尚且如此，更何况大千世界了。还有，没有武大作家班的存在，这些男男女女的命运都将有所不同。认识可以千差万别，但创新将改变人的命运，而守成则反之，却是一定的。

哲夫，1955年生，籍贯北京丰台，汉族，武汉大学汉语言文学专业毕业。为中国环境文化促进会理事，山西省环境文化促进会副会长，山西省环保形象大使，中国作家协会会员，山西省作协副主席，山西省文学院特聘作家，《都市》编辑部主编，一级作家。

已发表作品千万余字，主要作品有：黑色生态环保系列长篇小说《黑雪》、《毒吻》、《天猎》（上下册）、《地猎》、《极乐》（上下册）、《天欲》、《地欲》、《人欲》等；长篇生态环保纪实文学《中国档案》（上册《高层决策写真》、下册《新闻曝光的背后》）、《黄河追踪》（上册《西部大盘点》、下册《魂兮归来》）、《帝国时代的黄河》、《怒语长江》等；1997年在长江文艺出版社出版《哲夫文集》十卷本；2003年《哲夫文选》十卷本由美国强磊出版社出版，由联邦书局在全球发行；2006年由长江文艺出版社出版长篇纪实文学《世纪之痒——中国生态备忘录》；另有中篇小说、短篇小说、散文几百篇；影视作品有《毒吻》、《零点行动》、《山林的女儿》等。

长篇纪实文学《黄河追踪》（上下册）获2003年“中国首届环保文学优秀作品奖”。长篇纪实《帝国时代的黄河》获第十三届“中国图书奖”和2002年“冰心文学奖”以及“赵树理文学奖”。由中篇小说《长牙齿的土地》改编的广播剧获中国首届“白玉兰杯”一等奖。报告文学《叩问长江》获2003年“新世纪首届《北京文学》奖”。由长篇纪实改编的环保电影《零点行动》获1999年“华表奖”优秀作品提名奖。由同名长篇小说改编的环保电影剧本《毒吻》获山西省“环保潮”征文一等奖。黑色生态系列长篇小说《黑雪》获1989年“山西省优秀图书奖”。黑色生态系列长篇小说《毒吻》获1991年“山西省优秀图书奖”。目前正在写长篇纪实作品《执政能力》。

洛珈山,一个君子的身影

徐 锋

离开珞珈山已经整整 17 年。17 年风霜雨雪,17 年青丝白发。关于那座校园的记忆,许多当年觉得十分重要的事情,如文学,如爱情,都变得模糊轻淡了。唯有一个清瘦的身影,却穿越时空,越来越清晰地走进我的生命。我相信,今后,关于珞珈山的记忆还会进一步丢失,但这个身影不会。因为这个人是我们这个时代的异数,一个真正的君子,像张横渠之于大宋,黄宗羲之于大清。许多年后人们才能发现他真正的价值。

想来我是幸运的。从 6 岁半上学到 30 年后从武汉大学中文系毕业,断断续续 30 年的求学之路,一头一尾,我遇见了两个在现在社会中稀如化石的长者,人生的导师。

第一个叫周振南,原江西省瑞昌县花园乡一位私塾先生,国学大师。第二个叫刘道玉,原武汉大学校长,插班生制度的缔造者,当今中国唯一一个被我称做君子的教育家。

我是上初中一年级时与周振南先生相识并成为忘年交的,是时他当然不再是私塾先生。1949 年之后,他失业了。后来自学成医在我们公社卫生院当了郎中。我所在的公社中学与卫生院一墙之隔。从初一到高二整整四年时间,除了在学校里“学工学农”之外,周振南先生成了我真正的老师。

他用最传统的私塾教学方式，从《千字文》一直给我讲到《尚书》和《周易》。

“诲予童蒙子，如何是作诗？平原开口出，仄自转音知……”这是他第一次给我讲诗。

“天意兴刘，人心失项。八年之霸业空图，百战之神威莫讲。重围垓下，惊闻阳春白雪；起舞帐中，愁绝荒原断港……”这是他第一次给我讲赋。

“无极而太极，太极动而生阳，动极而静，静而生阴……”这是他第一次给我讲《易》。

我后来之所以走上文学这条路，并能以第一名的成绩考取武汉大学第二届作家班（考试时古文比例很大），想来都得益于周振南先生这四年的国学启蒙。在我上武大之前，周先生就作古了。然而至今，他的音容笑貌依然鲜活在我的眼前。在我心中，他就是钱穆，他就是陈寅恪。

与刘校长从相识到相知缘起于神交。虽然我们都是顶着“青年作家”的桂冠走进珞珈山的，但对于武大这样一个权威的学府，对于刘校长这样一个声名远播的教育家，却从心底充满了敬畏。在我的眼里，他就是当代的蔡元培，是中国教育改革的扛鼎者。在校两年，我与刘校长几乎没有单独的接触。但有关他的故事，却是我们作家班经常的谈资。

这些故事涉及的关键词都非常凝重，且令人振奋：改革、人生、命运、逆转、奇迹……

如：

历史系一位学生读到大二，忽发奇想给刘校长写了封信，想转到生物系，立志成为一名生物学家。这在当时是教育部明令禁止的。但刘校长就是批了。他批的全部理由是：一个人不可能在他不喜欢的领域获得成功。两年后，这个学生三门主课不及格，但毕业论文却非常出色。刘校长又特批让他拿到生物系的本科文凭到湖北肿瘤医院从事研究。又过了两年，这个学生再次找到刘校长，告知他正在进行一项重要研究，医院里条件太差，希望能回武大，并立下军令状，如果三年内不出成果，自己打背包走人。一个三门主课不及格的学生怎能回来做老师搞科研呢？生物系从上到下一片反对之声。这时刘校长说话了："武汉大学二千多名教师，难道每一个都合格吗？多一个不合格的又怎么样？既然人家敢立军令状，总得给他一个机会吧？你们不同意，就把他的编制放在我的自然科学研究所，人在你们生物系搞研究，行不行？"

全体无言。

这位立军令状者如愿回到母校。两年后，他带着研究成果参加一个国际学术会议，引起巨大轰动。哈佛大学竟然当场邀请他去读博士后。殊不知，他当时连硕士也没有读。现在，这个学生成了澳大利亚国家科学院院士，国际顶尖的肿瘤研究专家。

又如：

一个品学兼优的学生会干部，在一次玩笑中被几位同乡推举为"××党主席"，遭到公安机关审查。毕业时本来分配到中宣部的，但公安部门提出异议。为此，刘校长三次进京与中宣部交涉，最后还是铩羽而归。无奈，刘校长只好动用自己的权力，先把这位学生留在武大，后来又推荐他到国家体改委。现在，这位学生成了一位副省长。

再如：

哲学系一位白发苍苍的老教授把一名弟子领到刘校长办公室："校长：这是我一辈子教过的最好的一个学生，我要把他留下来。"可这位学生偏偏是人才稀缺的新疆建设兵团送来委培的，按合约毕业后必须回到新疆去。冲着老教授这句话，刘校长亲自出面与新疆方面交涉，最后硬是把这位学生留在了武大。这位幸运的学子，就是今天的易中天。

到现在我也没有告诉刘校长，在校期间我甚至直接参与了这样一个故事：

我有一位高中同学，他的表妹当时被景德镇陶瓷公司派往德国学习，行前组织上反复交待学习期间不准谈恋爱。可赴德的第二年，这位情窦初开的九江姑娘就恋爱了，与一位德国小伙子爱得要死要活。于是，她被遣送回国并开除了公职。我进武大的第二年春天，这位

“情种”持她表哥的信来枫园找我，告诉我她连续两年参加武大德语系插班生考试，成绩都名列前茅，可因为在德国的“历史问题”，政审通不过。我和我们班的作家朋友都为她打抱不平，说：“谈恋爱犯什么法呀？你赶快给刘校长写封申诉信吧，他一定会帮助你。”

第二天，她把一封经过我修改过的信送到了校长办公室。

一周后，她接到学校教务处的准考通知。当年，她以优异的成绩考进武大德语系插班学习。毕业后，她又如愿以偿地考回德国，追寻她的爱情去了。

现如今，还有几所大学，还有几个大学校长能用心去创作这样的故事呢，这正是刘校长的可贵之处。在当时的武大，那句“有困难找警察”的流行语演变成了“有困难找校长”。而且一找一个准。可以说，到我们离开武大的时候，关于这座校园的记忆，就被刘校长强化了。以至后来每每得到母校的负面消息，我就会想，如果刘校长在，这事绝对不会发生……

最强烈的一次联想发生在两年前。那一天，武汉地区所有报纸的头版头条都刊发了这样一条新闻：一位考生以一分之差落选武大，家长给学校送来一百万元人民币，希望圆孩子的武大梦，可学校拒绝了。

这样的事值得炒作吗？这种炒作给当事人将带来怎样的伤害？这件事对我的刺激很大，将我对母校的印象降到了冰点，如果刘校长在，会发生这种事情吗？直到现在，我都为那位学子和那位家长感到难过，甚至愿意以武大的一个校友的名义向他请罪道歉……

仔细想来，真正使我读懂刘校长，为他的人格力量所震撼的还不是这些故事，也不是作为大学校长的刘道玉，而是作为小学校长的刘道玉。

这是一段悲怆的往事。

从武大毕业后，因为留在了武汉，我与刘校长的接触却多了起来。他对我的事业、家庭，都倾注了父亲般的关怀。我们之间从相识到相知，能写一本厚厚的书。但在这篇短文里，我最想告诉读者和校友的，还是外界至今扑朔迷离的那桩公案：刘校长怎么放着大学校长不做，去做一个民办学校的校长，而这个学校却又以关门而告终？

我是这段公案的亲历者，我的儿子就在那所学校就读。我经历了事情的全部过程。可以说，正是这个过程，使我对刘校长的认识发生了质的变化：

刘道玉不是一个普通的大学校长，对教育，他倾注的是宗教般的虔诚。对如何办教育，他有着一套完整的理论，终其一生，他都不会停止为实践自己的理论而奋斗。为此，他可以做大学校长，也可以做小学校长。如果有一天，他当了幼儿园的园长，你千万不要惊讶，这才是真正的刘道玉。在他眼里，教育是神圣的，是没有高下之分的。他的这种思想境界，可以使人联想到孔子，联想到朱熹……

我曾亲眼目睹刘校长在操场上向几百个孩子发表就职演说的情景，这场面使我热泪盈眶。这些孩子多么幸运呀，一个名牌大学的校长，一位当代中国最伟大的教育家，居然也是他们的校长。这在中国教育史上是独一无二的。

我认为，这是刘校长作出选择的全部理由。

后来，当这所学校的投资人突然从人间“蒸发”，使刘校长和全校几百名师生面临绝境的时候，刘校长身上迸发出来的勇气、责任、魄力和智慧，再一次深深地感动了我。

按说，刘校长也是受害者之一，他完全可以同学生家长一起把投资方告上法庭，也可以选择逃避。但他没有这样做，非常时刻，他勇敢地站出来了。他把我叫到他的住处，郑重地说：“徐锋，你要帮助我处理好这件事。这几百个孩子和他们的家长，大多数都是冲我的名声而来的，我要对他们负全责。首先要安排好这些孩子的转学，确保一个都不能辍学。第二，要想尽一切办法为学生家长讨回血汗钱。”

第一条，在省市教育部门的配合下，很快就落实了。第二条耗费了刘校长整整三年的时间和精力。在这三年中刘校长就像当年回南通经商的张謇一样，为了达到目的，“为平生不为之事，伍平生不伍之人”。如果说刘校长这一辈子求过什么人的话，恐怕都发生在这三年中，我本人就曾拿着他的信去找过几位省市领导。这一事件给我最深刻的印象是：刘校长有强烈的身后意识，是一个真正的君子。

拜君子为师，与君子同行，自然是人生最大的幸运。我想借用董

其昌评价制墨大师程君房的语式,结束这篇短文:

百年之后,珞珈山上没有刘道玉了,但是有刘道玉的故事和文章;

千年之后,刘道玉的故事和文章也没有了,但珞珈山上一定有刘道玉的精神和思想。

徐锋,法号养道,1955年生于江西瑞昌,1987年考入武汉大学第二届作家班。《中国经济时报》资深记者,北京华严投资公司副董事长,中国佛教协会一诚老和尚的皈依弟子,长期追随老和尚从事慈善事业。

新生报到日

袁厚春

1985年9月15日，新生报到日，大学的节日，庙日。

欢迎你，未来的数学家！

欢迎你，未来的作家、文学家！

欢迎你，未来的工程师！

欢迎你，未来的无冕之王——记者！

……

25个系，25种炫目的头衔，同树上的彩灯一起闪烁在一车又一车新生和他们的家长面前。25种别出心裁的标志本系宗旨与目标的“图腾”或宣传画，排列在飞檐斗拱的古式体育馆门前，武汉大学各系的新生们，将在各自的“图腾”下签到注册。没有传统的锣鼓声，多台录音机争鸣竞响，圆舞曲、进行曲、迪斯科和流行歌曲混成一团，以立体复合音乐的强烈效果烘热了人们的心。每有一辆卡车从火车站或码头开进来，各系值班的老同学便呼号而起，立刻把卡车团团围住，写着各自系别的牌子一直举到车上人们的鼻子底下。每有一个人从车上跳下来，无论男女，下面总有几双臂膀接着他（她）……呵，亲爱的老同学，亲爱的新伙伴，你们真好！

中文系作家班的插班生们在一旁看呆了。虽然他们从参加考试起，已经到校半个月，却也是今天办理报到注册手续。他们也是新生,今天也是他们的节日。

严亭亭说:“咱们走吧,在这儿我老想流泪……”

来自西子湖畔的新生厉报汕也站在一旁,也在酸鼻子。“唉,我这会儿要是也站在车上该多好!”他太性急,提前五天就到校了。自9月1日,考上其他大学的同学动身报到起,他就度日如年。他反复研究自己那张录取通知书:“……请携带……于9月15日到校报到。”怎么是9月15日?该不是印错了吧?他做出种种设想,越想越可怕。记得收到录取通知时,几个同学曾约他出去游玩、庆贺一番。父曰:“不可!考都考上了,万一……”有理。要是没考上,没得到这张决定命运的纸片,万一被淹死、轧死,好像倒也罢了;而如今……可万万“万一”不得噢。如此看来,“万一”因迟到而被吊销入学资格,岂不更亏?于是,厉报汕偷着到车站买了一张去武汉的车票,回来宣布:“我明天就走,喏,这是车票。”突然事变!全家乱成一团。当采购员的姐夫只得也去买一张同车的客票,提前出趟公差,护送他去武汉;一怕他路途中可能生出的“万一”,二也怕校方真的把报到日期印错了。

“武大”又怎会把报到日期印错呢?刘道玉校长完全理解,武汉大学、我们的国家完全理解厉报汕们,以及更多的没得到录取通知书的孩子及其家长们求学若渴的心情,为多出人才、快出人才、出好人才,“武大”扩大招生,研究生、本科生、专科生、插班生、干修生、走读生、代培生、少年班……新生总额比去年多出一千人。于是,房子成了大问题。35℃~40℃的溽热之下,几百名建筑工人日夜赶建,四百名解放军战士奋勇助战,几百名教职员工也被动员起来义务筑路,还是来不及,于是新生报到日期推迟到9月15日。这些,自然是怀揣小兔的厉报汕们所不知的。

报到处昼夜值班。各路口十几处日用品销售摊挑灯夜市。武大所有能开动的大轿车、小卧车、大卡车、三轮摩托车倾巢出动,迎接每一班途经武汉三镇的火车、长途汽车和客轮。连手扶拖拉机也被开出来,往返体育馆与各宿舍之间倒运行李。

这一切,化学系新生夏新全都没享受到。他是他的60岁的老父挑着担子送来的。

七口之家的温饱之忧，使老人比实际年龄更显老相。据他儿子说，在接到录取通知书之前，好像没见过父亲的笑容。半年内，新全的妈妈先后请三个算命先生掐算过，结果没有一次是吉兆。如今，孺子成龙了，这对全家不啻是长征结束、革命成功！夏老汉破例慷慨它一回，请了三桌客。每有客人登门贺喜，夏老汉都要重复一次："人生四大喜：久旱逢甘霖，他乡遇故知，洞房花烛夜，金榜题名时哦！"此时，新全妈也彻底地修正了她的理论基础："你说怪不？从这孩子今年照的相，我端详着就好像要交好运！"

原定这天早晨五点半上路，全家人凌晨一点就起来了。赶早不赶晚，出门的老规矩。夏老汉自然要亲自护送，因为孩子没去过武汉，而他去过一次——40年前打短工的时候。亲自送，还要亲自挑担子，不让儿子沾边；还要亲自保存录取通知书、户口等一应"文件"；还要亲自办理报到手续。

"老大爷，您有什么事？"老师问。

"我来报到。"老汉急忙从贴身口袋里掏出"文件"递上去。

"你？……"

"啊，是我儿子报到。"

"你儿子怎么不来？"

"来了，我让他在外面看着东西哩。"

办完了手续，老汉又把扁担放在肩上。老师叫住了夏新全："你这个学生，怎么能让你爸爸挑东西呢！"而老人却仍像在家里一样护着儿子："不打紧，不打紧……我挑，我不放心他挑……"

这一切，都被夏新全以深情的笔墨，写进了他的大学生日记。他是个有心计的孩子，也一定是个好学生。

在这里出洋相的不止不谙世事的孩子，还有走南闯北、饱经世故的作家们。

登记注册头一道手续，是填一张"学籍登记卡"，其中的"家长"一栏，把一位部队作家"卡"住了：谁是我的家长？我的家长是谁？依循从实际出发、实事求是的原则，他即刻进行推导：第一，我上学之后家里谁掌权？第二，卡片设这一栏，无非是万一学生有事，例如生病或被

“局子”逮起来，好按表上所列家长姓名取得联系。那么，谁能负责承办一切？结论：爱人。

该同志满有把握地把表递上去，负责登记的干部却颇为惊讶：“你的家长怎么填成爱人了？”

该同志答道：“我爱人就是家长啊！”周围的人哄然大笑。这天本来就充满亲切、欢快气氛，作家班所到之处尤其如此，他以为大家笑他“气管炎”（妻管严），于是又补了一个小噱头：“刚提拔的新干部嘛！”

可惜，校方在观念上还不承认他新提拔的“家长”：“不行，要填父母。”

立刻，另一位作家犯难了：“父母去世了，怎么办？”

“那……”

唉，历来学生的家长都是父母。如今偏有一批为人父母的学生。“老革命遇到了新问题。”

也有既是学生又是家长的——经济管理系插班生彭南林。她是和10岁的女儿一起来报到的。她上三年级，女儿刘琳上四年级——“武大”附小四年级。

彭南林可说是“二进宫”了。半年前，她已从“武大”开办的经济专业函授班毕业，在此之前，她还读了两年“电大”课程。可以说，从她1966年初中毕业起，就一直在进行各种形式的业余学习。这期间，她由一个15岁的小姑娘长成大姑娘，结婚、生孩子，在汉口某工厂当了10年技术员，又当了半年办公室主任，但她总不满足已有的知识和作为。她决然放弃了办公室主任的职务，也就是说放弃了职务津贴、浮动工资和奖金共约50元的收入，以她35岁的年龄，背负着做母亲的责任，来当一名学生。母女俩睡一张学生床，与同室的四位十七八岁的姑娘一样，到食堂排队买饭，然后一起急急忙忙背起书包赶去上课。丈夫是一位在科研部门工作的工程师，为了他的研究项目总要到处跑。一家三口在共同的汲取和求索中享受着心灵的和谐与欢愉。

男同学纷纷慨叹彭南林难能可贵；病毒系29岁的插班生封秀红对她却羡慕死了。她的女儿才3岁，远在郑州，带不来。难为丈夫每天下了班还要到幼儿园去接孩子，父女俩相依为趣。临报到前几天，女儿每夜总要醒来两三回——摸摸妈妈还在不在身边。每想到此，她就忍不住躲到外边树林里偷偷哭一场。

但是，她不会走回头路。能得到上学的机会，多不容易啊！7月初，她从郑州赶到武汉来参加插班生招生考试，由于复习过度疲劳加天气酷热，她突患急症，昏迷不醒。武汉军区总医院立即施行抢救性大手术，下腹部切开一道8厘米的口子。要命的是，手术第3天——7月8日，就是全国统考的日子，而她按规定还不能下床！医生、护士和武大的老师们都劝她明年再考，可她绝不愿放弃这个盼望已久并为之熬过了多少个不眠之夜的机会。她要求在病房参加考试。武大的校长们经过专门研究，答应了她的请求。第二天早晨8点，在医院经过严格消毒的护士更衣室里，封秀红同全国的考生同时打开了庄严的试卷。她满头虚汗，中途服了一次止痛药，卧床喘息两次，才把试卷做完。

有这样的考生，监考老师感到骄傲；有这样的学生，武汉大学将引为自豪。

与封秀红的经历相比，21岁的安徽姑娘黄晚霞可太幸运了。她是免试特招的经管系本科生。圆圆的剪发头，天真而略带羞涩的眼睛，匀称的少女型身材……一群女学生走过来，你绝对看不出她有什么与众不同之处。但是她与众不同。她是闻名全国的巢湖市"晚霞种鸡场"经理，下辖5个分场，和一个年产100万斤的饲料加工厂，1984年产值20万元，1985年——如果她不来上学的话——预计产值是50万。她自办养鸡培训班20多期，向2千多人传授过她的经验和技术。她驾着摩托车，整天奔走在各分场与客户之间，指挥生产、管理和经营，并自购了放像机，把科学养鸡的全过程巡回放给各地的养鸡户观看。中央和安徽省的电台、电视台，《人民日报》、《光明日报》、《中国青年报》等二十几家报刊报道过她的事迹。如果说，3年前18岁的黄晚霞是个高考落第，为减轻家长负担才去学习养鸡的个体户，那么她如今已是响当当的社会主义青年女企业家了。1984年9月，她应邀到某市参加一个座谈会，一个信息使她耿耿于怀：安徽省要花数千万元从该市购进几千万个鸡苗。"我们安徽粮食丰收，农民卖粮难，为什么不能利用资源、引进技术发展自己的种禽业呢?”瞧,她已经站在整个安徽的角度上考虑自己的事业了。她激起一种强烈的创造欲望。就为这,她要上学。

1984年10月,黄晚霞在北京出席全国专业户座谈会期间,应邀到北大作报告,随口谈到了上学的心愿。赶巧武汉大学副校长傅建民在北京开会,听说此事,立即捎过话去:“如果你想上学,武汉大学欢迎你。”回到武汉,刘道玉校长听了汇报,立即派人请黄晚霞到武大作报告。黄晚霞来了。全校最大的教室座无虚席。师生们被她的创业精神和大胆而精明的经营方式震动了,纷纷上书校领导要留下她。这是最高明、最有说服力的考试,也正是刘校长的用意所在。于是当即决定:这个学生我们收了。

一个“收”字,使她的家庭收入每年要减少5万元不说,还要付学费,但全家却一致支持她上学。人的欲望除了吃喝玩乐之外,还有更高的层次,这是不能用金钱来衡量的。

照黄晚霞这样,看来想进武大也容易。反正是“开门办学”、不拘一格选人才,脑袋聪明的,混一混没准儿能混进来。

教务处来了个白白净净的小伙子,大包头,戴一副白边深度眼镜,提着行李,挎着鼓鼓囊囊一包书,颇有学者风度。

“我是广西作家,叫雪柯,是来武大作家班报到、上学的。喏,这是我的作品——”他随手递上一本打开的大型杂志。

让座。递水。交谈几句之后,教学科周科长又觉得有点异味……

“请您稍坐一下。”周科长出门去找肖爱琼科长,赶巧碰上作家班的几个同志,于是问道:“你们认识一个叫雪柯的作家吗?”

“认识。是柯云路的爱人嘛。”

“什么?雪柯是女的?”

“当然。”

“哎格妈妈的。”一向斯文的周科长忍不住骂了一句,转身把那位“广西作家”请进来了。“你再说一遍,你到底是谁?”

“我……”小伙子一见这阵势,鼻尖立时渗出汗来,提起行李就往门口退。

“你别走!”肖爱琼科长啪地一拍桌子,“你不是作家吗? 你看看这些作家是什么样! 不用亮你的大作了,先坐这儿给我写篇检讨……”

“算了算了。他够狼狈的了。”几位真作家倒劝上了。孔乙己说“窃书不能算偷”,他想上学,也可算是骗子里的有志者吧。但总的说来他大概是想上大学想迷了,连“自己”的性别都没搞清楚,就从广西大老远地跑来了,而且要进“作家班”。如果他知道“作家班”的学生是怎么来的,也许不致做出这等蠢事。

作家班的学生们大都是“文革”前“老三届”的初、高中毕业生,“文革”切断了他们的求学之路。他们大都发表过几十万、上百万字的作品,有的担任着省作协分会副主席的职务,不少人在全国得过奖,有着比较优裕的生活和写作条件,但他们还是要来同“孩子们”一起排队买饭,一起边嚼着馒头边赶往教室占座位……为了寻求知识,寻求发展和突破,他们心甘情愿地做着这20年前应该做的事情。

9月14日——报到日前一天,该是学校最繁忙的时候,刘道玉校长和三位副校长、两位党委副书记,还有教务长,花了整整一个下午与作家班座谈。倾听了他们的衷曲之后,主管教学的女副校长深沉地说:

“你们这个班的成立,富有时代的悲剧色彩。”

三天内新生报到完毕。这天晚上,中文系举行迎新晚会。师生聚济一堂,吟诗、跳舞、唱歌、说书……大多没有经过认真排练,但情感真实、热烈,更显出意趣天成之美。留学生们以他们的本国歌曲和半生不熟的中国话,赢得一阵阵友善的笑声。其中有位日本留学生、某大学的讲师站起来同大家见面。他鞠了一躬,自我介绍说:“今天我很高兴。我到中国来是为了研究古汉语语言——我的登记表是这样写的。其实我的第一个愿意——噢,愿望,是来看看中国。”观众哄笑起来,并伴以热烈的掌声——为他的友好、诚实和坦率。

作家班表演的是无伴奏合唱:《小小读书郎》——

郎里格郎里格郎里格郎,
小呀小儿郎,

背起书包上学堂。

不怕太阳晒，不怕风雨狂，

只怕老师说我懒呀，

没有学问呀，无脸见爹娘！

没有“学分”呀，

无脸见——婆——娘！

观众们开怀大笑，掌声、欢呼声经久不息。这个演员最多、时间最短的节目，把晚会气氛推向了高峰。

作家班演员们跳下台来，有几位绕到观众后面去，想借此平抑一下兴奋的情绪，同时也想立体地感受一下当晚的气氛。他们发现，学校和系里的几位政工干部都来了，在后面抽着烟，若无其事地踱着步子……

噢，作家们猛然明白了：今天是“九一八”……

“九一八”的夜晚，校园里桂花初放，暗香浮动，沁心润肺。中文系迎新晚会的节目演完了，本科生、插班生和包括那位日本讲师在内的留学生们，在欢快的乐曲声中翩翩起舞。

广场上正在放映国产新片：《流亡大学》。抗日战争年月，“武大”同影片里的“钱大”一样，曾经流亡四川……

密林深处，每座教学楼的每个窗口都射出明亮的灯光，高年级学生们在自习。据说武大教室座位与学生人数的比例是一比三，因此学生们放下饭碗就去占座位，一旦占上了，不到10点半你就甭指望他起来。挤是挤一点，但毕竟是一张平静的书桌。平静是多么宝贵啊！

（本文为作者当年发表的报告文学。）

袁厚春，男，汉族，1945年生，1963年参军，1966年加入中国共产党。曾任铁道兵文化部干事，解放军文艺出版社副社长，总政文化部文艺局局长，解放军艺术学院副院长。现为解放军艺术学院军事文艺研究所研究员。技术职称文学创作一级。政府特殊津贴获得者。中国文联第六届全国委员会委员，中国报告文学学会副会长，中国纪实文学研究会副会长，中国演出家协会副主席。

出版报告文学著作6部，代表性作品《省委第一书记》、《百万大裁军》、《河那边升起一颗星》等曾在全国全军获奖，其中《省委第一书记》获1983～1984年全国报告文学评奖第一名（以票数为序公布）。长篇传记文学《大投资家胡应湘传》、《一个参与创造历史的华人——司徒眉生传奇》均先后在国内和香港特别行政区出版发行，引起较大反响。在解放军文艺出版社工作20年间，组织、编辑了多部重要著作，团结、扶持了一大批年轻作者。担任总政文化部文艺局局长6年间，直接策划、主持了9项重大演出的创作、排演活动，包括全国双拥晚会等党、国家和军队最高领导人集体出席观看的庆典演出；发表多篇关于晚会策划与构思、小品创作等的理论文章。

湖山一梦系平生

野 夫

一

1978年我在鄂西利川一中应届毕业。半年前，这个国家刚刚恢复高考，每天仿佛都在发生大事。而在此之前，我还在考虑到何处下乡——而且开始情窦初开的悲惨早恋。那时的人似乎都很单纯，首先是女同学把我的情书上交给了学校，然后是天天写检讨，到校办罚站，之后是父母责骂殴打，最后是我自杀未遂。

醒来后为了表示我仍是个不甘堕落的青年，更为了心中那点自尊和硬气，我确实咬破手指写了个血书。一行字——不考上武大此生誓不为人。

那年，我16岁。

结果通知书下来，全校文科只考取了我一个。但悲哀的是，仅被录取到了华师恩施分院（改了四次名后，现在叫湖北民族学院）。于是，我拒绝去。家父怕我次年连这个也考不上，派人把我押解去了。因为与梦中的大学失之交臂，我很早就变得颓废而消沉。

三年的诗酒孟浪很快结束，毕业分回利川教育局。在山中小城打架结社,经常醉卧街头被清晨扫街的人喊醒。20岁左右的我,几乎很清醒地看见了我可悲的结局——从科员到副股长到股长到副科长到科长。最后的悼词是——该同志把一生献给了山中教育事业,享受副县级待遇……

那时,谁要提起"武大"二字,我就会生出腆脸赖活的羞愧。

二

应该说我的武大梦始于少年。那时虽然流行读书无用,全国在学张铁生和黄帅,但知书识礼的外婆却一直在对我进行理想教育。她来自江汉平原,也算书香门第,在那个知识有罪的年代,她似乎早已窥见了这个国家的未来。她所了解的只有武大,于是我也相信那就是唯一高贵的学府。更重要的是她的一个侄儿,我们唤做大伯的那个传说中的奇人,就在那里任教。准确地说正是这位大伯,更加激起了我对这所遥远大学的向往。

我从1979年起,即开始了与独身的大伯的频繁通信。他结束右派生涯后调到武大主编《美国当代哲学研究》,不断地从武大图书馆给我借寄各种那时山里没有的书读。我工作后假期常去陪他,他是40年代初的武大地下党学生,苏雪林的弟子,谈起母校来自然如数家珍。那时,武大刚好进入辉煌的刘道玉时代,大伯不断给我讲学校的各种变化,鼓励我来考研。我知道我外语不行,大约是没有机会来传承大伯的衣钵了。

那时,祖慰写了个报告文学叫《快乐学院》,记录的正是刘校长和一群优秀学生的故事,确实读得我心潮澎湃充满艳羡(那时真未想到几年后,我与这些神话般的人物,会有缘成为一生的知交)。仿佛老天要帮我了此夙愿,1985年大伯紧急来信,告诉我刘校长决定开招插班生,让我火速备考。浑浑噩噩的我,终于看见命运的转机在向我招手了。

考试是分为文化课和社会业绩。文化课我自然不怕,但业绩是比已经发表的作品。我是所谓"地下写作"的出身,变成铅字的有限,兼之只写诗，多半比不赢那些写小说的。幸好中文系主任白嶷岐先生和教务处领导於可训先生青眼相加，为我说项。1986 年，我终于成为中文系七个插班生之一，走进了珞珈梦乡。

三

所谓插班生，即按专科身份直接插进三年级，读两年，修满 125 个学分，拿武大本科学位。真正吸引人的是，一切享受同等待遇，档案调进学校，毕业重新分配——在那个年代，这就意味着是对人生洗牌再开新局的机会。否则，在人事和户籍制度奇严的当日，走出深山，还真只是一个遥远的梦。

插进三年级是指听课，在管理上则七个人单独编班，由丁忱先生做导师。丁先生是黄焯先生的关门博士弟子，章黄学派第四代传人，专治音韵训诂。我入学前在此方面有点基础，参与点校《黄焯文集》还能略尽绵薄，所以先生对我则向来宽容。应该说，当时刘校长所形成的校风，即是自由和宽容。

80 年代的武大，确显生机勃勃。各种讲座，各种学生社团活动，一大批活跃的中青年教师吸引着莘莘学子的眼球。今日已成名家博导的易中天、於可训、赵林、邓晓芒等，当时还都是讲师。由于我们可以跨年级跨专业选修，凡是好听的课，我们皆趋之若鹜。老师对我们这些已婚学生，多少有点法外开恩另眼相看——行动更显自由一些。那时的师生关系也比较好玩，似乎犹存《围城》中那所民国大学的流风遗韵。比如赵林先生下午讲社会心理学，中午就跑到我寝室来，开个午餐肉，我们就对酌几两，然后再飘然去上课。樱花时节，导师会带我们六男一女去游湖，然后诗词唱和。有次我和丁先生的春游诗同时发表在晚报上，先生看见后，会专门跑来对我说——还是你写得更有诗味。

入学未久，我就受一家杂志社委托，去随队采访长江漂流。一走个多月，整日飘在江上，系里却毫不为难。我选修了沈祥源先生的古代文体学，只交作业，未去上一回课，同学告诉我，每次沈先生都会问——那个野夫来未？我有些惶恐，结业考试是各交一篇文言文或诗词,我决定去面交并请罪,结果先生却说——我只是想看看你,你是我执教二十几年来古代文体写得最好的学生。这样胸怀的老师,你无法不肃然起敬。

我有个师兄王梓夫来自北京人艺,我们俩同时选修了一门话剧艺术课,讲课的是位满头银发的老先生。因为讲课举例多采自人艺的剧目,老先生知道梓夫在,每堂课休息都要过来问——我讲得对不对,你多指点。这种大学者的虚怀若谷,害得梓夫不好意思再去听课。

於可训先生和易中天先生,那时就算是中文系的王牌讲师,却是一点架子没有。於先生经常邀我去家里喝酒,谈些课堂上不便讲的话题。他是治当代文学的,国内的名作家多与之过从甚密,儒雅的外表里,却有着十分的血性。易先生则对我知遇多年,两年寒窗,与这些师长结下的竟是一生的胜缘。

四

因为是刘校长改革创新招生制度,破格把我们从社会打捞出来的,所以许多人视我们为武大的"黄埔系"。当然,校长也有几分偏爱。每学期初,会集中各系的插班生开个座谈会,校长亲自来训话。其他系的人数更少,但更是人中龙凤,有的多是各地树立的自学成才楷模,能被校长改变命运,心中无不充满感激。从今天的发展来看,多数人皆成了高知高干或高管,应该说,没有武大,也许大家还在混迹于泥涂。

校长对我的关爱,则可用天高地厚来形容。毕业后有几年,我曾经堕入人生的真正谷底。校长不断来信给我鼓励,甚至带着几个博士来探看,赠书送药,救我于绝望之渊。

当然,学校也有少数员工师生,对插班生是略有微词的——尤其对中文系。他们的理论自然是认为大学并不需要培养作家,总觉得这些散漫无行的所谓文人,不过是来混文凭的。临到毕业,都要论文答辩,不免有人想看笑话。我的论文导师是白嶷岐先生,选题则是"周作人晚期思想管窥"——我为这个著名的汉奸做了篇翻案文章。我私下先拿给於可训先生评估，於师内心比较认同，但担心太偏离主流话语，是否会在答辩时被发难。但结果白先生竟然也认可，论文遂得以顺利通过，后来还公开发表在南方一个大学学报上，算是未负武大两年诸位恩师的错爱。

毕业分配时，正好海南建省。我因不想呆在湖北，同时也想赶所谓特区的潮流，便向系里提出要求，希望能分到琼岛，或者就是西藏。系里尽量成全我们的梦想，于是1988年我又成了第一批赶海人。以后的命运则似波峰浪谷，几乎遍历了人间的五味百苦，此处就不再赘述了。但无论怎样的沮丧困顿，回忆起在武大结识的诸多师友，总觉得背后还有力量，还在支撑着我去面对悲苦人生。

野夫，学名郑世平，现年44岁。土家族。湖北利川人。武大84级中文系插班生。现为某出版社编辑，出版和影视策划人。

我与我梦中的那一座仙山

野　莽

作协会上听来的消息

21年后回忆起来，当初我上武大是个偶然。那年春天我去省作协开会，会上认识了青年评论家於可训，听他说起武汉大学招收插班生的事，又听说作家祖慰写了一篇采访武大校长刘道玉的文章，发表在《中国青年报》上，文章说的也是这件事情。于是就在会上，我对於可训说，我也想去上个大学。现在我得承认，那是我说的一句笑话，因为我知道在当时的教育体制下，我是不可能上大学的。我实际上只读过一年初中，不知道什么是物理和化学，数学只上到一元一次方程，俄语刚刚学会发出那个名字叫“得儿”的弹音，据老师说那个弹音连苏联的弗拉基米尔·伊里奇·列宁（乌里扬诺夫）同志都不会，我却费了老鼻子的劲把它学会了。然而就在这个时候，伟大领袖毛主席身穿草绿色的军装，出现在天安门城楼上，他搞了一个史无前例的无产阶级“文化大革命”，这场革命使一个15岁的少年在锣鼓口号声中泪水盈眶地离开了校园。

几年以后，同学中有的参军，有的招工，偶尔也有极个别走“狗屎运”的被保送上了工农兵大学，而我的父亲是当地一个极右的右派，中国历史上被称为极右分子的人，所有的阳光都照耀不到他可怜的儿子身上。有一次母亲要我去学木匠，师傅是一个没有当地户口的四川佬，当我去拜师的时候他突然变卦了，他听说了我的阶级出身，害怕收了我做徒弟，公社会把他驱逐出境。我只好老老实实地陪伴我的极右父亲劳动改造，始终保持着狗崽子的政治身份和初中一年级的文化水平。这样的一个半文盲，想上武汉大学，而且还要加塞儿插进大学三年级，可不就是说笑话。

问题是只有一面之缘的於可训，他把这句笑话当了真。公元 1985 年 3 月，於可训利用武汉大学教务处副处长的职务之便，居然真的给我报了一个名，然后写信催我，赶快把自己发表的作品寄到校方，参加插班生入校前的资格审查，他说如果通过第一关，下面还有第二关。第二关是正式考试，考上就没有第三关了。信中他说报名费三块五角钱，他已经替我结了账。

我回信感谢他，说要把钱寄还他，他说不用还了，还不抓紧复习功课。我突然地激动起来，并不是因为沾了於副处长三块五角钱的便宜，而是我从这三块五角钱的背后看到了一线隐约的亮光，我甚至认为文学评论家兼教务处副处长的於可训莫非通过我已经发表的大量作品，对我产生了一种应该走进武大的信心，不然他这三块五角钱岂不是白交了？

极右父亲平反以后，我们父子两个先后参加了工作，不过他叫恢复。我先是在银行，发表几篇小说以后调到文化馆，武大招收中国首届插班生的前一年冬天，又从县文化馆调到市文联。说是调动，其实是拦截，在我被邀请去为外地作者讲课的途中，刚成立的市文联派一位诗人在火车站把我拦截了下来。第二天我就在新的单位走马上任，领导和同志们希望我在那里安营扎寨，同生共死，却没想到人心是那么的不古，无非去省作协开一个会，回来人就发生了变化。

同年 5 月，命中注定，文联安排我到武汉出一趟公差，时间跟参加武大考试正好吻合，我不动声色，一到武昌就乘坐 12 路汽车直奔珞珈山，当晚住在一个位于半山腰上的招待所里。

未来的同班同学

珞珈山招待所里,已经提前住着不少从全国各地赶来应考的“举子”,红花丛中,绿树荫下,青石墩上,白泥路旁,早晚诵读之声不绝于耳。我无意中听到了一个小道消息,这个消息让我大为振奋,此次招生全国报名者有两万多人众,取得考试资格的一千多,仅中文系就是198个,如此说来我竟是百里挑一的人才了。接着再往下想我的振奋就渐渐地小下去,考试之后,中文系的插班生只会留下20个人,我不相信我能成为千里挑一。

有一个问题,我没想出解决的办法,於可训写信要我抓紧复习,但是要考的那些东西我从来都没学过,对于别人叫复习,对我应该叫从头学习才对头,我却根本没有从头学习的工夫。文联派人把我拦截下来,给我的工作是创办一份杂志,创刊号是我与那位诗人住在一家印刷厂的木板楼上编出来的,连编带改,还带校对,干到中途稿子不够了,还要我赶写三万字的中篇小说填补页码,那篇小说的名字叫《三浪人》。而这时候,准备赶考的举子们正把功课复习得如火如荼。

在我下榻珞珈山招待所的第二天,又来了一个赶考的“举子”,是我过去的一位好朋友。他去登记房间时女服务员说没有了,急得他团团打转。我要他先在我的房里歇着,我去对女孩儿讲解安排他住下来的重要意义。女孩儿破例答应了我,把留给别人的一间客房让了出来。是我掏钱替他交的房费,但是当我把钥匙交到他的手里时,他却愤怒地奔到服务台去,拍着台子大声质问她为什么又有房了?

女孩儿红着脸无言以对,向我投来怨恨的目光,她有理由认为我们两个阴谋策划,是在合伙算计着她。我不知道他们谁对谁错,也许错的是我,我感到欠了女孩儿的,总想对她解释但她再也不理我了,考试罢了我想去跟她告别,当班的却换了另一个人。到校后类似的事情在我这位朋友身上又发生了一次,把我弄得更加难堪,我开始研究人性里的一些奇怪成分,他的痛苦与愤怒源于尊严,可是我也需要同样的东西,于是我们开始疏远。

我的隔壁住着一个名叫曾静平的青年女诗人，我向她借了几本她复习罢了的书，我记得其中有一本是《文学概论》，还有一本是《古代汉语》。女诗人心地特别地善良，听说了我是“文革”中的初中一年级生，属于半文盲，就从中学语文开始，对我进行耐心的辅导，举例说那个“孕”字，最初的意思是十年乃子。我非常地感谢她，把她的教导牢记心中。

三个月后我们成了同班同学，我对她的报答方式是骑着一辆凤凰牌的自行车，把别人写给她的恋爱信安全及时地送达她的手里。因为很厚很重，只有爱情是沉甸甸的，我就知道里面装的是那个玩意儿，所以才会对她如此负责。20 世纪 80 年代，手机短信和网上邮件一类还没问世，异性恋爱的手段主要还是鸿雁传书。大学校园里经常有人丢失信件，那是一条唯一的红线，一旦中断后果不堪设想。我担心碰上责任心不强的书生柳毅，把我们曾静平的红线给传断了。

两年以后，曾静平与她的通信者在北京著名的东郊民巷举行了婚礼，并且把那个“孕”字落实在自己身上，有了一个宝贵的结晶。目前她是《中国共青团》杂志的总编辑，偶尔我还会见到她和她的丈夫以及儿子，偶尔我们还会说起珞珈山上的这段往事，偶尔她的脸上还会现出中国共青团员的红色笑容。

逃往珞珈山

在我住进珞珈山招待所的那几天日子里，我跟全国各地赶来的考生并不一样，我只能晚上看一会儿书，白天还得出去为我的单位文联办事。因为是出公差，身负使命，考试是我的假公济私，就像是搞地下工作，一切只能在秘密中进行。

很快到了考期，我记得那次考试是在武汉大学的一间教室里举行的，试卷一发下来我就急切地寻找我满心希望的两道考题，一道是解析曾静平教我的那个“孕”字，一道是写我本来就会的短篇小说。可惜我的拿手戏一个都用不上，因此我对这次秘密活动的结果表示忧虑。考试结束的当天夜晚我就打道回府，那晚我在火车的咣当声中终于睡了半个好觉，剩下的半个被邻铺的人给破坏了，他使劲地敲着板壁，把我敲醒以后才愤怒地指责，他说我的呼噜声大得整个车厢都能听到。我赶快道歉，说我已经好几天没睡一个囫囵觉了。

自从来到珞珈山后，我就再也不能忘记这里，这座美丽的仙山点燃了我心里的欲望，我惊讶地发现我原来也是一个有欲望的人。我开始夜里做梦，梦中出现奇迹，在2万多人报名，198人参加的考试中，我不仅榜上有名，而且还名列榜首。与最初的一句笑话和接下来的不作指望相比，我意识到现在的情况完全不同了。

我接受不了一个名叫“等待”的词语，我必须提前知道自己的消息，于是我给於可训写信，问他我的成绩到底怎样。跟考前的情况大不相同，於可训根本就不理我，也不提他替我交的三块五角钱，看来他已得知了我的糟糕成绩，自认这笔钱他垫亏了。我不甘心，听说中文系插班生的考试和录取是由校长刘道玉亲自坐镇，五名资深教授和文学批评家组成评委，进行综合分析和评定，五人小组里有一个是著名文学批评家陈美兰。我又给陈美兰写了一封信，继续打听我的情况，陈美兰给我回信了，只有一句话：“请你相信我们会做出公正的决定。”这封信回了等于没回，因为有我也是公正的决定，没有我同样也是公正的决定。

我还不甘心，又给方方写信，请她想办法打入内部，务必把我的情况打听清楚。方方是一个文坛女侠，人如其名，从来没有半点圆滑世故。在我发表处女作《这车好炭》的第二年，她的处女作《大篷车上》产生了更大的轰动，当时我是银行的信贷员，她是武汉大学的在读本科生。武汉大学一直把写《大篷车上》的方方和写《大学生宿舍》的喻杉视为武大的文学双骄，我们的关系不错，我觉得她一出马，有可能会把我的事情搞个水落石出。

果不其然，几天后我收到方方欣喜的回信，她化装成回母校看望老师的样子，把我的情况打探清楚了，她说我是前五名种子选手之一，这次肯定是跑不了的。不过她叫我千万不许告诉别人，这事只有五个评委知道，一说出去老师就知道是她泄的密，以后就不再信任她，她就不能再打入内部探听情报了。

我大喜若狂，这才明白我亲爱的朋友於可训为什么不理我，我尊敬的老师陈美兰为什么回我那样的信，原来他们是要严守机密，不能敞气，一定要等到开饭的时候再揭锅盖。但是他们没有想到，这个锅盖却被方方给提前揭了。我立刻出门买了一根绳子，回来插上房门，练习把铺盖打成红军那样的井字形被包。接下来我要做的工作，就是怎样取得我新的单位领导的同意。

市文联主席是个老作家，一听这个消息他就慌了，他说文联好不容易派人把我拦截下来，只管了半年时间就走，市委宣传部向他要人怎么办，能不能过两年后再说？我说不能，双方僵持了一个多月，我说我情愿辞职，请他把我的档案、户口和粮油关系还给我。20 世纪 80 年代，这是我们中国绑架人才的三件法宝，这一次临到他说不能了，他说一件也不能给，辞职也不给。

就这样眼看要开学了，眼看开学两个多星期了，武大学生科让我们班的同学给我传信，本周以前再不能来，校方就要除名了。我做出一个大胆的计划，谎称要取一点粮票作出差之用，从掌管集体户口的办公人员手里骗来了户口簿，然后带上武汉大学寄来的入学通知书，到街道派出所去转户口和粮油关系，至于档案，只能等到下一步再说。我记得那天值班的是一个漂亮的女户警，她首先对我表示了祝贺，接着告诉了我一句要命的话，她说因为要枪毙一个犯人，本区所有的户籍关系冻结一周，请我等到一周以后再去找她。

我觉得这是有人站在天上故意地耍弄我，一周以后我已经被校方除名了。我一天也不能等，离开女警，当天晚上我独自喝了一瓶啤酒，一不做二不休，别的什么都不要了，只背着一床被子和一捆书，仓皇登上了去往武汉的火车。

一屋五个女作家

第二次来到珞珈山上，这次我是以学子的身份，果然是插班生，一来就上三年级。我谢过了对我隐瞒真情的陈美兰和於可训，知道五人小组除了他们两人，还有中文系副主任白嶷岐，系党总支副书记郑传寅,中文系主任、博导王文生教授。本班最后录取的十七人中,我名列第三,第一名是个天外来客,以后我会提到他,第二名周百义,第四名龚绍东,第五名陈应松,这大概就是方方信中偷偷告诉我的五名种子选手。还有我过去在作协文讲所时的同学,周元镐,张法德,王伟举,宋骥弘,此前都已在湖北文坛头角峥嵘。

宋骥弘是一个彪形女汉,全班总共有五名女生,被集中分配在桂园二舍,但是宿舍门上只贴着四个芳名,单单少了宋骥弘的,原因是她威烈雄壮的名字使行管处误以为是一匹高大的儿马,安排宿舍的时候把她和男生分在一室。报到以后,入睡之前,她忽然发现下铺是男生王伟举,于是火速找人更换。宋骥弘习惯拍着我的肩膀喊我哥们儿,发音粗壮,蠕动的上唇好像还有些许淡黑色的小茸毛,我曾经怀疑行管处并没有错,她的确是一匹儿马。但她毕竟是个女性,偶尔也撒一撒娇,有一年她来北京考博,我没顾得去看她,临走时她给我打电话说,"我只要求你到火车站来送一送我,这个要求不过分吧?"

我只是觉得那位来自武汉的头名状元有些可疑,此人的名字过去我从没听说过,直到毕业前夕,这位神秘人物方才遭到知情人的举报,原来他是一个杰出的魔术师,当初采用了一种高科技的手法,把很多人的桃子都摘下来拴在自己树上,把自己的枝头压得沉甸甸的。查证落实以后,校方将他一举开除。周百义排在他后,此前已出版了一本小说集,而我则在《人民文学》等期刊上发表了三十多万字的作品,有的并被转载和获得省刊奖,加上考得也还不错,伪状元被开除以后,我俩当时应该是全班成绩最好的。现在的周百义是中国出版界的首席大腕,真正的版坛翘楚。不过他说最终还要写书,写一本别人担心连大腕和翘楚都出版不了的书。

由于迟到了近20天,我的各门选修课都不得不从半途而始,同学们见义勇为,争着要我照抄他们的听课笔记。班上有一个笔名叫石川的小女孩儿,本名吕新琼,女生都昵称她琼琼,我也跟着如此称呼。这是一位天分很高的童星,17岁发表获奖小说《我长大了》,其实她接着又长了几年,还是没有长大,虽说考取的是中国首届插班生,但比同年级年龄最小的普通女生还小一岁。她还会一种名叫吹画的艺术,把七彩颜料洒在一张铜版纸上,用嘴给人设计杂志的封面。她的眼睛有点近视,不过我喜欢近视的女孩儿,原因是她们的眼睛里永远充满求知的渴望,并且容易忽视对方的缺点。

小琼琼负责教我英语,甚至还替我做过几次英语作业。她的英语自然是不错的,毕业以后她在北京外语学院教外国留学生汉语,我去看她,她送我一本她的教材,中文版《圣经》,然后留我吃饭,却提出用AA制,就是自己付自己的钱。我很生气,责备她跟她的老外学生学坏了,吃完饭一分钱也没有付。有一年,她带着一个俄罗斯学生到我家过年,那个学生可以做俄罗斯总统普京的特型,会打麻将,老赢我爸妈的人民币,自己的卢布一个没动。走的时候我送他们出门,我说了一句"达斯尼达亚",还故意把舌尖抵着上牙玩儿了一个弹音,把师生二人愣在了马路上。小琼琼睁大求知的眼睛望着我,她不知道我学过俄语。

她向她的学生学习法文,在巴黎待了几年,现在是法国航空公司的总裁助理,在太平洋的上空飞来飞去。本世纪初,我在法国一家出版社出版了三本小说,样书寄来,我一个字也不认识,书上又没印上我的照片。我送给这位飞来飞去的人儿一本,问她这本书是不是我的,女飞人回答的话吓我一跳,她说这样的书她也能够翻译。以后她在网上给我写信,我的回信她却老收不到,原因是法航公司注册的邮箱不识别中文,她埋怨我为什么不用英文给她回信,她教我的英文都忘了吗?或者用法文也行呀!最后我用附件的形式给她回了一封信说,在这个问题上我俩也是一个在天上,一个在地下呀。

曾静平继续为我补课。那年有一个名叫张行的歌手,唱了一首名叫《迟到》的歌,曾静平很喜欢唱,这首歌子的最后一句是"噢,谁叫你迟到",男生们听到这里就起哄,说她是唱给我听的。我不熟悉歌词的内容,傻啦巴唧以为是说我迟到了两周半,差点儿被学校除名的事。还有一个比吕新琼大,名字也叫琼的女生洪琼,是一位长江轮船上的女作家,她觉得对我没有别的什么可教,就只好努力地教我跳舞,舞姿像船儿在长江的风浪中航行。在这方面我表现得很笨,总踩她脚。

洪琼长得漂亮,20世纪90年代,我带她去见住在中央民族学院的冰心奶奶,冰心奶奶一见面就喜欢上了她。临走时冰心的女婿陈恕给我们拍照,一般来讲,设计这幅照片无非只两种方案:A,冰心坐在中间,我和洪琼分坐两边;B,冰心坐在前面,我和洪琼站在背后。然而冰心太喜欢她了,而且存心气我,我已经在她身边摆好了姿势,她却把我推起去说:"不行,我跟她两个人坐在前面,你一个人站在后面!"于是她把洪琼搂在自己身边坐下,让我像卫兵一样在后面笔直地站着。

这可能是洪琼这辈子最得意的一次,出门后笑得像一只小母鸡下完了蛋,说我过去太嚣张了,这下子总算是受到了挫折。现在她成了曾静平的同行,担任着一家杂志的主编,我们有很多年没有见面,据说她已经长得比较福态,又据说她已经福态得跳不动舞了。

第五位女生名叫华姿,性情安娴,貌似修女。但她偶尔也有激动的时候,有一次她跟洪琼争论小说家、散文家以及诗人谁更了不起的问题,两人相持不下。我们都坐山观虎斗,看这两只可爱的雌虎谁胜谁负,没人给她俩做裁判,因为我们全班分别属于那三个品种,于是争论的结果是没有结果。

这引起了我拜读华姿散文的强烈渴望,她的散文写得宁静而又圣洁,闪耀着一种宗教的光辉,使人想起泰戈尔的诗句和纪伯伦的哲言,我认为她是中国当代最超然的美文家,在散文领域无人替代,相当地令人景仰。

桂园四舍和小说作坊

男生住在桂园四舍,我最初的同室是陈应松和简兆麟,还有那位神奇的魔术师,一个个都身怀绝技。陈应松在写作之前要打开他的那个破收录机,然后在摇滚乐中用左手写短篇小说,这时候他完全沉浸在了欢乐之中。不过他常常会在半夜里突然忧伤起来,说他的弟弟在前线跟越南人作战,担心会有伤亡。我就安慰他说不会,预言他英雄的弟弟不久就会活着回家。他高兴极了,光着身子跳到地上,黑灯瞎火地跑过来跟我握手。

其实我在安慰他的时候,我的心里比他痛苦得多,事情竟是这样的巧,我也有一个弟弟在外面生死不知,那是极“左”时代遗下的罪孽,我心中永远的伤痕。父亲被打成右派之后,母亲怕我的小弟弟跟我一样也沦为狗崽子,就把他送给了一个贫下中农。二十年后父亲平反,贫下中农也有了自己的儿子,又完璧归赵地送他回来,可他哪里还是一块完璧,他的性格已经彻底扭曲,他恨母亲,离家出走,后来精神分裂,最终浪迹天涯死在异乡。我没把这事告诉班上的任何一位同学,直到今天他们谁都不知道,因为不用告诉别人,只要自己何时想起,心里都会立刻开始流血。在桂园四舍的每一个夜晚,我的灵魂都在遥远的地方寻找着他。

简兆麟相貌奇异,瘦骨嶙峋,以指关节重叩其背,室人疑似有来客敲门,接着会油然想起李贺的诗:“向前敲瘦骨,犹自带铜声。”我无端地觉得凤雏先生庞统可能就是这个模样。相书上说此类人能通鬼神,果不其然,他讲起土家文化、巴文化、巫文化和易经以及中医等,那是相当地滔滔不绝。他还会唱京剧,在一次联欢会上,文体委员小琼琼嫌我五音不全,不许我大声发力,而要老简唱主打,那是京剧《红灯记》里李玉和的一个精彩唱段,高潮部分是那句著名的“甘洒热血写春秋”,唱完就是一阵仰天大笑。

我们都盲目地迷信老简,满以为他会镇别人一下,谁知道那天晚上发生了意外,老简抖擞精神,唱到“甘洒热血”的时候,伸着一根细脖子上不去了,小声嘀咕了一句“我不行了”,后面练了几天的仰天大笑也就从免。晚会结束我们都很失落,从此老简在班上威信大减,好一段日子都抬不起头来。

周百义是一个刘皇叔式的英雄,早期的玄德公,他不参加任何一场激烈的辩论,笑看群雄逐鹿,战争风云,心里早已打好了自己的算盘。这种人物太可怕了,具备中国历史上所有成功人士的先天涵养,以及历经磨砺之后炉火纯青的处世艺术。他送了我一本他写的研究《忍经》的书,令我大加佩服,决心好生修炼。公元 1986 年的暑假期间,我去湖南张家界参加一次小说笔会,在山下买了一块刻着“忍”字的石头,带回来供在桌上,天天对着它看。但是有一天,有人当着我面污辱我的一位朋友,我终于忍无可忍了,拿起这块石头差点砸破了他的脑袋。

百义永远不会这样，他又并不是胆小怕事，一旦大权在握他的胆子大得要命。他现在是长江出版集团的总指挥，一次又一次在长江水面卷起惊涛骇浪，连我都在为他担心，他却坐在一只小舢板上一颠一簸，始终也没有栽进江里。

我们这间宿舍被人称作小说作坊，每天一下课我们就面对面地坐着写小说，抽烟，喝红星牌奶粉。陈应松目前是中国当代文坛最优秀的小说家之一，简兆麟则沿着他的杂家轨迹一路飚行，天文地理无所不知，经常也会抛出一部砖头厚的长篇小说，向世人昭示着他思维的怪诞与诡谲。

在这间小说作坊里，我总共写了六部中篇，短篇不计其数。那些作品 21 年后偶尔回眸，有一些依然能够感动自己。中篇《父亲》是为了纪念我与右派父亲以沫相濡的苦难岁月，离开武大以后才发表出来，在那期刊物的卷首语里编者这样写道："野莽的《父亲》使我们激动不已。它在淡淡的苦味中让人体会到一种乐观、坚忍、刚毅、遒劲的人生格调。几年来很少读到这种在拂尘见珠式的审美经历中产生的展示民族心灵的作品了。"

两篇惹事的小说

《大学生三重唱》是我的另一部中篇，在《长江文艺》上发的头题。那是我第一次写大学校园，小说里写了几个真实的事件。在讲台上，一位年轻的讲师突然倒下，几天以后传来死讯；同样在讲台上，一位老教授讲乐府民歌，讲到"揽裙脱丝履，举身赴清池"这一句时，痛哭流涕，说是"我讲不下去了，下课"。小说发表以后有人反映到学生科，说我是想暴露青年教师生活境遇的恶劣，嘲讽老教授的迂腐可笑。并且对号查证，指出那位当堂痛哭的老教授是教先秦文学的蔡守湘，把小说拿给蔡教授看。

没想到蔡教授非常喜欢这篇小说，也非常喜欢我这个学生，到校以后我选修了他的先秦文学，每节课都坐在最前排，第一次考试我得了一百分，比全班所有的人，包括教我古汉语的曾静平都高，学习委员周百义很不服气，说语文是不可能得满分的，肯定是蔡教授老眼昏花给打错了。蔡教授看完我的小说，闭上眼睛想了一想，眼前出现了我虚心正直的音容笑貌，于是他喘着气，用抑扬顿挫的湘音表了一个态说："他是说我的好话的，这我还看不出来？"

池莉是我在省作协文讲所时的同学，杨书案是我的朋友，为了我和一个名叫"水仙子"的漂亮寡妇，他们二位蒙冤负屈，我的心中老大不忍。池莉在文讲所的时候遭受打击，一度处境非常艰难，她相信我是一个明辨是非的正人君子，分别时给我的留言是"我敬重和信任你"。此时她的境况刚刚好了一点，却又被我这个被敬重和信任的人给害了。很长一段时间我都心怀不安，惟恐她又会因此陷入泥淖，要是那样我真是罪莫大焉。

后来摆平此事的方式，是主编杨书案离开《芳草》杂志，白手起家，去创办了一个武汉文创所。这件事情反而成全了杨书案，从此他再也不理那些攻击我们的左派了，他关起门来专跟圣贤对话。老子，孔子，庄子，孙子，韩非子，他笔下的百家诸子一个一个以全新的神采走向海内外。20 世纪末，经我推荐，他的《老子》和《孔子》被翻译成英、法两种文字，出版发行到欧美二十多个国家，大受欢迎。我们成了忘年交的文学知己，以后无论他走到哪里，新加坡、海南、武汉、北京，他都要给我打来电话，我还会主动提起我的《水仙子》。

龚绍东是我的第二轮同室，英姿勃发的军队作家，两年以前发表了获奖小说《他，就这样走了》，那时他没想到两年以后，他自己的情况是把小说的题目改一个字。这是一位有领袖气质的通才，缜密的逻辑思维和清晰理性的表述让人无懈可击，在小说创作上他要么出手不凡一枪中的，要么酷似一心要获取巨兽的猎人，宁可作长年孤寂的蹲守，未来应该是梅里美式的大作家。还会唱歌，打球，其白嫩细腻的皮肤让全班所有的女生望尘莫及。

而且他还会包饺子。有一年我去他家，他在外面买了荠菜回来给我包饺子吃，那晚我要坐车返京，眼看时间就要到了，他却不许我吃快，吃慢点吃慢点，他一次又一次地叮嘱我说。我知道他是要我好好品尝他的手艺，就咬着牙，宁可误车也要吃慢，不然对不起他。吃完饺子赶到车站，进站口已经开始剪票，再慢一点火车就开走了。隔着车窗我看见他站在月台上，脸上露出幸福的笑容，因为我是吃了他亲手包的荠菜饺子才登上的这列火车。

毕业以后他分配到H省社会科学院文学研究所。让我颇觉意外的是，他后来竟然反串角色，从文学研究所的副所长摇身一变，成为工业经济研究所的副所长，还兼任过多家大企业的顾问，给许多企业都作过成功的策划，在当地是被人称道的企业战略专家，俗称企业军师。去年他送了我一件用黄豆做的衣服，那是高科技企业对他的谢礼。不过从狗年起，他决定把发福的身子再摇一下，把远去的角色变一半回来，来它一个双重奏。我认为他最终还会是梅里美。

另一个小同室叫李云贵，训诂学与《诗经》的醉心研究者，我们叫他阿贵，他的娃娃脸像一只上了釉彩的紫色陶罐，日夜闪放着迷人的光芒，我常常看着他如醉如痴。每天晚上熄灯以后，小阿贵要给我讲一分钟的训诂学，他必须在黑灯瞎火的前提下才能演讲，不然他紫色的釉脸还会变红。他曾经在训诂学上帮我挣了两个学分，这件事差点儿被我忘了，可他死死地记着，听说我要参加这次征文，他打了一个很长的长途电话过来，再三要求我把他写进去，我答应了。

我记得更清楚的是另一件事。临到要毕业了，小阿贵的夫人给他生了一个儿子，捷报传来，把他激动得语不成声，强烈要求我和绍东给他儿子起一个好、好、好听的名字。我说你是珞珈之子，你儿子是珞珈之孙，他的名字就叫李珞珈吧，后来他的儿子就叫了李珞珈。

小阿贵后来成了训诂学与《诗经》研究领域的一匹黑马，发表了大量的考证文章，只要有人提到相关话题，他一向谦恭羞涩的语调顿时会变得激昂起来。有一次他给我打电话来，我们谈到《诗经》中的那个“且”字，我说李敖考证它在这里是鸡巴的意思，完全是想语惊四座，哗众取宠，其实它就是一个语助。阿贵听了沉思良久，后来表扬我说，你的进步很快。

我喜欢的老师们

我得承认我在学分的问题上不够严谨，课也听得自由散漫，当时我有这么一个观念，觉得我们既然是一个特殊的班，学习方法当然就可以特殊。因此有的选修课我只听过两次，觉得不能给我带来心理上的快感我就会不高兴，有一位讲《红楼梦》的教授，自始至终两只眼睛望着天上，好像随时等着又掉下一个林妹妹，还有一位讲古代文论的教授，他的锯木头一样的发音让我跟他一道备受折磨，这样的课后来我就不再听了。可是相关的考试我还得参加，不然学分不够，我们当时是学分制，刘道玉教学改革的内容之一。

我记得有一次考古代文论，本课主讲发现考场上坐着一个似乎未曾谋面的人，强烈的自尊心受到刺激，当场就与我发生争执。他用锯木头的声音向我发难，我的解释却是，我考的是古代文论，而不是某位教授的古代文论，我完全可以采取读书以及参考他人笔记的方式。这事在当时几乎成了一桩大案要案，一直闹到了中文系，最后由我的导师陈美兰、白嶷岐副主任从中调解，方才大事化小，继而化了。

易中天应该是春秋战国时期的一位辩士，苏秦张仪者流，如江滔滔，如日中天。他创造的演讲艺术是把最古老的文化用最时髦的术语，最神圣的事件以最滑稽的论调表述出来，达到一种陌生化的效果，并且冷面不笑。这是一位喜剧作家的天生资质，同时是一个思想者、怀疑家、教唆犯，他对历史、史书和历史名著中的人物的分析，使人下决心对整个世界都重新思考一遍。我为武大中文系有这样杰出的讲师而不是教授感到骄傲。20 年后的某个中午，我无意中在电视“百家讲坛”中发现了易中天，心中为母校的骄傲再一次油然升起，但是当字幕打出他的头衔的时候，我愣住了，他成了厦门大学的著名教授。

我心中的骄傲早就走了，不知道易中天是哪一年跳的槽，为什么他要离开那座仙山。他是 20 世纪 70 年代中国恢复高考制度以后考取的武汉大学首届研究生，毕业应该分回发他工资的新疆，是刘道玉用五个本科生与新疆进行交换，把他留下任教。如果刘道玉仍然是武大的校长,他的才华还会受到漠视,还会长期是一个讲得好的讲师吗?

李敬一和刘晨峰也是两位优秀的教师,同时是两位美男子,区别在一个面若重枣,一个白脸无须。前者在我进入武大之前就写过我的小说评论,我那篇小说的名字叫《尖尖儿棉靴》,所以在课堂上一见面,他就视我为比别人更亲近的朋友。在"百家讲坛"发现易中天的前后,我也发现了他,讲的是神形枯槁的屈原,自己的脸色却依然像关羽一样鲜艳,字幕上打出的是武汉大学教授、博士生导师。刘晨峰只是一位青年助教,他主讲外国文学史时竟然"孟母三迁",最后迁到全校最大的一间教室,门窗外面还是站满了他的粉丝。可惜离校以后我们再也没见过了,后来听说他去了美国,有一次我在书店里看到了这个名字,不知道是不是同名者。

还有一位讲古希腊哲学的邓晓芒,残雪的哥哥,他的课堂风格是面无表情,波澜不惊,站在那里像一尊穿衣裳的古希腊雕塑,也是瘦伶仃的。但是顷刻之间,从他嘴里嘶嘶啦啦地吐出一个又一个古希腊哲学家的漫长的名字,这些名字互相近似,一不小心就串帮了。后来我认识了现代派女作家残雪,才知道她受了她哥哥的诸多影响。邓晓芒那时也是讲师,多年以后他成了教授、博导,忽然有一天,我在报上看到一个震惊全国的新闻,这个雕塑一样安静的人,他的六个优秀的博士生因为没把论文发表在国家指定的杂志上,因而不能取得博士学位,他疯狂了,以古希腊英雄决斗的方式发表了一个声明,然后愤然弃剑,辞去了博导身份。

当时我在千里之外的北京想到,如果刘道玉还是校长,那六个博士的头上会不会戴上有穗儿的帽子,那尊古希腊的雕塑的胸前会不会也佩上一枚奖章呢?

最令我感动的是蔡守湘,那节课他讲孔雀东南飞,讲到焦仲卿妻之死,当时的情况跟我小说中写的一模一样。老教授为那个汉代的弃妇哭得一塌糊涂,他把肥胖的身子趴倒在讲台上,喘着粗气,哽着喉咙,他说:"呼哧,我讲不下去了,呼哧,下课……"那次下课提前了十分钟,老人家的确讲不下去了。

很晚我才知道蔡教授去世的消息,我很难过。我的眼前立刻又出现了一位曾经给我打一百分的，肥胖而又善良的老人，他趴在讲台上流着泪，喘着气说，我讲不下去了……

白嶷岐教授儒雅的风度给我留下了不灭的印象，他是整个武大中文系里唯一能把普通话说得如此之好的学者，我们都喜欢听他对现代文学的精彩演讲。如果穿上长袍，搭上围巾，他应该是20世纪20年代的创造社和太阳社的成员。惊考事件发生以后，他带信让我到他的家里，跟我有过一席长谈，我才知道他是在暗中关注着我的。北京《新文学史料》杂志的主编胡德培跟他在通信中还谈到我，谈了一些什么我不知道。胡德培是一位资深编辑和文学评论家，创刊不久的《小说选刊》的特约荐稿人，曾经推荐过我发表的小说《醒悟在哀乐声中》，我们互相并不认识，后来我被分配到中国文学出版社，到了北京他才对我说，那时他很想让我去他所在的人民文学出版社。

郑传寅的风格与白嶷岐截然不同，激烈，尖刻，犀利，因为我们班上的一个同学犯了不可饶恕的错误，在全系大会上他用杂文的语言批评了我们全班，引起其他班级的大笑大叫和雷鸣般的拍桌声。当时我们都很愤怒，我差点儿要站起来与他辩驳，是坐在我身边的龚绍东按住了我。回来后我们要召开记者招待会，发布这条集体受辱的新闻。但是最终，冷静以后我们还是理解了他，并且因为理解而原谅。的确是我们的同学做得不对，不是不对，是太不对了，他作为系里的党总支副书记，是要代为受过，并且要对此事负责任的。

我们师生之间保持了两天沉默，接着又恢复了往日的气氛，他可能听说了我那天要拍案而起，对我的态度并无异常，反而在一次课堂上极其欣赏地讲到我在一篇小说里对中国传统服装的描写："裤裆很散漫，领口却很保密。"那篇小说的名字有一点长，叫做《市长和总统和疯女人和死男孩以及六十万朵纸花》。堂下又是一片大笑。

我明白了笑声的起源，他其实也是一个喜欢幽默的人，幽默的同桌却是讽刺，是我们的同学伤害了学校，把他给气昏了头，匆忙中他才拿起竹竿扫了我们一船。后来我们的关系一直友好，我到北京以后还给他写过一封信，忘了是否谈到领口和裤裆的问题。

去作协领工资

我跟全班的男生和女生关系也非常友好,21 年前我是一个帅哥,生性鲁莽,憨态可掬,同学们都乐意跟我交往,那时候我们还成立了一个白校徽文学社,大家推选我当社长。省文联赞助了我们两千块钱的活动基金,大约相当于目前的四万元,由我亲自掌管着,大家按期聚在一起讨论创作,讨论完了一齐动身,去找一家馆子吃饭。

武汉大学的门口有一个名叫"闻香下马"的馆子,我们多半把饭局设在那里。而在四月樱花开放的时候,我们就把沙龙搬到了万紫千红的樱花园中,便于大口呼吸新鲜的空气。

校园的气氛一直是宽松的,开放的,自由的,52 岁的校长刘道玉向我们呼唤着,要把武汉大学办成一所"快乐学院"。我们是这个号召最坚决的响应者,在过去的日子里我们失去了太多的快乐,因此我们比别人更加热爱快乐,也正因此,我们比别人更加热爱我们的校长。

然而很快我就快乐不起来了,我从原单位仓皇出逃时,随身携带的钱和粮票都用完了,马上就没有了吃饭的资本,白校徽文学社的两千元基金在我手里,那是公款,我一分都不能动。原单位自从我走那月就扣发了我的工资和粮油,他们的战略战术是逼得我粮尽弹绝以后,为了活命不得不回去向他们检讨认错,承认自己是一个无政府主义者,然后根据我的表现再作出决定,是否给我重新工作的机会。

我决定不让自己落到那个地步,这时候我想起了一件事,在我考上武大之前,省作协给我寄来一封打印盖章的信,通知我已成为省作协第一届合同制的专业作家,从本月起在作协领取工资,信上的落款是省作协文学院,签字是院长徐迟。当时我选择了武大,放弃了作协,现在为了吃饭,我就忽发奇想,能不能又在武大又在作协,又当学生又当作家,把作家的工资领来,在学生食堂里吃饭,问题不就解决了吗?

我又骑着那辆凤凰牌自行车,从珞珈山到水果湖,去作协找给我写信的老诗人徐迟,把我的想法提了出来。徐迟对我不去文学院是有意见的,他说当时要你来你不来,现在上了学你又来,你来了只怕学也上不好，作品也写不好，专业作家是有任务的，每年至少要在省市以上刊物发表十万字的作品。为了生存，我对徐迟吹牛说，你先让我当着试试，完得成我就当，完不成我把工资全部退给你。徐迟是个浪漫的诗人，他对吹牛有一种本能的好奇，于是他就答应了我，并且对我拭目以待。

从此作协发工资的日子，就成了我的自行车越野赛，沿着从珞珈山到水果湖的小道一路飚奔。我终于又有饭吃了，但我没有欺骗徐迟，领取作协工资的第一年，上课之余，我在省市以上刊物发表了十七万字的作品，超额七万，比其他不上学的作家还多，其中一篇小说被选刊转载，另一篇小说获了一个青年作家奖。徐迟的眼睛笑得看不见了，让我接着再当一年。

这是一个难忘的好老头儿，几年后我在北京听到他坠楼自杀的消息，眼前立刻浮现出那双笑得看不见的眼睛，那是一种真正的笑。他应该一直这么笑下去，不应该选择另一种表情。

喝醉了一次酒

在武大读书期间，我们可以自由地参加校外的文学活动，只要有人邀请，给系里打个招呼就行了。有一次湖北作协组织了一支小股部队，从武汉到长沙，跟湖南作家会过了晤，然后拨转马头，直奔湘西，经猛峒河、索溪峪、王村、天子山、张家界、金鞭溪、狮子寨、奇梁洞，开往沈从文的老家凤凰，去瞻仰他笔下的那座不朽的边城。那次我们班上去了三个人，於可训也去了。我们专门不坐火车，而租了一辆小面包，沿着一条山间公路向前挺进。

驾驶小面包车的是一个 18 岁的湘西女孩儿，是个体户，刚学开车，技术实在是差，胆子却大得要命，一路上把车开得风驰电掣，东倒西歪，吓死个人。一天晚上，车子开进一座大山里熄了火，动都不能动了，四面漆黑，能够发光的只有两个黄车灯。我们问 18 岁的女个体户这是什么地方，她用湘西话回答说，乌龙山你们为么事都不晓得？车上的人大惊失色，因为不久前看过电视剧《乌龙山剿匪记》，演的就是这地方的事。

果不其然，黑暗的空谷里传来了跑步声，几根黄光在眼前上下左右地晃动，是从附近跑来的一些打手电筒的汉子，把我们连人带车包围起来，也不说话，只是观看。大家都很恐慌，表面上却有说有笑地虚张声势，嘴里偶尔露出一句湘西公安局长之类的话。汉子们一听就笑起来，原来他们不是土匪，他们是专程赶来看城里人笑话的。20 世纪 80 年代，湘西乌龙山一带人民的文化生活还很不丰富，尤其是在没有电视的夜晚，有一群活生生的城市男女被困在大山里，就正好供他们当做动物来参观了。确认不是土匪以后，车上的两个女作家憋不住了，可能是紧张的心理突然放松，提出要上厕所。问题是这里根本没有这个设施，我们就护送二位下车，帮她们寻找灌木，又退到远处站岗放哨。这二位的名字我就免提了吧，不然看了文章，她们会不好意思。

那次远行，虽然在乌龙山没有遇险，但一路上仍是惊心动魄。回到学校以后，才听说在我们走后的这几天里，班上发生了一个重大事件，就是后面我要提到的，我们全班因此受到系党总支副书记郑传寅批评的事。

接着我又参加了一个《长江文艺》组织的笔会，这次很近，在武昌县。《长江文艺》是我的母刊，七年前我在这里发表了处女作，带队的是诗人刘益善，他跟我处女作的责任编辑刘耀仑一样，都是我的好朋友，还有一位给我写过评论的前辈刘岱，被人称做长江三刘。那次会上我是悲喜交加，喜的是吃到了真正的武昌鱼，而且是天天吃，悲的是笔会结束的那一天，临上车前我喝了八瓶啤酒，与所有的与会者每人一杯，一口见底，坐进车里就不行了，吐出来的东西是暗红色的，像咖啡一样。

车子直接开到珞珈山上，停在桂园四舍，醉眼中我还能够认出，把我架下车来的是以下三个人的胳膊，一个是龚绍东，一个是周百义，一个是王伟举。他们是我们班上的三个共产党员，这次没去参加武昌笔会，但是他们一听说我有难，就雷厉风行地赶来相救。三个同学齐心协力把我架往医院，路上我还挣扎着问今晚是什么课，龚绍东说你还想上课，住院去吧！果不其然，到医院一检查，医生说我胃壁粘膜大面积出血,先住院观察治疗一周,不行再做手术。同学们都吓一大跳,要给我送住院用品,我根本就不信那一套,一天院也没住,连药都不吃,回去睡了一觉,第二天就夹着本子去听课了。

不过在以后相当长的一个历史阶段,我都不敢吃我最喜欢的辣椒,酒也尽量少喝,能不喝就不喝。

我至今还感激这三位同学,这些年我也算见多识广了,党内很多人都把自己喝成了胃出血,但是心甘情愿去侍候一个胃出血者,那人又不是他的顶头上司,这样的人却不是很普遍的。因此,我觉得他们应该是共产党员的楷模。

当选青创会代表

公元1987年的元月,全国第三次青创会在北京召开,每省推选10名青年作家赴京参加代表大会,我当选为全省10名代表之一。在那次的10名代表中,出自武大的学生有方方、王家新、田天,在校的有我、熊召政,还有一个董宏量是武大中文系大专班毕业,武大的学生占了十分之六,代表团的另一个名字叫武大帮。

另外的十分之四里还有一个姜天民,好不容易跟武大没有关系,但他跟武大校长有关系。他是在刘道玉缔造的作家插班生班在教育界产生重大影响,北京大学、西北大学、复旦大学、南开大学、南京大学等国内一流大学纷纷奋起仿效的时候,考取的北京大学首届作家班的学员。可惜毕业不久就英年早逝了,他的全国获奖小说是《第九个售货亭》,成也在九,败也在九,死时只有三十九岁。

我跟熊召政都是省作协文讲所的学员,那个文讲所也是首届,又都是省作协文院的合同制专业作家,那个文学院也是首届,现在又都是武大中文系的作家插班生,又是首届。我们有幸共同经历了三个首届。在首届文讲所时我们不仅同学,而且还同室,不过从来没操过戈。那时他是一个热血澎湃的诗人,刚刚写罢《请举起森林般的手,制止》,他对我说他也想写小说,还把他写的小说拿给我看,见我看他小说的时候精力老不集中,就凑过一张白色的大脸亲自念给我听,念完问我写得像不像小说，我当他面只能说像。20 年后他写了一个三卷本的《张居正》，却再也不念给我听了。

第三个同室是效耘，他跟熊召政都住在武汉，每天晚饭后按时回家，把三人房变成我的总统间，成全我一人住在里面写了大量的小说。进武大后熊召政分在另一个作家班，在校时我一直很纳闷儿，不明白这两个班是如何个分法，直到去年秋天，在网上读了广州作家文新国回忆校长刘道玉的文章，才明白当时是以中国作家协会会员为分界线。其实那条线是人划的，对于我上述的那类魔术大师不起作用。

临到快毕业的时候，他们那个班突然明白了我们班的好处，不少人后悔了，有的要求转到我们这个班上，重新参加全国分配。但是后悔已经来不及了，眼睁睁地看着我们集体跳槽，他们全都回到了自己过去那些未必理想的岗位。

那次在火车上分配铺位，工作人员给我分了一个上铺，下铺是一个什么文化单位的什么头目。方方一看大怒，指责他们太不公平，工作人员解释说不是，是因为我的年龄最小，方方认为此言有诈，要当场拿出十位代表的登记册来进行核查。方方比我小两岁，又是个姑娘家，我一个大老爷们儿让一个小姑娘为我打抱不平，心里的羞愧不亚于世俗的分铺者，那一年我的身材相当苗条，手脚异常灵便，一个纵身就爬上卧铺顶层，蒙头装睡。但是从被子外传来各种各样的响声，按顺序是，一只皮包从行李架上搬下来，打开拉链，在里面翻查我们的生辰八字。

我觉得没脸见人，同时也觉得真正地认识了方方。她岂止是要打开这只皮包的拉链，她要打开的是这个世俗社会的秘密，把里面一切虚伪丑恶的东西统统都掏出来，无论大小都亮给人看。她的做人跟她的做文完全一致，一点圆的东西都没有，她是方的。

第三届全国青创会开罢以后，睡在下铺的什么头目就消失了，睡在上铺的这一个还在写着。

你就像那一把伞

北京之行，还有一个意外的收获，它使我和我原单位的关系出现了戏剧性的变化。

那次出逃以后，市委宣传部的部长怒火万丈，勒令文联派人带上市委宣传部的公函，前往武大去把人抓回来，然后下放到一个名叫郧西的偏僻县城。持函而来的两个人一个叫冀林祥，文联办公室主任，一个叫张发明，小办事员。二人乘车来到珞珈山上，问路找到武大教务处，不幸见到的正好是副处长於可训。於可训收下公函，对二人说："你们可以回去了，这个人却是回不去的。"当天晚上我就听说了这件事，心中再一次对於可训充满了感激，不过我欠他的三块五角钱仍然没有还他。

▲ 我（左）和於可训老师

在校两年，於可训像我的兄长，为我遮风挡雨，也挡去来自山外的明枪与暗箭。毕业的时候我和他照了一张合影，在教学楼前的绿茵场上，我穿着红格子衬衫，他穿着绿格子衬衫，那天是雨过天晴，他的手里还拿着一把伞。照片印出来后，我忽然想起一首流行歌曲，里面有一句"你就像那一把火"，我就在照片的背面题了一行字："你就像那一把伞"。照片上的於可训手里拿的是一把折叠式的小黑伞，我题字时想了一下，没写他像一把黑伞。

保住不让人把我要回去,可是却不能把我的档案、户口和粮油关系要过来,这事还得我自己想办法。赴京以前,我到省作协去领工资,正好碰见我原单位的文联主席,我再一次给他做思想工作,请他把我的东西寄给我。主席已经听说了我要去北京开青创会,就对我说,这次进京我要是能为文联完成两个任务,他就回去给市委宣传部汇报,争取给我东西。我问哪两件事,他说第一是找几个文坛泰斗,一人给杂志题几句辞;第二是通过我的武大校友刘亚洲,找到他的岳父李先念,请国家主席给家乡拨一笔文化经费,因为他当年在这块英雄的土地上打过游击。

我知道这两件事的难度,相当于逼我到月亮上去向嫦娥要不死药,但我也得硬着头皮答应,心想两个任务我至少能完成一个,到时我也至少要他一样东西,剩下的再一样一样地要过来。我们双方在水果湖边达成口头协议,握手而别,然后我就去了北京。

全国第三届青创会在北京召开,300 名北大学生要求与 300 名青年作家会晤,一对一地讨论中国的现状,研究未来的出路。这倒正好成全我完成原单位领导交给的任务,也是我换得档案的合同内容。有一天报告会上我专门坐在冯牧的背后,会间休息时就请冯牧把辞题了。此外题辞的还有汪曾祺、刘绍棠、邓友梅、姚雪垠。

下一个任务我却实在没法完成,我要不到嫦娥的药,一到北京我就从《人民日报》上看到一条消息,国家主席李先念这一年跑到上海过年,他的女婿刘亚洲也没有参加青创会,却领着一个作家代表团去了法国。我把冯牧等人的题辞挂号寄给文联主席,附信说了刘亚洲和李先念的情况,请他念在我主观上已经竭尽全力的份上,君子以诚信为本,把我的东西寄给我吧。

奇迹出现了,他一定是受了感动,几天后我回武大收到他的回信,说是我的三样东西已挂号寄给校方。我骑车去人事处一查,谢天谢地,真的到了,此时距离毕业分配只有几个月了。

一份迟到的档案

我的磨难并没有完。由于档案迟迟不到，临近毕业突然寄来，有人对此产生了莫大的怀疑，怀疑我的档案出于自己的伪造。一天下午龚绍东从系里回来，通知我到导师陈美兰家里去一下，我以为陈老师要祝贺我排除万难，终于争取到了胜利，但是进门以后我看见她脸上的表情比较沉重。她叫我坐下，给我倒水，递给我一个苹果，却一直没有表示祝贺的迹象。

这使我感觉情况不妙，问陈老师是不是我的单位因为恨我，在我档案里多装了不好的东西？陈老师这才正式开始跟我谈话，她说你档案里的东西不是多了，而是少了，你的履历表上有参加共青团的记载，档案里却没有入团申请书、入团介绍人以及其他相关材料。我一听就愣了，我说我从来没写过申请书，也从来没有人介绍我，陈老师问，那你是怎么入进去的？我就如实给她讲了我入团的故事。

公元1974年冬至1977年春，我在做知青时还教过两年多书，寒假期间地方上要搞文艺宣传，党团组织听说我十多岁就写过长篇小说，安排我编写一批群众喜闻乐见的节目，并且带着我的学生去农业学大寨的工地慰问演出，学生中有表现好的，还要我发展他们入团。我集编剧、导演和文艺宣传队队长于一身，偶尔还拉一拉二胡，算得上是个权威，这一年我在我的学生中发展了几个共青团员。在我宣布入团典礼鸣炮奏乐的时候，有一位共青团女教师对我进行了弹劾，她说我自己都不是团里的人，哪里有资格发展团员，并且还主持团的会议？

我这才知道自己违备了她们的组织原则，从此甩手不干了，党团组织的负责人问为什么，我把女教师的话转告了他，负责人说："这事还不好办，给你也搞个团员不就是了！"第二天他雷厉风行地塞给我一个小红本，叫我每月交他五分钱的团费。我对陈老师说，直到今天我才明白，原来我这个团员还是他封的弼马温呀，每月交他的五分钱，肯定他拿去买大公鸡牌的纸烟抽了。

如果是一个狐疑诡诈的政工干部，对方绝对会淡然一笑，夸奖我即兴编了一篇荒诞小说。但是陈美兰没有，她是一位正直的学者，一年前她写给我的回信就说明了一切，她的睿智表现在她放弃追问一件不可调查的尘封往事，而通过当事者的人品和人格进行理性的分析和判断，同时参照那个令人哭笑不得的、什么奇情怪事都可以发生的荒诞年代。

因此当我一讲完这个故事，她立刻就相信了我。她责备我为什么这样糊涂，而且她告诉我说，我的档案里有整整十年的历史没有记载，这在档案学里叫做断档现象，有人怀疑是我的伪造，这在理论上说得过去。

这件事成了一个死谜，只有陈美兰一如既往地坚信着我。她对校方进行推理式解释，如果这份档案是我伪造，我恰恰会在里面装上需要证明的那些东西，如果我造不出来，我恰恰不会把它填写在履历表上。档案到得太迟完全是因为我过去的单位想以狭隘的办法挽留人才，校方可以派人去我过去单位以及原籍进行调查。但此时已临近毕业分配，这些工作都来不及了。

倒霉的事一个接一个地来，我的那辆一直伴随着我，两年来为我立下汗马功劳的自行车，在一个夜晚突然失踪，再去作协取工资我就没有了坐骑。我去报案，派出所反而要罚我款，指责我为什么不打钢印。我自己查出了它的下落，一个自杀的哲学系大学生，死前把它偷去卖钱，下馆子买酒买肉吃了个饱。有人分析他是受了西方某种颓废派哲学的影响，我说哲学个屁，没那么复杂，他就是一个贼，拉斯可尼科夫式的，事情暴露又好面子，就一头栽进河里淹死了。

我为档案的事情气急败坏，一天到晚都想打人。我知道我将在很长一个历史阶段，都会是伪造档案的嫌疑犯，心里怨恨单位文联把我害得好惨，连我的老师陈美兰和於可训都替我受累。

这件事到底对我造成了影响，最初我的分配单位是国防科工委，因为那里涉及军事情报和核武器，政治上的要求很高，既然我的档案问题真假难辨，学校只好又给我换了一个文化单位。

何以相报的德怨

如同刘道玉是我心中永远的校长，陈美兰是我心中永远的老师，不仅学问，而且道德。我越来越发现他们所给予我的我今生没有办法回报，告别武大的那一天我想得太简单了，无非是多写，写好，但是当别人认为我已经如愿以偿的时候，我却依然惶恐，依然胆怯。

陈老师是中国当代著名的文学批评家，她温情善意的眼睛一旦进入文学，立刻就会变得无比的锋利，我害怕她因看到我的依然幼稚而依然失望。我已经写了600多万字的所谓小说，出版了30多本所谓著作，包括在国内获奖的部分，以英、法、日、俄等文字翻译到国外的部分，以及在国外出版的书，我一本也没有寄给她，一本也没有寄给我的校长刘道玉，一本也没有寄给我兄长般的於可训。还有，对我要求最苛刻的同学龚绍东，我知道他对我的所有作品都不满意，因此我连一个字都没让他看到。

▲ 我与陈美兰老师

我是不敢，书很便宜，面子却是很贵的。有天晚上我偶尔打开影集，又看见了我和陈老师的合影，看见了我和於老师的合影，我突然明白了一道算术，我欠他们的不止三块五角钱。

但在另一方面，我又为自己感到骄傲，我是一个真正的自由作家，21年，我的600多万个字里每一个都是干净清白的，我没有用它向任何强权送礼,以换取那些肮脏但却有用的东西。这一点并不是每一个中国作家都能做到的,包括20世纪30年代苟存下来的某些大文豪。

我们的校长是化学家,教育家,但是他的骨气远远超过那些被误以为是中国脊梁的作家和文人。而当今更多的中国作家,在领受一个握手、一个弼马温式虚衔或一个豆腐渣工程奖时,泪水会顿作倾盆雨。

清高与正直,我认为也是对恩师美德的相报,而对于曾经的怨者,我却要学会宽怀。子路问孔子:“以德报怨,何如?”子曰:“何以报德?以直报怨,以德报德。”孔子并不主张以德报怨,当然也不主张以怨报怨,他认为以公正的态度对待私怨也就是了。可是我对我原来的单位最终还是报之以德,虽然他们扣压了我的关系将近两年,还派人来捉拿我,还没收了我两年的工资和粮票,一心要把我像伯夷叔齐一样饿死在珞珈山上。并且因为扣留我的档案,给我造下的后遗症至今还没有个完。

甚至我有些像阿Q一样得意地想着,正是由于我被逼上绝境,为了生存我才不得不一边读书一边写作,练出了一身过硬的功夫,这实在是塞翁失马,实在是应该感谢他们才对的呀。20世纪的最后一年,我担任中国文学出版社的总编室主任兼中文图书总策划,原单位的文联主席寄给我一部长篇小说,67万字,上下两卷,是他面壁五载的心血之作,是他的命。我想起当年水果湖边的协议和珞珈山上的档案,力排众议,不顾一切地帮他出版问世。在后记中,他第一次对我表示了真诚的谢意,从此我们成为最好的朋友。

他叫岳啸,10多年后,我在一篇名叫《公元1985年的逃跑事件》的小说中,记载了这个现在看来如此幽默,在当时却是那般痛苦的故事。小说中的文联主席叫高山吼,那个漂亮的女户警叫姜红儿,第一主人公叫我。

同船过渡

魔术师在被开除以前,是我们班年纪最大的一个,我和他同班而且同室,按照同船过渡前五百年所修的理论,我计算我们前世的修行应该有七百五十年,居于同船与同眠之间。全班我与他的关系最为亲密,我视他为兄长,希望他的创作能成正比,推荐他的作品发表,为他撰写评论文章,并擅自在作协拿了一张表格,力荐他做了省会会员。

这的确是一个难得的人才,像李白一样日试万言,倚马可待,能快速地博览西学,智慧地融汇中用,还会诗词歌赋,金石书法,其奇特的思维与诡辩的口才居于老简之上。临别时他为我作了一首踏歌,是深情的,“我羡野莽君,人文两飘逸”。开除他的那天,天上下起雨来,校方采取的是无言的仪式,从 17 本毕业证书中抽去了一本。

那天我流泪了,小琼琼惊异莫名,低声问我是不是我也干了什么坏事。我说也许我们都没干坏事,是急躁而莽撞的人仍然在为过去那个罪恶的时代付出牺牲。小琼琼出生于60 年代中期,这样的话她未必能懂,但是很快,全班同学都同仇敌忾,对魔术师表示了异常的鄙视与愤怒。

李惠芳教授研究的是民间文学,是钟敬文的女弟子,我的毕业论文的指导老师。她担心我会干出为他打抱不平的蠢事,就把我叫到她的家里,对我讲了一些我闻所未闻的事情,她觉得她应该重点保护一个义气而又单纯的莽汉。原来全班对他的鄙视与愤怒出于他对全班的疯狂大揭发,令我难以置信的是,伪造档案的说法是出自他口。

我沉默了,我对同学们说,即便这样我也能理解他,他未必是想加害于我,我是这个班他最应该感戴的一个人。是他自造的绝境使他的思维已趋于病态和畸形,沦为陀思妥耶夫斯基笔下的人物,他想把一锅粥搅得越烂越好,寄望以全军覆没的结局证明覆没的并非他一人,然后再以覆没制造者的身份跳出局外,沉舟侧畔,成为一个笑傲江湖的英雄。为了实现这种证明,亲兄弟在船上他也不惜如此。

事情正是这样,我的关于档案的磨难仍在继续。公元 1993 年,有一个老作家模仿贾平凹写了一本长篇小说,四处退稿之后求到了我,情愿免去稿费,只要百册样书。身边走红作家的蔑视使他一日长于百年,他们背后都叫他“老作假”,他发誓要卧薪尝胆,就是倒贴钱也要出一本书给他们瞧瞧。“老作假”的频频来信感动了我,我有求必应地帮助了他,不料书一出来他幡然变脸,说是封面不好,又说一书二版,把我告上法庭,要求赔他十万块钱。这件事使当地的小报记者激动不已,一心想跟他共同走上一夜成名的红地毯,在报纸上登出我的鼎鼎大名,然后留出一块豆腐大的版面,继续登载我被逮捕的喜讯。

我出其不意地向法庭提交了一个纸袋,那里面装着他两年来写给我的十三封情意绵绵的信,他的愿望于是落空,一口气没地方出,听人讲了我的档案故事,就去采访我班那位被开除的魔术师,为我写踏歌的江湖英雄,来到京城以后我仍然在帮助他重新站立起来的变形者。出师未捷的"老作假"模仿福尔摩斯,乘坐火车前往我的老家探案,找到我过去的上级岳啸,满怀希望打听我的档案孰真孰假。

这次仍没取得理想的效果,岳啸如实地告诉他说:"我寄的时候还是真的,路上有没有人换成假的,这我就不清楚了。"

二十年前进校之谜

在校的时候我们跟校长见面并不多,大家只是对他怀着深深的崇敬,重重的感激。我们成立文学社的时候,陈应松用怪笔书法函邀了校长,正好那天他要接受一位外国记者的采访。王文生教授用他娟秀的笔迹写了一幅字送给我们,写的是"江山代有才人出",这幅字被我带到京城,迄今还收藏在我的书柜里,与它相伴的还有那枚魔术师刻的石印。那晚陈美兰、於可训、白巖岐、郑传寅等老师都来了。我们用

▲ 我与刘道玉校长

基金买了大量的糖果,龚绍东主持会议,我讲了话。我记得我开头讲的一句话就是今天这篇文章的题目,我说我们站在梦中的珞珈山上。

倒是在我们离开武大几个月后,突然听到一个关于武大的消息,说是刘道玉任期未满,却被撤销校长职务,谁也不知道他犯了什么错,媒体也不公布他犯了什么错。我们先是百思不得其解,后来突然一下子解了,是想起了一心要"驾长车踏破贺兰山缺"的岳飞,他的罪名是莫须有。武汉大学的教育改革引起了世人的瞩目,插班生制度迅速普及全国诸多一流大学,55 岁的刘道玉正高唱义勇军进行曲,兴高采烈地阔步向前,一面金牌却朝着他的后脑勺子砸了下来。

中国当代教育史上出现了插班生制,我迄今认定那是一个偶然。假如这个世界没有始作俑者刘道玉,没有 40 年前一个名叫大刘坡的山坡上的放牛娃,抑或,假如这个放牛娃长大了是个官迷,他戴着一顶任何人戴都合乎尺寸的帽子,一天到晚只说鬼话不做人事,此后 10 多年来走进全中国各大名校的,数以千计的作家插班生们,都只能插在自己原本的狗屎堆上了。

真理说,地球没有谁都照样地转。但这是一句真理的前半部分,后半部分还应该是,旋转的地球上因为有了一种人,才会使他的同类在不公平的历史走过以后,重新在现实中找到公平,找到更好的生存和工作的方式。而且,因为地球上有了另一种人,真理有时候是不敢站出来的。

地球上绝大多数的生灵,专心于自己的身体在地球上挪来挪去,只有极少数人在担负着挪动和改变他人的重任。后一种人里有我们的校长,奇怪的是他们往往瘦弱,单薄,手无缚鸡之力,体重是贪官污吏的二分之一。

历史的进步是必然的,这句话也只是真理的一半,这是泛指人类漫长历史的全过程,历史在某个阶段的进步的确是偶然的。

历史在猴年马月进步,进多大的一步,在进这一步的时候有没有阁下的双足,这不是必然。中国的教育改革,中国高校的插班生制度,或者类似这么的一个玩意,假如再晚 20 年诞生,走上珞珈山的不是这一批中国首届插班生,桂园四舍里顶多只会住进我们的孩子。

而且,20年风车一样地过去了,没有了刘道玉的中国教苑似乎也没开出什么新的奇葩。

取代刘道玉校长的人,取代的也只是他名字后面的那两个字的符号。

但是当年我们风华正茂的校长,20年后却已经是一位多病的老人。一驾古老的、巨大的、慢慢吞吞吱吱扭扭的牛车,只允许他推动了一箭之地,就迅速地更换了与老牛相匹配的驽手。

一天深夜,在校长的自传里,我读到了20年前我们走进珞珈山的秘密。有一句话决定了我们后来的命运:"三上高教部,情动上苍。"原来我们的上苍是用情打动的,不然还是没这回事情。因此我越发认定了那是一个偶然,我猜想那一天上苍喝醉了酒,糊里糊涂地被刘道玉打动了,一觉醒来发觉上当,于是赶快变卦。要么事情正好相反,上苍本来是清醒着的,点罢了头,接着又糊涂了。

当我从武大的女博士李为那里,知道校长是那么地喜欢弗洛姆,喜欢他的《人的呼唤》,喜欢他说的那些人话的时候,我就基本上可以断定,我的前一种推测是英明的。因为他所喜欢的弗洛姆说:"我们生产着像人一样的机器,同时生产着像机器一样的人","人从他自身中异化出来,并在他双手创造的领导者面前俯首称臣","人应当抛弃套在他身上的锁链,抛弃虚幻和空想,使自己变成一个能创造性地运用自己感情和思想力量的人。"

所以,上苍及时地发现了再让他来驾车,他会带着他的三千弟子砸碎套在身上的锁链,重新变回到人,把车子驾驶到一个理想国里,用自己的感情和思想去创造一片新的天地。他把那里称做"快乐学院",但是可惜,我们中国自古以来就有些人,一看到别人快乐,自己立刻就不快乐了。

我才到底知道了校长是一个什么样的人。我对为我背诵校长语录的女博士说,见为恨晚,识玉犹迟。

一颗赤诚圣洁的心灵,像墩布一样去奋力打扫一个很脏的世界,它感到的疼痛可想而知。

野莽，本名彭兴国，1953年10月生于湖北竹溪。武汉大学1985年中国首届插班生，毕业后分配到中国文学出版社，曾任编辑部主任，总编室主任，副编审。中国作家协会会员。著有长篇小说《荒诞斯人》《王先生》《陈谷新香》《禁宫画像》《纸厦》《行色仓皇》《云飞雨散》《大白天迷失在一座黑楼里》《凤凰之死》，中短篇小说集《野人国》《乌山故事》《乌山人物》《乌山景色》《世上只有我背时》《京都人兽》《黑梦》《窥视》《死去活来》《独乳》《不能没有你》《人活一世》《黑夜里的老拳击手》，散文随笔《听风试语》，其他著作《诗经选译》《志怪选译》《史记选译》《评点〈何典〉》，在国外出版有法文版小说集《开电梯的女人》《打你五十大板》《玩阿基米德飞盘的王永乐师傅》，共计30余部，600多万字。大量作品被选入国内各种选刊和选本，获得多种奖励并被翻译成英、法、日、俄等多国文字，有的被选为国外大学的中国语教材。此外还主编有《中国文学宝库》《中国当代精品文库》《中国作家档案》等几千万字的大型文学丛书。现居北京，专事写作。

阅尽人间都是书

龚绍东

“阅尽人间都是书”是我的一大人生感悟。多年的读书自学已经使我把一切都当做了可以阅读的书:父亲是书,母亲也是书,亲人是书,朋友也是书;老师是书,同学也是书;同事是书,领导也是书;好人是书,坏人也是书;城市是书,农村也是书;军队是书,农场也是书;学校是书,社会也是书;中国是书,世界也是书。我的读书观已经泛化为:一切皆书,为我所读,书在我目,我在书中。这才成就了今天的我,成就了一个能够跨学科研究和写作的博杂学者。本文不是谈我的全部读书经历和感受,而是从我的大学前生活经历谈起,着重谈谈我的大学,我的老师,我的校长。

我的大学前生活

生活是书,是一部多姿多彩的连环画书。

很小的时候,我就开始读大文豪高尔基的三部曲《童年》、《在人间》和《我的大学》,从连环画小人书、故事书,一直读到长篇小说,不知读了多少遍,清楚地记住了高尔基不仅没有上过中学、大学,甚至连小学都没有毕业,他的中学、大学就是社会。在红旗下生、红旗下长的我认为,高尔基不能上学,只能靠读书自学,那都是旧社会的事情,根本没有想到我自己这辈子也会走上这条读书自学之路。结果,我真的成了一个靠读书自学成长起来的人,这辈子注定是离不开读书自学这种生存方式。这并不是我的自然选择,而是历史的选择,是时代的选择。是40年前的那场史无前例的"文化大革命",终结了我作为一个学生受常规学校教育的正常生存方式。

那年,我11岁,刚读完小学五年级,就赶上了"文化大革命"。那是一场无论怎样讲都难以向子孙后代说清楚的荒唐"大革命"。在经历了红卫兵和造反派大批判、大字报、大破四旧、大造反、大抄家、大武斗、大夺权的两年多"文革"风暴之后,有了"全国山河一片红"后的复课闹革命,我们这些一直毕不了业又无学可上的小学七年级、八年级(67届、66届)的老小学生,在1968年8月,总算收到了中学入学通知书。那份通知书上面的内容当然要有最高指示,至今我已记不清是哪一条毛主席语录,还有入学报到有关事项,我也记不清了,只清楚地记得在入学通知书最后的一个括号里写着:自带凳子。当时让我百思不得其解,等我一到学校就全明白了,明白以后却让我终生难忘。1968年9月,当我拿着入学通知书到学校报到的时候,站在那座教学大楼前,我就傻了。教学大楼的所有窗户都是空洞洞的窟窿,竟然没有一块玻璃!教学大楼从上到下满墙满壁的大标语、大字报污迹,里里外外都留有被武斗毁损的残痕。走进教室,里面没有一张课桌和凳子。我这才明白为什么入学通知书让我们"自带凳子"。看着空荡荡没有桌凳、没有门窗玻璃、没有讲台讲桌的教室,我心中分明有一样东西咔嚓一下碎了。这就是我的中学!?在这样一所被毁坏得千疮百孔的中学怎么上学读书?

学还要上,只是学的东西大不一样。"文化大革命"还在继续,大批判还在继续,阶级斗争还在继续,上学就要革命,就要批判,就要斗争。第一学期的上学内容主要是批判老师和读最高指示。教室里没有桌凳、讲台,空荡荡正好可以上大批判课,轮换批斗牛鬼蛇神老师。然后就是没完没了地读语录学毛选。第二学期主要是游行、开会加文化课。那时正赶上"三忠于"、"四无限"高潮,全中国人都痴迷于个人崇拜,人们都像疯了一般,一发表最新指示,不管白天黑夜都上街游行、开庆祝会,人人都摇着纸红旗,举着主席像。又赶上党的九大召开,更是没完没了地游行、开会、喊口号,在教室里也是天天学号外、学公报、学党章、学政治报告。一个学期差不多就这样过去了。第三学期开学总算发课本了,正规课本只有数、语、理、化四本,语文课本内容主要是毛选和诗词,唯一的一篇古文是文言文《愚公移山》。最有意思的是物理课本叫工业基础,化学课本叫农业基础。政治课教材就是九大政治报告和党章,英语教材是用一本叫《外语革命》的非正规刊物代替,历史、地理、生物等课程都取消了。上中学已经三个学期了,好不容易开始学文化课了,工宣队、军宣队和造反派老师却要把我们这些父母已被驱赶到农村去的"黑帮"子女赶出学校,下半学期我的桌凳就被造反派老师没收抬走了,我是和同学挤着坐才熬到了期末。第四学期开学,中学校门口校革委会一纸布告,不许我们报到,这就把我们这些"黑帮"子女赶出了学校,我们只好到农村投奔父母去了。几个月后,我们69届、70届初中生该毕业了,学校又把我们招回来发配下放到知青农场去。从此,我就开始走上了下乡种地、进厂打工、参军当兵的人生旅途。所以我想说,事实上,从1966年那个轰轰烈烈的夏天起,我再也没有回归到常规学校教育的学习轨道上去,而是从饥不择食乱读书开始,自觉不自觉地走上了一条读书自学之路。

你是书,我的大学

大学是书,是一部厚重的百科全书。

在武昌东湖之滨珞珈山麓的青山绿水间,有一座声名远播的百年学府,这就是武汉大学。青山卧虎,绿水藏龙。这所百年学府不仅以山水诗画的秀美风景名扬天下,更以百年历史集聚的教学科研雄厚实力和培育出的众多杰出英才而享誉中外。1985年9月,武汉大学向我们这60个刻苦努力勤奋自学者敞开了大门,我们有幸成为武汉大学首届插班生,这是我们生命历程的一个重要转折点,我们的人生由此展开了新的一页。走进如诗如画的武汉大学,别人的感觉如何我不知道，但我觉得就如同走进了一部巨大的百科全书。珞珈山麓的每一处皱褶，分布在桂园、樱园、梅园、枫园的每一处校舍都是敞开的书页，在那些篇、章、节中，在那些字、词、句中，都积淀着百年名校的厚重文化。多少年过后，2005 年 9 月，我和同届插班生刘湘平专程赶到北京参加武汉大学首届插班生入学 20 周年纪念活动暨刘道玉校长回忆录《一个大学校长的自白》发布会。我们这些久别重逢的插班生同学谈起武汉大学，话题就像一匹识途的老马，不知不觉就把我们领进了那苍翠葱郁的珞珈山。言语中自然而然流露出对 20 年前的母校一种深深的眷恋之情和感激之情。

武汉大学给予我们的灵性才气当然不是来自那青山秀水，而是来自于珞珈山中蕴含的深厚文化。武汉大学的文化是独特的文化，有着在中国众多优秀大学中独树一帜的文化。20 年来，我一直在想武汉大学到底蕴含着一种什么样的文化底蕴？有学者说，武汉大学是楚文化的集中代表。我觉得此论不够全面，显得有些狭隘。我初略搜索查询了武汉大学的历届名家学者和学生的来源地，虽然主要来自湖北、湖南、河南、安徽、四川、重庆、广东等省市，但百余年来，来自五湖四海的一代代武大学人胸怀祖国、献身真理、探求科学、薪火相传，共同培育了优秀的武大文化。王世杰、王星拱、周鲠生、李达、庄果、刘道玉等相继担任校长。竺可桢、邬保良、查谦、桂质廷、叶雅各、闻一多、黄侃、沈从文、郁达夫、许德珩、朱光潜、李四光、刘赜、刘永济、叶圣陶、杨端六、李剑农、韩德培等一大批著名学者先后在这里执教或工作。我在 20 年前走进珞珈山所感受到的武大文化（或珞珈文化），是一种多文化熔铸的“合金文化”，是一种以楚文化为内核，融合了长江、黄河、淮河地域楚汉传统文化和当今世界优秀校园文化的“合金文化”。因此，武大文化不同于北大、清华的京都文化，也不同于复旦、交大的海派文化，甚至与同城的华工、华师的文化都不尽相同。

武汉大学真的是一部厚重而独特的百科全书。

1985 年，摊开在我面前的武汉大学，是怎样的一部活的百科全书？那时的武汉大学在校长刘道玉先生的领导下，正展开着影响深远的高等学校教育教学制度的全面改革和校园文化的重建。我所看到的武汉大学，是一所充满着生机活力的大学，一所科学民主自由氛围浓郁的大学，一所鼓励创造和创新的大学，一所走在中国高等院校改革前列的大学。当时的武汉大学被誉为中国高校改革的特区。刚走出“文革”不久的武汉大学，已经开始续写这所百年名校的辉煌。

武汉大学这部百科全书对我的影响是整体性的，是根本性的。当我走出武汉大学校门的时候，无论是做学问，还是做事、做人，都已经不可避免地打上了武汉大学的烙印。并非我一个人有这种感觉。与同学校友交谈，大家都感觉到，在我们这些80年代走出武汉大学校门的人身上，似乎有一种与别的大学不同的品格，即崇尚科学民主自由，追求创新创造创业。我想，这大概可以被称为“武大人品格”，或者叫“珞珈山人品格”。这是20世纪80年代的武汉大学所馈赠给我的一笔无价的精神财富，在走出珞珈山近20年的社会人生经历中，这种品格已经渗透到我的工作、我的科研、我的生活中以及为人处世的行为之中。这种品格也融入了我从小到大所形成的优良品格之中。

我认为，崇尚科学民主自由，追求创新创造创业，这是武汉大学这部百科全书20世纪80年代版的精髓。今天的武汉大学是否还保持着这种品格？我不知道，因为我毕业之后竟然再也没有回过梦绕魂牵的珞珈山，我只能在梦中和回忆中重返20年前的珞珈山。那时的珞珈山中处处显得生机勃勃，走在全国高校改革开放前列的武汉大学，科学民主自由的气氛特别浓厚，整个校园都充满着创新创造创业的生机活力。在桂园、樱园、梅园、枫园的告示墙上，每一周都贴满了学术讲座、沙龙、演讲、研讨会、报告会的海报。有单项活动，也有系列活动。这些课外学术活动常年不断，已成为武汉大学读书学习环境的一道丰富多彩的风景线。这创造了武汉大学培育现代化人才的大环境。至今我还清楚地记得，其中有学术泰斗系列讲座、学术新星系列讲座。易中天老师当年就是新星系列讲座的热门儿演讲者，“那是相当地受欢迎”。

在武汉大学上学读书的那种自由，雅一点说，就像是走进了巨大的开架图书馆，想看什么书任你选；也像蜜蜂在花丛中采蜜，万紫千红任你采。俗一点说，就像是走进了巨大的自选商场，想买什么自己拿；

也像进了自助餐厅，想吃什么自己挑。白天，我像只蜜蜂似地在武大校园各学区各教学楼的教室之间跑来跑去自由听课，专找那精彩的课听。哪天没有精彩的课了，我就钻进图书馆搜寻好书看，一整天不出来。晚上，或者去听精彩的讲座，或者约几个同学好友古今中外地闲聊和争论，或者独自读书自习。当年武大那种读书环境至今让我难以忘怀。作为武大学生获得的这种自由是当时国内大学独一份，就是在20年后的今天，全国能达到这种学习环境氛围的大学也没有几所。回想起来，那真是一种享受。一种精神自由和心灵舒展的享受。我虽然在武汉大学上学读书只有短短的两年时间，但我能成为一个崇尚科学民主自由，不喜欢因循守旧，热衷于创新创造的人，不能不说是与珞珈山良好的读书环境有关。

20年来，我每每回忆起武汉大学的那个学生时代，我总是在想，我们能在20世纪80年代到武汉大学读书，能亲自阅读和书写武汉大学这部百科全书的最精彩的华章，真的是太幸运了！

你是书，我的老师

老师是书，是一本一本各形各色的书。

也许是因为我生长于教育之家，从小就在大学的校园中长大，所以，我一直固执地以为，大学的老师都应该是一些儒雅博学之士，有着谦谦君子之风，有着耿耿刚正之骨，堪作学生百年千秋的楷模。所以，老师不仅是书，还应该是经典书籍，是经得起学生阅读百年的好书。在珞珈山上我的大学中，饱学智者云集，真是藏龙卧虎，经典好书之多让你尤恐读不过来。能就读于武汉大学这样的中国名校是我的福气，在这里，我就遇到了许多这样的老师，他们就是一本又一本的经典好书，让我们这些做学生的久读不厌，终生难忘。

仅以我所就读的中文系为例，中文系作为武汉大学有悠久历史传统的四大支柱学科之一，自然是群贤毕至，良师云集，好书多多。仅我所接触过和直接受教受益的优秀老师就有王文生、张广明、白嶷岐、陈美兰、蔡守湘、於可训、罗玲、郑传寅、李惠芳、易中天、刘晨峰，还有周老师(记得是教我们小说创作课)。当时任系主任的王文生教授不仅学问深厚,而且有思想,有理论,不仅有大师风范,而且有现代学者眼界。虽然我这一届没有能够赶上他给我们上古代文论专业课,但是,我有幸听过一次他的讲座。我记得,这次讲座他讲的是中华文化,他是站在世界哲学和文化发展史的高度来讲中华文化的。王文生老师的这次讲座打开了我认识中华文化和中国哲学思想发展史的大门,使我能够比较准确地把握中华文明发展的脉络,开阔了我探究中华文化的新视野,确立了我的中国哲学史观和文化史观的新坐标,并从此在我的世界观中形成了大文化观的这一新的视角,让我学会了用"文化的眼睛"看中国,看世界,看过去,看现在,看未来。一次讲座竟然有如此的效果,可见王文生老师是一部经典好书,让我终生受益。陈美兰教授是我们插班生班的导师,也是我毕业论文的导师,这是让我终生受益的一部经典好书。她的影响不仅仅是在于教书,更在于育人。陈美兰老师展示给我们的既有一个有深厚学养、有理论激情的学者风范,更有真诚正直、刚正不阿、疾恶如仇、爱才惜才的品质德行。我从陈美兰老师那里学到的更多的是做人,做一个正直的读书人,做一个真正的知识之士。还一种老师像朋友像兄长,於可训老师就是这样的一位老师。你与他交往,不会有丝毫师生尊卑之感,可以像朋友兄弟一样讨论任何问题。在那两年里,於可训老师虽然调到学校教务处当处长去了,但他一直就像兄长一样关怀、帮助我们。

如今偶像崇拜愈演愈烈,20 年前的易中天老师和刘晨峰老师就是武汉大学颇具人气的偶像级青年明星教师。我记得,选修或听易中天老师课的学生太多,即便是在桂园教学楼上最大的阶梯教室,也必须提前占座位或抢座位。今天在央视"百家讲坛"上评话"汉代人物风云"、"品三国"的易中天教授正火爆风靡全国,"易粉"、"易迷"无数,其实,这不过是 20 年前珞珈山课堂中的易中天热的继续。那时给我们讲课的易中天老师虽然还只是个青年讲师,但我觉得要比他今天在央视"品三国"更显得才思敏锐。那时的易中天老师毕竟是风华正茂,课堂上常常是口吐莲花,妙语连珠,屡屡受到学生情不自禁的"掌声鼓励"。当时,中文系的青年教师中比易中天老师更让学生着迷的是刘晨峰老师。刘晨峰是中文系77级本科毕业留校的青年助教，那年第一次主讲外国文学史的。刘晨峰的外国文学史讲得特别精彩，人长得比易中天更年轻更帅，身高一米八以上，相貌英俊，风度翩翩，往讲台上一站，迷倒女生无数。刘晨峰老师的课原本是被学校教务处安排在一个较小的普通教室。因为他是青年助教，第一次担任必修大课主讲，选修他的这门课程的学生起初并不多，主要是我们中文系和英文系、法文系、外语系的一些学生。那个学期，中文系还有一个讲师是与刘晨峰同样讲外国文学史。没想到，上完第一节课后，不仅那位讲师的学生全都改选了刘晨峰的课，全校许多没有选修外国文学史课程的学生，还有研究生和助教进修班的学员也都选修刘晨峰的课。这样，刘晨峰讲课的教室顿时人满为患，上不成课，不得不连续换教室，从最小的教室换到了最大的阶梯教室。即使这样，也依然人满为患，教室里所有走道上都挤满了人，讲台旁边甚至讲台上都坐满了人，连教室门外也坐满了人。不提前占座位，不早一点到教室，就别想找到座位。有一天上课，我看到那个因学生都跳槽而不得不停课的讲师也来听刘晨峰老师的课。按资历算，77级的刘晨峰应该曾是他的学生。老师竟然在讲课擂台赛上输给了学生。无可奈何，这就是刘道玉校长在武汉大学推行的教学改革中的一个重要内容：由学生选择授课教师。其实，这个讲师的第一堂外国文学史课我也去试听过，课讲得虽比较平淡，但也没有差到让学生都跑光的地步，只怪他运气不好，碰上了与刘晨峰老师对垒，该他倒霉。听刘晨峰老师讲外国文学史真的是一种享受，从古希腊神话到美国文学，刘晨峰老师娓娓道来，引导我们漫步在外国文学艺术的千年长廊。今天我在想，刘晨峰如果登上央视“百家讲坛”，其引发的轰动效应应该不在易中天之下。

好书能让学生记一辈子，不好的书也能让学生记一辈子。改革开放初期的武汉大学难免也有个别老师算不上经典好书，只能算是平庸的书，更有极个别的是庸俗的或不好的书。我就忘不了这样一个介于平庸和庸俗之间的老师。他是教我们中国现代文学史课程的X老师。这位老师课讲得很一般，根本无法和上学期白嶷岐老师讲的中国现代文学史课相比。X老师讲课听起来很热闹却俗不可耐，很像在说武汉评书,说到激动处更像汉口大街上卖艺的。中国现代文学史是我在电视大学就学过的课程,那是北京大学的教授讲的课。虽然电大是全国统一考试,比较难,我的考试成绩却相当好。在武大教学改革的环境里,按听课自由的规定,我可以不必听课,只需考试合格就能拿到学分。上学期,因为白嶷岐老师的中国现代文学史课讲得很精彩,能让我获得比课本更丰富的知识,我一课不缺,全听。而我勉强听了两堂X老师讲的中国现代文学史的课后,感到内容贫乏无新意,知识含量和思想含量极少,且讲课风格粗俗,听这种课简直是浪费时间。于是,我不再听他的课,把这个时间用来上了一学期不拿学分的哲学史课。用这种自由听课方式,我在武大的两学年里所学课程的学分总和,要比我成绩册上记载的学分多得多。这就是武大教学改革的好处,让学生有更多的选择。但是,我没有想到,有些老师是抵制这种改革的。期末考试交卷时,X老师明确批评我没有听他的课,并为此惩罚我,把我的考试成绩硬是从90多分降到80多分。我虽未与他计较这个分数,但我记住了他是个什么样的老师。他让我瞧不起。我更未料到,X老师给我留下的坏印象注定还未全部展开。就在那个学期末,武汉大学党委表彰全校的优秀共产党员,我和他都在表彰之列。表彰会上,校党委奖励每个优秀党员一本工具书,发给我的是一本我正需要的文学类词典,谁料想,X老师把我的文学类词典要过去翻看了一下,就把他的那本《社会科学词典》递给我说:给你这本。那种口气不容商量。我接过书的那一刻,他在我心中本来已经不够高的老师形象彻底崩溃了。他不像个老师,倒像个斤斤计较、见利忘形的小生意人。不过,他于我还是一本书,一本从反面告诉我,老师也是有优劣之分的书。好在这样披着老师外衣的市井俗夫毕竟是我在武大遇到的极端个例。

好书、好老师我会记一辈子,尊一辈子,若是名师还会让我炫耀一辈子。如"品三国"的易中天老师名满全国,只要有人当面谈论易中天老师,年已过五十的我都会像小学生一样骄傲地说:那是我老师。引得他人羡慕不已,赞叹不已。弟子不才,现在只能以师为荣。无奈,个别劣书俗夫竟也能让我不由自主地记一辈子,想忘记都不行,注定还要传给下一代。当我上中学的儿子第一次查阅那本《社会科学词典》

时，我就忍不住给他讲述了关于这本书关于这个老师的故事。我并不想让这个故事代代相传，谁让这个为师不尊的 X 老师给我留下这本《社会科学词典》呢？好在我怎么也想不起他的尊姓大名，这就避免其俗名代代相传。

当然，我这辈子并不愿只享受老师的荣誉，我也一直在努力耕耘，以求有一天也能让老师们以我为荣，能让我那些日渐老去的老师们可以骄傲地对儿孙说：龚绍东是我的学生。

你是书，我的校长

校长是书。是一部人生教科书。

我说校长是书，这是从我父亲那里得来的启示。50 年来，在我的人生旅途上共有 8 个校长。第一个就是我的当大学校长的父亲，第二个是小学校长，第三个是城市中学校长，第四个是农村学校校长，第五个是军校校长，第六个是函授大学校长，第七个是电视大学校长，刘道玉就是我的第八个校长。我说校长是书，是因为校长是一校师生读书做人做学问的规范样本，校长就应该是一校师生的楷模。有德行有才智的校长，必能培育出德才双优的学校和师生。校长有德则德行校园，校长有才则才满校园，校长有名则校名天下扬。刘道玉校长就做到了这点。

当我走进珞珈山的武汉大学时，武汉大学早已是名扬海内外，正火得一塌糊涂，就是因为有个刘道玉校长。1981 年夏，刘道玉被国务院任命为武汉大学校长，48 岁的刘道玉是当时中国重点大学中最年轻的校长，这也是新中国自己培养的第一个重点大学校长。刘道玉校长率武汉大学挺立于中国高校改革开放的潮头，刘道玉在武大掌舵七年，锐意改革，写下了武汉大学和他自己人生的辉煌篇章，使武汉大学焕发出蓬勃的朝气，继往开来地走在中国高校改革开放的前列。刘道玉崇尚科学民主自由，追求创新创造创业的品格精神，熔铸成武汉大学全新的文化和品格精神，使武汉大学在 20 世纪 80 年代的中国高校中显得格外与众不同。武汉大学的改革旗帜令全国瞩目，武汉大学的毕业生是全国各地最抢手的大热门。可以说,那是武汉大学的一个黄金时代,因为有一个既懂得教育又敢于改革的校长刘道玉。

说起中国的大学校长,我认为,新中国成立后,受前苏联高等教育办学思想影响,生硬照搬专家治校的模式,忽视了搞科研与管大学的本质差别。结果是,当代中国的大学校长们,优秀的专家学者灿若群星,而真正的教育家极少。专家学者的长处是在科研方面,而教育家的长处是在办学校管学校方面。而改革开放以来,刘道玉校长就是中国的大学校长中一个极少有的教育家。说刘道玉校长是教育家,还不如说刘道玉校长是教育家型的校长更准确。本来,刘校长是可以成为一个完全的教育家的。可惜,刘校长这一生只有十几年是在做教育家的工作,而大部分时间是在做教师和科研工作,在做教育行政干部的工作。刘道玉校长真正在武汉大学校长这个岗位上大刀阔斧推进教育改革,按照教育家的思路复兴武汉大学的时间,满打满算也不到七年。七年时间,对于刘道玉校长为复兴武汉大学所构想的宏伟蓝图还仅仅只是开个头,却因为众所周知又众所不知和众所不解的原因戛然而止。一个新中国自己培养出来的优秀大学教育家的职业生涯被人为终结在黄金阶段了。

我说刘道玉校长是教育家型的校长,而没有成为完全的教育家,是有我的理由的。《一个大学校长的自白》给我提供了论据。刘道玉校长在书中谈到,1988 年 2 月 10 日他被免去武汉大学校长职务之后,曾有几个大学请他去担任校长,其中尤以海南大学、厦门大学最为热情和诚恳。但是,他谢绝了去海南大学、厦门大学任校长的机会,我对此总为刘道玉校长感到有些遗憾。刘道玉校长坚持不离开武汉大学去做其他大学的校长,虽然有他在被无理免职之后立下的“此生自己不再做被官方任命的官”的誓言,虽然有他自己的“信条”和充分理由,但我还是认为,刘道玉校长虽表现出了一个真正的知识分子的独立品格,但也影响了刘校长继续完成一个教育家的历史使命。教育家的天性和历史使命,第一是要办学,第二是要教书。教育家在做校长还是教书的选择上,肯定会首先选择当校长,哪怕是忍辱负重也在所不惜。我父亲如今已年过九旬,他应该算是一个教育家。他此生主持或参与创办了六所大学，当过七个大学的教育“官”，而且“官”是越当越小，从全国重点大学的教育“官”当到了小小的地方教育学院的教育“官”。不是因为父亲喜欢当“官”迷恋官位，而是因为他就喜欢“办学”，执著于教育。他今天早已把一生办学的艰辛和挨整的苦难抛到九霄云外，只为自己一生办了六所大学而欣慰自豪。所以，我坚持认为，刘道玉应该选择当大学校长。他只有当校长才能全面执掌一所大学，才能把自己的教育理念、办学思想、教育模式、创新精神和校园文化付诸实践，才能按自己的意愿和时代的要求，全方位进行教学体制和机制、人才培育、科学研究、学校管理等方面的改革、开放、创新；才能以一己之材萌荫众材，以一人负重为万人成才。也就是借助大学这片园地，以一人的教育才能惠及更多的学生，培育更多的振兴中华的各类人才。刘道玉校长担任武汉大学校长七年的实践，已经证明了他是具有上述能力的一个教育家型的优秀大学校长。他把一个被“文化大革命”祸害的千疮百孔的武汉大学，重建成一个走在中国高校改革开放前列的享誉国内外的新型大学，初步实现了他对武汉大学发展的构想。只可惜，刘道玉校长还没有完全实现自己复兴武汉大学的全部设计构想就被免职了，他作为一个教育家的职业生涯也到此结束。真是太可惜了！

其实，刘道玉校长作为教育家的职业生涯原本是可以继续的。例如，1988 年 5 月，刘道玉校长假如真的同意执掌海南大学，我相信，要不了多久，就会出现又一个走在中国高校改革开放前列的享誉国内外的大学。因为，刘道玉校长已经是中国高校改革开放的一面极有号召力的旗帜，刘道玉已经成为中国教育界一个极有影响力的品牌；还因为，海南是个新改革特区，海南大学是个新大学，一切都是新的，是可画最新、最美蓝图的白纸。刘道玉校长的品牌和改革旗帜一旦在改革开放前沿的海南大学树立起来，无数人才学子都将会奔赴海南，聚集在海南大学的刘道玉校长这面旗帜下，刘道玉校长全部的高校改革构想，还有全部的教育理念、办学思想、教育模式、创新精神和全新的校园文化建设都可以付诸实践。假如这是真的，今天我们就能看见一所卓越的国际水平的新型大学，刘道玉校长作为教育家的人生历程就会改写。可惜，这个“假如”只是我的假想。我真的很替海南大学遗憾，也更为刘道玉校长遗憾。

虽然，刘道玉校长在回忆录《一个大学校长的自白》中已经解释了为什么不愿再当校长，但我就是难以接受。假如刘道玉校长一直在当武汉大学校长，假如刘道玉校长真的当了海南大学校长或任厦门大学的校长，假如刘道玉校长创办成功黄浦经济大学或亚洲高等管理学院或试验大学，假如刘道玉校长……这一切“假如”都无法改变历史。然而，“假如”虽然早就被现实所否定，但是，最终还是被历史事实所证明：没有一个一流的教育家型的大学校长，就难以培育出一个真正一流的大学。

刘道玉校长真的是一部好书。可惜，我在校读书的两年时间里，因为想要读的书太多，想要听的课太多，想要研究写作的东西太多，我一直未能与刘道玉校长面对面直接说过一句话。尽管，我还是首届插班生联谊会的发起人和牵头人之一。因为，我看到刘道玉校长太忙，有太多的事情要想要做，有太多的人围着他。我只能偶然在公众场合远远地看着他，用半是崇敬半是探究的眼光看着他。我在默默地阅读着刘道玉校长这部书。20 年过去了，昔日，那么多围着他的人，亲近他的人，歌颂他的人，又有几个读懂了读透了刘道玉校长这部书。然而，我渐渐地读懂了刘道玉校长这部书（当然，还不能说读透了）：刘道玉校长是个典型的中国知识分子，深受古代中国有识有志之士的人生“穷达观”影响，即“穷则独善其身，达则兼济天下”。但是，刘道玉校长正是因为有这样的人生“穷达观”，才使其一生都陷入两个理想的欲望之争中：是做科学家，还是做教育家？结果是，刘道玉校长“穷则”做科学家，这就独善了其身；“达则”做教育家，这就兼济了天下。但是，一个有鸿鹄之志的中国知识分子骨子里的责任感，使刘道玉校长身上更多一些教育家的成分。虽然，刘道玉校长的教育家生涯过早地被人为阻断，虽然刘道玉校长一次又一次地放弃了出任大学校长的机会，但是，刘道玉校长热爱教育是出于他那颗真诚的爱心，是对万千学子的挚爱，他从来没有放弃按自己的意志和心愿做一个教育家的理想。热爱教育，18 年来，他探索过、设计过非官方办的新型大学，如黄浦经济大学、亚洲高等管理学院、试验大学等，他甚至尝试过从中小学生开始培养创造型的人才。然而，因为种种原因这一切探索和尝试都没有结果，留下的只有一些教育理论专著和遗憾。回望过去，刘道玉校长的教育家生涯的辉煌只闪耀在武汉大学校长那一段人生旅途上。

无论辉煌还是遗憾，刘道玉校长正如孟子所曰："尊德乐义，则可以嚣嚣矣。故士穷不失义，达不离道。穷不失义，故士得己焉；达不离道，故民不失望焉。古之人，得志泽加于民；不得志修身见于世。穷则独善其身，达则兼济天下。"(《孟子·尽心上》)意思是：尊崇道德，喜爱仁义，就可以安详自得了。所以，士人穷困时不失去仁义，显达时不背离道德。穷困时不失去仁义，所以安详自得；显达时不背离道德，所以老百姓不失望。古代的人，得志时恩惠施于百姓；不得志时修养自身以显现于世。不得志时就洁身自好修养个人品德，得志时就使天下都能这样。刘道玉校长此生不正是这样做的吗？

"穷则独善其身，达则兼济天下"的"穷达观"和"正心、修身、齐家、治国、平天下"的人生理想，在中国传承千年，正因为有无数仁人志士一代又一代的身体力行，才得以经久不衰。从刘道玉校长身上，我读出来的是这样一个肩负民族复兴重任之人生理想的实践者。

认真研读刘道玉校长的回忆录《一个大学校长的自白》后，我已经能够理解刘道玉校长了。但是，看着回忆录封面上历尽沧桑的刘道玉校长近照，我还是觉得可惜。无论怎么说，我就是为刘道玉校长可惜。中国一个多么难得的教育家啊！只当了不到七年的大学校长，可惜！可惜！可——惜——呀！

刘道玉校长真的是一部使人受益无穷却又叹息不止的人生教科书啊！

刘道玉，我心中永远的校长！

写在后面的话

其实，我也是一本书。一本博而杂的书。

动手写此文使我不得不回望自己的人生历程，不得不清点我的人生书目。我发现,我的人生历程和我的人生书目竟显得杂乱无章,怎么那样不清晰,那样不一目了然。看看我的简历就知道了,我这50年的人生阅历,甜酸苦辣都吃过,工农兵学研都干过。这就使我的人生历程看不出这样一条清晰的按部就班的从上学读书到毕业工作的主线。这应该是我们这些所谓的“50代”绝大多数人的相同人生特征。“人生之书”常常不是我们自己独立写出来的,时代之笔、历史之笔常常会越俎代庖书写我的人生。“人生之书”即已写成这样就无法改变,也就无法使杂乱无章变得清晰了然。

我是个被过早的自由生活惯坏了的人,已经不习惯循规蹈矩、按部就班的生活了,多年来,我的自由的读书自学之路一直按我自己的兴趣不断全方位扩展着,延伸着,即便上了大学也没有改变。19年前,我从武汉大学中文系毕业,分配到省社会科学院文学研究所研究当代文学和文艺理论,10年后,我被任命为文学研究所副所长。但这时候我早已经自学转行了,从文学研究转向了经济研究,且学有所成,取得一些经济方面的研究成果。一年半后,我就被调任工业经济研究所副所长,现在已是工业经济研究所的所长了,职称是工业经济专业的研究员。

我从事工业经济及产业经济战略、企业经营管理、企业文化、文化产业和中国文化、文学理论、文艺评论等方面的研究,以及文学创作。别人都搞不清我怎么能够这样大跨度地自学转专业,还独创了一种“蜂巢型结构”形态分析理论,取得了一些科研成果:出版著作10部,主编3部、副主编2部、参编5部；在《中国工业经济》、《系统工程理论与实践》、《金融理论与实践》等全国中文核心期刊和《经济日报》等报纸杂志，还有《中国文学》（英文版）、《长江文艺》、《奔流》、《广州文艺》等杂志发表论文、文章、作品100多篇；参加国家社会科学基金项目1项，国家自然科学基金项目1项，主持或参加省社科规划项目6项，参加省委、省政府重大对策课题各1项；获得省级奖11项，其中，5项省社会科学优秀成果奖（一等奖1项、二等奖3项、三等奖1项），1项省"五个一工程"奖，3项省政府实用社会科学优秀成果奖（二等奖2项、三等奖1项），省优秀图书奖二等奖1项，省自然科学优秀学术论文奖三等奖1项。

然而，我不擅长钻书本引经考据，自知不是一个精而专的学问家。如果把我这19年的全部成果摆出来让大家看，一般人可能真搞不清我到底是什么专业的，涉猎面广而杂。我外出讲学、咨询，因为知识面宽，观点和看法独到，能开阔人们思路和视野，很受欢迎。讲坛上别人介绍我是经济专家，讲坛下我说我只能算是个杂家。我心里很清楚，我就是一个博而杂的杂家。

我就喜欢成为一本博杂而有益的书。

龚绍东，1955年1月生，祖籍湖南湘潭，出生地吉林长春，现居住地河南郑州，任职河南省社会科学院。

1970年初中毕业下放到知青农场种地、打工三年；1973年底参军到武汉军区空军，历任战士、班长、排长、宣传干事，服役14年，其中，1979年离职在空军上海政治学校上学一年；1980年在职读中国逻辑语言函授大学一年；1982年在职读中央电视大学三年；1985年离职在武汉大学中文系插班上学二年，1987年7月本科（学士）毕业，分配并转业到河南省社会科学院，从最低一级干起，任研究实习员、助理研究员、副研究员、研究员，曾担任文学研究所副所长，后调任工业经济研究所副所长，现任所长。

武大与我的哲学之梦

萧诗美

我的哲学之梦是从中学开始的。记得有一次，我帮英语老师周晓鹏整理宿舍，无意间发现他书架上有一本艾思奇著《辩证唯物主义和历史唯物主义》。周老师说那是他的大学教材，“大学”两字深深地吸引了我。我想借来看看，周老师欣然同意。中学生肯定看不懂大学教材。但是这本书还是给了我一个“收获”。那时有位政治课老师给我们讲：“什么叫上层建筑呢？省以上的就是上层建筑。”我从这本大学教材里轻易找到了上层建筑的定义，用以反驳了政治老师的瞎说。由此引发我对这本书的兴趣，开始逐词逐句阅读它，希望我所遇到的许多困惑，都能从中找到答案。由于书是借来的，迟早要还给老师，我一边读，一边把似懂非懂，但觉得重要的段落摘录下来。但是由于理解能力太低，我很难区别真正的重点和非重点，觉得那本书简直句句是真理。为了把这些“真理”都抄录下来以便永久拥有，我不得不一再要求周老师宽限我借书时间。周老师总是说：“没关系，你慢慢看吧！”最后我差不多把这本艾著变成了“哲学手抄本”。还书时周老师得知我差不多把整本书抄了一遍，略带惊讶和责怪地说：“你何必抄呢？如果你喜欢，我送给你不就行了？”说着周老师果然把那本书送给了我。我当时感到如获至宝，又若有所失，因为辛苦抄录顿时变得没有意义。要说有意义只是以特殊的方式加深了印象。实际上这就是我的“哲学入门”。

中学毕业时尚未恢复高考制度，我们没有上大学的机会。实际上那时连上大学的想法都不敢有，觉得那是不可思议的，甚至是很危险的想法，是思想不健康的表现。大多数同学的出路是回乡务农，只有少数同学靠父母关系谋得一份工作。我因为读书成绩好，被安排在村办小学教书。毕竟那是充满幻想的年龄。我知道哲学梦做不成了，便根据实际改做文学梦。据说搞文学创作不一定要受高等教育，我由此建立起自信心，相信自己只要不懈努力，有朝一日也会成为一名浩然式的作家。浩然是当时中国唯一的作家，也是我心中的偶像，我购买了他的所有作品，从《艳阳天》到《金光大道》，将其视为自己仅有的财富，不仅从中学习创作方法，也解决一些语文知识方面的问题，部分地弥补了学校教育的不足。当时各级政府很重视群众性业余创作活动，我和另一位好同学胡劲松都被发展为县里的“业余作者”。我的创作范围涉及小说、书法和绘画三方面。每一项都靠自己体会，没有什么参考书可看，更没有老师来教。三项中只有书法成绩是自己比较满意的。绘画始终只会临摹，可以临摹得惟妙惟肖，就是不会创作。小说也写了不少，但只见投稿，未见发表，自嘲成了“老舍”。后来才知道我文学创作不成功的根源是难以摆脱概念化的毛病，包括语言和文章风格都偏于理性。这也许是因为我先爱上了哲学的缘故。

文学创作无一成功作品，却有一意外收获。一次，我针对农村按劳分配政策中存在的问题，写了一篇时政评论。为引起重视，我把这篇评论作为信件寄给当时的县委书记潘之。潘之收到信后果然十分重视，立即给这封信加上编者按，印发全县广大干部群众学习讨论。我因此在小县城里一夜成名。先是被团县委评为优秀共青团员，号召全县团员向我学习。接着被邀请到处作报告，主要讲自己如何学习毛主席著作提高路线斗争觉悟之类。当时感觉很好，后来觉得好笑。但收获还是有的，主要是锻炼了我的思维和表达能力。我由此发现自己搞文学创作不行，但是讲起道理来还是有一套。另一个收获是为自己等来了上大学的机会。当时上大学只有推荐一条路可走，能够走这条路的通常要有一定的权力或关系。我什么也没有，只有靠自己努力。这时我相信自己的条件已经成熟了。那年我所在的生产大队有两个指标，一个是上华中师范学院的，一个是上浠水师范学校的。人们都说华师这个名额非我莫属。我甚至在心里想：为什么这次只有华师，没有武大或北大？好像有武大、北大的名额我也可以上似的。但是这次推荐选拔的最终结果却给了我当头一棒：华师的名额被一位大队干部争取到他弟弟头上去了，我只有带着一肚子委曲上浠水师范。这是我人生中的一次重大挫折，它让我亲身感受到了什么叫不公平，也在很大程度上改变了我的命运。

但是我毕竟是毛主席教育出来的好孩子，总相信前途是光明的，道路是曲折的。进浠水师范后，我没有自暴自弃，反而更加努力。当时学校走“五七道路”，我们每学期50天学工，50天学农，50天批判资产阶级。我只有利用业余和课余时间自学。大批判活动倒是把我原有的特长发挥出来了，凡需要大会发言的就少不了我，有时还代替老师做时政报告，动辄就是两三个小时。还有到工人七二一大学讲《实践论》和《矛盾论》的经历。估计当时老师们对这类活动有些厌倦，于是就让我这个学生去凑合。我则通过这些活动锻炼了自己的思维和表达能力，也培养了我的理论兴趣，让我接触到哲学社会科学中的一些基础知识。记得有一年寒假别人都回家过年，我却一个人在学校里批判苏联学者鲁米扬采夫的修正主义经济学，其中最让我绞尽脑汁而又难以批判的是那个著名的“物质利益原则”。我的所作所为既高度适应了那个时代，又是当时的一个另类。因为成天看书，不搞文体活动，同学们戏称我为“夫子”。其实按照当时的理念，我应叫“白专道路”，其表现是对学工学农不积极，不怎么密切联系老师和领导，对某些问题有自己的看法，这在当时就是“不红”的表现。但是我这个“白专”又有点奇怪：因为我自学的内容不是数理化这些自然科学知识，而是哲学、政治、经济学或者直接就是马列主义，最典型的一次记忆是我居然在上数学课时看《共产党宣言》，弄得数学老师不知如何是好。那时最著名的口号是“认真看书学习，弄通马克思主义”。许多人书倒是在看，但未必认了真。我的致命错误是真的认了真，真的想弄清一些困惑自己的问题。这在那些假认真的人看来是不正常的。于是他们用异样的眼光来看我,怀疑我学理论的动机不纯。其实我不过是比较较真,或者说比较天真罢了。结果我遭到了惩罚:毕业时本来可以分到县委宣传部工作,却被分配到一个很偏僻的山村中学教书。

命运似乎偏爱捉弄那些想掌握自己命运的人。我被推荐上大学,结果却上了个中专;中师毕业后刚刚参加工作,第二年就恢复了高考制度。当时我的一个重要错误是没有及时重考大学。等我意识到必须重考大学时,政策已发生变化:为了稳定教师队伍,在职教师非经允许不得参加高考。我只有继续走自学的道路。为解决自学的资讯问题,我订阅了当时刚刚复刊的十几种学术期刊。后来眼见学术期刊越来越多,只有走少而精的道路,但最后还是保留了《哲学研究》、《哲学译丛》和《哲学动态》三个专业杂志,连续订阅至今近 30 年未中断。那时陆续出版了许多不同版本的马克思主义哲学教科书,我是见一本买一本,读一本,最后发现它们大同小异。再一个重要资讯来源就是在北京大学任教的表姑彭兰先生不时寄来张世英先生和北大其他教授写的文章著作或演讲小册子。我在完成教学工作之余,把所有时间都用来读哲学。不时有小发现,例如能看出毛泽东《矛盾论》中讲的矛盾普遍性有两种不同含义,一指矛盾存在的普遍性,一指矛盾的共性。但是这些做法在当时的农村中学里是难以被人理解的。最不能理解的是当时的一位教育组干事。他知道我书教得不错,但有一个致命缺点,用他的话来说,就是不安心工作,没有把全部心事都用在教学上,经常看一些与教学无关的"闲书"。最糟糕的是有一次我竟然被他抓了"现行"。那天他趁我不注意,突然闯进我的宿舍,看到我不是在备课或批改作业,而是在看一本哲学杂志,于是在教师大会上点名批评,竭尽挖苦讽刺之能事。但是我并没有像他期望的那样痛改前非,只是采取了一些措施来对付他的突然袭击。我知道把宿舍门从里面拴起来是不行的,只有从外面把门锁起来,造成我人不在宿舍的假象,他就无法来干扰。其次是把办公桌换一个位置,使他不至于一进门就能看见我在做什么。再就是把要看的哲学书藏在抽屉里面看,桌面上则摆些他愿意看到的东西,一旦发现有人进来,我身子稍稍前倾即可顺势把抽屉关上,迅速回到备课状态……

其实我对本职工作一点也不马虎。证据是所教毕业班课程连续几年高考成绩位居榜首,渐渐成为富有高考经验、深得学生信任的老师。到1984年我已在那所高中服务了8年。其时全县师资重组,许多优秀教师都调到县城中学。我认为自己也属优秀之列,亦提出调动请求。但是我和别人不一样,不是要求调到县城中学,而是要求调到县委党校。我想到党校教哲学课,那样就有更多的时间专门搞哲学了。但这意味着我要调出教育部门,因此教育局长坚决不同意。我说调离教育部门并非我一人,他说我调走后他要找三个人来替代(因为我能教高中语文、政治、历史三门课程)。这位教育局长原是宣传部副部长,是搞理论出身的,向来对我比较友好。他拒绝了我的调动请求,为了表示安慰,便主动提出:你去进修怎么样?进修!不就是再到大学里读几年书吗?当然同意。我觉得这比调到党校教哲学更好,甚至庆幸坏事反而变成了好事,也着实感激这位局长对我的仁厚。但是此时当年各高校接受中学教师进修的考试均已结束,只剩下一个比较偏远的郧阳师专。我没有其他选择,只有接受命运安排,于1984年秋天到郧阳师专去进修。没想到这一多少有点无奈的选择,竟成了我人生的转折点,也是我走向武汉大学的第一步。

郧阳师专坐落在鄂西北丹江口市,消息相对闭塞。武汉大学招收插班生的消息,我是在一个十分偶然的场合得知的。1985年春季开学,我在从黄州到鄂城的过江轮渡上,偶尔遇见了一位当时已参加工作的高中学生。她去沙市上班,我去丹江口上学,两人乘坐不同的汽车,但是因为当时没有鄂黄大桥,汽车必须轮渡,正是在轮渡船上,两辆车、两个人碰到了一起。闲谈中,这位学生告诉我武汉大学招收插班生的消息,条件是要有科研成果。我意识到这是我的一次机会,也许是最后一次机会。因为那时我近而立之年,再和应届毕业生一起考大学,我未必能考得过他们,未必能考上理想的大学。但是要讲科研成果,我就比较有优势,相信自己下点工夫出点成果是不成问题的。到校后我立即着手准备论文。因为我订阅了多种专业杂志,了解当时的学术信息,写什么的问题很快就决定下来了。我选择了当时比较热门、自己又确实有些体会的系统论和辩证法的关系问题，又找了一间空教室，在那里花了一周时间，炮制了我平生的第一篇哲学论文，题目定为《过程·系统·矛盾》，主题是讲辩证法和系统论如何结合以及为何要结合的问题。这篇文章能够比较轻松地写出来，说明我已有一定学术积累和研究能力。但就写作目的来说，完全是为报考武大插班生创造条件。如果没有报考武大插班生的念头，这篇文章就不会产生。

然而文章并不等于成果。成果必须是公开发表的文章，或经专家鉴定了的文字。那时我虽然接触哲学上十年，仍把哲学论文看得十分神圣，认为那不是一般人随便就能写的，发表哲学论文更是了不得的事情，因此文章写好后我不敢奢望发表，再说公开发表也来不及了。于是我把文章寄给在北京大学中文系任教的表姑彭兰先生，因为姑父张世英先生在北大哲学系任教，我想通过他们在北大哲学系找个专家教授写份评语应是不成问题的。结果彭兰先生找到了黄枬森老师给我写成果鉴定书。彭兰姑妈十分支持我报考，除了寄来黄老师写的鉴定书，她还和张世英先生联名给在武大的陈修斋老师写了一封委托信，让我在报考时拿着这封信到武大哲学系找陈先生帮忙联系。可惜等我放暑假从郧阳师专赶到武汉大学时，当年的插班生招考工作早已结束了。尽管如此，陈先生见信后仍不辞辛苦，不顾天热，打着一把遮阳伞，带着我四处找人联系，尝试是否有重新补考的可能。系领导见陈先生出面，说可以考虑。但学校主管部门实验教育科告知：1985 年插班生招收工作已全部结束，学校不可能再为我一个人举行考试了。他们劝我明年再来。陈老师问我为什么不早点来报名考试。我说主要是等黄老师写成果鉴定书去了。陈老师说：其实你拿到我这里来写一写也是一样的。我不知道彭兰姑妈为什么没有想到这一点。她老人家也许想到：陈先生是武大的老师，又是她和张先生的故交，让陈先生推荐我读本系插班生，怕有些不合适。想到这里，我没有埋怨，反增敬意。决心第二年再来。

后来我那篇文章在《江汉论坛》1985 年第 12 期上正式发表了。我想凭这个正规成果 1986 年再报考武大插班生肯定是没有问题的。为了不再错失时机，我通过我哥哥与在武大哲学系读研究生的一位学生韩志伟保持热信联系。到了考试的时候,我以家中有事为由,从郧阳师专请假前来武汉大学参加插班生考试和面试。考试结果,我顺利录取。当年8月,我又通过征文参加了“全国中青年哲学工作者最新成果交流会”。在会上我有幸提前认识了武大哲学系的郭齐勇老师和曹秋华博士,还有全国哲学界的李德顺、李醒民等人。当时我的人事档案关系全在浠水县教育局。会后我回浠水县办理武汉大学入学手续。这时教育局长已易人。新局长见我进修回来,忙着为我安排工作。听说我要到武汉大学再读两年书,他简直不敢相信这是真的。见到入学通知书后,又不能不放人,但声明我只能作为社会青年去武大上学。这意味着我在浠水工作十余年的工龄和档案什么都没有。我准备接受这一裁决:没有就没有,一张白纸,好画最新最美的图画。但这时我获得了一个重要帮助:我在浠水师范读书时的教导主任,其时出任浠水县长的周凝厂老师,他对刘道玉校长的改革深表敬佩,从支持武大教育改革的大局出发,他主动出面为我做工作,要求县教育局不仅放人,而且每月给我发生活费。周老师的呵护让我能以十分轻松的心情走进武大。

1986年金秋9月,我终于以而立之年踏进了梦寐以求的大学殿堂。这场梦我做了十几年,历尽艰难曲折,如今得以实现,心情难以言表。首先想到是,帮我圆梦的是武大插班生制度,倘若没有这项创举,我可能永远只有望大学兴叹了。我当时所插的班级是武汉大学哲学系84级三年级。和班上其他同学相比,我整整年长十岁,加上过去曲折的求学经历,使我上学后有一种拼命赶本的想法。而且我所追赶的目标不是84级,而是跟我同一年龄段的77、78级。总之我恨不得在两年时间内把以前耽误的时间全部赶回来。和84级同学相比,我唯一的优势是科研写作能力和哲学理解能力较强,知识结构则不如他们,最大的缺陷在哲学史方面。为了弥补不足,我把自己的听课表安排得满满的,不管必修选修,也没有挣学分的概念,只要觉得有用,都要去听。印象最深的是陈修斋老师在教三楼301阶梯教室给我们讲的“西方近代唯理论和经验论哲学”。陈老师身体不好,天冷时易咳嗽,有时讲一句话很吃力,我听起来格外沉重,印象也深。还有杨祖陶老师在化北楼给我们讲的“康德《纯粹理性批判》”。杨老师的讲课风格是从头到尾不用教案，只是娓娓道来，但却条分缕析，没有多余的废话。我除了一天到晚听课，还四处听讲座。那两年正赶上高校思想最活跃的时期，校园里各种讲座很多。我的兴趣十分广泛，凡自己感兴趣的讲座，都要去听。万一自己去不了，就委托其他同学代听，事后再打听讲了些什么，生怕有什么东西被自己错过了。

两年插班生活转瞬即过。到毕业分配时，我的第一选择是高校任教。因为我相信自己除了教书以外很难再做好其他事情。我物色了几所在汉高校，如华师、湖大、城建，但认为最好是能够在武大。当时哲学系好像有留我做学生工作书记的意向。这既不符合我的性格，也不符合我千辛万苦上大学的目的。我希望能够留校教书，或叫“搞业务”。至于专业志向，我的现实感使我倾向于马克思主义哲学。以前读得比较多、比较熟悉的也是马克思主义哲学。在马克思主义哲学中最富有现实感的又是毛泽东哲学。刚好当时武大哲学系毛泽东哲学思想这个方面没有年轻人。愿意留校的年轻人一般不太愿意研究毛泽东哲学。我却有一种朦胧的意识，认为毛泽东哲学不仅是中国的现实，而且融入了中国的传统，清理毛泽东留下的遗产，将是我们这个年龄的人的责任。主持毛泽东研究的雍涛老师看到在我身上有一些应届毕业生所没有的优点，在当时哲学系既有硕士毕业生又有博士毕业生的情况下，把我这个本科毕业生留了下来。我留校的当年（1988 年）就上讲台授课了。此后我一边工作一边继续深造。1990 年在职攻读硕士学位课程，尚未结业，1992 年又考取了陶德麟老师的博士研究生，开始在职攻读博士学位。这一系列转机都是由插班生创举给我带来的。

武大毕业生留校任教本来是件很普通的事。但是对我来说却意味着从中学教师变成了大学教师，意味着从此可以专心致志搞哲学了。但在留校后的一段时间里，我的哲学之梦反而经受了一场严重的危机甚至幻灭。这场危机发生在自己的思想中。原来我在长期自学过程中，对哲学特别是马克思主义哲学已经形成了一套看法，例如对辩证法就有一整套科学主义的理解。随着时代的发展，整个国家的拨乱反正,以及自己专业学习的深入,我渐渐意识我所理解和信仰的那套哲学,正是我们国家长期陷入“左”的错误的哲学根源。这一发现等于在我自己的思想深处找到了时代悲剧的根源。这对我的哲学信念是一个沉重的打击。要走出危机重建信仰,就必须在自己思想深处完成一个拨乱反正。这样的拨乱反正之所以特别困难,是因为我原有的哲学信念主要不是通过外部灌输,而是通过自己的学习和思考自觉形成的,即有着自己的理性和理解作为基础和根据。因此我要清算自己原来的哲学信仰,就需要在思想上自己说服自己。这意味着我需要经过一场自我批判、自我否定、自我解构,才能推翻旧的哲学信念,建立新的哲学信念。这一“世界观的转变”或“灵魂深处的革命”让我遭受了极大的精神痛苦。在80年代末90年代初的一段时间,甚至可以说陷入了严重的信仰危机,做了多年的哲学梦差点因此而破灭。我的那两本畅销书《毛泽东谋略》和《邓小平谋略》就是在这个时候写的。

但是幻灭同时意味着新生。正是从自身思想的艰难转变中,我慢慢体悟到研究毛泽东哲学的正确方法。例如对毛泽东晚年错误的认识,我不赞成把它解释成毛泽东晚年自己违背了自己的正确思想,因为毛泽东晚年并不糊涂,相反他的许多主张到晚年更加炉火纯青了。我也不赞成把毛泽东晚年错误完全归结为一系列客观历史原因,因为那样看问题等于是在宣扬一种宿命论,使我们无法真正从错误中吸取教训。我更反对把毛泽东晚年错误归咎于他的个人品质问题,认为这是典型的历史唯心主义。我主张从毛泽东自身的理论逻辑或哲学思想中去寻找他晚年失误的原因。这样我们对毛泽东的理解方式就不再是主客二分式的,而是主客同一式的,即在毛泽东这个研究对象身上,看到我们每个研究者自身。这样我们批评反省毛泽东的错误,就等于是在批评检讨我们每个人自己,等于检讨我们每个人身上都有的那种民族集体无意识的东西,等于一种民族的自我意识的觉醒。我的这种理解毛泽东的思路,在国内外毛泽东研究中都是别具一格的。这与我自己的思想经历和哲学素养显然是分不开的。

由于我从读插班生开始,到攻硕和攻博阶段,系统地重修了中外哲学史,为自己的研究工作奠定了学术基础,所以我对毛泽东哲学的研究，不仅提升到民族自我意识的高度，而且延伸到马克思主义哲学中国化和中西哲学比较领域。对毛泽东哲学中的一些基本概念，我都要追溯它们在马克思那里的原始意义。由于马克思的哲学植根于西方思想传统，这种追溯自然延伸到西方哲学史的纵深处和中西哲学间的差异。在这种纵横比较中，我发现毛泽东和我们中国人所讲的一些哲学基本概念，如物质与精神、存在与意识、感性与理性、实践与矛盾，与马克思和西方人理解的意思很不一样，而这个不一样实际上反映了中西哲学间的差异，由此触及中国现代思想史的主题——传统和现代、中国和西方的关系。我的学术领域随之由毛泽东哲学扩展到马克思哲学，进而扩展到中西哲学的比较与融通问题。通过与张世英、王太庆、汪子嵩诸前辈的直接交流，我进一步认识到中西哲学的根本差异与西方哲学中的关键词 Being 的汉语翻译和理解有关。由此我的哲学研究，不仅触及西方哲学中的最高问题，而且触及西学东渐过程中遇到的世纪性难题。

1993 年我开始在陶德麟老师的指导下，以"是"的哲学意义问题为题做博士论文。经过 5 年努力，我于 1998 年完成论文写作并以全优票数通过论文答辩。博士论文又经过几年时间修改，到 2003 年成书，由武汉大学出版社以《"是"的哲学研究》为书名出版。同一时间内，我还在《哲学研究》和《世界哲学》等权威期刊上发表了《论"是"的本体意义》和《论"是"的哲学用法》等多篇高质量学术论文。正是这一项"见底"的研究，让我彻底走出了哲学信念危机，重新找到了哲学的支点和方向。但为此我整整花去了人生中最宝贵的 10 年时间。10 年中我放弃了许多唾手可得的东西。比如，如果我继续走畅销书道路，可能会赚得很大一笔稿费；如果我仅就毛泽东来研究毛泽东，可以活得非常轻松；如果我把发文章出成果放在首位，可以早几年评上正高职称……我之所以能够在纯学术的道路上沉得住气，根本原因是我有一个从前和现在的对比：在进武大读插班生之前，我是那样千方百计地想学哲学，但是客观条件不允许；现在我有了搞哲学的各种条件，如果我不搞哲学，或者不认真地搞，那么我就无法向自己交待，我的哲学之梦就会真的破灭。

萧诗美,1956年生,湖北黄冈浠水人。1972年中学毕业后在村办小学教书,1976年中师毕业后在基层高中教书,1984年赴郧阳师专进修,1986年考取武汉大学哲学系插班生,1988年本科毕业留校任教,1990年在职攻读硕士学位,1992年考取陶德麟教授的博士研究生,1996年被评为副教授,1998年获博士学位,2003年被聘为教授和博士生导师。主要研究领域有毛泽东哲学、马克思哲学和本体论哲学;担任武汉大学毛泽东思想研究所所长,承担国家社科基金课题“马克思存在论研究”。

▲ 2006年8月在哈尔滨市出席第13次全国毛泽东哲学思想研讨会期间在果戈里塑像前留影

如坐春风珞珈山

黄敬刚

光阴似箭，日月如梭，额手顾影，韶华渐逝。回首往事，如诗似梦，历历在目，艰辛曲折，苦中有乐。有过兴奋，有过悲伤，有过感动，有过遗憾，也有欣慰，而更多的是祝福与期盼，祝福母校武大更加辉煌，祝福家乡随州更加繁荣，祝福伟大祖国更加昌盛！期盼与时代同行，不断创新，有所作为，仰不负天，俯不愧地。

人是历史的匆匆过客，应留下闪光的足迹。追溯自己的半生旅程，或许能寻觅点滴可堪告慰和值得借鉴的东西。日月无私照，天道酬勤。成功主要靠勤奋努力和不懈地追求，当然，“计利当计天下利，求名应求万世名”。如有幸运，不亦乐乎！首先，我的家乡湖北随州市，物华天宝，人杰地灵。华夏始祖炎帝神农就诞生在随州烈山，他植五谷尝百草，敢为人先，开拓进取，无私奉献的精神激励着我们；随侯珠与和氏璧齐名，灵蛇献珠，行善积德的故事陶冶着我们；随国大夫哲学先贤季梁“民为神主”的民本思想熏陶着我们；随州出土的国宝编钟，与兵马俑、三星堆媲美，千古绝响震撼着我们。

1978年春，我有幸参与了擂鼓墩曾侯乙墓的发掘整理工作，摹写编钟铭文3000多字，由此与编钟结下了不解之缘。在两个多月的发掘期间，国家文物局、北京大学、武汉大学、中国历史博物馆、中国科学院考古所及湖北博物馆等单位的专家、学者、教授云集随州，他们都是我的良师，结识他们实乃吾生之大幸！1983年9月，北京大学考古系高崇文、李伯廉教授特招我到贵系进修，期望我以后考研，学了两个月，因随州博物馆缺少人手，将我召回。我是一个农民的儿子，因家大口阔，只读了个初中毕业，几时才能圆我的大学梦呢？

机遇又一次降临了！1985年，武汉大学校长刘道玉先生率先改革高等教育，首创并实施插班生制，这一创新制度为许多渴望深造的青年开辟了新的途径。报考插班生的时间只剩下一天了，武汉大学历史系书记刘华才先生专程到随州找我去报考，握着他那温暖的双手，我激动得说不出话来。还说什么呢？立马报名，抓紧备考，背水一战。武大历史系考古专业，首届只招了三名插班生，我这个初中毕业生通过自学居然考中了，当时的心情真有点像“范进中举”。为此，《湖北青年》杂志发表文章《一切并非不可预料》，《武汉大学报》以题为《远方有一片阳光地》进行了报道，《经济日报》刊发通讯《情系编钟——记武大历史系插班生黄敬刚》。

沐浴着改革的春风，徜徉在武大校园，如临仙境，“风声雨声读书声声声入耳，家事国事天下事事事关心”。武大积淀着厚重的历史文化，闻一多大师定名珞珈山，在昆明拍案传为佳话；历史学家吴于瑾、唐长孺教授学术成就名噪一时，留名千古；哲学、法学、文学等更是名动京华，誉满天下。正如武大报载李先生所撰联云：“孔子庄子鬼谷子莘莘学子寻子路；泰山衡山珞珈山座座名山出山泉。”

在武大学习深造的岁月，是一种文化精萃的享受，是承前启后继往开来的尝试，是厚积薄发创新发展的探索，“文成蕉叶书欲绿，吟到梅花句亦香”。置身攻读圣地，吾爱慕观“待到雪化时”的松柏，喜欣赏象征中日友好前程似锦的樱花，更爱到碧波万顷的东湖边朝诵读晚散步，触景而生思古之悠情，王勃《滕王阁赋》之佳句“落霞与孤鹜齐飞，秋水共长天一色”在脑海浮现，范仲淹《岳阳楼记》之名句“先天下之忧而忧，后天下之乐而乐”在耳畔长鸣，催人奋进，好一个山出文章水

▲ 黄敬刚与武汉大学著名的国际法专家韩德培教授（九十六岁）在一起

出诗！

武大校长刘道玉先生倡导学分制，鼓励写论文，不拘一格育人才。历史系主任卢开万教授爱生如子，耳提面命，经常找我们促膝谈心，纵论千古，启迪智慧，这是我等时逢机遇中的机遇，两年完成了本科四年的学业，以优等生提前毕业。我虽然与千里马还相差千里，但作为伯乐的卢教授循循善诱，鞭策我们缩短了距离。和我一同提前毕业的同学是周华东、王向红、吕攀举，号称“四进士”，一同下海南，在武大校园和江城武汉及南国海口一时传为美谈，《湖北日报》曾作过专题报道。

1987年金秋，到琼岛沐椰风，攀五指山，饮万泉河，思如潮涌，开发边疆海南，探索海上丝绸之路，是我们这些武大考古幸运儿的神圣职责。当时我在海南省政府文化广播体育厅文化处上班，主管文物工作，参加了北京国家第一期水下考古培训班，与国家文物局水下考古队一起在海南文昌清澜港明代水下沉船考古，当我在船舱里摸到一块明朝的陶瓷时，徒感全身不适，可能是抽筋，我被同伴捞上岸，死里逃生，遇险而庆幸，发表了论文《从海南诸岛考古发现看海上陶瓷之路》，藉以回报母校武大，聊以告慰航海先驱郑和大师。随后着手筹建海南省文物管理委员会及海南省博物馆，继而负责过博物馆的工作，并带队普查全省考古文物，拟出了章目，协助出版了《海南学论丛》，主编了《海南旅游业》一书，反响颇佳。

与其当幸运儿，不如当弄潮儿。1992年，我创办了海南文化艺术出版公司，并在海口筹资建造了一座气势恢弘的“楚乐宫”，宫门前高三米的八大佩剑铜人列队仪仗，宫外浮雕编钟，宫内演奏编钟，并配歌舞，钟鸣鼎食，八面来风，被誉为“海口一景，海南一绝”。中国音乐家协会副主席、著名二胡大师闵惠芬女士作了首场演奏，一曲《江河水》令人心情激荡不已。影视文化演艺界的名流王铁成、肖雄、侯耀华、郭凯敏等纷至沓来，华裔吴作楼（新加坡总统吴作栋之弟）谐美法友人来了，还如获至宝地带走了“编钟乐”牌酒的空酒瓶，因酒瓶是以编钟造型的，国人饮编钟酒，友邦人士抢空酒瓶，奇观中的奇观！政界要人们来了，挥毫题词“荆楚文化，琼地生辉”。武大老校长刘道玉先生来了，题词“弘扬中华民族优秀文化，开创改革年代崭新事业”相勉。《海口晚报》自豪地撰文《海口有座楚乐宫》，《人民日报·海外版》发表专访《夜访楚乐宫》，香港亚视中文台拍摄了专题片《南海大舞台》，武大校友文新国（广州军区作家）还过早地为我撰写了一部传记文学《学人·商人·学人》，这是同窗的手足情谊，这是真心诚意的鼓励！

开办民营企业，虽然红红火火，但总感到不能偏安一隅，要把编钟的文章做大做强。于是 1997 年到北京大钟寺（因有永乐大钟而驰名）考察、策划“北京中华编钟音乐宫”，撰写了方案，受到了时任中共中央办公厅主任，现任中共中央政治局常委、国家副主席曾庆红同志在中南海的亲切接见，他表示赞许并与我合影留念，他还殷切地说：一个企业家创造了效益，还要多为人民做一些有益的事。在曾庆红同志的勉励下，我想到了科教兴国，匹夫有责，武大曾圆了我的大学梦，我应尽力为高考落榜生圆其大学梦。于是我到东南亚及俄罗斯考察“没有围墙的大学”，于 1998 年到武汉依托母校武大和湖北省军区，在军区大院内（原中南民族大学校址）创办了武大成教示范基地，得到了省军区领导和武大副校长、博导胡德坤教授及继续教育学院的大力支持，继而组建了武汉世纪人文科技辅导学院。8 年来共开办了数十个专业，数十个班，圆了 3000 个学子的大学梦，发展了数十名学生党员，资助了 100 多个贫困生，培养出 10 多名硕士研究生和 2 名博士研究生。在办学期间，恪守武大“自强、弘毅、求是、拓新”八字校训，广泛开展第二课堂活动，邀请门捷列夫学专家、武大王克强副编审，世界史专家、武大督导团副团长郑昌发教授，建筑装潢设计专家、清华张德山教授，世界环保专家、澳大利亚费斯克博士，著名环保专家、美国路乞博士，“精神富翁”、全国人大代表梁建国先生，珞珈山上不老松唐荣昆教授为同学们举行专题学术讲座，以开阔视野，启迪思路。

办学无止境，学亦无止境。在办学过程中，深感自身知识需充电，于2002年参加武大人文科学学院历史系考古研究生班学习，并到三峡巴东考古实习，随后考取武大历史学院博士生，我的女儿黄谷同年也考取武大商学院财政学硕士研究生，《楚天都市报》作了图片报道《父女同上武大读研》。这真是莫大的幸运，受教于武大，受益于武大，扪心自问，终生感激不尽！

不敢效仿“藏之名山，流传后世”，但自己的所学所得，一孔之见，应形成文字，见诸报刊，以便与同行切磋，就教于方家。20余年来，我先后发表论文《季梁哲学思想刍议》（载《中国哲学史研究》）、《随都辨》（载《楚史论丛》）、《从曾侯乙墓看楚地下建筑》（载《华中建筑》）、《楚随关系初探》（载《东南文化》）、《从考古发现看随的农业》（载《农业考古》）、《曾侯乙编钟铜人举重与体育文化》、《黎源新探》（载《中央民族大学学报》）、《曾侯乙尚龙新探》（载《武汉大学学报》）、《从南海诸岛考古发现看海上陶瓷之路》（载《海南学论丛》）等50余篇。

为把曾侯乙编钟文化深入研究并向国内外扩展，于2002年开始在北京筹建了北京乐宫编钟文化传播中心。2003年，在北京辟地50亩，一期工程已完成。2004年投资策划编著《中国曾侯乙编钟》一书，编钟改写了世界音乐史，举世瞩目，出土四分之一个世纪了，其论文充栋，需要集大成。这一编钟文化的巨大工程，受到了文化部、文物局、中国科学院、中国文化艺术研究院、湖北省文化厅、武汉大学等有关领导和专家们的重视、肯定与支持，计划成书百万字，就编钟的礼乐、铸造、艺术、音乐、科技等方面进行系统论述，并与西方同时期文化相比较，而且图文并茂。目前已请京汉等地编钟研究的顶尖级专家学者分工撰写出了专稿，今冬交出版社，明春付梓，一旦面世，可为编钟申报世界文化遗产提供雄辩的论据，可为音乐溯源和发展推波助澜，可为和平外交架起一道彩虹。

日月两轮天地眼，诗书万卷圣贤心。是母校武大培育了我等，母校像一座导航灯塔，指引、激励我们不断创新奋进。自己的反哺和奉献甚微，然而媒体却给了我许多荣誉，报刊、电视发表了关于我学习和探索，努力创新的文章诸如《知识奠基志者必成》、《从田埂走向中南海》、《弄潮儿向涛头立》、《结缘编钟文化 寄情教育产业》、《珞珈山旁一枝秀》、《九万里风鹏正举》等数十篇，每一篇都是对我的莫大鞭策，“路漫漫其修远兮，吾将上下而求索”。

黄敬刚，湖北随州人。毕业于武汉大学，获历史学士学位。1987年10月到海南省政府文化广播体育厅工作。2002年参加武汉大学人文科学学院历史系考古专业研究生班学习。随后考取武汉大学历史学院博士研究生。著有《季梁哲学思想刍议》、《随都辨》、《从曾侯乙墓看楚地下建筑》、《楚随关系初探》、《从考古发现看随的农业》、《曾侯乙编钟铜人举重与体育文化》、《黎源新探》、《曾侯乙尚龙新探》、《从南海诸岛考古发现看海上陶瓷之路》等50多篇论文和专著。1992年创办了国营企业海南文化艺术出版公司，任总经理。

1998年经湖北省教育厅批准成立了“武汉世纪人文科技辅导学院”，任院长，2000年成立武汉大学世纪人文教学站，任书记。2002年在北京开办了“北京东方双音编钟文化传播中心”，组织全国研究编钟顶尖级专家编纂《中国曾侯乙编钟》巨著预计于2008年出版，并向全世界发行。主要从事文化、教育、出版业。

在生命成长的路上

彭南林

在生命成长的路上有许多难忘的时刻，中国首届插班生制度的开创，给了我们这些生在红旗下，长在“文革”中，又因“文化大革命”而失学的一代青年成长的希望。这一时刻之所以难忘，不仅因为这个机会使我继续圆了大学梦，迷茫的人生被知识深深吸引，而且人生转变也从这一刻开始，从此不可逆转——我自此从一名工人、一名技术员，成为了一名研究员，做着自己热爱的科研工作，并能著书立说传播新的知识，传播人生的信念。没有武汉大学，没有刘道玉校长破冰开路建立的插班生制度，今天的这一切只可能是梦想。

人生的改变从选择开始，但选择需要机会，在那个时候，那个岁月，所有的机会因改革创新而获得，所有的机会是因不甘平庸的选择而拥有。

“文革”末，因造访在珞珈山学习的朋友而暗生武大情结，而插班生制度，提供了我实现“非武大不进”愿望的条件。作为学生，我已是二次踏进武大校门。在首届插班生中，我属于年龄偏大且拖儿带女的一个，9 岁的女儿刘琳被我带到武汉大学——我读三年级，她读四年级（武大附小四年级。作家班的袁厚春写下插班生的许多感人的故事，把我带孩子读书也作为一个典型收录其中）。作为一个人，我需要读书学习满足自己进步的愿望,作为一个女人,又不能放下儿女不顾,为了两全,只好带上孩子来到大学学习。但解决了上学问题却无法解决住宿问题,母女俩只好挤在学生宿舍不到一米宽的小床上(后得到卓林老师的帮助才解决了问题,这也是我一生中值得感激的)。辛苦与困扰自不说,但武汉大学的环境却培养了女儿对知识的兴趣与追求——为圆求知梦,她也是几次放弃优越的工作,至今仍在英国伯明翰大学求学深造,也许与这段武汉大学的生活经历不无关系。记得当年她高考填写大学志愿,报北大还是中国人大?作为家长的我举棋不定不知如何是好,打电话咨询道玉校长,一句话,校长点拨了我:问问孩子,想当思想家报北大,想当干部报人大!选择北大,孩子毫不犹豫。道玉校长领导的武汉大学的教育制度改革,改变了我的一生,道玉校长关键时刻的一句话,也决定了孩子一生的选择方向。

武汉大学建立的插班生制度是面向凡是达到大专学历又有优秀科研成果的社会青年,在报名经过特殊的考核后,符合要求者允许进入相关专业三年级学习的制度。插班生制度是道玉校长对中国教育制度改革的一大贡献,在当时也是一项改革的新鲜事物。它破除了一考定终身的成才模式,使不拘一格选育人才成为一种现实的教育新模式——除了从应届生中选拔培养人才外,它还注重从社会实践精英中选拔培养人才,使大学成为社会各类人才继续成长的熔炉。在那个时代,尤为值得纪念的是,因"文革"失学而又梦寐以求进入知识殿堂的一代青年因此重新拾起被荒废的学业,在理想的殿堂里进行知识的整合与人格的升华。插班生的教育制度改革改变了这些青年成长的轨迹,也改变了社会培养人才的既成规则。失去大学考试机会或因社会动荡无缘大学的人终于有了一条可选择并可走下去的路——路本来是没有的,因为前人的踏青,跟随者的脚印,逐渐便成了路。路之所以成为路,是改革者的披荆斩棘,是建设者的铺路架桥,是开拓者的辛勤奠基,使后人可以省却开路的艰辛,可以对彼岸有所企盼,可以因努力而一往无前。这是不可忘却的。

每个院系差不多都有插班生:管理学院,经济学院,法学院,政治经济学院,还有数学系、外文系,中文系作家班的人就更多。管理学院的插班生，是除作家班外人数最多的。管理学院的插班生除我外，还有田启新、潘平正、冯浩、严炳州、汪水文、宛士雄、张立新，我是其中唯一的一位女性，年龄35岁的我是仅次于“老田”的“大姐”。被称为“老田”的田启新是武汉汉阳汽车改装厂的厂长，还是全国优秀青年企业家。而我当时是搞技术工作的，在武汉电子仪器三厂当电子技术员，我们试制的新产品获得武汉市科技成果一等奖、湖北省二等奖，作为试制组主要成员我因此而获益——作为有优秀科研成果的人才被考核后选中进入首届插班生队伍。

能够进入武汉大学的首届插班生可说是时代骄子与幸运儿。但为数不少的插班生年龄大多年过三十，与比他们小十来岁的同学在一个教室上课下课，在一个寝室早起晚睡，是插班生们最新鲜的事。这些插班生大多上有老父老母，下有小儿小女；为了求学，大多辞去原有的工作，有的甚至没有收入。许多人还把孩子留在家中，把责任留在心中。本来他们也可以围着老婆（或者丈夫）、孩子舒舒服服过日子，为了求知而放弃了享乐。强烈的求知欲成为插班生们克服种种困难的动力。插班生中的许多人，包括我自己在内，选修的课程是超出想象的，专业课要修，感兴趣的非专业课程也要修，喜欢的老师的课也想修，有学分的要修，没有学分的也想修，几乎成了一只贪婪知识的“饿狼”。每个学期首要的事是研究全校各系的课程表，看了又看，比了又比，时间排了又排，为的是能够在有限的时间内安排好必修的以及因兴趣而选修的课程，学习的强度大都超过一般学生。

插班生制度是教育制度改革的产物。这一改革的思想源于道玉校长强烈的社会责任感，从1982年10月他与英国资深上议院议员的一段对话我们可以捕捉到他的心声：“作为一个大学校长最大的贡献是什么？”“一个大学校长不仅仅是属于学校的，也应当是属于社会的。他的最大贡献除了向社会输送大批的优秀人才外，他还应当是一个思想家，始终站在历史潮流的潮头，以他的新思想来影响社会，推动社会向前发展。”从道玉校长《一个大学校长的自白》“感动上帝”一章中，我们更清楚地了解到道玉校长萌发创立插班生制度想法的始末——作为思想家的道玉校长为了用“新思想来影响社会”，为了让更多青年能够走上成才之路，他以教育家的理想与责任感“三进京城”，终于感动了“上帝”，才使得我们这些因“文化大革命”与大学失之交臂的人，在过了而立之年后竟还能圆大学的梦，把不敢奢望的理想变成了现实。

插班生制度是教育制度的创新，插班生也成为当时大学和社会的热门话题，成为新的教育模式培养的一代新人。在那个特殊的年代，首届插班生们仿佛都肩负着某种使命，他们不囿于书本知识，又能尊重科学知识，他们有思想力，有行动力，也有社会责任感与互动力。他们与从校园到校园的那些学生不同，把知识直接嫁接在社会实践的土壤中。他们都非常关心时事，关心社会，大多社会参与度高：举办研讨会，组织社会调查，编写教材辞书，写小说，写报告文学，什么类型的人都有。边学习边实践是插班生的特色，它成为一股学校的新风，也成为珞珈山上独有的一道亮丽的风景线。现在，有的插班生同学已成为高级领导者，有的成为名作家，有的成为研究人员，有的成为企业家，为社会发挥着积极的作用。20 年过去了，回过头来看，没有插班生制度的创新，就不可能有这些插班生健康丰盛的成长——他们也代表着致力于教育与教育制度改革的道玉校长的选择——道玉校长为此花费了人生宝贵的时光与心血，并寄托着生命的期待。

回顾生命的成长，既有父母的言传身教，也有朋友的推心置腹，更有道玉校长的谆谆教诲。记得新生入学大会时，道玉校长谈到的“格言”：国要有国格，做事要讲品格，做人要有人格。这些话至今让我记忆犹新。在大浪淘沙的市场经济中，有了长辈们的传教与道玉校长的“格言”，就如人生有了定海的神针，心中有了慎独的定力。

道玉校长当时身为中国著名大学的校长，按中国的官僚等级，也应是“高干”了，但道玉校长把自己明确定位在教育家的位置上，高居在上却十分地平易近人。因此，在改革的潮流中，他勇于站在潮头担当大义；在教育实践中，他甘当人梯把后生们一个个搭在自己的肩膀上，每当学生们有什么问题，他总是苦口婆心，就像父辈，没有半点官腔官调；有了困难，他也是千方百计，不论衣冠如何，一视同仁，把帮助学生成才当做不可推卸的义务，没有一点功利。作为一个教育家，他把人格教育作为教育之本。在不同场合，我多次听他讲道：人只有一生，在一生中会发生很多的事，但有人格的人是忠于自己的选择的人，忠于自己的爱情的人，忠于自己的事业的人。道玉校长就是这样一个人。他以自己的人生作了身体力行的注解，并成为我们一生的楷模。

离开母校武大已经20多年了，这期间无论是国家还是个人都发生了许许多多的事，但武大插班生的两年生活却成为我人生中最难忘却，也最值得记忆的。现在，虽然首届插班生中有些人因时事变迁已经不再在岗在位，我们仍不时地感受到母校亲切的关爱。社会在转型，人事在更迭，因了武大创新的插班生制度，因了武大树立的探索的校风，因了武大老师们传授的新知，因了求学求知经历的艰难困苦，使我们即使在社会剧烈动荡，信息变化万千的知识经济时代也还能跟上步伐，仍能深刻地感受时代的脉搏，没被历史残酷淘汰。作为我自己，在专业的基础上，因兴趣而研究了企业文化，因责任而研究着性别文化，研究这两个问题的同时也给予我许多的新知与人生感悟，使我人生更加丰富。现在我能继续用知识服务于社会，服务于时代，这是幸运，也是母校与道玉校长带给我的福音。

彭南林，女，研究员。经济学士。1987年毕业于武汉大学管理学院。武汉大学首届插班生。

曾任深圳市委党校（深圳经济管理学院、深圳市行政学院）教科处与科研处副处长、成教部与《特区理论与实践》杂志社调研员，深圳市委宣传部《特区企业文化》常务副主编，兼任中国管理科学研究院企业管理创新研究所高级研究员、广东省企业文化协会常务理事、深圳市中小企业文化协会副会长、深圳市社科院性别文化研究中心主任与特约研究员等。

长期从事企业文化、企业管理方面的教学、研究、培训与咨询，关注并研究文化产业、社会性别文化问题。主持深圳市社科基金“八五”课题“知识经济与深圳特区经济增长点”与2002年度“文化产业主体多元化问题研究”课题项目，参与1999年年度国家社科基金“移民城市的婚姻家庭问题研究”与2002年度“流动人口婚姻家庭状况研究”两个课题以及深圳市“非典对深圳经济文化社会的影响”等课题研究。

一条路与一个人

熊召政

作为武汉大学首届作家班的学生,离开那珞珈山下的可爱校园,不知不觉,20 年时间已经过去。这是整整一代人的时间。记忆中的校园生活,虽然有的仍栩栩如生活在脑子里,但大部分都已模糊。如果说有什么最值得我怀念的,大约只有一条路和一个人了。

一条路是校园里的樱花大道。

一个人便是当时的校长刘道玉。

每每听人夸赞,武汉大学是中国最美丽的校园。珞珈山蓊郁的林木,东湖里的粼粼波光,都是这所百年名校自家庭院中的风景。山环水绕,水碧山青,山中鸟语如珠,水中鸥影似梦。在这般景色中念书,实乃三生修来的福气。

然而武大校园的最美之处,仍要算与珞珈山隔垅相望的樱花大道。大道在半山腰上,一侧为下坡,满眼的森森古树;一侧为上坡,坡上是百年前的古建筑,一长溜三层的石头房子。我们住校时,那些房子是女生宿舍。每当潇潇春雨,道上的樱花次递开放,这樱花不是可结红红果实的中国樱,而是日本的那种只会开花不会怀孕的嘉木。暖风穿过雨的缝隙走过这条道时,樱树怀春的幽梦就醒了。在你不经意时,它的枝头就骨突出几片花瓣。要不了几天,这道上枝柯交错，全敷了濛濛的一白，如月、如乳、如灿灿的晶片在诗中，如簇簇的蝴蝶在梦里。此时若在黄昏，从树下经过，偶尔抬头，看到花树之上的窗户里，正好有一位女生探出白皙的脸庞，与她的眼光倏然相碰，她报以莞尔。这时，你才确切地领会毛泽东的诗句“俏也不争春，只把春来报”的种种妙处。

80 年代中期的武汉大学，在高校教育的改革上，做出了几件敢为天下先的事，如“学分制”，学生自由选系，插班生制度等等，都是因材施教、惠及学人的善举。推行这些改革，刘校长功不可没。作家班正是插班生制度实行的产物。没有作家班，我不可能成为武大的学生。不是武大的学生，我虽然也可以去珞珈山畔看樱花，但仅仅只是一个游人而已。

记得第一次领到武汉大学的校徽时，我真是百感交集。皆因在过往求学历程中，我三考武大皆不获选。第一次是 1974 年，当时非考而让基层推荐，我下乡所在公社，推荐我上武大中文系，填表政审均通过，最后还是被刷下，原因是县上一位领导的儿子看中这个名额。第二次是 1977 年恢复高考，我报考志愿，本可填三个学校，但我第一志愿是武大中文系，第二志愿仍是，第三志愿还是。期以为志在必得，谁知误听流言而数学缺考。虽然语文成绩全县第一，终因交了一门白卷而名落孙山。第二年，我准备再考，谁知临近考试，我因急性阑尾穿孔入院治疗，一位工农兵学员为我开刀，他把我当成试验品，小手术弄成大手术。一个月后我出院，考期已过。于是者三，命运好像故意捉弄我，让我总不得跨进武汉大学的门槛。

兹后，我于 1982 年成为湖北作家协会的专业作家。1985 年，刘校长决定在全国中青年作家中遴选人员试办首届作家班，我有幸符合条件而入选。就这样，我不但了却了多年的夙愿，更在刘校长“创新改变命运”的理念中,增强了开拓理想的信心。

2005年9月份,刘校长的自传《一个大学校长的自白》出版。我应邀前往北京参加首发式,躬逢其盛后,在归汉的火车上,看了他的自白,许多校园往事便涌到心头。现在看来,刘校长在武大执政期间推行的种种改革,无疑都是正确的,并经得起时间的检验。辗转之间,夜不能寐,于是哼了两首七绝:

一自先生离职后,胸中扫尽是风烟。
梅花未老群芳妒,云水苍茫十七年。

漫言暮雪掩乡关,风雨鸡鸣兴未阑。
岁岁重阳公又至,还将热血化春蚕。

过了耳顺之年的刘校长,该到了重阳赏菊的时候了,但他的精气神儿,仍如当年当校长时那般旺盛、那般睿智。因此每次见到他,我都会产生于濛濛春雨中穿过簇簇樱花的感觉。

熊召政,1953年12月23日生于湖北省英山县温泉镇;1958年就读于英山县城关实验小学;1964年就读于英山一中;1968年参军,任空军某部无线连调配员;1970年复员,自愿申请下乡,当了五年知青,1975年调入英山县文化馆任创作辅导干部;1981年调入湖北省作家协会任专业作家;1983年任《长江文艺》副主编;1985年被选为湖北省作家协会副主席,同年入武汉大学作家班学习;1992年申请停薪留职,下海经商六年,期间曾任红莲湖高尔夫俱乐部董事长、上海运通房地产公司董事长、君安证券公司顾问等职;1998年回单位继续任专业作家;2006年受聘为武汉大学传统文化研究中心研究员。

永恒的回忆

——我的第二个大学与可亲可敬的校长

谭智群

几个星期前,一个偶然的机会,当我用 Google 搜索因特网以核实两篇自己在过去发表的科研论文时,看见了这个消息:在众多插班生的倡议下,《创新改变命运》编辑委员会决定编著和出版《创新改变命运——记武汉大学插班生》一书,以总结实施插班生制度的经验。依照该消息所提供的信息连接,我终于又同失去了联系数年的老校长以及部分首届插班生同学联系上了。

一

熟悉二十多年前的武汉大学的人们或许都知道刘道玉这个名字。他是全国最年轻的大学校长。我们这些在那里念过书的学子们则总是亲切地称呼他作“刘道”或者“刘道校长”。当在电话里与刘道校长聊起来的时候才意识到,时间似乎总是那样的羞涩和胆怯,趁你毫不经意之际,悄悄地溜走。这不,从 1985 年初秋我进入武汉大学至今,近 22 年的时间已经过去了。22 年的时光可以说足以让任何一个人去忘却许许多多的事情,可是那让我最终变成了“武大”人的过程以及作为刘道校长的学生在武大校园念书的日子,依然恍若昨日，历历在目。

这一切始于 1985 年的春末夏初之际。那时，我是武汉同济医科大学的一名应届毕业生。我的家乡是位于川鄂交界的鄂西山区。由于当年我所报考的研究生招生单位的招生计划的临时改变，让我一心想从事与分子生物学相关的研究的梦想化作了泡影。接下来的等待着我的命运则是毕业分配。那时候，作为一个来自我的家乡的医科院校的应届毕业生，我及其他几位来自我们家乡地区的同学一道，尽管在几年前的高考录取之时未享受过任何特别的照顾，但在此毕业分配前夕却备受恩宠——我们必须接受分配返回家乡服务。直接主管我们毕业分配的辅导员则更加是声色俱厉地警告我不得有任何其他的非分之想。是的，情理之中，这种安排着实未可厚非。家乡的山，家乡的水养育过我们。那里也召唤着我们回去献力献策。可是熟悉那个环境的人们或许可以想象，如果回到家乡，想做研究，尤其是有关分子水平的生物学问题，那是万万不可能的。再饱满的种子也需要合适的土壤、水分和空气才可能发芽、成长、开花结果。如果我顺从毕业分配的安排，我希望致力于分子生物学领域的研究的理想无疑只是南柯一梦。

也许就像诗人们所描写的吧，人生有时就如冬天风雪中生长在小河岸边的柳树枝一样，有谁想到它不久便会发芽转绿呢？命运之神也正是在这个时候这样地跟我开了一个小小的玩笑。就在我觉得只有听从于她给我的现实安排的时候，她却又给了我一个不一样的脚本。彷徨无奈之余，我突然得知，武汉大学为了落实刘道校长所提出的一系列教育改革措施，计划于当年招收插班生。那时，想到不久前一篇题为《刘道玉晶核》的报道中所描述的刘道校长以及他的教育改革方针和措施，一种无法用文字形容的激动与好奇心驱使着我写信给这位中国著名的大学校长。在信里，我简要地叙述了我当时的处境以及我希望放弃当年的毕业分配转而报考正在进行中的武汉大学插班生的急切愿望。武汉大学试行双学位制，我希望来武大读第二学位，从而得以继续我在生化分子生物学相关领域的学习和研究。随信自然也还附上了我在医学院学习期间所发表的五篇与分子生物学及自然辩证法相关的论文复印件。怀着一种忐忑不安与期盼的心情,我把一个写着"武汉大学刘道玉校长启"的牛皮纸信封送进了邮筒。接下来便是一种可想而知的等待。

大约一个星期之后,我终于等来了一封印有红色的"武汉大学实验教学科"字样的来信。我知道这应该是刘道校长给我的回函。我迫不及待地撕开信封,没错,这就是刘道校长给我的回函。回函由分管实验教学科的肖爱琼老师代笔,文字非常简洁。不多的几句话告诉了我:刘校长收到了我写给他的信,他对我的情况和我欲作为插班生到武大攻读生物化学专业第二学位的意愿表示极大的关切和支持。信中同时吩咐我收到该信之后即携带有关证件材料到武大实验教育科报名插班生考试。那时候的心情可想而知——激动。除了激动,还是激动。

随后的第二天上午我即赶到了武大校园,在位于行政大楼一楼的实验教育科见到了给我回信的肖老师。那时候,肖老师很热情地接待了我。她又再一次详细地给我讲了一遍有关我写给刘校长的信一事,并强调是刘校长亲自吩咐安排由她们实验教育科来具体处理有关我的申请。肖老师于是让我登记报名插班生,同时还告诉我,由于我是在读的应届本科毕业生,要我从当年的毕业分配计划中撤出,具体操作时可能还会遇到麻烦,让我要有所心理准备。

后来发生的事情证实了这种顾虑的合理性。自我报名武大的插班生考试之日起又过了大约半个多月,距我们的毕业分配的时间又近了一些,于是分管我们的辅导员给我们公布了当时初步拟定的毕业分配方案。我的名字依旧罗列在指定的必须接受毕业分配的名单之中。辅导员又再一次地给我上了一次紧箍咒,要我老老实实地接受组织分配。这无疑是浇在我头上的一瓢凉水。我知道,如果我不能被列在毕业分配计划之外,那到武大作为插班生读第二学位的愿望仍然只能是空想。万般无奈之际,我又再次来到了武大行政楼跟实验教学科的肖老师讲了我的情况。就在我同肖老师一起走出实验教学科办公室,我准备离开的时候,在教学科的门外碰见了正从楼上下来往外走的刘道校长。于是肖老师便同刘校长打了招呼并同时向校长简短地介绍了我以及我当时所面临的问题。由于刘校长当时正要前往省高教处开会,无法多谈。于是校长便亲切地招呼我同他一道上了他的车,就在他从武大校园赶往水果湖省高教处的十来分钟车程的途中,刘校长仔细地询问了我为什么希望再读一个学位以及相关的一些情况。最后校长告诉我耐心地等待,专注于学习,他将尽力帮助我排除到武大作为插班生读第二学位的障碍。就这样,我回到了在汉口的学校之后没过几天,我们的辅导员及多位学校的领导都先后向我表达了他们对我申请毕业后到武汉大学攻读第二学位的支持。我非常清楚,这种突如其来的态度转变一定是因为刘道校长在后面的工作起了作用。接下来,武大实验教学科又通知我,鉴于我是在读的本科应届毕业生,再加上有公开发表的论文,我可以免去即将举行的插班生招生入学考试。就这样,随后不久我便收到了发自武汉大学的首届插班生入学通知书,被正式录取到武汉大学生物系生物化学专业攻读理学学士第二学位。

二

终于等到开学的时间了,一个桂花飘香的季节,我再次来到了武大校园,并有幸住进了珞珈山的地标建筑——樱园老斋舍,生物系学生宿舍所在地。那时,我的脚踏在那一级级向上延伸的古老石阶上,环顾四周的银墙琉瓦,还不自觉地拼读着那些以“宇宙洪荒,天地元黄,日月盈昃,辰宿列张”十六字命名的宿舍名称,我知道,我终于成为了一名武汉大学生物化学专业的学生。

开学后不久,我便知道我是首届插班生里唯一的一位来攻读第二学位的,同时也是唯一的一个还没有任何社会工作经历的。接触了一些其他同时入学的插班生同学之后才知道,插班生同学中的大部分都拥有非常有影响的文学作品或者科研成果,用现在流行的文字来说则是“牛人多多”。一个个“大牛”们的经历与故事无不激励着我需要加倍努力学习。

上课了。刚开始,如同在医学院学习的时候一样,我依旧是背着书包，夹着课本，带着笔记，按照预先安排好的课程表去指定的教室听老师讲课，记笔记，一切为了学期末的复习考试。很快我便感觉到这种方式的学习似乎并非我来这里的目的。我来这里是要为将来从事分子生物学方面的研究工作奠定更为坚实的基础，摄取更多更广泛的数理化生知识。早些时候我即对照本宣科式的教学感到难以理解甚至是厌恶。一些浅显易懂的印在教科书上的文字为什么还一定要通过"老师念，学生听"的方式去浪费时间呢？在这里，刘道校长推行的学分制为学生们提供了选课听课的自由。我既然可以享受学分制，我为什么不利用这种在其他学校还无法享受到的优越性呢？很快地，我便"混进"了其他班级、其他院系，包括数学、物理、化学甚至哲学系的课堂里。我听课的内容则更多的是基于我看书后一些比较难以理解的部分。那期间，为了理解薛定锷波函数与分子轨道理论，我挤进过物理系量子力学的课堂；为了能更透彻地理解生物体内的各种界面过程与电极行为，我在化学系的教室里多次地抢过座位……这其中很多的课程或许并没有在我的成绩单上留下什么记录，可是在那些课堂里所获得的知识却无时无刻不帮助我在后来工作中取得进步。

在武大插班生学习的两年时间里，除了感受到那种特有的、自由的教与学的空气外，从行政楼的相关领导到各个系分管学生工作的老师无一不对我们关怀备至。教学科领我们进入校门的肖爱琼老师总是时时关注着我们的学习与生活动态，我所在读的生物系分管学生工作的陈鑫老师等每学期亦总是要专门召集我及其他几位一起进校的插班生座谈，记得每学期他都需要专门写总结报告上报到学校行政大楼。刘道校长自己虽然日理万机，熟悉的学生、老师以及各界人士数不胜数，而无论我是在行政大楼的楼梯口，抑或是校园某角落的小道上遇见他，老校长都总是叫出我的名字并停下来亲切地询问我的学习和生活情况……现在不时回想起那些情景，俨然如演电影一般，历历在目。

三

两年的大学生活很快就结束了。毕业后的我留校到环境科学系任教。在那里我没能够如愿地从事分子生物学方面的研究,但因为插班生经历带给我的独特的双学位背景使得我很快地在一个新的学科领域建立起自己的研究方向。开始工作后的第二年,我即获得了国家自然科学基金青年基金课题,以研究水体浮游生物的表面性质与相关的界面物理化学过程在水体生态系统演替及水污染发生过程中的意义。随即又成功地获得了国家自然科学基金项目、中国科学院水生物研究所国家重点实验室课题以及瑞典国际科学基金会的多项课题资助,探讨相关的水生态毒理问题。约十年前,我来到了美国,从而最终实现了我大学时代的梦想——当一名医学分子生物学家。从那时开始,我的兴趣,同时也是我的工作,就是研究衰老及老年痴呆症的神经变形与死亡的分子机制。为此,我先后在相关的国际核心刊物上发表了三十余篇研究论文。另外,由于我率先认识到了一种叫做泛素的蛋白质的缺失可能在神经细胞损伤中起着很重要的作用,从而获得了2001年度的“Elsevier 国际大脑研究青年科学家奖”。让我感到惭愧的是,与我们其他的插班生同学相比,我的这些工作实在是平凡不过。尽管如此,我仍从心底里感激武大赐给我的独特的经历,它永远都在激励着我不断进取。

二十多年过去了。离开武大也已是十年有余了。这其间我回到过武大校园两次,可总是不巧未能面见到亲敬的老校长。几天前,在电话中听刘道校长的声音,一如往常一样的亲切、慈祥和敏捷,似乎一下子又把我带回到了他的身边和那充满激情的年代。自然,我仅仅只是老校长所教导、栽培的千千学子中的一分子。类似于我这样有关老校长的故事在武大学子中还有许许多多个版本。我们期盼着我们国家还会有第二个、第三个以至许许多多个刘道校长一样的大学校长的出现。我更祝愿无数个胸怀抱负却又深感生不逢时的才子学女们在他们的求学过程中有如我一样的好运气遇见像刘道校长一样的导师。

最后，我衷心地敬祝刘道校长身体健康！祝母校不断发展壮大！祝祖国日益强大！

谭智群，1965年7月出生于湖北利川。1980年9月考入武汉市同济医科大学医学系学习，1985年7月毕业于该校并获得医学学士学位。同年9月被武汉大学免试录取为首届插班生进入该校生物学系生物化学专业83级学习，1987年毕业获得理学学士学位。1985年7月至1996年7月任教于武汉大学环境科学系。1996年去美国并于次年1月开始进入洛杉矶南加州大学医学院神经科学系工作，转入研究神经分子生物学。2002年底加入位于橙县的加州大学尔湾（欧文）分校医学院继续从事神经疾病的分子生物学研究。现为该校神经科学系和“大脑衰老与痴呆研究所”的助理教授。先后在相关国际核心刊物发表有30余篇科学研究论文。2001年底荣获国际大脑研究协会所颁发的“Elsevier国际大脑研究青年科学家奖”。

常忆当年插班时

薛　毅

人到中年,忙忙碌碌,难得浮生半日闲。近日,在《新闻晚报》上偶然看到一则上海市教委公布插班生招生方案的消息。大意是复旦大学、华东师范大学、华东理工大学、上海戏剧学院、上海大学今年将自主地在上海普通本科院校一年级学生中录取一批优秀的学生到复旦大学等上述5所大学中插班学习。一石激起千层浪。抚今追昔,从而立之年到知天命,我在武汉大学生活、学习、工作已愈20年。20年前我考取武汉大学首届插班生的情景及由此改变我人生轨迹的历程一幕幕在我眼前闪过。

一

20世纪80年代初,我在河南焦作矿务局工作。当时改革开放的浪潮已经席卷中华大地。我在企业报社担任记者和编辑期间,经常到基层采访,曾亲眼目睹了农村改变"三级所有,队为基础"的人民公社管理体制,全面推行家庭联产承包责任制带来的深刻而巨大的变化,见证了乡镇企业的异军突起。中国的改革首先在农村打开缺口,从而使农业向着商品经济也就是市场经济迈出了决定性的一步。这一时期,中国的城市也在积极而又谨慎地进行着市带县、利改税、改革流通体制、政企分开、领导干部年轻化和知识化等方面的改革。1984 年,中国改革的重点逐渐转向了城市。那是一个鼓励改革,甚至允许改革失败但不能不改革的年代。1985 年 3 月,《河南日报》报道了武汉大学准备在全国范围招收插班生的消息。凑巧随后我到郑州参加河南省委、省政府联合举办的区域经济研讨会。闭幕式上除了省委书记讲话之外,还安排武汉大学河南校友会的代表发言。会后我找到了那位武汉大学河南校友会的代表,记得他是武大化学系的本科生,家乡在河南南阳。对于武大招收插班生一事,他知之甚少,但答应返校后了解相关情况后写信告诉我。不久我就收到了这位同学的来信,并随信寄来了武大招收插班生的简章。

随后就是报名考试。报名资格有一条是必须在省级以上学术刊物发表两篇以上学术论文。我当时已在《中州学刊》、《史学月刊》等学术刊物上发表了 10 余篇学术论文,最长的一篇有 24000 字,发表在《燎原》丛书第 2 期上,《人民日报》曾刊登过目录,所以报名资格审查顺利通过。考试时间是在 1985 年 7 月初,当时我住在坐落在珞珈山半山上的招待所(今研究生院办公楼)。放眼望去,视野开阔;琼楼玉宇,交相辉映;湖光山色,尽收眼底。顿时感觉这里远离尘嚣,是一个潜心治学的好去处。旁边的半山庐小巧玲珑,环境幽雅,当时是校医院的住院部。这栋建筑青砖墨瓦,质朴而又讲究,给我留下深刻印象。考场设在教三楼的二楼。为了参加考试,我还是做了一番准备,记得把百科全书中的历史分册认真看了几遍。应该说考试是严格而又公平的。事后我才知道,当时与我同场考试的也有武汉大学历史系老教授的儿子,最终并未录取。

二

9 月入学后,我和 83 级中国历史专业的普通本科生同吃同住同学习,时时感受到青春气息的冲击。学习是紧张的。我至今仍保存着武汉大学为我制订的教学方案,即两年内我要完成 81 个学分。其中必修课36个学分，选修课35个学分，毕业论文10个学分。必修课中分量最重的是英语，占16个学分。其他还有中国史学史、中华人民共和国史、史学概论、社会调查与教学实习。选修课有当代世界史、中国现代政治思想史、早期中西关系史、敦煌吐鲁番文书研究、中国近代经济史、西方史学史、博物馆学概论等。

当时武汉大学被世人普遍认为是“中国高校的深圳”，校园内到处充盈着改革的气氛。各路学者名流纷至沓来，或讲学，或座谈。记得有人民日报的漫画家方成、上海的社会学家邓伟志、辽宁大学的民俗学家乌丙安等。进校不久，学生会主办“珞珈泰斗系列讲座”，第一讲是历史系世界史教授吴于廑。讲座在教三楼001教室举行，座无虚席。20多年后回想起这次讲座，吴先生讲的内容仍然有些印象。例如他说世界史不是国别史的相加，而应是有机的整体，即应建立整体世界观。中国20世纪50年代后期兴起的人民公社运动中提出的“共产主义是天堂，人民公社是桥梁”，体现的是乌托邦思想。

此后两年多的学习生活，是紧张而充实的。紧张是指既要完成学业，又要开展科学研究。两年期间，我的《焦作煤矿史》(16万字)、《煤矿歌谣》先后在河南人民出版社和中国民间文艺出版社出版，据说读书期间出书在历史系的学生中是前所未有的。我还在《河南党史研究》等刊物发表了约10篇文章。连续两年获得湖北省大学生科研成果奖。充实是指我当时如饥似渴地聆听了很多其他专业的讲座，既有文学、新闻方面的，也有政治、经济、管理甚至生物方面的。这一时期我读了不少书，校图书馆和阅览室是我频繁光顾的地方。业余时间我经常打乒乓球。在校期间参加了两次全校学生乒乓球锦标赛，我都获得男子冠军。第二次参赛进入前8名的有好几位是年纪较大的成教生。与我决赛的是计算机系一名本科生，来自湖北襄樊，他的母亲曾是湖北省乒乓球队的一名老队员。当时的《武汉大学报》对此有过报道。顺便说一下，毕业留校任教后，我曾经获得5届武汉大学教工乒乓球赛的冠军，是近20年来获得武汉大学教工乒乓球赛冠军最多的人。我还多次代表武汉大学参加湖北全省高校教工乒乓球赛，并是获得全省团体冠军的主力队员之一。读书期间我还担任校学生会主办的《大学生学刊》的编委；历史系学生会主办的刊物《古今》的主编。每期编辑校对、联系印刷，都要花费不少时间。刊物出版后没有稿费，只能给每位作者送一本价值五角钱的“五角丛书”。

武汉大学首届插班生作为中国改革的新生事物，在当时引起了社会多方面的关注。《人民日报》、《光明日报》、《中国青年》杂志等都曾有过报道。特别是中文系有一个主要由在全国获过大奖的作家组成的20多人的作家班，很多成员都是当时在全国知名度很高的作家。在他们读书期间，湖南、江西、湖北、河南等省的文学杂志先后发表过武汉大学作家班专号，影响颇大。他们在学习期间曾举办过多次演讲报告，来自安徽的作家王英琦的细腻清丽、江西作家陈世旭的坦承深刻、甘肃作家邵振国的不善言辞、安徽作家高尔品的洒脱奔放，至今使我难以忘怀。当时插班生的英语课是集中学习。我们每周大约上两个晚上的英语课。插班生的英语基础参差不齐，水平高的已经在出版社正式出版了专著，完全可以担任教师；大部分水平一般，但插班生学习英语的态度非常认真。我留校任教后之所以能通过从讲师到教授的英语考试，主要得益于这一时期的学习。当时担任我们英语教师的是在校教务处工作的毛峰。他毕业于英语专业，工作耐心负责，与插班生们平等相处，台上是老师，台下是朋友。一年后他到新组建的法学院担任办公室主任，仍然担任我们的英语教师。记得有一个学期我因事没有参加考试。事后他专门为我出了一张考卷，安排补考。我留校后经常见到他，他曾在我任教的历史系担任过党总支书记，以后先后在留学生学院、教务部、国际软件学院担任过主要负责人。不幸的是几年前他在湖北咸宁突然发病离开人世，年仅50岁左右。

首届插班生确实是藏龙卧虎，人才济济。当时每周末在学校的小操场放两部电影。放映的电影中有许多部的剧本出自插班生的手笔。例如水运宪的《祸起萧墙》，李斌奎的《天山深处的大兵》，郑彦英的《秦川情》，严亭亭的《苗苗》，王英琦的《李清照》等。作者在台下与数千名同学一起观看自己编剧的影片，这在全国也是极为少见的。

我所学习的历史系当时坐落在桂园，是一座单独的三层楼。从80年代初的《中国历史学年鉴》上得知，中国历史学会成立时40多位理事是由专家学者投票选举产生的，公布时按得票多少排序。记得第一名是南开大学的郑天挺。武大历史系的唐长孺先生和吴于廑先生分列第9位和第14位。当时位居前列的还有中国社会科学院的侯外庐、复旦大学的周谷城、北京大学的周一良、中国人民大学的胡华、北京师范大学的白寿彝等著名历史学家。所以在前15名中武大历史系能排进去两位，反映了武大历史学科在国内历史学界的领先地位。我在历史系学习时曾慕名听过一次唐长孺先生的讲课，他那次主要是讲如何甄别史料。听过一次吴于廑先生的讲座。唐先生的注重考据，吴先生的视野开阔，给我留下深刻的印象。这两位老先生分别于1993年、1994年去世，但他们优良的学风至今仍被后世学子一代代传承，至今仍对武汉大学历史学科的发展产生着潜在而又重大的影响。

由于我偏爱中国经济史和中国近现代史，所以和相关的任课老师接触得相对多一些。经济史方面的老师主要有经济系的代鲁先生和历史系的彭雨新先生。代鲁先生的研究课题主要集中在汉冶萍公司和民生公司，我当时正在研究主要在中国开矿山、修铁路的英国福公司，每星期上课时都要向代鲁先生请教。我过去研究经济史不大重视统计数字和图表，代先生结合他刚在上海人民出版社出版的《日本与汉冶萍公司史料选编》，告诉我统计数字和图表对于经济史研究的无比重要性。1986年秋他到河北廊坊参加中国经济史学会成立大会，回来时还给我带来一张会员表，推荐我参加该学会。1988年毕业前夕，他还专门给一家社会科学院写信,介绍我到那里从事研究工作。彭雨新先生也是我十分尊敬的一位师长。学习期间,我曾在《武汉大学学报》上看到一篇彭先生关于清代湖南矿业政策的论文,为此专门登门拜访。以后还聆听过他开设的明清财政史的课。熟悉以后我们经常在一起交谈,有时在路上相遇,他就拉着我在路边坐在台阶上谈话。当组织上决定让我留校后,我很想到彭先生主持的中国经济史研究室工作,他也表示欢迎,并郑重地对我说:"到了研究室,每年都要承担教学工作。"读书期间,我去得最多的老师家里,是历史系中国近代史教研室主任王承仁老师家里。我原来在河南工作时,曾与时任河南省社会科学院历史研究所所长的王天奖先生有些交往。当我刚刚步入历史之门的时候,他曾告诫我:从事历史研究要有一个重点,就像滚雪球,有了中心才能越滚越大。研究历史要有深度,就像钻井,只有钻得深,水源才会源源不断。这些语重心长的话使我永志不忘。他听说我考入武汉大学历史系后,专门给王承仁老师写过信。所以可以说,王承仁老师是我在武汉大学认识的第一位老师。王承仁老师有着直率爽朗的性格,有着助人为乐的品德,他家乡总是有亲友为孩子上大学之类的事上门求助,王老师总是来者不拒,尽力而为。他经常向我介绍些中国近代史学术前沿的研究动态,使我受益良多。

回忆当年插班生的学习和生活,不能不谈插班生制度的倡导者、时任武汉大学校长的刘道玉。我在武大读书期间并未与刘校长有过直接的接触,也从未交谈过一句话。记得首届插班生进校不久,他曾专门召集全体插班生开过一次会。在会上他介绍了武大招收插班生的经过,并对插班生的学习生活提出了一些要求。1985 年冬天的一个晚上,中文系的插班生成立白校徽文学社,刘校长穿着大衣踏雪前来祝贺。1987 年初,我在小操场的舞台上曾听他给全校的学生党员上过一次党课。读书期间,我曾多次听他讲话。印象最深的是 1988 年 6 月他在化学系阶梯教室给该系毕业生的讲话。他当时已被免去武大校长的职务,所以讲话很放得开。有学生问他的信条是什么,他说:思若大海,行如天马。听过多次刘校长讲话,总的感觉是他见多识广,记忆力强,幽默风趣,特具亲和力。他的家与我经常去的王承仁老师在同一个单元,面积与王承仁老师的家一样,约60平方米的小三室一厅。刘校长很关心青年教师,据说青年教师结婚,只要请他,他一般都会出席婚礼。记得我读书期间《武汉大学报》上还登过这样一则消息:一位外地人到武大办事要找招待所,在路上向人打听。结果这位路人带他走到可以看到招待所的地方指给他看。这位外地人走进招待所后,服务员热情地接待了他,并告诉他刘校长刚刚打过电话。这位外地人十分感动,就写了篇感谢信寄给了《武汉大学报》。

转眼到了毕业分配的时节。我当时联系了河南省政府的一个部门,那个部门已经给学校发来了接收函。与此同时,武汉另一所大学也表示愿意接收我,并答应把我的妻子从河南调入该校任教。临近毕业时,历史系通知决定将我留系任教,学校人事部门已批准。此事对我来说确实出乎意料。因为当时我已经34岁,只有本科学历,而且有妻有子,时下解决妻子调动和在学校解决住房都不是轻而易举的事。容不得多想,先留下再说。我当时甚至有这样的想法:我现在分配到单位是武大的一名毕业生,即使留校一天再出去也是一名武大的教师。这样,我就从一名武大学生转变成了一名武大教师。

三

首届插班生毕业后,同学们天各一方,虽然见面不多,但经常能在报刊上看到同学们的作品,颇感欣慰。武汉大学建校100周年纪念日前夕,时逢刘校长60岁生日,20多位插班生代表重返母校,为刘校长祝寿,并于11月23日在珞珈山宾馆3号楼2楼会议室举办过一次武汉大学插班生座谈会。我是这次会议的召集人之一和记录人,有责任和义务借此机会把有关这次会议的主要情况作一回忆。

参加这次会议的有20多人。按报到先后顺序分别为:熊召政、文新国、水运宪、徐锋、陈海萍、姜汝斌、杨向群、潘平正、许金龙、严炳洲、袁厚春、马建钢、冯浩、夏洪超、李于伢、韩宙飞、柳学查、汪水文、田启新、宋骥弘、刘礼堂、肖帆、谭树海、薛毅。参加会议的有一位来自新闻系的在读插班生冯春。还有两位武大毕业的普通本科生也专程前来参加会议：一位是当时在中央电视台工作的胡阳，一位是毕业于图书情报学院的90级本科生、当时在重庆工作的席隆乾。他们千里迢迢赶来主要是想见见刘校长，听听刘校长讲话。

会议由主管首届插班生工作的武大教务处调研员肖爱琼主持。她说："1985年9月，武汉大学首次招收插班生，在当时是我国高校改革中颇具影响力的学制改革举措。1985年共招收90名插班生，到今年已连续招收9届，共855人。同学们毕业后对插班生制度有什么体会和看法，请谈一谈。"

几位同学发言后，来自重庆的席隆乾抢着说："1986年我高中毕业时，听说武汉大学被誉为中国高校的深圳，所以慕名来到武大。进校后我曾多次聆听刘道玉校长讲话，刘校长讲话很有魅力，甚至可以说有一种魔力，对我影响很大。我希望再一次听到刘校长讲话。"

在与会者热烈的掌声中，刘校长讲了话。他说：

> 真诚感谢各位的关心和对这次活动的资助，衷心希望大家事业成功。教育家陶行知曾经说过："教师的最大成功是培养值得自己崇敬的人，教师的最大幸福是培养值得自己崇敬的学生。"我是成功的，我是快乐的，我不是失败者。尊师重教是崇高的品德。过去的祠堂里都有天地君亲师位。前一段我回到家乡曾讲过两句话：树高千丈，叶落归根。才高八斗，蒙育有师。元旦前，中国青年报记者部主任谢湘和她的丈夫叶鹏给我寄来一张贺卡，上面写了两句诗：
>
> 何必计较鞭加背，此身已是拓荒牛。
>
> 我在回信中也写了两句诗：
>
> 鞭子帽子何所惧，犟牛能抵万钧力。
>
> 在中国的教育改革中，我本人是一个马前卒，一个拓荒者。
>
> 插班生制度是由我首创的一种教学制度，至今在国内独一无二。我当时之所以提出实行这种制度，主要是受三方面思想的诱发：
>
> 一、我有与广大社会青年通信的习惯，每天我都能收到一些

社会青年的来信。他们在来信中都表现出渴望求学和深造的强烈愿望。在来信中我发现他们之中有不少优秀人才。有的写出了学术论文,有的发表了文艺作品,有的获得了发明奖励。于是,我认定他们之中必有俊才,我要为他们提供求学的机会。

二、对招生制度改革的思考。现在的高考制度完全按照考分录取,一次高考定终身,千军万马过独木桥。于是,我产生了开辟多种渠道进大学的思想,建立一种多因子的评价学生水平的体系,把自学成才的青年录取到高校来,给在校学生造成一种冲击力,引入竞争机制。

三、我任校长后有强烈的金牌思想。夺金牌需要有能夺金牌的选手,要集天下英才而教之。招收的插班生中专门办作家班,是我受了美籍华人聂华苓的影响。

为了获准试行插班生制度,1983~1984 年,我三上北京。第一次在 1983 年,当时我带着公文去教育部汇报。第二次在 1984 年 3 月,我到教育部找计划司、学生司和部长再次争取。拿到教育部的批文后,我又于 1984 年 6 月第三次进京,到国家计委教育司争取批准。当时国家计委教育司李司长对我说:"愚公可以感动上帝,你刘道玉感动了我。"于是,国家计委批准我们武汉大学从 1985 年开始招收插班生,招收学生纳入国家计划,实行统一分配。1985 年,我校在近万名报考者中,通过考试录取了 90 名插班生,其中作家班有 27 人。

招收插班生的意义我认为主要有四点:

一、把竞争机制引入了学校,给整个校园带来了生机。

二、打破了一次高考定终身的升学制度。

三、开辟出一条培养应用型人才的道路。通过高考进入大学的学生毕业时年仅 21~22 岁,这些毕业生缺乏实践经验,不能马上当律师和经理,而在有实践经验的人员中招收插班生,则为培养应用型人才开辟了一条道路。毛泽东主张在有实践经验的工人、农民、士兵中招收大学生,有一定的合理性。

四、出成果与出人才可以统一起来。插班生进校后可以一边学习,一边从事研究或开发工作,二者可以结合起来。

招收插班生要坚持正确的指导思想,要认贤不认钱,而不能认钱不认贤。

刘校长讲完话后,当时担任湖南省政协常委、张家界旅游开发集团(国际)股份有限公司执行副总裁的水运宪感慨地说:“作为一名作家,没有插班学习以前的作品主要反映现实。插班学习以后,我作品中的理性色彩增强了,视野宽阔了。”

时任中国人民解放军总政治部文化艺术局局长袁厚春的发言十分动情:

这次阔别6年重回母校,勾起了我很多难忘的回忆。同学们对校长的崇拜也是对知识的崇拜。时代需要我们有迈向未来的气质。每一位插班生能来到武大学习都不容易。1985年春我到南京参加文化部举办的颁奖仪式。在这次会上听当时的文化部长王蒙介绍,曾获全国创作奖励的作家可以报考武汉大学作家班,年龄最大不超过40岁。当时我已经39岁。回北京后马上与我的工作单位解放军文艺出版社社长长谈了一夜,但他始终不同意我去学习。后来我通过河北省委第一书记高扬找到解放军总政治部主任余秋里,余秋里同志亲自给总政文化部的领导打了电话,我的学习要求才获批准。当我接到武大的录取通知7天时,总政文化部到我社考察副社长,我得票最高。社领导请示上级领导,答复是副社长这个位置暂空两年。我虽然晚提拔了几年,但两年的学习使我的素质提高了,尽管没有立竿见影的效果。原来我的气浮在胸腔,上学后气沉下去了,努力使作家学者化。两年时间太短暂了,好像刚刚开始学习就结束了。

目前我主管军队系统的剧团、创作、电影制片厂、电视中心、军队艺术院校等。解放军艺术学院文学系过去主要培养干部,但目前军队创作人员青黄不接。受武大插班生制度的启发,1993年我为文学系争取到10名战士班的名额,实际录取了36人。录取的方法也是文化考试成绩占40%,创作成果占60%。

参加这次会议的大部分同学都发了言。来自深圳的姜汝斌发言时代表在深圳工作的插班生向会议表示祝贺。一些因事未能到会的插班生或者打来了电报,或者通过速递公司给刘校长送来了鲜花。

四

最后简略谈谈我本人留校任教后的大致经历与心路历程。

初留校时,我和中文系的一位比我还要年长几岁的同年留校的教师共住一间16平方米面积的住房,生活条件是比较艰苦的。趁着妻子还没有调来,为了提高自身的英语水平,我到河南省档案馆用近一年的时间翻译了英国福公司的历史档案。这一时期在历史档案中摸爬滚打,钩沉梳理,对我以后从事历史研究起到了至关重要的作用。一方面大大提高了英语水平;一方面通过整理档案更进一步了解了历史的原生态。通过这一段时间的实践,我意识到一个历史学者最重要的素质,是对人们陌生或并不陌生的历史事实所拥有的发现眼光、发挥勇气和发掘功夫。在此基础上,我1990年申请国家社会科学青年基金项目"英国福公司在中国"获得批准。从此,我把我的科研方向确定为中国近现代经济史,并为之奋斗了近20年。近20年来,我先后承担并完成了全国政协文史委员会主持的"近代中国工商经济丛书"中的两本——《工矿泰斗孙越崎》(25万字)和《章元善与华洋义赈会》(20万字),均由中国文史出版社出版。《工矿泰斗孙越崎》一书出版后,全国政协文史委员会和孙越崎科教基金联合在北京举行了首发式,全国政协副主席孙孚凌及全国政协文史委员会、民革中央、煤炭部、中国石油总公司等单位的领导出席了首发式。中央电视台、《人民日报》、《光明日报》、《经济日报》、《科技日报》、《人民政协报》、《团结报》、《中国煤炭报》、《中国石油报》等媒体都及时报道了这次活动。20世纪90年代,我先后主编了几部有关建材、水电的企业史,参与主编了《纪念钱昌照专辑》和《中国工会史料全书·煤矿卷》。2000年,我申报的由日本政府出资、中日历史研究中心批准的课题《国民政府资源委员会研究》获准立项。该书共计 42 万字，收录了近 40 幅照片。2005 年由社会科学文献出版社出版后，在国内学术界产生了一定的反响，搜狐及一些大学的网站刊登了该书的简介，并全文刊登了该书的中英文目录。近 20 年来，我先后在《中国经济史》、《抗日战争研究》、《光明日报》（理论版）、《武汉大学学报》、《中州学刊》、《江汉论坛》、《史学月刊》等 20 多家学术刊物上发表了 80 多篇论文。职称也由助教、讲师、副教授晋升到教授。截至目前，我培养的研究生已毕业的有 15 位。他们中有的考取了复旦大学等校的博士，有的在中央机关工作，取得了不俗的成绩。

在教学方面，我为本科生主要开设《中华人民共和国史》、《管理学概论》等课程；为研究生开设《中国近现代经济史》、《台港澳侨研究》等课程。从 2002 年至 2006 年，我作为武汉大学的领队和指导教师，带领学生参加了由中央电视台主办的历届"海峡两岸知识大赛"。2006 年的大赛是在台湾举行的。2006 年 9 月 7 ~ 13 日，我作为祖国大陆的评审和武汉大学代表队的领队，应台湾中天电视股份有限公司的邀请，赴台北参加第五届海峡两岸知识大赛。参加这次比赛的共有 22 所大学的代表队，其中大陆有 8 所，分别是北京大学、清华大学、复旦大学、浙江大学、南京大学、武汉大学、中山大学、厦门大学。台湾 12 所，分别是位于台北的台湾大学、政治大学、师范大学、世新大学、致理商业技术学院,位于新竹的清华大学,位于苗栗的育达商业技术学院,位于台中的中兴大学、中国医药大学,位于嘉义的南华大学,位于台南的成功大学,位于高雄的中山大学。还有香港大学和澳门大学。每个参赛队由1名领队和3名选手组成。大陆的8所大学都是国内外著名的重点大学;台湾的12所大学分布在岛内各地,各具特色;香港大学和澳门大学分别是当地首屈一指的最高学府。中国中央电视台派出了6名人员参加这次大赛。他们分别是副台长张长明、海外节目中心副主任杨刚毅、海外中心对台部主任李海明、编导王静芳、主持人鲁健、工作人员朱海清。由此可见,参赛的阵容是强大的。台湾媒体称参赛的学校分别是两岸四地的顶尖大学,这次大赛是两岸四地知识竞赛的奥林匹亚杯,应该说是恰如其分的。在这次大赛期间,我率武汉大学的三名参赛选手,拜谒了国立武汉大学王世杰校长在台北阳明山上的陵墓。

从目前到退休,我未来的10年左右将会工作得十分充实。当下我正在集中精力努力完成《中国华洋义赈救灾总会研究》一书。这个社会团体与中国共产党同年成立,中华人民共和国成立前夕自行解散,人们早已把它淡忘。但这个机构当年所倡导并大力推动的救灾、防灾及各项互助合作事业,仍然是当今和未来社会所需要的。尤其是这个社会团体集中了一批品德高尚、忧国忧民的留学回国人员。他们视在中国推动合作事业为己任,以极大的热情,毅然抛弃舒适的都市,深入穷乡僻壤,为了救人民于水火,到人不到之处,做人不做之事。他们的理想和奉献精神时时给我以感动和激励,使我在当今物欲横流,充满诱惑,稍不留神就会误入歧途的社会环境下,能够保持清醒的头脑,走好自己的学术之路。

郭沫若先生在《洪波曲》一书中曾把武汉大学赞誉为武汉三镇的物外桃园。他说:太平时分在这里读书,尤其教书是有福了。他还说:“有这样的湖山,有这样的好邻居,我平生寄迹过的地方不少,总要以这儿为最接近理想了。”把武汉大学三面包围的有33平方公里面积的东湖是中国最大的城中湖。我所工作的历史学院办公所在地、香港邵逸夫先生捐助的人文科学馆,曾在它刚落成的20世纪90年代初被公认为是“中国最美大学的最美建筑”。我之所以能在这里工作、生活20多年,都是插班生制度始然。这20年虽然紧张而又充满激烈的竞争,尤其对于我这个插班生毕业后由于种种原因未能再提高学历层次的人来说,在这个讲师承、讲门派、讲学历的环境中单打独斗可谓步履维艰。但我踏过荆棘与鲜花一路走来,经历了王维总结的治学三境界。即:独上高楼,望尽天涯路;衣带渐宽终不悔,为伊消得人憔悴;众里寻她千百度,眸然回首,那人却在灯火阑珊处。据我所知,绝大部分插班生在同专业的同学中都是出类拔萃、超群出众的。仅以武汉大学历史系1985年、1986年两届4名中国史专业插班生为例,除了我之外,另外3名一位目前在武汉大学文学院任党委书记、一位目前是广州市社会科学院最年轻的研究员,一位毕业后即到法国工作。由此可见,插班生制度改变了一批人的命运,也造就了一批人才,这种现象是值得总结和研究的。

薛毅,1954年出生,河南焦作人。中共党员,现任武汉大学历史学院教授。研究方向为中国近代经济史。先后承担并完成国家社会科学基金、全国政协文史委员会“近现代中国工商经济丛书”选题、中日历史研究中心课题、中华全国总工会课题等多项研究,出版著作10余部,发表论文近百篇,总计约500万字。已培养研究生20多名。2006年曾应中央电视台和台湾中天电视台的邀请,到台湾参加两岸四地22所大学参加的第五届海峡两岸知识大赛,并担任评审。

一次伟大的尝试

——回忆武汉大学作家班的诞生

白嶷岐

闻名遐迩的武汉大学作家班，其创建至今，已经过去20个年头了。拂去岁月的风尘，回首往事，当时的一幕幕场景又浮现在眼前，令人激动，令人骄傲，也夹杂着一丝丝苦涩和遗憾。

20世纪80年代初的武汉大学，正处在中国高等教育改革的第一线。当时，刘道玉校长陆续推出的学分制、主辅修制、导师制、插班生制等，在全国教育界引起了巨大的反响，因为这些改革措施已经远远突破了教材改革、教学方法改革等较为皮毛、较为浮泛，因而也令人较为容易接受的层面，而进入制度改革的深层领域，相对于当时人们早已习惯的旧教育制度而言，这确是伤筋动骨之举。首先对这些制度发出欢迎和赞美之声的，当然是制度的受益者，即在校大学生和广大的社会青年。

1985年春的一天，刘校长约见了当时中文系党政领导班子的成员，我得以叨陪末座。会上，刘校长明确地提出，武大应该为一批"文化大革命"以后在文坛崭露头角、成就斐然的青年作家提供接受高等教育的机会，并从社会需求、青年作家现状等方面谈了自己的意见。在我的印象中，会上并无反对的表示，只是出现了一些"教什么"和"如何教"之类的疑惑。

猛一听到刘校长的动议时，立刻一个疑问横亘在我的心头：大学能不能培养作家？记得在我开始大学生活的第一天，我们的老系主任杨晦先生就告诫我们说，大学不能培养作家，只有生活能培养作家。后来，闵开德先生给我们讲《文学概论》课时，说得就更全面了：一方面，单纯的大学教育确实不能培养作家；但另一方面，高等教育，或者说全面而系统的知识研究和训练又是一位普通作家成长为大作家的必要条件。有念及此，我的思想豁然开朗：这不正是著名作家王蒙提的一个口号"作家学者化"吗？刘校长的动议，不是说要通过大学教育使普通学生变为作家，而是要为被"文革"耽误了学业的这批青年作家，创造更好、更优越的学习与深造的条件，使他们在已有的基础上更自觉地提高一大步，更寄望于他们之中能涌现出未来的大作家。这是中国教育史上从未有过先例的伟大尝试。

我当时虽近"不惑"之年，却仍然不更事，竟在会上冒冒失失地作了即兴发言。我支持这一动议，而且认为可以把它与插班生制的执行结合起来，以便更快推动它的实现。我还提出，新招收的青年作家，可以与其他插班生一起，统一建制，集中分班管理；教学安排，则应考虑到作家们的特点，努力做到宽松、自由，有利于心智的全面发展。至于生源质量的解决，我很同意有的老师提出来的与中国作家协会合作的建议。

不久后，系里突然通知我，要我与教务处副处长於可训老师一起立即飞赴北京，与中国作家协会商谈办作家班的事宜。我知道，此行可训老师代表学校，而我则代表系里。到北京后，中国作协领导同志的积极态度让我十分感动。当时，70 年代末京津唐大地震余威尚未全部消除，作协的领导同志们都在机关大院里绿色的防震屋内办公。到达当天，中国作协常务书记唐达成同志就会见了可训老师和我，认真听取了武大方面的意见。然后，中国作协书记处全体同志与可训老师和我一同进行了协商。记得鲍昌同志非常激动地在会议室中走来走去，大声说道："武大的建议真好！对青年作家未来的发展功德无量。只是，一谈到钱（学费）的问题，我们作协就非常惭愧。"他虽然笑着，却一脸的无奈,给我印象极深。当晚,可训老师就电话请示刘校长,得到的答复是,通过作品评审和学业考试被录取的青年作家,每人每年只要交纳2000元学费,免去10000元经常费用。这样,谈判中的最后一道"坎"就迈过去了。后来,中国作协派了创联部领导来武大商谈办班的具体措施。而当时的中文系,也已经做好了作家班、插班生入学考核的准备工作。

经过系党政联席会议的郑重研究,决定成立一个小组,专门负责中文系作家班、插班生的推荐对象和报名者的成果(作品)审核工作。这个小组的组成,首先注意的是邀请研究当代文学的专家陈美兰、於可训,也邀请了系里处事公正、热心集体事务的教师代表参加。当时由中国作协、各省市作协推荐的人员,大多是蜚声文坛的知名作家,其人名书名在读书界大多耳熟能详。但在成果评审时,大家仍然一丝不苟,一位一位地讨论,仔细听取专家的意见,在为成果打分时,也是再三斟酌比较,生怕出现失误,遗漏了某位有成就、有才华的青年作家。很快,成果评审和笔试都结束了,中国作协推荐来的人员录取后编为插班生一班(也就是"作家班"),各省市作协推荐来的和直接到学校报名的人员录取后编为插班生二班。这件工作过去20年了,作为参与工作的一员,至今我也可以无愧地说,我们确实把"公正"二字摆在了至高无上的地位。

作家班和插班生二班(其实,他们中的大多数同学也都是名头甚响的作家)的同学入学后,如何安排教学?当时,系里曾进行过多次研讨,也广泛征求过教师的意见。我记得可训老师曾有过很好的设想,即仿照美国爱荷华的"写作计划",把作家们请来之后,结合各自的作品,自由讨论,自由写作,这对作家们近期的创作必能产生较大的推动。但在与学校实验教学科协商后,发现有两个困难无法逾越:其一,作家班的同学是作为插班生招入学校的,他们必须参加规定课程的学习,并取得相应的学分,否则无法毕业;其二,这种自由探讨所需要的指导教师(组织者)严重匮乏,即便是专门研究当代文学的专家们,也都有各自极为繁重的教学、科研任务,未必能长期参与这项工作,其他学科的教师就更不用说了。几经探讨,最后仍然确定,作家班和插班生的教学，都必须纳入中文系本科教学计划的轨道。这对于作家班这个特殊群体的“个性”，或许是一大伤害，但在当时的条件下，恐怕也只能如此。后来我想，作为重点大学的武汉大学，其教学和科研的资源极为丰富，青年作家们入学后根据各自的具体情况，选修不同学科的功课，不断完善自身的知识结构，这对于增强其创作后劲，写出更多更好的作品，也许可以发挥更长远的影响。这也可以算是“失之东隅，收之桑榆”吧。至于作家班的教学安排中，缺乏相应的针对作家个人创作的研讨环节，只满足于课程教学的实施，学分的取得和毕业状况，则我作为当时的教学负责人，是难辞其咎的。

好在作家班的同学们都有很高的学习热情，他们每天都像比他们年轻十多岁的普通大学生那样，忙碌地穿梭于各个教学楼和图书馆之间，拼命吮吸文学、哲学、历史、经济、法学等各门学科的知识。第一学期结束后，当我看到各位同学的成绩时，始终悬着的一颗心才放了下来。作家班的同学们也从不忘“本”，在校期间，边学习，边创作，还要参加各级作协和文学刊物的各种会议，作品收获甚丰。正因如此，作家班在校内外都赢得了很高的声誉。

首届作家班的同学离开武大已快20年了。从那时以来，我心中的确时时想起这个特殊的集体。每当读书读报时，看电影、电视时，只要一出现作家班某一同学的名字，心中就不禁掠过一阵暖意。那原因很简单：刘道玉校长带领当时的武汉大学和作家班的同学们创造了历史，而我，则有幸成为历史的见证人。

作家班、插班生班教学漫忆

刘良明

20多年前，经当时的校长刘道玉倡议，武汉大学在全国率先办起了作家班、插班生班。这是一个大胆的改革举措，在全国引起很大轰动。办班的初衷是考虑到经过“文化大革命”，很多中青年作家虽然写出了不少优秀作品，但他们大多没有经过正规系统的文化学习，知识结构不尽合理。记得当时著名作家王蒙写过一篇文章，谈到当时作家“非学者化”的问题。文章中提到以前的大作家如鲁迅、郭沫若、茅盾等人，他们既是作家，又是各有专攻的学者，因此才能写出杰出的传世之作。而当时的作家“非学者化”倾向很明显，他们观察生活、反映生活的能力不免受到局限，因此，创作往往缺乏后劲。此论一出，颇有影响。武汉大学适逢其会，开办作家班，于是，很多作家都踊跃报名。

记不清是否因为报名者太多，预定的作家班名额不够用，于是只能进行分班。由于我本人只从事教学，不搞管理工作，具体情况不大清楚。据说就学的中国作协会员编为作家班，地方作协会员则编为插班生班。但是两个班的教学都合在一起，因此差别似乎也不大。即使这样分班，也一次满足不了众多要来学习人员的入学要求，只能再进行严格的考核、筛选：审阅发表的作品，进行文化课考试……我所在的武汉大学中文系具体操办作家班、插班生班的教师和干部着实忙碌了好一阵，才把录取名单定下来。

我是从事古代文学理论教学、科研工作的教师，系里安排我给作家班、插班生班讲授古代文学理论课程。在教学过程中，我和作家班、插班生班的同学有过一些交流与接触。虽然时间流逝了20多年，但是不少情景还深深地印在脑海里。

一、一次讨论课

作家班、插班生班的同学虽然没有经过系统的专业学习，入学后就插入本科三年级，但他们大多能够很快适应。由于他们大多有比较丰富的生活阅历和创作实践经验，学习古代文学理论，尤其是一些古代杰出作家的创作理论时，常常激起他们强烈的共鸣。我在讲授古代最早的诗歌理论"诗言志"，汉代著名史学家、文学家司马迁的"发愤著书说"，建安文学家曹丕的"文气论"时，同学们都以自己的创作实践与这些理论进行比较、印证，取得了较好的学习效果。

那时，学校提倡启发式、讨论式教学，我尝试实践一番。在讲授南北朝著名文学理论家刘勰的《文心雕龙·神思》篇时，也举办了一次讨论课。事先我除了布置大家都进行准备外，还找了几位基础比较好的本科同学作了重点动员。然而，讨论课开始后，好一会儿这些重点对象却没有一位主动上台发言，眼看就要冷场，我心里不免暗暗着急。正在这时，一位作家班、插班生班的同学走上讲台，他结合自己的创造实践，讲述了对《神思》篇的理解。虽然我事先并没有动员他，但他讲得有条有理，显然有备而来。在他的带动下，先前可能有些怯场的"重点对象"和其他同学们也纷纷上台，讲述了自己的看法。课程进行得颇为活泼，我这才渐渐放心了。

二、一篇毕业论文

通过讨论课，我对作家班、插班生班的同学有了更深入的了解：他们阅读的作品比较多，又写过一些作品，现在这千载难逢的学习机会使他们对各门课程都产生了浓厚的兴趣，大家都以饱满的热情投入学习中。没有什么特殊事情，他们一般都不缺课。即使因为重要活动耽误了课程，他们也会借来同学的笔记，及时补课。遇到一些学习和创作上的问题，有的同学还和我讨论交流。

毕业前夕，要撰写毕业论文了。虽然古代文学理论课程理论性比较强，对于从事创作的作家来说，文章并不容易写，但还是有两位同学选择古代文学理论方向的选题写作毕业论文。这样，我和他们的交往又深了一层。他们两位非常勤奋，我也比较认真，我们常常为一个问题反复讨论。那时学生宿舍和我家里都没装电话，要讨论问题，我就得到他们宿舍去，或请他们到我家来，我们有时会一直交谈到深夜。后来，他们都顺利地通过了论文答辩，按时毕业。他们离开武汉大学后，我们谊兼师友的关系一直保持到现在。20 多年来，他们创作出了新成果，都及时给我寄书来。我出了新书，也送给他们。彼此在工作上有了新进展，乃至家里有什么新鲜事，自己有什么新打算、新想法，都会及时交流。逢年过节，我们常通过信函、电话、电子邮件等多种方式互致问候，大家已经成为老朋友了。

三、一门课程成绩

作家班、插班生班的同学因为都工作过一段时间，他们的年龄往往比本科同学大一些。他们大都还有创作任务；有的同学还担任一些社会工作；不少同学已经成家，难免家室之累。这样一来，他们就不能像本科同学那样单纯专注于课程学习。然而，当时学校和中文系似乎并没有给作家班、插班生班的同学多少特殊照顾，我所担任的中国古代文学理论课程，就是把作家班、插班生班和普通本科同学编成一个大班上课。平日上课、期末考试，他们全都在一起。

20 多年前，学校的教学抓得很紧，也不搞后来时兴的“开卷考试”。统一闭卷考试的结果一出来，大家的成绩总会有高有低。批阅试卷的时候，恐怕自己掌握评分标准前后不一或者感情用事，我历来习惯“流水作业”——即使只有自己一个人阅卷,也先改全部试卷的第一题,再第二题,第三题……全部改完了,再把每份试卷各题得分相加,即是总分。这样尽可能减少失误。作家班、插班生班的考试成绩揭晓后,当然也高低不一,但大家还没什么反应。直到毕业时,师生聚在一起合影,一位担任省会城市作协领导职务的作家班同学特地走到我面前,很诚恳地握着我的手说:“刘老师,实在对不起,您的这门课我没学好。”原来,他的古代文学理论课成绩还不到70分。他转身走后,旁边一位同学低声告诉我,他本来对这门课兴趣甚浓,很想把它学好。但那学期他的妻子得了重病,他要服侍妻子,照顾小孩,缺了一些课,短时间内赶不上来。考试前夕,有的同学向他提议找我说明一下情况,让我给他“开开小灶”辅导一下,或者阅卷时能网开一面,给个好一点的分数,但他不愿这样做。我也一直不了解这些情况,到这时才知道事情的原委。想到这位同学比我还年长一点,而他自律如此之严,令我不禁油然而生一股感激之情,感激他没有给我出难题。

当时作家班上还有一些同学也担任作协或其他部门的领导职务,但在我所上的古代文学理论课上,对他们一直和普通本科同学一视同仁,考试同卷同分,无论他身居要职还是一般工作人员,也无论他声名显赫还是默默无闻。据我所知,系里其他教师也大都如此。

四、一位英年早逝的教师

20多年前,刚开始实行改革开放政策。此前,社会各阶层还处于一种相对封闭的状态,传媒也没有现在这么发达。虽然我们在中文系教书,整天同文学作品打交道,但对当下作家的生活状况了解得并不多。同样,作家们对大学教师的生存状态也知之甚少。武汉大学开办作家班、插班生班,许多作家来到珞珈山上学习。教师和学生之间,学生和学生之间的交流互动越来越频繁,彼此的了解也越来越多。不少作家把他们新的生活体验写进自己的作品里,尤其是一位教师的英年早逝深深地震撼了他们。

这位早逝的教师是我的同事,也是中文系教师。此前读研究生时,我们又是同学,彼此非常熟悉而友好。记得有一年寒假,大家都已离校回家,他突然来到我在汉口的住家。原来,他听别的同学说我有一个晚唐文学家韦庄的词集版本,以前他没见到过,又急于一睹为快,于是等不得开学让我带书到学校就来我家借书了。他研究"花间词",非常勤奋,是我们同学中最早出版著作的人之一。然而,当时"体脑倒挂"比较严重,社会上广泛流传着诸如"拿手术刀不如拿剃头刀,造原子弹不如卖茶叶蛋"一类的顺口溜,意思是知识分子的收入赶不上一般个体户。大学教师的收入当然也不高。这位教师人到中年,上有老人要奉养,下有几个小孩都在读书,生活条件也不怎么好,又因为过于刻苦用功,损害了健康,刚过 40 岁就疾病缠身。尽管身体不好,这位教师仍然坚持工作。当时学校正在搞一个系列学术活动,他也积极报了名。一天下午,正当这位教师在一个大教室里作学术讲座,讲他专攻的"花间词"时,突然面色苍白,大汗淋漓,体力不支,昏倒在讲台上。大家急忙七手八脚把他送往医院。医院千方百计抢救了两天,但回天乏术,这位教师再也没能苏醒过来,第三天终于停止了呼吸。

这位教师的溘然长逝不仅令我们这些同学兼同事再三感叹,也让不少作家班的同学深为震惊。他们中许多人当时就在场听讲座,亲眼目睹了事件的全过程。教师们的刻苦自砺与敬业精神给他们留下了难以磨灭的印象。不少同学后来都在自己的作品中讲述了这件事,足见它对作家们的认识影响之大。这件事加深了他们对大学教师的了解,以后他们再写到这一群体的人物时,感情更加诚挚了。

弹指间,20 多年过去了。我已由中年步入老年。当年在作家班、插班生班就读的同学们变化也很大。他们中,有的人写出了优秀的传世之作;有的人走上了领导岗位;有的人在不同部门干着各自的工作;还有的人到海外发展……他们中有的人还一直和我保持着联系。我有时到外地授课、开会,也有机会和他们重逢。我们谈到当年的教学生活时,他们都一再表示:尽管他们现在的情况千差万别,但有一点是相同的,他们将铭记在作家班、插班生班的经历,铭记武汉大学对他们的栽培;永远不忘珞珈山,永远不忘武汉大学!

一石激起千层浪

——武汉大学首创插班生制度的前前后后

刘道玉

现代公认的大学功能主要是教学、科学研究和社会服务三项,但最重要的任务是出人才、出成果,学校的一切制度和工作,都是为这一目的服务的。因此,有什么样的教学制度和教学方法,就会造就什么样的人才。

教学制度一般是指学制,即在学校学习时间的长短。按照这项制度的规定,高等学校的学生以读满规定的学习年限、考试合格为毕业标准。在我国,各大学本科学制一般为4年,个别的大学为5年;专科学制为3年。这项制度最早始于欧洲12世纪,至今已沿用了900多年。随着教育事业的发展,这项制度的弊端日益显示出来了,于是美国哈佛大学于20世纪初创立了学分制。中国是一个人口众多的大国,单一的学制不能满足人们求学的需要。于是,包括学制在内的教育体制改革,已是不可避免的了。

20世纪80年代,是我国高等教育改革的黄金时代 。在1985年颁布的《关于教育体制改革的决定》的推动下,武汉大学陆续出台了一系列教育改革措施,其中包括学分制、双学位制、主辅修制、转学制、插班生制、导师制等。在这些制度中,除了插班生制度是我们首创的以外,其他的制度都是引进西方国家的。那么,这项创新的制度是怎么产生的,它又有什么积极的意义呢？这篇文章，就是回忆它诞生的前前后后的一些情况。

一、创意的萌发

在创造学上，有许多科学发明的创意都是产生于一瞬间，也就是原于灵感思维的作用。所谓灵感思维，是指以直觉为接通媒介的突发性和非自觉性的一种创造性思维活动。

那么，我是怎样产生插班生制度灵感的呢？这要得益于我与社会青年之间的大量通信。在我任校长期间，常常收到不少青年的信件，在他们之中既有在校学习的大学生，也有社会上自学成才的青年。对于很多领导人来说，像这些信件他们通常是不屑一顾的，充其量都由秘书去处理。但是，我的习惯是事必躬亲，对于群众的来信，我不仅都要亲自过目，而且还要亲自回信，我乐此不疲。

虽然为此花费了不少时间，但是我从中也得到了一些有价值的信息。一次，我收到校外一所普通大学的一名大学生的信，他在信中这样写道：

> 刘校长，我认为现在大学制度不公平，为什么我们考入非重点大学的学生，即便学习成绩优秀，但也只能在非重点大学学习，为什么不能转到重点大学学习呢？难道考上重点大学的每个学生，都能保持优秀的成绩吗？为什么不鼓励竞争呢？

就在看到那一段文字时，我突然想到：为什么不把那些非重点大学的优秀学生引入我们学校来呢？这就叫做“集天下英才而教之”和“集天下英才为我有之”。这样以来，我们不是优秀学生越来越多了吗？因为，优秀的学生毕竟是一所大学的名片，他们代表了学校教学的水准和地位。于是，从非重点大学引入优秀学生这个问题，就储存在我的脑子里了。

在我收到的另一类信件中，有许多来自社会上自学成才的青年，他们其中有一些甚至取得了重要的研究成果。但是,他们并不满足已有的成绩,希望能有机会到大学里学习,以提高自己的理论水平。

一位兰州叫做“艾思”的青年,他想成为一个发明家,并且把他写的发明论文寄给我。他在信中写道:

刘校长,我是一个热爱科学的青年,矢志于发明创造,但是我既没有从事发明创造的条件,也没有老师的指导,只能在黑暗中摸索前进。如果能给我到大学里学习的机会,一面读书学习,提高自己,一面从事发明创造,相信我一定会有所成就的。校长,请你帮助我吧。

我是研究创造教育的,一直在学校推行创造教育,希望培养富有创造性的学生。因此,很想把社会上有创造性的青年吸引到学校来,给他们以深造的机会,相信他们一定可以成为优秀的人才。

组合思维是从事科学发明的一种重要方法,这就是把一种事物与另一种事物组合成为第三种新的事物,后者就是创造之物。当我把上面两类信件和两种人联系在一起,就在那一瞬间,一个新的创意就在我的脑子里萌发了:我要用一种新的制度把他们引进到学校来。对,就是让他们来插班,而且不一定要从头读起,允许跳级,打破按部就班的学习制度。

对于跳级,我是有亲身体会的,因为我自己就是小学没有毕业考取了初中,而初中没有毕业又考取了高中。我的长子刘维宁更是特别,他初三就考取了重点大学,而且大三又考取了留美研究生。因此,我相信打破按部就班的学制,实行插班制度是可行的。这不正是符合快出人才、多出人才、出好人才的改革方向吗?

二、好事多磨

我的主意已定,决心正式提出试行插班生制度的建议。首先,我召开教务处负责人会议,与他们一起商讨试行插班生制度的方案,然后正式提交到党委常委会上讨论决定。所幸的是,教务处的干部完全同意我的建议,在党委常委会上虽然有个别人有些担心,但是还是通过了试行插班生制度的决定。

1984 年 3 月,学校正式向教育部递呈了“关于请求试行插班生制度的试点报告”。然而,两个月过去了,对于我们的报告,杳无音信。于是,5 月中旬,我专程到国家教育部找到高教一司司长,询问对我们试行插班生制度的报告的审理情况,并向他作了补充汇报。听后,他说:

“你们的报告我们早已收到,我们之所以没有批复,是因为这是一个新的问题,过去从没有这种做法,所以我们必须持慎重的态度。”

“这的确是一个新生事物,我们正是出于慎重考虑,所以才提出先进行试点。改革在本质上是创新,而创新应当争取成功,但也允许失败。因此,我们还是希望批准我们试验。”

“这个问题涉及计划、财务和招生等部门,我们将与各有关司局会商,你先回去,等有了结果再答复你们。”

这一次我空手而归,但我也并不虚枉此行,毕竟与高教一司司长作了沟通。不久,我接到了高教一司的电话,告知他们已签署意见,表示同意我校进行插班生试点。他们已将报告转到计划司会签,并提示我们要随时与计划司疏通关系。

一晃又是三个月过去了,但是仍然没有得到教育部计划司的答复。我改革心切,于是利用暑假时间,于 8 月中旬又一次上访了教育部。我与计划司司长也算是老熟人了,他热情地接待了我。他不无担心地对我说:

“道玉同志,你大胆改革的精神,我们都是支持的。不过,试行插班生制可是牵一发而动全身的事,弄不好将打乱国家招生与分配计划,这可不是小事。因此,希望你再慎重考虑一下,到底要不要搞这项改革试验,至少要观察一下形势再说。”

“我十分感谢你的鼓励与关心。至于说到计划一事,我认为每年招收几十个插班生,无碍于国家大局。我在基层工作多年,知道每年编制招生计划的情况,有些完全是拍脑袋冒叫的,学校只不过是把各系上报的数字作一次加法运算,而全国的招生计划,也是各省市和各大学上报的数字的加合。因此,全国的招生与分配计划是有很大水分的,并不是神圣不可调整的。我们要求进行插班生试点,是经过充分论证的,我们的要求是真诚的,希望批准我们试点。"

"的确,你们的态度是诚恳的,所作的分析也是有道理的,至少你说服了我。不过,这事得经过主管的副部长批示,他现在出差在外,等他回来后即送他批示,有了结果立即通知你们。"

我们终于等到了这一天。计划司通知说:教育部已同意你校进行插班生试点,但最后还需要国家计划委员会批准,请你们派人到教育部,持教育部的批文到国家计委教育司去办理。事已至此,绝不能行百里半九十,于是我第三次进京了。

三、感动了"上帝"

10月初,秋高气爽,珞珈山丹桂飘香,我无心欣赏这美丽的景色。听到教育部批文的消息,我的心情格外高兴。马不停蹄地赶到北京,找到教育部办公厅主任李键,拿到了教育部给国家计委的文件。我旋即赶到位于三里河的国家计委,找到了位于六层的教育司,是李昌龙司长接待了我。我向他汇报了我们准备试行插班生试点方案,讲述了我为此三次上京的情况,希望国家计委批准我们试点。

听后,李昌龙司长操着四川口音说道:

"道玉同志,听了你的介绍,我认为你是真心搞改革的。愚公移山的故事是说,年近90岁的愚公为了移去门前拦路的太行、王屋两座大山,率领子孙挖山不止,他的精神感动了天帝,随命夸蛾氏的两个儿子把两座大山背走。愚公的愿望终于实现了。我不是天帝,但是你的改革精神也深深地感动了我,我们没有理由不支持你们的教育改革。你们的报告,我们立即批发,不能让你们再跑冤枉路了。你们的插班生制度试点从1985年试行,拨给你校90个指标,学生纳入国家分配,所需经费由教育部拨给。有了你这种执著精神,我相信你们的改革试点一定会成功!"

我向李昌龙司长表示了真诚的感谢，并邀请他在方便的时候到武汉大学访问和指导工作。他高兴地说：

“武汉大学可是一所名校，我年轻时就想往去学习，可惜没有缘啦！如果有机会的话，我一定去参观学习。”

“我们随时欢迎您的光临！”

真是好事多磨呀！经过了8个多月的努力，一个新的插班生制度终于诞生了。1985年，武汉大学各系共招收插班生92名，比国家计委下达的指标超过了两个名额。插班生制度的试行，给这所古老的大学又增添了活力，进一步地鼓励了广大师生员工改革的积极性。

四、作家班的诞生

20世纪70年代末，在解放思想的精神鼓舞下，中国文学创作领域里，出现了春意盎然的景象。一批新生的作家纷纷崭露头角，他们都是文学的爱好者，年龄都在30岁左右。但是，他们是被“耽误的一代”，大都没有接受系统的高等教育，知识结构存在缺陷。如果不弥补这些不足，势必影响他们创作的后劲。

针对这个问题，著名作家王蒙提出了“作家学者化”的口号，呼吁各方面必须采取措施。对于王蒙先生提出的口号，我是赞成的，而且认为大学在实现“作家学者化”方面，应当肩负起义不容辞的职责。与此同时，我收到了一名颇有名气的作家的来信，他建议武大以集体研修的方式，对当代青年作家实施再教育，帮助他们走上学者化的道路。

我历来重视这些外来的信息，并且把这些信息当做“思想元素”，以便组合成为“新的化合物”。正在这时，国家计划委员会批准我校试行插班生制度。于是，我立即把插班生与作家研修的建议联系起来，一个新的创意在我脑子里产生了。

为了论证我的设想，我约请中文系副主任白嶷岐老师面议此事。一开头我就问道：“白老师，我们中国有没有文化个体户？怎样提高文化个体户的素质，作家能否上大学？我想听听你的意见。”

白老师后来回忆说：“我揣测刘校长的提问，可能是考虑教育如何社会化、市场化的问题。当时,个体户、万元户上大学的例子已有不少报道,能不能给青年作家提供上大学的机会呢?就在那一刻,我猜想:刘校长的又一个'新事物'快要走出设想了。果不出所料,他提出了要办作家班。"

白老师对于办作家班是积极支持的。他当即对于办作家班的可行性作了分析。他说:"举办作家班,必须解决几个问题:一是资格。什么样的人可以进来?出去以后发给什么样的学历资格?二是生源。如何组织作家报考?当然这事必须与中国作家协会联系,取得他们的支持。三是经费。学费哪里来?对教育成本开支应采取什么态度?四是观念。大学是否应当培养作家?如何培养?在实施方案之前,应当统一思想。"

听了白老师的分析后,我的决心已定,武汉大学要率先在全国创办作家班,为培养学者化的作家作出贡献。

可是,大学历来是培养语言文学人才的,对于培养作家从来是不屑一顾的。也就是说,文学家与作家是两个不同的营垒,似有文人相轻的味道。当我们准备举办作家班的消息传出后,果然有一些教授表示不同意。对此,我的态度是,允许有不同的看法,通过实践统一认识,并检验我们的做法是否正确。

1985 年春,我在办公室召开了会议,专题研究举办作家班的事。参加会议的有学校领导,教务处、文科科研处和中文系的领导同志。会议统一了思想,对举办作家班的重要性、可行性和具体办法,都作了充分的讨论。会议决定:作家班由中文系筹备和承办,学校在教务处成立特殊教育科,负责插班生和作家班的管理工作。后来,有人把这次会议称为作家班里程碑式的会议。

会后,学校决定派教务处於可训副处长和中文系白嶷岐副主任赴京向中国作协汇报。在北京,中国作协书记处唐达成、鲍昌两位领导人接见了於处长和白主任,他们对武汉大学办作家班极为赞赏。但是,他们觉得有两个问题不好解决:一是考试问题。按照插班生实施办法,作家入学必须考试,而且考试水准不能低于大学二年级课程内容。对于这一点,作协难于接受,他们提出作家们从未学过的课程,怎么考？白老师补充说："对作家考核分为两个部分，一部分是创作作品评分，二是课程考试评分，以前者为主，两者综合总分，择优录取。"对于这一点，作协表示满意。

另一个难题是学费问题。那时，作家稿酬低，个人交不起，而作协又是个穷单位，也不可能帮作家们交费用。于是，落实作家们的学费，就成了作家班能否开办的关键问题。

於处长和白老师连夜给我打电话，请示学费如何解决？我果断地答复：作家每人每年只收 2000 元的学费，免去每人 10000 元的经常费用。这样，作家班的经费也就解决了，而且作家班学员纳入插班生的招生计划与管理，毕业时考试合格者，准予发给大学本科毕业证书和学士学位证书。到毕业时，仍然有几个作家交不起学费，我批准给他们全免了，使得作家班的全体学员顺利地毕业了。

1985 年，武汉大学招收插班生 92 名，其中包括 22 名作家。1985～1989 年，我校共招收了四届作家班，先后培养了近百名的学者化的作家。例如，仅我记得的著名作家就有袁厚春、李斌奎、刘亚洲、文新国、熊召政、水运宪、哲夫、野夫、陈世旭、陈松叶、高尔品、王英琦、严亭亭、朱秀海、晓剑、李延国、谭元亨、周百义、徐锋、马建勋、胡发云、罗辰生……他们不仅都有多种大部头的作品问世，而且他们之中不少人身居领导要职。

武汉大学作家班名声在外，不仅提高了学校的地位，而且大大地促进了中文系课程设置与教学方法的改革。从实践中，大家尝到了举办作家班的好处，统一了对作家班的认识。鉴于我校作家班的成功，当时北京大学、西北大学、鲁迅文学研究院等单位，也陆续开办了作家班。这些做法，不仅加强了大学与作家之间的联系与合作，而且对于促进作家队伍的学者化起到了积极的作用。

五、一石激起千层浪

我校插班生制度实施后，《人民日报》、《光明日报》、《中国青年报》都对此作了报道，全国几十种报纸陆续转载；远在香港的《文汇报》、《民报》也派记者来校专访,英文版的《China Daily》、《人民日报》(海外版)也作了专题报道,可谓是影响海内外。

1986 年 3 月 27 日,香港《文汇报》以"开设作家班"为题作了报道:

> 最近,武汉大学开设一个作家班,招收了 20 名有成就的作家,他们全未上过大学。刘道玉说:"这个班旨在使作家学者化。"刘校长举例,茅盾既是大作家,也是大学者。但是,近年不少作家缺乏系统的文化修养。这个作家班只是一个尝试,希望能推动造就学者化的大作家。

通过各种渠道,插班生和作家班的消息迅速传播开来,在社会上也引起了强烈的反响。虽然当年我校只招收了 90 多名插班生,但是却点燃了广大社会青年求知的心灵之火,使他们看到,在全国统一高考升学制度以外,又多了一次升学的机会。所以我说,插班生制度是一石激起了千层浪,它对广大社会青年学习所起的作用,远远要比单纯培养几十上百名插班生的意义还要大。

从社会青年们的来信,就可以看出实行这一制度是多么的受社会青年们的欢迎。仅仅 1985 年五六月份,来信要求报考插班生的人数就多达 15000 多人,我们从中筛选出了 3000 人参加考试,最后录取了 78 名插班生,分布在文理科各系。由此可以看出,对插班生的考核是严格的,不仅看书面考试成绩,而且还要根据提交的科学研究成果评分,二者加合起来成为总成绩,并且还要进行面试,最后择优录取。

我们认真地总结了首届插班生招生、考核、面试的经验,制定了加强插班生管理的办法,决心把这一新的制度坚持下去。

由于首届插班生试办的成功,在社会上的反响越来越大,来校咨询的人也越来越多。我每天至少要收到几十封信件,有的是询问报名条件的,有的是索取招生简章的,还有的甚至是要购买复习资料的。对于其中重要的信件,一般是我亲自回复,其他信件由教务处回复。我要求对每一封来信,作到有问必答,树立我校实事求是和认真负责的信誉。

即使在我被免职多年以后，仍然还有许多社会青年给我来信询问插班生报考的事宜。尽管我已不在位了，但我还是认真地回答他们的提问，我不能让那些寄希望于我的青年们失望。我虽然为此耗费了许多精力，但也从中获得了极大的快慰，因为我把那些来信视为广大青年们对我的信任。

六、独特的办学理念

以同等学力的资格，经过一种特殊的、严格的考核，插入到大学不同年级学习的做法，无疑是一个区别于传统的按部就班的崭新的教学制度。这无论是在国内或是国外，都是从来没有的，因此它是教育改革中的一项创举。

从实践中，我们逐渐总结出了关于插班生制度的理念，它就是：引入竞争机制，校内校外互动，动态分流，着力培养创造性的人才。这虽然是一项具体的教学制度，但是它犹如一根链条中的中心环节，抓住了它就可以带动全局。因此，通过插班生制度的实施，可以促进教学领域里的多方面的改革，这就犹如牵一发而动全身。实行插班生制度的意义在于：

1. 打破了“一次高考定终身”的弊端，为在高考中偶然失误或不善于应考的真正有才华的青年，提供了学习成才的机会。

2. 打破了按部就班的升学制度，开创了以插班入校的跳跃式的学习制度。这样缩短了学习的周期，提高了办学的经济效益，加快了培养人才的速度。

3. 创立了评价和录取学生的新标准，坚持笔试与面试相结合，既看分数更重视能力与成果。在录取插班生中，课程书面考试成绩只占40%，而成果（包括文学创作、科学论文、科技发明专利和科技应用成果等）占60%。这样做的目的是，改变评价人才的传统观念，克服高分低能应试教育的弊端，着力培养创造性的人才。

4. 把竞争机制引入学校，促进在校学生的学习，鼓励彼此互相交流，实行优胜劣汰。

5. 加强了学校与社会的沟通，既引起广大青年对学校办学的关注，又使他们看到了自己努力的方向。

其实，实行插班生制度，我仅仅只是做了这项改革的一半，而与它配套的另一半是，把通过统考入校但不思进取、成绩低劣者分流出去，这就是上面所说的动态分流的含义。可是，正当我准备推行另一半改革措施时，我突然被免职了，失去了教育改革的舞台，只能抱憾而止。非旦如此，甚至连原来深受欢迎的插班生制也变了味，它成了学校创收的手段；某些人利用职权，使其未考上大学而读大专的子女转入本科。每看到这种情况，我都痛心不已，这真是此一制非彼一制也！

今年是武汉大学实行插班生制度20周年。回顾我们所走过的道路，我真是百感交集。作为这一制度的首创者，我希望有识之士能把这个制度继续试验下去。其实，实行这项制度所起的作用，远不止以上五个方面。例如，它可以真正地体现在招生工作中大学的独立办学权，它还可以带动诸如升留级制度、考试制度、评价学生优劣办法、勒令退学处罚制度等方面的改革。如果采用动态分流，把校内不合格的学生分流出去，根据他们所学的阶段，像法国大学那样发给他们阶段文凭，对学生也不至于造成伤害。像勒令退学这样既缺乏人性又不符合法律规范的做法，已经沿用了百十年，居然没有人考虑改一改，这种见怪不怪的保守思想不令我们深思吗？

现在，许多大学都在大谈办学理念或理念创新，但是真正通过教育改革实践总结出来的，属于我们自己的独特的办学理念，并不多见。独特的办学理念是创造出来的，而不是模仿的，没有创造精神，就不可能提出创新的理念。因此，我真诚地希望插班生制度能够得到普遍的推广，成为我国先进的大学理念之一，并且带动我国教育体制的全面改革。

“给我一个支点……”

——武大作家班杂忆

陈美兰

“给我一个支点,我就可以撬动地球”,这是古希腊著名数学家阿基米德的一句为众人所熟知的名言,用它来表达20世纪80年代一批年轻作家的心情是颇为恰当的。这批迎着思想解放的春风刚刚踏入文学领地的年轻人,他们的艺术才情得到了真正施展的机遇,很快在创作上就有了良好的开端,一篇篇像《小镇上的将军》、《百万大裁军》、《中国农民的大趋势》、《举起森林般的手,制止!》等作品的出现,为他们带来了声誉,也带来了实现更高文学梦想的雄心。然而,由于昔日的历史暗影,他们在成长阶段正常的文化接受受到了非正常的阻隔,造成了他们创作事业发展的限制。于是,对知识的渴求比任何时候都要强烈,希望能进入大学进行系统的深造,打造厚实的文化根基,似乎成了这批踌躇满志的年轻作家普遍的内心渴求。“给我一个知识文化的‘支点’吧,我的笔可以描画出整个美好的世界。”我捉摸,他们就是抱着这么一种激越情怀,走进武汉大学这个高等学府的。

武汉大学插班生制度的设立和作家班的招生,在当时社会上引起的强烈反响,至今人们仍记忆犹新。中国作协、各省市作协为配合学校选拔优秀的创作人才,制定了科学的工作方案,其工作效率之高是惊人的;而学校方面,掌握选拔标准之严格，录取程序之细致，也是超一流的。笔试考核、成果鉴定，都是由经验丰富、秉公办事的教师把关，据我回忆，当时的作家班没有一个学生是靠“人情”录取的。正因为这种入学资格的来之不易，使这批特殊的学生对上大学有着更强烈的庄严感、使命感。我还记得，当年学校为他们举行了正式的入学仪式，当刘道玉校长步入会场时，全体学生自发地“唰”的一下起立，从他们含泪的眼光中，从他们热烈而坚定的脸庞中，我深深理解，他们此刻正在想什么。

这批有着创作实践经验的学生进校后，在学习上有着非常强的学习主动性。中文系根据他们的特点，除了一般的基础课外，还设计安排了一些选修课。我看到作家班的同学们选课面是相当广泛的，大大超出了文学的范围，他们几乎都特别注意去吸取哲学、史学、美学、经济学等方面的知识，这正是从实践中来的学生懂得如何建立自己完整的知识结构的体现。经过了实践的磨炼，他们更清楚进入大学后应该怎样利用这个知识殿堂，应该怎样去吸取他们在实际工作中所感到欠缺的营养，而不是呆板地去争学分、混文凭。作为一个中文系教师，我对他们这种主动的学习精神和开阔的学习视野，是非常赞赏的。

作家班学生的进校，对我们教师的教学也是一种挑战。站在讲台上给他们讲课，我感到，不能再用那种“灌输”的方式，因为从这批学生听课的眼神中，我明显地意识到，他们对教师所讲的内容，常会表现出自己的判断，或赞同，或不解，或质疑。这种反馈有时很强烈，所以给他们上课特别带劲，因为他们不仅是用“耳”在听，而且是用“心”在听。对一种理论观点的接受，他们往往要经过自己思辨的过滤，经过自己生活经验的验证。所以，那个时候我给他们讲课，备课时间要比通常多几倍。既要考虑如何将一种理论观点讲深讲透，讲得有说服力，又要将理论与他们所熟悉的创作实际相结合，中肯地点明一些创作特点及问题。这方面他们接受的敏感度有时比我还高。记得有一次我在课堂上分析了几部小说在价值判断上所采取的不确定性的处理方式，并引用了美国一位评论家的话，说明现代文学的特殊魅力，即二元对立的不能解决所带来的诗境……一下课，许多同学就涌到讲台前，纷纷表达他们对这种分析的赞同和兴奋。说实在的，他们在一种新的观念面前受到的触动如此的敏感而迅速，大大出乎我的意料。

一般来说，作家都是很有个性的，平时独立笔耕，各行其是，现在汇聚到学校里来，成为一个“班”，能相安无事吗？开始我们都颇为担心。当时，我是他们一个小班的班主任，班上共18人，我笑他们是“十八棵青松”，个个都有一本创作的“光荣史”，都曾在文坛露过一手。这批写作“能人”，现在作为同学聚到一起了，学习之余，有时也难免为一些莫名其妙的事磕磕碰碰，各执己见，互不服输。于是我这个班主任就得常常为平息“纷争”而费尽口舌。但我也不能不承认，这些自我意识极强的学生，却仍然具有很强的集体荣誉感，他们会自觉地用自己的行动来保护作家班、插班生的声誉，他们的班干部都尽职尽责，班上的同学除极个别外也都十分自律。尽管有时他们也会因对方的某种行为而看不顺眼，但我从未听到过他们在创作上互相鄙薄、互相诋毁，相反，他们都能够清楚认识对方的特长和优势，这种超越“文人相轻”传统积习的表现，特别令我感到欣慰。

作家班，现在在武汉大学已成为一个历史名词了，然而，当年这批特殊学子与教师所建立起来的特殊情谊却延续至今。记得在2003年校庆110周年的纪念活动中，就有一段十分感人的插曲。作家班首届学生瞿琮，这位当今全国著名的音乐文学作家，脍炙人口的《我爱你，中国》、《吐鲁番的葡萄熟了》等歌曲的词作者，官阶至“文职将军”的解放军艺术学院院长，被聘为庆祝校庆大型文艺晚会的指导专家。利用这种身份，他向学校的晚会负责人提出，希望把当年曾为作家班任教的老师请到晚会现场，并要求把他们安排在前排就座。于是，这个晚会就出现了一种奇特的景象：十多位衣着朴素、两鬓斑白的离退休老教师，安然地坐在了观众席的第一排，与位高权重、着装讲究的嘉宾相互映衬，在花团锦簇的人海中特别耀眼。当瞿琮被邀请在晚会上讲话时，还专门表示了对当年为他授业的老师的敬意。那次我因出差在外未能亲赴现场，但仍然为这种动人的师生之情深深感动。

确实，直到今天，作家班的历史回响仍然在我们心头震动。从这个班上走出的学子们，在回到工作岗位后，正不断地用他们更出色的成果回报社会，回报母校。仅就进入新世纪后，当我听到长篇历史小

说《张居正》荣获了我国长篇小说最高奖——茅盾文学奖时，就会想到既有诗人气质又有社交能力、虽经历坎坷却仍乐观进取的熊召政；当我听到从总政政治部文艺局局长职务退下后，仍笔耕不绝，出版了富有特色的长篇传记《一个"参与创造历史"的华人》时，我就想到20年前一方面以自己的作品为新时期报告文学创造辉煌、一方面在课堂上瞪着乌黑的大眼睛听课的袁厚春；当我在网上看到正在率领"影视浙军"挺进的浙江广播电视集团总编辑在各种场合的精彩讲话时，就会想到当年在班上聪慧内秀、走出校门后却率先拿出《中国神火》这样气势磅礴的电视力作的程蔚东；当我在荧屏上看到《乔家大院》以及它惊人火爆的收视率时，我就会想到在校时腼腆低调，毕业后默默耕耘，陆续有《穿越死亡》、《音乐会》等战争小说问世的朱秀海；当我得悉《两代人的热爱》获得了"冰心儿童图书奖"时，我自然也就想到了一向外表沉静寡言、内心却充溢着对文学火样热情，并写出一手漂亮的、荡漾着浓郁诗情的好散文的女生华姿……太多，实在太多了！周百义把一个严重亏损的长江文艺出版社打造成全国出版界的一个名牌，野莽在中国文学出版社为向世界推介我国作家作品所做的有成效努力，陈世旭、李传锋在领导一个省的文联工作所创造的业绩……只要我们稍稍关注一下当今的文坛、文化界，就会听到作家班的各种令人振奋的历史回响。作为普通教师，我为自己教学生涯中能与这样一批学生有过学习交流机会而感到满足；作为武汉大学，更应该为自己的文学院能培养出这样的学子而无比自豪。

诗意人生

——武汉大学作家班教学随想

李敬一

20世纪80年代初期的中国,改革浪潮在祖国大地上奔腾涌进,处处呈现一派生机。当时的中国高等学校,从“文革”动乱中醒来,焕发出无限的生命力,像一块巨大的磁石,吸引了千千万万求学若渴、有志于推动中国社会进步的精英和青年学子。作为一名年轻的教师,那时我的心气是同整个社会、整个教育界的朝气一样高涨着:我以自己的职业为荣,以自己的全部热情投入教学工作;我怀着自豪感送走一届又一届毕业生,又怀着新奇感迎来一批又一批新学子。

这一年,1985年秋天,武大招收了一个本科插班生班——作家班,一时间,在珞珈山上引起不小的轰动。那时的校园,没有对体育明星的崇拜,没有对演艺明星的热捧,更没有像今天的年轻人那样对“超女”的痴迷,倒是对作家有格外的热情和尊重。再加上此前武大中文系学生中已产生过几位在当时有一定影响的诗人和小说家,如70级的张良火、张为,77级的王家新、高伐林,78级的方方(汪芳),80级的喻杉,83级的池莉等,所以武大的学生对文学有着特别的钟爱。也正因为如此,首届作家班一进校,便受到全校师生的关注。那时的文坛不像今天这样冷寂,作家班汇集了当时在全国颇有影响的一批作家,如写《省委第一书记》的袁厚春，写《请举起森林般的手，制止！》的熊召政，写《幸运儿》、《男婚女嫁》的刘亚洲，写《祸起萧墙》、《雷暴》、《乌龙山剿匪记》的水运宪，写《小镇上的将军》的陈世旭，写《中国农民大趋势》的李延国，以及朱秀海、王英琦、文新国、晓剑、罗辰生、马建勋、严亭亭等。他们走进武大校门，当然是一件有轰动效应的事。

而这样一批"功成名就"的学生考进武大，"教他们什么"、"由谁来教"便成了一个大问题。当时的校领导和中文系领导都非常重视，为作家班制定了完善的培养方案和独特的教学计划，基本指导思想是：补充基础知识，提高理论水准，培养综合素质，发掘创新能力。同时选择最有教学经验的老师为他们授课。

当时我已调到新闻系，按理说没有给作家班上课的任务，但在1985年秋季我正在给新闻专业的学生讲授"中国古代文学"（文学简史），并且为全校开设公选课"诗词欣赏"，课堂十分火爆，学生选课踊跃，学校安排的教室座位不够，便一再调整教室，最后调到教一楼302教室（可容纳近400人）上课。"中国古代文学"和"诗词欣赏"本来是针对不同专业的，但由于80年代学生好学精神强烈，学习风气好，所以全校不少学生都来"选听"，两门课成了一门课，每周两次，而且是晚上讲课（便于全校学生选修）。正是在这样的背景下，作家班也要求来听我的课，这一要求正与时任中文系系主任的王文生教授的建议不谋而合，于是作家班转到我的课堂上来听"中国古代文学"。

我的"中国古代文学"课堂是合班上课，其中有新闻系84级（今天许多知名记者和学者如陈永庆、夏倩芳等是该班的学生）、新闻系85级（今天凤凰卫视著名主持人窦文涛等是该班学生）、新闻系84级干修班（今天湖南卫视巨头欧阳常林等是该班学生）。作家班的插入给我的教学增加了巨大的压力。为了符合作家们的胃口，我加强了对古代作家创作风格的评述和经典作品的分析与欣赏。由于加强了针对性，所以作家班学生学起来积极性也很高。他们除了偶尔因为原单位有急事需请假回去处理之外，几乎没有缺过我的课。而且，他们也同本科生一样，往往提前一两个小时去教室抢占座位，与几百名同学一起高声朗诵诗词，那情景是令人感动的。

作家班与当时本科生的关系处理得也很不错。与他们同堂听课的都是十八九岁的少男少女,他们都崇拜作家班的学员,而作家们大多是三四十岁的成功人士,又富有社会经验,所以一开始学校还担心他们会“勾引”年轻的女生,但后来事实证明这种担心是多余的。作家班很自律,也很珍惜自己的名誉,所以我只见过本科生帮这些“大哥哥”占座位,抄笔记,互相学习,互相切磋,而未见他们间发生什么出格的事情。这与当时的学子专注于学习、当时的社会风气清纯也很有关系。

教作家班其实是不太费劲的,因为他们的领悟力很强。所以,每当我在课堂上分析某些名篇、名作的艺术美时,总可以看到他们深有同感似的回应的目光,每当此时,作为教师的我便油然产生一种幸福感和满足感。80 年代学校比较重视教学,常常要求教师深入学生宿舍作课外辅导。作家班住在武大湖边八舍,那里离我所在的家属区足有一公里,而且是上坡、下坡的道路,但我还是坚持每星期一次到他们宿舍去了解学习情况,听取对教学工作的意见,也同他们谈创作、谈生活。时间一长,便同他们成为很好的朋友,尤其是与我年纪相仿的几位同学如刘亚洲、袁厚春、罗辰生、李延国等,他们同时又都是班干部,他们上传下达,在老师和同学之间搭建了很好的桥梁。

作家班的学习态度非常认真,课堂上一丝不苟地记笔记,课后还认真地复习和讨论。刚进校时他们也怕考试,记得第一学期期末的一天晚上,几位平时交往比较多的同学约我到东湖边散步。我们漫步在那环湖的砂石路上(现在修成了宽敞的柏油路),呼吸着东湖水那略带甜味的气息,听着路旁法桐树叶的吵吵声与湖水拍打堤岸的涛声,似乎心都醉了。我们谈武大的历史,谈当时中国改革的形势,天南海北,聊得十分愉快。过了两天,作家班考我的“中国古代文学”,答卷都做得不错。考完后,全班同学围着我,那天约我散步的几位同学笑着对我说:“李老师,那天晚上回去我们被全班同学批了!”我说:“为什么?”他们说:“那天我们其实是受全班同学之托,找您套题去的,结果聊到高兴处,连‘古代文学’几个字都没提及,跑题了!”全班大笑,我也笑了。

首届作家班毕业已经20年了，虽然大多数人毕业后天各一方，与我联系不多，但那一届的学生是我所教过的数以万计的学生中留给我印象最为深刻的一批。其中袁厚春、罗辰生、朱秀海、李延国的大方、稳重，熊召政、陈世旭、王英琦的聪慧、热情，至今令人难忘。作家班学员毕业后所取得的突出成就，印证了开办作家班的成功。他们将社会生活中的活力带到学校，促进了学校的教学改革，活跃了学校的文化生活。他们又将学到的理论知识和学校的书卷气带回去，提高了自己对社会的观察能力和认识水平，提高了作品的思想境界。事实证明，开办作家班是教学改革的创新思维，而作家走进高等学府更是文学创作的一种创新举措。作为教师，20年前教授作家班的生活对于我来说，是充满诗意的……

追忆插班生制初创时期

肖爱琼

1985年,时任武汉大学校长的刘道玉同志,在武汉大学创建插班生制,这在全国高教系统尚属首例,是高等教育改革的一次尝试。这一制度为那些具有一定文化程度并渴望进高校深造的在职青年和社会青年,打开了大学校门,为他们成才开辟了一条新路。

插班生制创建至今已有20年了。当此之时,我作为这一制度初创时期一位管理工作的参与者,不禁回忆起当年插班生制在创制与管理上的方方面面,兴奋之情油然而生。

插班生制是一项新制度,没有任何先例可供借鉴,一切都要从头做起。在刘道玉校长的亲自主持下,参与这项工作的同志首先明确了指导思想与工作思路,并制定了从招生到培养等一套完整的制度,使插班生管理工作有章可循。为了使插班生制有效地得以实施,在教务处专门设置了试验教育科,配备专职干部,以统筹全校插班生的管理工作。

一、严格把关,择优录取,确保质量

插班生制的基本内容是,具有大专文凭或通过自学达到大专同等学力,并有获得国家或省市有关部门奖励的科研成果(创作成果)的青年,经资格审查符合报考条件者,通过入学考试择优录取后,插入大学本科三年级跟班学习两年,各门课程成绩合格,并达到所规定的学分者,可获得本科毕业学历和学士学位。

插班生制办得成功与否,插班生的录取质量是关键。为了保证录取质量,严格把守以下几道关:

1. 严格审查报名资格,守住入门关。插班生招生简章虽明示了报名条件,但报考者的情况千差万别,良莠不齐,具备和不具备条件的人都涌向了报名处,提交了大量的报名材料。在这种情况下,对这些堆积如山的材料,要细心阅读,逐一审查,以鉴别其是否符合报名条件的要求。这样做,工作量是很大的。由于审查严格,丝毫不降低报名资格门槛,使得很多报名者因不具备报考条件而被拒于门外,从而保证了考生必须具备的资格。

2. 严格入学考试。插班生入学考试,由学校自行命题独立进行。考试分笔试和面试。笔试的命题范围涵盖大学本科一二年级主要基础课,考试科目 4 ~5 门。命题考试范围的指导思想是,保证被录取的插班生进校后具有相当于本科二年级的文化与专业水平。面试着重考核考生的实际能力。

3. 严格评审创作成果或科研成果。对考生提交的成果,由学校组织相关专业学科的教授专家,对其学术水平、社会价值、经济效益进行评审,并给予成绩,以作为是否录取的重要依据。

4. 择优录取。在录取考生时,坚持考试成绩和创作成果或科研成果评审成绩相结合的原则。根据不同专业的具体要求,创作成果或科研成果成绩占总分的 40% ~60% 。综合考生的笔试成绩、成果成绩和面试情况以及思想道德品质、工作表现等进行全面衡量,择优录取,确保质量。

由于从以上四个环节严格把关,从前几届被录取的插班生的情况看,质量是合格的,达到了预期的质量要求。因此,这些插班生入学后,都能顺利地跟班学习,并都如期毕业了。

二、特殊学生,特殊培养

插班生来自社会各个方面,其阅历各不相同,年龄偏大,有别于通过高考入学的大学生,是一个特殊的大学生群体。他们在专业和技能方面有一定的专长,有较多的实践经验,但他们的基础理论和外语比较薄弱。他们入学后又是直接插入本科三年级跟班学习,而且学习两年要达到大学本科毕业生的水平。

针对他们的这些特点,学校采取了从实际情况出发,遵循因材施教的原则,各个专业分别制定了和插班生实际情况相适应的培养方案及课程教学计划。依照专业培养目标和四年制本科全程培养方案的要求,重点加强插班生基础理论课的学习。入学考试的课程,其成绩在及格以上者,原则上予以免修,并承认其学分。这样可以让插班生有更多的时间去学习其他课程,扩大知识面。外语则根据每个插班生的实际水平,分别插入相应的级别班学习。外语学习如有困难者,给予特殊辅导。在毕业时,外语必须达到基础外语四级水平。此外,对插班生在校学习两年应完成的总学分有具体要求。为加强对插班生的培养,各系配备了业务能力较强的教师担任他们的导师。在专业方面对插班生既有具体的硬性要求,在学习过程中又加强了对他们的专业指导,以保证他们成为一个合格的大学本科生。

三、作 家 班

20世纪80年代,文艺界有一批青年作家,他们的文学创作已颇见成果,在社会上已小有名气,是一支富于朝气的文学创作力量。但是由于种种原因,他们都没有大学学习的经历,因而有进大学接受系统专业教育的强烈欲望。刘道玉校长敏锐地观察到了这一社会需求,把他们中的一部分人作为插班生招进学校,给予中国语言文学专业方面的系统训练,提高他们的专业水平,完善他们的知识结构,从而为他们日后的文学创作奠定更扎实的知识基础。基于这种认识,学校决定,由中文系以招插班生的名义招一些青年作家，办一个作家班。

进作家班的学生必须是中国作家协会会员，并发表过有影响的文学作品，其年龄限制比一般插班生稍宽一些。凡报考作家班者，均由中国作家协会推荐。被推荐的作家，要经过由学校单独命题的入学考试，并依照择优录取的原则，确定录取名单。

首届作家班开办于1985年，连续办了四届，共计百余人。由于作家班成员的特殊性，学校为他们制定了独立的教学计划，其课程设置除中文系本科生的必修课外，有较大的自由度，可选修中文专业以外的任何课程，以便于他们依据自身的需要完善其知识结构。

作家班学生大部分是军内外的在职专业作家，而且有的在当时文学界有一定的知名度，对中国当代文学有既广且深的了解，对于文学创作有较深切的体验。因此，他们在学习的同时，还在学校举办各种文学专题讲座，活跃了校园里的学术气氛，深受大学生的欢迎。中文系还请他们当教师，为本科生讲授“文艺创作”、“当代文学”等课程。由于他们讲授的内容都是自身文学创作活动的体验与总结，因而讲起课来得心应手，灵活生动，丰富多彩，受到大学生及教师的好评。作家班的成员虽然当了学生，但他们的文学创作活动依然在进行着，边学习边创作。首届作家班共27人，他们在校两年学习期间，共出版长篇小说17部，中短篇小说214篇，报告文学和散文86篇，诗歌162首，剧本68部及其他文章多篇。这些作品与入学前的作品相比，在反映生活的广度与深度上均有所拓展，其表现手法也有所创新，部分作品在全国或省级刊物上获奖。一位来自部队的学生写的报告文学《百万大裁军》，在《解放军报》连载后，影响很大，受到中央军委的重视。

四、勤奋学习，善于学习

是插班生制这一制度性创举，为插班生打开了进大学的大门，因此，插班生深知他们的大学生活来之不易。他们在对这一制度心怀感激之余，十分珍惜两年的学习机会，尽可能地多学一些知识，成了他们共同的心愿，也是鞭策他们努力学习的动力。

插班生来自社会，各有一定的社会实践经验，同时他们也知道自己在哪些方面知识不足。因此，他们一踏入学校的大门，就有明确的学习目标，因而主动地规划自己所要达到的知识结构。他们除了用心攻读学校规定的必修课外，还从各院系开设的门类繁多的选修课中选修自己最需要的课程，以便从中吸取丰富的知识营养。如中文系插班生大都选修了系统论、控制论、信息论等，有的还选修了计算机、古人类学、自然科学概论等。生物系一位插班生为用最新手段研究生物学，使用1/3 的时间学习计算机系开设的多门课程。首届插班生在校两年里，平均每人修完 22.4 门课程。必修课与选修课的相互搭配学习，使插班生不仅受到了基础理论训练，也扩大了知识视野，知识结构趋于系统化，思维方式更加多元与开放。

插班生不仅学习勤奋，而且善于学习。他们运用理论联系实际的学习方法，不是被动地机械地接受老师的讲授，而是注重老师的启发，进而通过自己的思考与探索，逐步把书本知识与实际结合起来，因而学得比较活，理解得也比较深。无线电信息工程系一位 85 级插班生，运用所学的专业理论知识联系原来工作岗位上碰到的实际问题，写出了《管道中流量的超声相关测量》、《单片微型流量计算机接口电路设计》两篇论文，分别在《自动化技术》、《自动化仪表》专业杂志上发表。此外，插班生还采用相互提问的方式来解决学习中遇到的疑难问题，从而相互切磋，集思广益，以提高分析问题和解决问题的能力。插班生的这种理论联系实际与相互提问的学习方法，不仅使他们自己获益，对其他大学生也有所影响，产生了积极的后果。

由于插班生学习勤奋，善于学习，因而都圆满地完成了学业，并取得了优良的成绩。以首届插班生为例。这届插班生共 81 人，分别在数学、计算机科学、生物、化学、无线电、病毒、外文、法文、经管、哲学、中文、历史、法律、图书馆、经济等院系学习，其平均成绩为 81.6 分，和当年一般本科生的平均成绩不相上下。

插班生在大学的两年学习，获得了系统的专业知识，提高了思维能力，开阔了视野，成了合格的专门人才。前几届插班生毕业后，有的找到理想的工作，有的回到原单位受到提拔重用，作家班的作家们开始了更具品位的文学创作生涯。如今,他们有的成了教授,有的成了研究人员,有的成了党政军机关和事业单位的领导干部,有的成了知名作家,有的成了企业家。他们在各自的工作岗位上,为国家为社会作出了有益的贡献。这一切说明,插班生制是一条培养人才的有效途径。同时还说明,插班生制的首创者是有眼光的,其初衷是正确的。

我记忆中的作家班

於可训

20多年前,武汉大学在教育改革的过程中,创立了插班生制,我当时在教务处任副处长,得以参与其事,并负责过一些招生和培养教育方面的管理工作,积累下了一些片断的记忆,尤其是有关中文系插班生(即通称作家班)的一些情况,给我留下了深刻的印象。现应约简述如下,也借此机会谈谈我个人的一点体会和感想。

一、关于作家班的理念

武汉大学作家班,虽然是插班生制度的产物,但创办作家班的某些基本理念,却是受了美国爱荷华大学"国际写作计划"的影响。爱荷华大学的"国际写作计划",是美籍华裔作家聂华苓和她的丈夫、诗人安格尔共同创建的。1966年,他们把安格尔在爱荷华大学主持的一个"作家工作坊",发展成一个国际性的写作计划。1970年又得到美国国务院的帮助,这个写作计划于是便发展成一个有着很高国际声誉的文化机构。30多年来,世界各国有一千多位作家参加过这个计划。其中包括中国台湾作家王拓、诗人痖弦,大陆作家萧乾、王蒙、丁玲、陈明、刘宾雁、张洁、苏童,诗人毕朔望、艾青等。聂华苓的祖籍是湖北应山，出生在武汉市，家人离开大陆去台湾省后，在汉口似乎还留有房产。记得20世纪80年代初，聂华苓夫妇来中国访问，就回过武汉，还应邀到武大作过讲座，安格尔即席朗诵过他的诗歌作品，由陪同的中国诗人、老作家徐迟翻译，气氛十分热烈。关于他们创建的“写作计划”，在这之前，我们已有耳闻，也看到了一些文字材料。他们这次来武大，更加深了我们的印象。后来在商议中文系插班生的招生培养工作时，掌握这个信息的教师、领导大多想到了爱荷华大学的这个“国际写作计划”，这个“国际写作计划”无形中也就成了我们创办作家班的一个参照物。我心目中甚至认为，我们的作家班就应该办成这个样子。因为中文系的插班生议定招收的是已有创作成就的青年作家，所以我把它称为作家班，作家班的名称就这样约定俗成地叫下来了。但是，由于我们招收的是全日制学历教育的插班生，不能越出现有的大学教育体制和管理规范上的要求，也难以组织正规的课堂教学，所以无法实施爱荷华大学“国际写作计划”那种“自由聚会”的管理方式。但尽管如此，爱荷华大学“国际写作计划”仍然是我们心目中的一个理想。我至今认为，这个理想仍然可以付诸实验。作家班后来在培养教育上的某些不尽如人意之处，甚至偏离了既定的目标，我认为正是未能很好地借鉴爱荷华大学的这个“国际写作计划”。

二、关于作家班的构成

武汉大学中文系（今为文学院）作家班，首届与后来两届乃至延续至今的插班生，其生源构成有很大的差别。首届作家班招生之时，正值“文革”结束后的文学复兴之际，各体文学创作十分活跃，新进作家层出不穷，有些青年作家的作品在读者中产生了强烈的“轰动效应”，获得过中国作协主办的各种文学奖项，产生了全国性的影响，是新时期文学的中坚力量。这些青年作家绝大部分都是“知青”出身，没有接受过正规的大学教育，“文革”结束后，由于各自的处境和诸多原因，也没有参加已经恢复的大学招生考试。加上当时的成人教育还未完全走上正规化，难以满足这些青年作家渴求学习和提高的需要。武汉大学通过插班生的形式，给这些已经卓有成就的青年作家提供一个学习提高的机会，可谓及时雨，消息传出，社会反响十分强烈。中国作协及所属各地方协会，表示给予全力支持和协助。我们的招生工作很快就进入实施阶段。与其他各专业招收插班生的方式不同，中文系作家班招生首先要经过一轮推荐选拔。推荐选拔的工作由中国作协及所属各地方协会配合进行。先由中国作协和各地方协会向武汉大学推荐若干人选，由武汉大学组织专家、领导审核推荐生源的创作成果及相关材料，确定入学考试资格，经过入学考试后，决定录取与否。

因为推荐的渠道主要是来自中国作协和所属各地方协会，所以选拔工作也是分两个层次进行。一个层次是从中国作协推荐人选中直接选拔，另一个层次则是从各地方协会推荐人选中审核遴选。1985 年 6 月中旬，我和中文系白嶷岐同志受命赴中国作协挑选作家班推荐学员。中国作协领导十分重视，记得开会那天，除老作家葛洛因病告假外，其他书记处成员基本上都出席了会议。会上经过认真的讨论筛选，最后确定了 20 位青年作家作为报考武汉大学作家班的推荐人选，后来又有 4 位青年作家，其中两位因为所从事的文学活动的门类比较特殊，另有两位确有创作成就但年龄却超过了规定的要求，鉴于这种情况，经过讨论研究，也决定列入推荐人选，当时戏称“两特”、“两超”，说明我们的遴选工作既有原则性又讲灵活性，因而是得到参选作家的广泛认可的。这 24 名作家后来就组成了中文系插班生的第一班，所谓首届作家班，严格意义上说，主要是指这一班的学员。在这一班学员中，获得中国作协主办的全国性文学奖的有陈世旭、水运宪、李斌奎、袁厚春、李延国、朱秀海、熊召政、邵振国等，他们的作品后来大多写进了当代文学史，是新时期各体文学创作的代表。其他作家如晓剑、严亭亭夫妇的“知青”文学和电影文学创作，王英琦的散文创作，罗辰生的儿童文学创作，陈松叶的诗歌创作和王梓夫、文新国的戏剧创作，以及晓宫的现代主义文学实验和高尔品、郑彦英、刘亚洲、胡发云、吴雪恼等的小说创作，都有各自的特点，且在读者中有较大影响。说明这一届作家班的推荐生源确有质量，颇能体现这期间中国文学的创作水平。

中文系插班生第二班的学员因为主要是从各地方作协推荐名单中遴选,地域比较分散,无法一一派员前往,但所有寄达的成果材料,都是经过严格认真的审核筛选的。湖北作协因为是“近水楼台”,得知信息较早,中文系有些教师对本省青年作家的创作情况,又比较了解,所以推荐和入选的人数,相对外省而言,就要多出一些。适逢湖北作协当时主办有一期文学创作讲习班,已经网罗了当时在湖北文学界创作比较活跃的一群青年作家,我们正好“就汤下面”,通过省作协的推荐,这个班的学员就成了我们的主要遴选对象。结果省内的一些青年作家如陈应松、彭兴国(野莽)、周元镐、朱华姿、王伟举、张法德、宋骥弘、曾静平、龚绍东、洪琼、简兆麟、李云贵、吕新琼等成了这个班的第一批学员。外省学员中我记忆较深的有现今在出版界名气很大的周百义,入学考试时取得了总分第一名的好成绩,经查阅报考材料,才知这位青年作家原是河南省潢川县文联主席,自此给大家留下了深刻的印象。这个班的其他学员因为时间久远,已不能一一记起,但在我的印象中,也都是所在省份各体文学创作的佼佼者。相对于第一班而言,当时的名气和影响可能稍逊一筹,但有些学员的创作实力并不在一班之下,如近年来的小说创作在文学界影响颇大的陈应松,长期以来,因为各种机遇的原因,似乎未能广为人知,但一经发现,即被人叹为奇才。此外,如周百义、彭兴国(野莽)在出版界所创造的业绩和成就,也是有口皆碑。凡此种种,说明这一班学员之中,也堪称藏龙卧虎。

从第二届起,虽然整个插班生的招生程序没有发生改变,但中文系插班生的招收方式,却有了一些细微的变化。这个变化主要是简化了由中国作协及所属各地方协会推荐的程序,全部改为自由报名,知名作家、评论家或专家学者个人推荐的方式。而且真正招收有成就的青年作家的作家班(即第一班),此后实际上只持续招收了两届(共三届),第二班则逐渐演变成招收一般意义上的插班生,即基本上是以考试成绩为主录取的学员。我因为不久后即辞去教务处副处长的职务,回系任教,逐渐远离了插班生的招生工作,具体情况也就不得而知了。

三、作家班的培养教育

按照预定计划，作家班的理想的培养教育模式，应当是以创作为主，辅以专业知识的教学，而且应当力求结合学员的文学创作实际，以研讨创作和相关文学问题为主，旨在提高学员的文学创作能力和艺术水平。但是，由于前述原因，作家班学员入学后实际上从一开始便纳入了中文系本科生常规的培养方案。即随堂听课，完成课程作业，参加课程考试，记录成绩，修满学分，撰写毕业论文，通过答辩后，按期毕业。这样的培养教育方案，因为与学员的创作实际脱节，不能有效地回答学员在创作中遇到的理论和实践问题，所以很难引起学员的兴趣，有时甚至因此与任课教师之间发生龃龉和冲突，这无疑与学员的要求不完全合辙。当然，从理论上讲，创作的提高也不能急功近利，常规的学历教育，旨在加强学员的文学基础和综合文化素质方面的修养，最终自然也于创作有益，但就创办作家班的具体目标而论，完全迁就常规的学历教育，至少未能贯彻"因材施教"的教育原则。

当然，就学员一方面来说，并非完全被动地随堂听课，而是在课堂学习之余，仍然坚持各自的文学创作。有的在这期间发表的作品，还获得了中国作协主办的全国性文学奖和其他各类奖项。比较集中的创作活动，有我参与其事的，是在《芳草》、《奔流》、《百花园》三家文学杂志上刊发过作家班学员的作品专号，我为这三个作品专号分别写过三篇综合性的评论文章，通过这种方式向社会推荐作家班的学习成果，从常规的学历教育来说，这也可以算做是一种社会实践的成果。

如果按照一种较为理想的培养教育模式，对这两个作家班学员的创作，教师和管理部门应当给予更多关注，对他们的创作活动和发表的作品，应当充分利用学校的教学环境，组织专门的研讨活动，并将其纳入常规的教学环节。但遗憾的是，因为教师所从事的专业分科较细，与当代创作关系不够直接的专业任课教师，一般都不愿意也无条件介入学生的创作研讨活动，有关管理部门则基本上是按照常规本科生的培养教育模式，对作家班实施教学管理，结果就难免南辕北辙。

这也说明一项新的教育改革措施,不能仅仅满足于它是一种新生事物,而是同时还要有一套与之相适应的、能够促进这个新生物生长发育的保证措施,才能收到预期的效果。否则,新的东西如果被装进了旧的躯壳,也难免要变成旧的东西或不新不旧的东西了。作家班在实施的过程中,就存在这样的问题。

四、一点花絮

说到这两个作家班的学员,有些场景和细节,我至今记忆犹新。

虽然在这之前,我就认识陈应松,但对他的生活和工作情况,并不完全了解。被武大录取后,临到要报到入学了,却找不到他人在哪儿。我们都很着急。那时候的通讯又没有现在便利,只能借助电报和长途电话。我一方面嘱咐有关部门保留他的注册资格,一方面发动大家多方查找,最后终于找到了,原来他还在江上放排,结果成了最后报到的一个学员。

新生报到的那天,照例集中在小操场办理各项入学手续。但从安徽来的女作家王英琦突然发现自己的入学通知书不见了,于是大家帮忙,把行李搬到舞台上,里里外外地找了个底儿掉,最后不知在什么地方找到了,才算是虚惊一场。王英琦后来似乎始终没改掉这个丢三落四的毛病,这件事至今在她的同学中,仍传为笑谈。

因为大家都很珍惜这个学习机会,对武汉大学来说,这届作家班又属首创,所以在集体的开学典礼之外,又特别为作家班搞了一个入学的仪式。记得地点在行政大楼的一会议室,校系两级领导、有关管理人员和教师代表出席,作家班学员中军人较多,那天都是全副戎装,其他学员也都穿戴整齐,精神抖擞,容光焕发,看上去真有他们戏称的"黄埔一期"的气象。

我因为是从中文系调到教务处的,在搞行政工作的同时,还兼有中文系的教学工作,所以与作家班学员的接触,就比别人要多一些。加上有许多学员,原来都很熟悉,有的是多年的老朋友,所以我跟他们的关系,可谓亦师亦友。课余他们也常到我家走动,或聊天,或喝酒,情同手足。有时在我那间小书房聊到半夜,回宿舍只好翻墙越门而入。遇上来家寻吃喝的人多了,餐桌坐不下,就里外三层地围站着,照样吃喝得有滋有味。我至今很怀念那段虽然艰苦,但却快活无比的日子,这也是作家班给我带来的人生乐趣。

当然,这么多人组成的集体,又都是一些有个性的作家,在学习和日常生活中,也难免有这样那样的矛盾和冲突,包括个人私生活上的一些问题,但这些矛盾、冲突和问题,当时都得到了妥善的处理,既没有影响学员之间的团结,也没有耽误他们的学业。毕业后,他们都顺利地走上了各自的工作岗位,用自己的创造性的劳动,撑起了当代中国文学的一片天地。有的还担任了各级文联、作协的领导职务,成了繁荣和发展中国文学的核心力量。

武汉大学创办插班生制和招收首届作家班,已经过去 20 年了。每念及此,作为当事人之一,我深感这件教育改革的创举,对作家来说,是一件功德无量的善举,对当代中国文学来说,则用得上魏文帝曹丕的那句名言,堪称“不朽之盛事”。

管理学院的插班生教育

胡春芳

插班生教育是武汉大学教育改革的重大举措之一。插班生教育为受“文化大革命”影响或因其他原因耽搁的有志青年，提供了接受大学本科专业教育的机会，为国家培养了又一批优秀人才。

所谓插班生，是指有大学专科学历、两年以上的实际工作经验，通过考试，录取后插入大学本科相关专业三年级就读。学习两年后，成绩合格者获大学本科毕业文凭，并授予学士学位。武汉大学从1985年开始招收插班生，管理学院是招收插班生较多的单位，在1980年中后期，每年约招10名插班生。插班生教育既为国家培养了一批优秀人才，也为学校本科教育带来了生机与活力。

一、针对插班生的特点，组织他们自己教育自己

高考录取的大学生，基础文化素质整齐一致，年龄较小，思想单纯，都是共青团员，党员很少。插班生则基础文化素质有差异，政治思想觉悟较高，共产党员较多，有实际工作经验，有的还曾在工作岗位上做出了突出的贡献。如田启新，

在考入武汉大学前，是武汉市琴台汽车改装厂厂长、武汉市劳动模范、全国优秀青年厂长。黄晚霞，1982 年高考落榜的女青年，为寻求生活出路，这个细皮嫩肉的城市小姑娘，从学习养鸡开始，仅用两年时间，就创办了安徽省巢湖市晚霞个体种鸡场（在安徽和广东设有 5 个分场和一个饲料厂），在全国有 2000 多学员，1000 多家客户。黄晚霞已成为全国待业青年自谋职业的典范，是上了《人民画报》封面的新闻人物。宛士雄，原在湖北省黄冈地区工商行政局工作，发表了一批研究商标的论文，出版了中国第一部《实用商标学》著作，被新闻界誉为"商标大王"。

像这样一批有实践经验，有社会影响的插班生进入武汉大学，为生源素质高、治学严谨的校园，注入了新的活力。尤其是在注重理论与实践相结合的管理学院，这些插班生已成为年轻的学弟学妹们的偶像。针对插班生的这些特点，管理学院对插班生采取了完全放手的自己教育自己的管理模式。在插班生中选出一个班长、一个党支部书记，学生管理工作完全由他们自己管理自己。在课堂教学方面，要求他们认真学习、认真作业、认真考试，并投入更多的精力，考出好成绩。在社会实践、科学研究方面，要求插班生发挥优势，带动全院学生实践能力和科研水平的提高。

二、引导插班生站在科学研究的前沿，为改革开放献计献策

中国管理科学是随着改革、开放的深入而发展起来的。武汉大学管理学院紧紧抓住这一特点，在对学生进行系统的管理科学知识教育的同时，积极组织全院师生围绕中国改革开放的重大课题进行研究探索，并对政府工作和企业发展进行咨询服务，取得了一系列的研究成果。

插班生有实际工作经验、社会活动能力和较高的写作水平，是管理学院开展科学研究和咨询服务的一支重要力量。管理学院在学生科研活动中，要求插班生发挥带头作用；安排学术水平高的教师指导

插班生的科研活动;放手让插班生走上社会,开展咨询服务活动。插班生的科研成果较多,社会影响较大。1987 年,武汉大学举办了大学生科研成果评奖活动。1985 年入学的 9 名插班生全部获奖,其中,冯浩、杨向群、严炳洲、张烈军荣获一等奖,其获奖成果之多,在全校各班级中名列第一。

管理学院 85 级插班生田启新、潘平正,经济学院插班生夏洪超,向全国企业界发出了召开"增强企业活力法律保障学术研讨会"的倡议,此举受到全国 100 多家企业的支持。1987 年 3 月,"增强企业活力法律保障学术研讨会"在武汉召开,全国 100 多名企业家出席会议,围绕会议主题展开了讨论;湖北省副省长徐鹏航出席会议并讲话;著名经济学家谭崇台、著名法学家马克昌出席会议并讲话;《人民日报》、《经济日报》、《光明日报》、《湖北日报》等 11 家报刊报道了会议消息。这次会议的成功召开,对于企业改革起了积极的促进作用。

三、插班生毕业后工作业绩突出

由于插班生有实际工作经验,在校期间受到系统的高等教育,政治素质较高,克服困难的意志、毅力较强,在大学毕业分配时,普遍受用人单位欢迎。在工作岗位上,他们克服困难、开拓进取,取得了较大的工作业绩。从 1987 年、1988 年两届 18 名毕业生来看,他们的工作业绩整体超过了同届毕业的普通大学毕业生。

在企业界,谭树海已成为拥资 10 亿元的企业集团董事长、总经理;田启新是武汉市琴台贸易集团总经理;张烈军是交通银行总行基金信托部副经理;陈坚是建设银行支行行长;郑新亲、周帆扬是美国安利公司(世界五百强之一)的高级白领;宛士雄是资本风险投资家;潘平正是北京中国通产高技术公司董事长。

在政界,严炳洲是湖北省十堰市政协副主席;汪水文是财政部驻鄂专员办处长;杨向群是国家物价局处长;彭南林是深圳市市委党校处长;刘海虹是武汉市社会科学院副院长。

在学界,吴先明是武汉大学教授、博士研究生导师、工商管理系主任;冯浩是湖北大学教授、财务处处长;张友贵是武汉理工大学教授、博士研究生导师、财务处处长。

四、与管理部门联合办学，培养更多的优秀人才

由于武汉大学的插班生教育受到普遍好评,社会各界纷纷要求合作办学。顺应社会上的这种要求,武汉大学管理学院在20世纪90年代,主要采取与管理部门联合办学的方式,成批量地招收插班生,为国家培养了更多的优秀人才。

财务管理系先后与中国银行湖北省分行、中国建设银行湖北省分行联合办学,培养了80多名金融财务人才。财务管理系还与中国人民解放军空军后勤部基建营房部财务部合作,在北京举办了插班生班,为空军培养了55名后勤财务人才。

金融系、投资系与中国建设银行总行合作,在武汉大学举办了四期省分行行长(含副行长)插班生班,有200多人参加学习。中国建行系统的省级分行干部中,许多人在武汉大学接受过插班生教育,使他们的学识水平、业务能力、政治素质有很大进步。

进入21世纪,随着社会进步和管理人才学历水平的提高,插班生教育逐渐萎缩,取而代之的是工商管理硕士(MBA)、高级工商管理硕士(EMBA),包括博士、硕士在内的研究生教育。插班生教育在改革进程中的重大作用,需要总结。今后如何进行插班生教育,还有待研究。

编后记

在2005年武汉大学实施插班生制度20周年之际，许多插班生就曾倡议出版一本书来纪念这一创举的实施，和多年以后人们已经逐渐忘却的那一批批“非常”学子曾经的非常大学经历、人生经历。

几经周折，2006年2月，本书的组委会成立。

实施插班生制度的这20多年来，历届的插班生们大多已成为各条战线上的精英，其中有将军、教授、作家、学者、实业家、出版家和领导干部等。作者的多样性是本书的特色之一，他们各自不同的精彩人生片段组合在一起，构成了一幅动人的画卷。也正是这一原因，给组稿工作带来了一定的困难。分散在各地各岗位的插班生学友联络起来的困难可想而知。稿件因此是时断时续地到来的，听到消息的插班生和老师都积极地投稿，致使截稿时间再三向后延期。

终于，在首届插班生毕业的20周年之际，本书得以发行出版。也许这也是一个机缘巧合。

直到截稿时，还有部分插班生我们无法联系上，不能将他们的稿件收录书中，我们深感遗憾；同时，由于稿件众多，无法将所有作品一一纳入书中，我们对部分未用上的稿件的作者深表歉意。如果以后有机会的话，我们再续上这本书的未尽之处。最后，我们要感谢在百忙之中拨冗赐稿的各位老师和学友；感谢在本书创作过程中帮忙联络的各位学友，特别是要感谢彭兴国（野莽）、薛毅、李云贵、周元镐、胡鸿等，他们为本书的出版出谋划策、劳心劳力，非常辛苦；感谢武汉大学出版社为本书的出版提供的帮助。

《创新改变命运》编辑委员会

2007 年 2 月

图书在版编目(CIP)数据

创新改变命运/刘道玉主编.—武汉：武汉大学出版社，2007.12
ISBN 978-7-307-05999-3

Ⅰ.创… Ⅱ.刘… Ⅲ.武汉大学—教学改革—研究 Ⅳ.G642.0

中国版本图书馆CIP数据核字(2007)第170790号

责任编辑：夏敏玲　　责任校对：陈小宜　　版式设计：詹锦玲

出版发行：**武汉大学出版社**　(430072 武昌 珞珈山)
(电子邮件：wdp4@whu.edu.cn 网址：www.wdp.com.cn)
印刷：湖北省通山县九宫印务有限公司
开本：720×1000 1/16 印张：24.5 字数：339千字 插页：1
版次：2007年12月第1版 2007年12月第1次印刷
ISBN 978-7-307-05999-3/G·1071 定价：29.00元